U1061403

介休年鉴 2017

JIEXIU NIANJIAN

《介休年鉴》编纂委员会

山西出版传媒集团
山西经济出版社

图书在版编目(CIP)数据

介休年鉴.2017 /《介休年鉴》编纂委员会主编
.-- 太原:山西经济出版社, 2018.11

ISBN 978-7-5577-0411-7

Ⅰ.①介… Ⅱ.①介… Ⅲ.①介休 - 2017 - 年鉴
Ⅳ.①Z522.54

中国版本图书馆CIP数据核字(2018)第264680号

介休年鉴2017

主　　编:《介休年鉴》编纂委员会
责任编辑:郭正卿
装帧设计:安实坚
版式设计:山西德瑞轩图文设计有限公司
封面设计:荆升海

出 版 者:山西出版传媒集团·山西经济出版社
地　　址:太原市建设南路21号
邮　　编:030012
电　　话:0351-4922133(市场部)
　　　　　0351-4922085(总编室)
E - mail:scb@sxjjcb.com(市场部)
　　　　　zbs@sxjjcb.com(总编室)
网　　址:www.sxjjcb.com

经 销 者:山西出版传媒集团·山西经济出版社
承 印 者:山西万佳印业有限公司

开　　本:889mm×1194mm　1/16
印　　张:23.5
字　　数:626千字
版　　次:2018年11月　第1版
印　　次:2018年11月　第1次印刷
书　　号:ISBN　978-7-5577-0411-7
定　　价:288.00元

ISBN 978-7-5577-0411-7

《介休年鉴》编纂委员会

主　任　丁雪钦　张　驰

副主任　郭建雄　柳改清

委　员　杨东辉　冀鹏俊　王海奇　曹维华　宋书文
温旭霞

《介休年鉴》编辑部

主　编　温旭霞

副主编　侯　添

编　辑　赵俊萍　齐秀丽　王亚丽　赵　彪　王云花

编纂说明

一、《介休年鉴》是中共介休市委、介休市人民政府组织编纂的大型资料性工具书。自2017年起每年编辑出版一部，旨在较全面、系统、翔实地反映介休市政治、经济、文化、社会诸方面的基本面貌和发展状况。

二、2017版《介休年鉴》记事断限为2016年1月1日至12月31日。个别条目对历史略有追述，意在增强事物发展的整体性。

三、本年鉴采用分类编纂法，以部类为单元，每个部类主要由类目和条目组成，少数在类目和条目间增设分目，以使所辑资料更集中、更有层次、更便于查阅。本版年鉴共设23个栏目，即文献、大事记、概况、政治、群众团体、经济管理、工业、农林水利、建设环保、交通邮电、财政金融、贸易、科学技术、军事、政法、教育、新闻档案图书、文化艺术、卫生体育、社会生活、乡镇街道、社会和经济发展统计资料、通讯。

四、本版《介休年鉴》资料来自全市市直各部门、驻地各有关单位及乡镇办事处，均由有关人员提供，并经单位领导审核。有关全市的统计资料来源于介休市统计局，机构设置与领导人名录由编办、组织部提供。

五、本版《介休年鉴》采稿工作由侯添、赵俊萍、齐秀丽、赵彪、王亚丽、王云花负责联络并修改，内文由各单位撰稿人员撰写，全书由温旭霞总纂。

六、本版《介休年鉴》是全市各级、各部门领导支持，所有撰稿人共同努力的结晶。在此谨向所有的供稿单位和个人表示感谢！

山西介休

中共晋中市委书记胡玉亭在介休文化促进会调研

首届“介休好人”颁奖仪式

介休市文化促进会办公楼

环境整治

公共自行车亮相介休

免费城市公交正式开通

群众阅览室

群众活动室

师屯南变电站升级改造完成

东站转体跨线桥工程竣工

目 录

MULU

文 献

大 事 记

概 况

国民经济和社会发展

机构设置与领导人名录

政　治

党　委

组　织

宣　传

文化联合会

统　战

工商业联合会

市直机关党建

机构编制

离退休干部管理与服务

信　访

党员学习教育

干部下乡

纪检监察

人民代表大会

政　府

政务中心

民　政

统　计

国家统计调查

机关事务管理

政治协商

群众团体

工　会

青　年

妇女儿童

经济管理

审　计

国土资源管理

矿产资源管理

市场和质量监督管理

安全生产监督

发展与改革

国有资产经营管理

投资促进

工 业

工业综述

煤炭工业

煤炭运销

电力工业

中小企业

重点企业

农林　水利

农　业

农村经济

农业机械管理

畜牧业

农业综合开发

农业广播学校

林　业

水 务

建设 环保

城乡建设

公共服务事业

城市管理综合行政执法

城乡规划

城乡投资建设

园林绿化

环境卫生

环境保护

交通 邮电

交 通

贸　易

科学技术

军　事

政 法

政 法

综 治

公 安

道路交通管理

检 察

审 判

司法行政

消 防

网格化管理

教　育

新闻　档案　图书

报　刊

广播电视

档　案

新华书店

文化　艺术

文化工作

乡镇 街道

义安镇

张兰镇

义棠镇

连福镇

绵山镇

宋古乡

三佳乡

城关乡

龙凤镇

洪山镇

北关街道

东南街道

北坛街道

西南街道

西关街道

社会和经济发展统计资料

通　讯

文 献 | WENXIAN

文 献
WENXIAN

凝心聚力谋发展　苦干实干换新颜

——在中国共产党介休市第六次代表大会上

中共介休市委书记　丁雪钦

（2016年9月8日）

各位代表、同志们：

下面，我代表中共介休市第五届委员会向大会做报告，请予审议。

一、5年来的工作回顾

5年来，市委和全市各级党组织紧紧围绕中国共产党介休市第五次代表大会确定的目标任务，以党的十八大精神为指引，深入贯彻习近平总书记系列重要讲话精神，锐意改革进取，奋力攻坚克难，较好完成了各项目标任务，为"十三五"发展打下了坚实基础。

1. 实力有提升。5年来，我们直面经济下行压力持续加大的严峻挑战，主动适应经济发展新常态，保增长、促转型、惠民生，有效推动了经济持续平稳健康发展。全市地区生产总值达到135.6亿元，年均递增7.3%；规模工业增加值达到58.2亿元，年均递增7.8%；公共预算收入达到10.02亿元；城镇居民收入达到29133元，年均递增11.4%；农村居民收入达到12021元，年均递增13.6%；县域经济发展跻身全省A类县第8位。

2. 调产有突破。5年来，我们始终把转方式、调结构作为经济发展的主攻方向。实施重点项目558个，累计完成投资456亿元，是"十一五"总投资的2.75倍。项目建设的有力推进，促进了经济结构的进一步优化；17个标准化矿井基本建成，超高功率石墨电极、煤层气发电、纳米新材料等转型项目建成投产，非煤产业增加值占工业增加值比重达38.7%；扎实推进"一区三园"发展，园区水、电、路、气等设施已基本到位，成功获批省级经济技术开发区；农业产业化迈出坚实步伐，建成一村一品专业村120个，专业镇4个，凌云铁皮石斛填补华北产业空白，金核仁实现天津股权交易所挂牌交易，绿健公司成为山西蛋品出口基地，核桃加工形成买全国、卖全国格局；第三产业多元化发展，绵山和张壁古堡景区分别跻身国家AAAAA、AAAA级景区，历史文化名城复兴工程完工，建成张兰古玩城，天峻山景区完成规划、文峰塔完成修复，建成一批购物广场、专业市场、星级宾馆和快捷酒店，晋能物流、亿联国际等仓储物流项目落地，电子商务产业园投入运行；全市三次产业结构由"十一五"末的2:77:21调整为"十二五"末的4.3:53.3:42.4。

3.面貌有变化。5年来，我们以打造绿色人文的区域性中心城市为目标，坚持"新旧两城、协调发展"理念，以项目建设为抓手，5年累计完成投资百亿元以上。新城区总体框架基本形成，功能不断完善。新增、改造城市道路50千米，棋盘式路网基本成型。城市燃气普及率、集中供热普及率、污水处理率、再生水利用率分别达到95.5%、93%、97%、21.6%。城市绿化覆盖率、绿地率分别达到43.1%、37.7%，人均公园绿地面积达到10.8平方米。法院审判庭、人武部新营区等重大功能设施相继建成；老城区完成后土庙广场建设，十大复兴工程全面竣工，留住了历史基因，重塑了历史风貌。义安镇、张兰镇成为全国重点镇，镇区基础设施、公共服务功能持续加强，人口进一步集聚。30个中心村扎实推进完善提质、农民安居、环境整治、宜居示范四大人居环境改善工程，累计投入资金2.48亿元。2015年，城镇化率达到64.26%，户籍城镇化率达到50.68%，相继挂牌国家园林城市、国家卫生城市、省级历史文化名城。

4.环境有改善。5年来，我们始终把环境保护作为最大的民生问题，坚持造林绿化与河道整治并举，节能减排与生态修复齐抓，以重大生态建设工程为重点，加大环境保护力度，建设美丽介休。实施汾河介休段和龙凤河、樊王河"百里河道"综合治理，完成汾河五坝、兴地引水等重大水利工程，相继建成汾河湿地、绵山、新城等精品公园，绿地总面积达到661万平方米，较2010年底增加400余万平方米，被命名为省级林业生态市；市容环境质量持续提升，环卫作业精细化水平不断提高，市区道路清扫率达到100%，垃圾清运延伸到29个"城中村"，机械化清扫率达到70%，重点道路实现24小时保洁；持续狠抓节能减排，对高耗能行业开展能效对标活动，大力推广太阳能、空气能、地源热等新技术，大力推行差别电价、阶梯水价和供热计量收费，大力推进焦化精脱硫、电力和水泥脱硝、污水处理厂建设、水源地保护等污染防治工程，环境保护不断加强，环境质量持续改善，全市每年二级以上天数基本保持在350天以上。人民群众深切感受到天更蓝了、水更清了、环境更宜居了，自豪感油然而生。

5.民生有保障。5年来，我们始终把民生问题摆在突出位置，每年用于民生领域的财政支出占总支出的70%以上。投资11亿元完成城乡38所学校安全工程、52所城乡公立幼儿园和学校标准化建设三件大事，全省首家配备26辆校车，寄宿制学校生活设施配套完善，所有学校实现信息化改造，农民工随迁子女接受义务教育比率达到100%，通过国家义务教育基本均衡县验收；深化医疗卫生体制改革，基本建立起以市直医疗单位为龙头、乡镇卫生院为骨干、村卫生室为基础的三级医疗预防保健服务网络，7个乡镇卫生院和4个社区卫生服务中心投入使用，全市医疗保险参保率达到98.5%，建成全国基层中医药工作先进县和我省唯一的全国妇幼健康优质服务示范县；城乡居民收入持续增加，医疗、养老、就业、住房、低保等社会保障体系逐步健全；安全生产形势持续稳定好转，连续4年获得晋中市政府表彰，"平安介休""法治介休"建设成效明显，大批信访热点难点问题得到化解。

6.党建有活力。扎实开展党的群众路线教育实践活动、学习讨论落实活动、"三严三实"专题教育活动和"两学一做"学习教育，深入学习贯彻习近平总书记系列讲话精神，不断加强党的思想、组织、作风和制度建设；全面从严管党治党，认真落实"两个责任"，从严从重查处了一批违法违纪干部，5年处分党员和监察对象598人，"四风"和腐败问题得到有效遏制，全市党员干部廉洁意识明显增强；切实加强干部队伍建设，端正用人导向，规范选人用人，从严教育管理干部，下力气刷新吏治，形成了干事创业的良好氛围；以“八化”为抓手，扎实开展服务型党组织建设，党代表工作室“一带三联”工作制度、社区“政务、生活、健康、文体、平安”5个10分钟服务圈等党建品牌得到群众认可，把联系服务群众的触角延伸到了最基层，全市党风、政风进一步好转。

各位代表、同志们，站在新的历史起点回顾过去5年，我们走过的道路并不平坦，一切成绩和进步来之不易。这主要得益于省委、晋中市委的正确领导，得益于全市广大党员干部和人民群众的奋力拼搏，得益于社会各界的大力支持。在此，我代表中国共产党介休市第五届委员会，向全体党员和全市人民，向各民主党派、工商联和各界人士，向驻介各单位、驻介部队、武警官兵，向所有关心和支持介休发展的朋友们表示衷心的感谢，并致以崇高的敬意！

5年的生动实践，积累了许多值得总结发扬的宝贵经验，那就是：必须坚持从严管党治党、固本强基、营造清明的政治环境；必须锻造一支敢于担当、真抓实干、廉洁勤政的干部队伍；必须坚持不懈解放思想、与时俱进、破除落后的思想障碍；必须牢固确立创新发展、重点突破、统筹推进的工作思维；必须始终坚持以人为本、民生为先、实事为民的发展理念；必须健全完善导向鲜明、责任明确、奖惩严明的落实机制。对这些实践证明行之有效的工作方略，我们必须始终坚持，并按照时代的新要求，赋予新内涵，在新的发展征程上不断地发扬光大。

同时，我们也应清醒地看到，与省委、晋中市委的要求和全市人民的期望相比，我们在振兴崛起的道路上还有许多坎要过、关要闯，制约发展的深层次矛盾和问题还比较突出，主要表现在：支柱产业仍处困境，新兴产业发展不足；经济社会发展仍存在明显短板，创新能力不强，资源和环境约束趋紧；各级干部对发展的紧迫形势认识不足、作风不扎实、管理手段和创新能力相对滞后；企业家队伍危机意识淡薄，主观能动性不强，创业的斗志不昂扬，企业管理水平还需进一步提高；等等。对此，我们新一届领导班子，将以对党和人民高度负责的精神，直面问题，承认不足，找准原因，主动改进。

二、今后5年的指导思想和目标任务

综观“十三五”发展大势，世界经济在深度调整中曲折复苏。我国经济发展进入新常态，经济发展方式加快转变，新的增长动力正在孕育形成，全面深化改革的红利进一步释放，大众创业、万众创新的热情充分激发。山西省委提出了“不断塑造山西美好形象、逐步实现山西振兴崛起”的目标任务，晋中市委、市政府实施“苦干三年全面挺进第一方阵”的战略，这对我们来说，无疑是一种压力，但也为介休发展提供了良好的机遇和条件。只要我们借势而为，乘势而上，介休大有可为。当前，就介休而言，经济发展亮点不断涌出，促进发展的积极因素正在汇集。“十二五”争取到的国家新型城镇化综合试点、省级转型综改扩权强县等一系列机遇将有力促进“十三五”时期的创新驱动、红利释放。经济开发区“一区三园”的获批、电子商务产业园的投入运营，将成为全市创新发展的广阔平台。“十二五”后两年，第三产业的占比提升10.3%，成为推动经济增长的主要动力。城镇化率“十二五”期间年均增长1.42%，达到64.26%，为统筹城乡一体化发展打下了坚实基础。全市金融系统存贷比由2010年末的54.8%提升到2015年末的79.03%，5年提高24.23%，高于晋中20.26个百分点。贷款余额增加99.5亿元，为金融业的振兴、地方经济发展厚植了基础。特别是我们的广大干部，经过“十二五”的党性锻炼、工作实践锻炼，责任意识、担当意识、思维方式、操盘能力、服务水平、工作作风等都发生了重大变化，为富民强市提供了坚实保证，我们一定要坚定信心和决心，抢抓机遇、坚韧前行、主动作为、全力决战“十三五”，定能取得新业绩、创出新辉煌。

今后5年，我们工作的指导思想是：全面贯彻习近平总书记系列重要讲话精神，紧紧围绕省委、晋中市委总体部署，以振兴崛起、城乡美丽、生活富足、人民幸福为目标，以深化改革创优环境为动力，以工业脱困、农业上档、旅游升级、民生加力、社会和谐为抓手，以全面加强党的建设为保障，凝心聚力、苦干实干，推动介休实现巨变、再铸辉煌。

今后5年，我们的主要目标是：经济实现稳定发展。全市经济发展综合水平显著增强，经济增长质量和效益明显提高，地区生产总值和城乡居民人均收入比2015年翻一番，并实现人均地区生产总值和公共财政预算收入的同步增长。产业结构全面升级。传统产业加快优化提升，新兴产业和现代服务业成为产业体系主干，农业现代化加快推进，以“互联网+”为核心的新业态和新模式经济比重提升，三次产业结构进一步优化，服务业增加值占地区生产总值比重达到50%。城乡发展协调推进。新型城镇化加快推进，创建国家历史文化名城、国家健康城市，户籍人口城镇化率达到52%，中心城区、重点镇辐射带动作用进一步增强，基本实现城乡发展一体化。生态文明稳步提升。生产方式和生活方式绿色、低碳水平加快提升，资源集约型、环境友好型社会建设深入推进。建成宜居城市和美丽乡村，生态环境显著改善。单位生产总值能耗下降、二氧化碳和主要污染物排放总量控制在省、晋中市下达指标内，打造资源型经济绿色转型先行区。人民生活安康幸福。就业更加充分，城乡收入差距缩小，创业成为增收的源泉活水。教育、社保、医疗、养老、住房等公共服务体系更加健全，“学有所教、劳有所得、病有所医、老有所养、住有所居”取得新进展，基本公共服务均等化水平进一步提高，让广大群众有更多的获得感。

三、今后5年，我们的主要工作任务

1.*破解困局，实现经济振兴崛起*。当前，介休发展困难较大，进入一个困局。我们必须面对现实、正确看待、坚定信心、沉着应对。一要破产业不优困局。介休当年靠煤焦起步，现在仍然是靠煤焦吃饭，产业格局几乎没有多大的改观，可以说我们转了个圈又回到了原点。要破解这一困局，必须大力调整产业结构。调产不能搞抽房梁挖根基式的调产，还必须在做强煤、焦、钢、化四大产业上做文章，只有四大产业具备了一定的规模实力，调结构、转方式才有基础和空间。要围绕“3131”目标做强煤、焦、钢、化。16座标准化矿井全面建成投产，洗精煤产量达到3000万吨；焦化产业完成重组，安泰、龙源、茂胜、路鑫、昌盛五户主体企业焦炭产量达到1000万吨；钢铁产量保持在300万吨；化工产业在现有10万吨粗苯、20万吨甲醇的基础上，推动30万吨煤焦油、20万吨馏分加氢、20万吨液制天然气等一批化工项目投产，化工总产量达到100万吨。争取用5年左右时间，将介休建成一个经济结构合理、产业特色明显、综合竞争力强的新兴工业化城市。二要破农业不强困局。介休的农业基础较强，全市水浇地占到耕地总面积的62.8%，但效益不高，农业产值在GDP（国内生产总值）中占比低于晋中市6个百分点。对此，我们必须加大农业投入力度，使农业潜能尽快得以释放。积极鼓励社会资本进入农业领域，减少传统低效作物类似玉米的种植面积，发挥规模效应，将优势产业做强做大，由过去的大而全向大而强转变。要大力实施“药蛋果产”战略，以2万亩绵黄芪为基础，增加药材种植数量和面积，将介休打造成中药材种植基地；在现有160万只蛋鸡的基础上，培育龙头企业，发挥辐射带动效应，在全市形成300万只蛋鸡的养殖规模；以核桃干果为主，着力打造龙凤、张壁旅游公路，连福、张兰丘陵山区，义棠、郭壁丘陵山区三条干果经济林产业带，用5年时间建成10万亩精品干鲜果基地；大力开发农副产品，对绵山陈醋、金源黄酒、俏千金、金核仁等特色农副产业进行大力扶持，将其产品打造成旅游产品和富民产品，真正形成农业工业齐头并进的局面。三要破项目不多困局。项目是经济发展的硬通货，没有项目就没有实力、没有后劲。当前困扰介休经济的其中一个重要问题就是缺少项目支撑，缺乏发展后劲，解决这一问题首先必须打造好的发展环境。近年来，介休在创优环境上做了大量工作，但要素保障、服务水平等方面相比孝义、灵石等周边县、市还有一定差距，环境仍然不宽松，服务仍然不到位，以致一些好项目难以落地介休。“种上梧桐树，引来金凤凰”，我们必须下大力气优化发展环境，引来大项目、好项目。要充分利用现有企业、现有老板、现有产业，以商招商、以企招商、以情招商。要提升服务能力和水平，审批要继续提速，能快的尽量快，对企业的合理要求要千方百计解决好。要积极营造亲商、安商、容商、富商良好氛围，我们不仅要让招进来的企业有钱赚，还要让这些企业得到荣誉、获得尊敬，真正把介休打造成投资洼地、发展高地。

2.抓住机遇，推动城乡实现巨变。我们要紧紧抓住国家新型城镇化试点机遇，转变城乡发展方式，推进城乡统筹发展，促进城乡实现巨变。首先要推进人的变化。一个城市的竞争力由多种要素构成，其中，市民的素质是诸多要素中重要的一环，它直接对其他要素产生影响和制约作用。因此，我们要致力于城乡人口素质整体提升。要大力惩戒不文明、不道德行为，教育引导市民弘扬介休忠义、奉献精神。财政要出资设立好人基金，成立好人协会，重奖好人，让好人引领好风尚，好人促成好民风，为我市实现经济腾飞、创建全国文明城市奠定基础。要推进城乡资源、人才、资金共享，实现“两个对流”即城市资金和人才向农村流动，农村劳动力和农副产品向城市流动。要创造优惠条件，鼓励城市有钱人回村创业、投资农村建设；实行乡村教师工资奖励制度，让乡村教师工资明显高于城市，鼓励城区优秀教师回村任教。要加强农村转移劳动力培训，使更多的农民成为技术工人、产业工人、创业老板，大量提供保安、环卫等技术含量低、劳动密集大的岗位，促进农村劳动力向城市流动；大力加强农业服务专业合作社建设，搭建农副产品营销平台，有效把绿色有机的农副产品流向城市，流向广大市民。二要推进制度变化。作为全国新型城镇化综合改革试点市，体制改革上介休应责无旁贷探好路。要深化户籍制度改革，出台与户改相配套的就业、养老、教育等社会保障政策，实现基本公共服务均等化；深入推进基础设施投融资体制改革，进一步放开民间投资领域；积极推广政府与社会资本合作(PPP)模式，建立PPP项目库，通过市场化机制，增加公共服务供给；全面完成土地确权登记颁证工作，推进不动产登记；积极推进城区行政区划调整，在城关和宋古开展“村转居”试点，探索乡改街道，建立与户籍改革、城市管理相匹配的行政管理体制。三要推进面貌变化。要提升城市影响力，站在建设“介孝汾平灵”区域中心高度，规划实施一批大型商场、物流仓储、休闲娱乐等辐射带动大的项目，提升介休在周边城市的影响力。继续完善城市道路、污水、给排水、供电等基础设施，不断提升城市综合承载功能。要深化环境综合整治，巩固提升创卫成果，彻底消除卫生死角和管理盲区。要突出城乡一体化建设，重点打造好义安、张兰两个国家级重点镇，增强城镇对产业、人口的吸纳能力。规范建设一批别致多样、干净整洁的美丽乡村。结合地质灾害治理、采煤沉陷区治理、卫生防护距离不足移民搬迁，积极稳妥推进山远边穷小归并整合入城、入镇、入中心村。通过几年的努力，城乡面貌焕然一新。

3.全面创新，释放内在巨大潜能。介休有着得天独厚的区域优势、人才优势和产业优势，但多年来，释放潜能、挖掘潜力不够。今后要全面创新，就是要打破条条框框、坛坛罐罐，为干部松绑、为企业松绑，充分释放内在的潜能。要创新审批制度，大力为企业松绑减负，积极推进网上审批，让信息多跑路、企业少跑路，着力打造全省审批事项最少、时间最短、效率最高的发展最优区；要创新用人机制，不搞论资排辈，不搞一刀切，一切从工作出发，从大局出发，充分调动干部的积极性；要创新工作方法，不搞花拳绣腿的东西，不搞虚而不实的东西，少开会，多干活，真正把时间用在解决问题上。干活不分市委、市政府，不分人大、政协，打破传统分工惯例，谁能干谁就干，适合谁干谁就干，真正做到人尽其才、才尽其用。诸如此类，凡是有利于工作开展、有利于干部成长、有利于介休发展的事，只要上面政策允许、只要在我们职权范围内的都可以尝试，都可以松绑。争取用最短的时间释放最大的潜能，实现介休最大的变化。

4.力保民生，增强全民幸福指数。民生连着民心，民心关乎发展。我们要立足保障和改善民生，将更多的资源、资金、项目向民生倾斜，增强人民群众的幸福感，把介休建设成人民幸福的港湾。一是经济有实力。

要提高群众幸福指数，首先要让群众手里有钱，日子过得富裕。目前介休城乡居民收入是22175元，在晋中市排名第3。我们要持续增加城乡居民收入，就必须做大工业、做优农业、做强旅游，使群众创业有渠道，就业有门道。特别是要引导群众围绕我市"一山、一村、一城、一市"精品景区，开发配套服务，以创业带动就业，发展农村生态游和田园风光游，打造周末经济，有效增加收入。5年内，力争城乡居民实现收入翻番，跻身全省先进行列。二是生活有质量。要坚持做到保基本、兜底线。优先保证民生刚性支出，统筹做好教育、卫生、文化等重点工作，确保全民养老、医保、失业、工伤等社会保障水平；加大对特困群体的扶持和帮助，把兜底政策覆盖到最需要帮助的各类特困群体，真正实现老有所养，病有所医，学有所教，应保尽保；要抓好"美丽乡村、幸福社区"建设，在千人以上的村实施"六个一"工程，改造社区停车位、绿化带，将所有小区的物业进行统一管理，在小区建设群众活动室、公共食堂。在市城区黄金地段建设小吃城、果蔬市场、熟食市场；市城区开通免费公交，投放公共自行车，让群众出行更方便；免费开放图书馆、博物馆、后土庙、城隍庙、祆神楼，让群众充分享受文化成果。三是环境有保障。良好的人居生态环境和社会环境，既是最普惠的民生福祉，也是可持续发展的宝贵资源。要突出增绿，加大银锭山、天峻山植树造林覆盖面，加强城区园林绿化，打造多层次、多样性、多功能的绿色生态屏障，构建绿廊、绿带、绿环、绿点纵横交错、点线贯通的生态绿化系统，形成大绿大美的城乡景观；要突出治污，环境污染造成的"生态赤字"对经济社会发展的制约作用是难以估量的。我们要全面推进汾河、樊王河、龙凤河等河道综合治理，水污染治理和生态环境修复工程。坚决打好大气、水、土壤污染防治三大战役，推动环境质量持续改善；要突出安稳，牢固树立安全发展理念，加强安全生产管理，强化事前预防、常态管理、科技防控，厘清管理边界，严格落实企业主体责任、部门监管责任、政府属地责任，构建"大安全"工作格局。健全食品安全治理体系，实施一批公共安全工程，建设安全型城市。以法治介休建设为抓手，更加注重运用法治思维和法治方式化解矛盾、维护稳定。加强社会治安防控体系建设，保障人民安居乐业，形成"上街不怕偷、睡觉不怕盗"政通人和、风清气正的社会环境。

5.*激发活力，形成干事创业局面*。要解决介休存在的问题，改变现状，就必须形成一个全面干事、全面创业、全面发展的良好氛围。首先要弘扬介休精神。干部要带头弘扬奉献精神、牺牲精神、吃苦精神，把吃苦吃亏、奉公奉献作为一条主线，不偏不离、始终坚持，在全市形成"不比吃喝比吃苦、人人争当好公仆"的干事创业环境。二要树立正确导向。从市委、市政府的角度，要关爱吃苦实干的人，不能让老实人吃苦又吃亏、流汗又流泪。对吃苦奉献的人要给予厚待，真正让付出者得实惠、奉献者有岗位。三要满怀家乡情结。干部要热爱家乡，心怀群众、辛勤奉献，让家乡越来越美丽，让父老乡亲们的生活越过越好。群众也要热爱家乡，企业家和能人要积极响应市委、市政府号召，在介休投资上项目，多为家乡做贡献。积极参与农村"两委"主干竞选，成为战斗堡垒的先锋官，多为群众做实事。普通大众要多支持市委政府工作，多理解党员干部，多参与社会管理。让正能量成为主流，让好风气成为时尚，最终在介休大地上出现诚实守信、充满活力、全民思进的大环境小气候，干群抱团、齐心协力共同推动介休这艘航船破浪前行。

四、全面加强和改进党的建设

全面开启强市富民新征程，党的建设是根本保证。要始终贯穿"党要管党、从严治党"这一主线，坚持真管真严、敢管敢严、长管长严，不断把党的建设引向深入、推向前进。

1.*切实加强思想建设*。思想建党始终是加强党的建设必须坚持的一项基本原则。在当前这样一个特殊时期，强调思想建党，加强党的思想政治工作尤为重要。要深入开展学习教育活动，教育引导党员尊崇党章、遵守党规，以习近平总书记系列重要讲话精神武装头脑、指导实践、推动工作，真正把党的思想政治建设抓在日常、严在经常；引导各级党员领导干部坚定理想信念，讲党性、重品行、做表率，明底线、知敬畏、守规矩，以实际行动彰显共产党人的人格魅力；大力提升党员干部综合素质，增强思想理论武装和教育培训工作的针对性和实效性，开展新一轮大规模干部教育培训工作，优化干部知识结构，强化干部实践锻炼，不断提升推动介休改革发展的能力水平。

2.完善育人用人机制。事业成败，关键在人。首先要加强干部队伍建设。这次干部调整，市直部门空出不少岗位，但是议来议去找不出合适的干部补充上去。这就说明我们在干部培养方面出了问题，队伍建设落下了步子。今后要着力建立干部建设体系，注重在工作中发现一批、储备一批、培养一批、使用一批优秀的年轻干部，尽快解决无人可用的问题。其次，要把好选人用人关。要坚持"好干部"标准，树立以德为先、以廉为基、重视基层的用人导向。要加强各级领导班子建设，优化班子结构，探索建立领导班子和领导干部综合分析研判制度，准确掌握和识别领导班子运行和干部履职等具体情况，打造坚强有力的高素质执政骨干队伍。要从严教育管理干部，健全干部谈心谈话、函询诫勉等制度，畅通来信来电、网络举报通道，开展对领导干部"八小时之外"的监督。坚持从严管理干部与正向激励相结合，建立健全"有为激励、无为问责"的制度体系。

3.锤炼干部队伍作风。作风建设如逆水行舟，不进则退。要始终把作风建设放在突出位置，常抓不懈，久久为功。要大力弘扬舍我其谁的担当之风，牢记责任重于泰山，面对任务不推不让，面对矛盾挺身而出，该做的事、该负的责顶着压力也要干、也要担。要树立正确的政绩观，以"功成不必在我"的胸怀多做一些谋长远、打基础的事情，一任接着一任干，一锤接着一锤敲，创造实实在在的发展业绩。要坚决问责乱作为、不作为、慢作为的人和事，严惩"只要不出事、宁可不干事"等廉而不勤、懒政怠政行为，促进干部在位一天、赶考一天；要大力弘扬雷厉风行的落实之风，持续提升一抓到底的执行力，对市委、市政府的决策部署狠抓落实、快速推进，对承担的工作任务一着不让、紧张快干，对遇到的困难问题想方设法、全力破解，做到定了干、干必成；要大力弘扬实干争先的奋进之风，各级领导干部既要身先士卒，站在前面、冲在一线，又要做好压力传递，调动广大干群积极性，营造同心同向、众志成城的干事氛围。

4.强化党风廉政建设。要强化对违反中央八项规定精神行为的监督执纪问责，坚决防止"四风"反弹回潮。把握用好监督执纪"四种形态"，真正做到纪律面前人人平等，坚持"无禁区、全覆盖、零容忍"，严肃查处违纪违法、侵犯群众利益的案件，切实筑牢党纪和法律"两道防线"；严格落实党风廉政建设党委主体责任和纪委监督责任，对落实主体责任和监督责任不力，发生违反中央八项规定精神问题、"四风"问题和损害群众利益的问题，要严格落实"一案双查"，严肃追究领导责任；要推进廉政监督机制创新，完善巡查工作制度，加快形成不敢腐、不能腐、不想腐的有效机制。

5.全面夯实基层基础。基础不牢，地动山摇。要以建设基层服务型党组织为抓手，加快基层组织工作重心前移、工作方式转变、治理方式转型，增强基层组织的凝聚力、战斗力；深入整顿软弱涣散基层党组织，加强基层党组织"带头人"队伍建设，增强村级"两委"班子引领经济发展、促进农村稳定的能力；大力实施农村集体经济破零工程，有效壮大农村集体经济，确保有人干活、有钱办事；继续推进党代表工作室"一带三联"制度和"五个十分钟"服务圈建设，进一步整合工作资源，形成工作合力，把联系服务群众的触角延伸到最基层，打通服务群众"最后一千米"；加强基层基础保障，重点解决好基层党组织的工作经费、报酬待遇、活动场所等问题；健全和完善基层党建工作述职、评议制度，加大抓基层党建工作的考核力度，确保党建责任落实到位。

同志们，新的使命催人奋进，新的征程任重道远。让我们以勇立潮头的激情、坚韧不拔的意志、攀登新高的追求，团结带领全市广大干部群众，扎实苦干，担当作为，为实现介休振兴崛起而努力奋斗！

政府工作报告

——在介休市第七届人民代表大会第一次会议上

介休市市长　张　驰

（2016年9月23日）

各位代表：

现在，我代表介休市人民政府向大会做报告，请各位代表连同《介休市国民经济与社会发展第十三个五年规划纲要（草案）》一并审议，并请市政协委员和其他列席同志提出意见。

一、“十二五”工作回顾

“十二五”时期，是我市发展进程中极不平凡的5年。面对经济持续下行、多重困难交织叠加的严峻形势，在晋中市委、市政府和市委的坚强领导下，在市人大和市政协的有力监督和支持下，市政府团结带领全市人民，积极应对前所未有的困难和考验，锐意进取，攻坚克难，扎实苦干，经济社会发展取得新成就。“十二五”期间，先后被命名为国家园林城市、国家卫生城市、国家义务教育基本均衡县和省级历史文化名城，争取到新型城镇化等6个国家级试点和扩权强县等3个省级试点，中医药、妇幼健康服务两项工作受国家部委表彰，安全生产、高速公路建设、食品安全等8项工作受到省委、省政府表彰。

1.综合实力在逆境中不断提升。5年来，广大干部群众顶住不断加大的经济下行压力，砥砺奋进，各项经济指标实现稳定增长。国内生产总值达到135.4亿元，年均增长6.7%；规模以上工业增加值达到58亿元，年均增长7.8%；全社会固定资产投资由58.8亿元增加到141.7亿元，年均增长19.2%；社会消费品零售总额由44.5亿元增加到84.1亿元，年均增长13.6%；城镇居民人均可支配收入由17233元增加到28970元，年均增长10.9%；农民人均可支配收入由6319元增加到11723元，年均增长13.2%。经济社会发展跻身全省A类县第8位，地区生产总值、固定资产投资排名晋中第3，规模以上工业增加值、社会消费品零售总额晋中第2，公共财政收入以10.02亿元位居全省第18。

2.转型效果在阵痛中初步显现。5年来，深入推进产业结构调整，发展方式进一步转变。“十二五”期间实施重点项目558个，完成投资456亿元，其中生产性项目308个，完成投资304亿元，投产项目278个。“一区三园”建设迈出新步，水、电、路、气等基础设施进一步完善，获批省级经济技术开发区。传统产业升级改造，17个煤矿中15个建成标准化矿井，形成实际产能1380万吨；加快焦化行业兼并重组，5户主体企业产能达到1225万吨，昌盛大机焦项目投产；碳素产业加快提升，志尧、福源两个超高功率石墨电极项目投产。新兴产业加快发展，凯嘉煤层气发电、安晟泡沫保温材料等项目投产，博创纳米材料工业园即将投产，崇光低热值煤发电进展顺利，非煤产业增加值占工业增加值比重达38.7%。现代农业扎实推进，建成“一村一品”专业村120个、专业镇4个，核桃、铁皮石斛、芦笋种植加工蓬勃发展，绿健鸡蛋远销港澳。第三产业异军突起，在市域经济中的比重大幅提高，奥维德圣、晋能物流等仓储物流项目加快推进，实施易居乐、上康城等养生养老项目；旅游总收入提高到85.6亿元，年均增长20.1%，绵山、张壁古堡分别跻身国家5A、4A级景区，建成张兰古玩城，张壁、南庄入选“中国传统古村落”；电子商务产业园区开园运行，入驻企业43户，入选阿里巴巴“千县万村”首批试点，62个农村淘宝村级服务站开业。全市三次产业结构由“十一五”末的2:77:21调整为“十二五”末的4.3:53.3:42.4。

3.城乡面貌在拉动中深刻改变。5年来，围绕打造区域性中心城市目标，大力实施百项城镇化重点项目，加速城区扩容提质，累计完成投资百亿元，城镇化质量显著提升。实施《城乡总体规划》修编，建成区达到21平方千米，城区人口24万人，形成“一城两区五镇三十村”的城镇化体系，常住人口城镇化率达到64.26%，5年提高7.12个百分点。新建城市道路45.7千米，改造12.5千米，人均道路面积达13.8平方米；城市集中供热普及率、供气普及率、污水处理率、中水回用率分别达到93%、95.5%、97%、21.6%，人防人均面积达0.8平方米。实施汾河生态综合治理，城市绿地总面积661万平方米，绿化覆盖率、绿地率、人均绿地面积达43.06%、37.7%、10.8平方米。城区环卫实现垃圾机械清扫、上门收集、密闭清运，开放免费公厕71个，改造小街巷232条、7万平方米，建成13个便民市场。实施2.37平方千米旧城保护，开展国家历史文化名城创建。深入推进农村人居环境改善四大工程，新改建县乡公路139千米，建成农村饮水安全工程61处，实施“城中村”改造工程8个，完成农村危房改造1710户，启动1200户采煤沉陷区居民搬迁安置；开展覆盖231个村的乡村清洁工程，39个“城中村”纳入城市环卫体系；义安镇、张兰镇被确定为全国重点镇，张壁新村入选全国美丽乡村试点。

4.社会事业在政策惠及下长足发展。5年来，始终坚持集中财力办大事、办实事、办群众期盼的事。高标准实施校安工程、学校标准化建设、学前教育3年行动计划，教育基础设施跨入全省先进行列。新建人民医院主体完工，3个乡镇卫生院和5个社区卫生服务中心投入使用，4个卫生院基本建成，公共卫生服务中心启动建设。新建老年日间照料中心20个，社会福利中心项目开工。乡镇文化站、村文化室、农村体育场地、村通广播电视实现“全覆盖”，打造社区500米健身圈69个。社会保障扩面提标，城乡低保实现“应保尽保”，城乡居民养老保险覆盖率达到98%以上，城镇累计新增就业2.8万人，转移农村劳动力2.1万人。规划建设各类保障性住房1.3万套，建成3326套，分配1757套。积极构建安全生产监管责任体系，狠抓隐患排查整治，安全生产形势持续平稳向好，连续4年考核名列晋中前列。持续深化“平安介休”建设，着力推进“阳光信访”。健全社会网格化管理网络，建成数字城管平台，形成信息全面、源头可溯、流向可查的食品安全监管格局。

5.改革开放在杠杆作用下持续深化。5年来，农村改革、转型综改、新型城镇化试点等工作取得突破。深化农村改革，形成市乡村三级土地流转服务体系，明确小型水利工程产权和管护主体，完成集体林权制度改革；实施转型综改三年行动计划，推进革命兴煤，实现煤炭增量、稳价、降本、提效；开展城镇化综合试点，在全省率先取消户籍区分、推开户改，8万农业人口进入城镇；创新投融资机制，融资12亿元用于城市基础设施、保障房建设，三中新校区及十二幼儿园成为首个引入社会资本的PPP项目；义安成为全国经济发达镇行政管理体制改革试点，实施国家建制镇示范项目19个；扩权强县、财税体制、营改增、医药体制等一批重要改革稳步实施、效果凸显。引申“三大突破”，鼓励企业自主研发，提升核心竞争力，三佳新能源、丰矿物流获批省高新技术企业，博创纳米成为自主研发的高新项目；引进成立各类金融机构18家，贷款余额达220亿元，信用联社成功改制农村商业银行，凯嘉集团开启全省民企发债先河；减负帮扶民营企业，取消、停征涉企收费49项，帮扶安泰集团脱困重组，推行“三证合一”、集群注册和“一站式服务”，工商注册缩短到3个工作日。深化对外交流，积极组织参加中博会、能博会等招商活动，签约引资项目50个；完成进出口总额6.85亿美元，占晋中市的1/4，H型钢、日用陶瓷、碳素进入韩国、越南、中东等市场。

6.政府建设在主动作为下切实增强。5年来，坚持依法行政，实行阳光政务，政府治理方式和治理能力不断提升。自觉接受人大、政协和社会各界监督，严格执行人大及其常委会决议，支持人民政协履行职能，办理人大代表议案、建议和政协委员提案726件，满意率98%以上。实施效能革命，发布政府权力、责任"两个清单"，清理行政审批事项2123项，政府权力压缩45%；依托"互联网+政务"再造政府工作流程，综合性政务服务平台投入使用。政府管理能力明显提升，严格财政预算管理，切实提高财政资金使用效益；稳妥处置地方性政府债务，落实转换债券4亿元，债务管理评价全省第一；组建城投公司，形成国有资产集中管理、统一运营新机制；建成公共资源交易平台，四类政府资源全部纳入。廉政建设更加有力，落实中央"八项规定"和国务院"约法三章"，清理超标违规办公用房3.2万平方米，完成公务用车改革，"三公"支出下降56.9%；认真开展群众路线教育实践活动、"学习讨论落实"活动、"三严三实"专题教育、"两学一做"学习教育，严格执行《廉洁自律准则》《纪律处分条例》，严肃查处"慵懒散拖"，政府公信力明显提升。

同时，妇女儿童、民族宗教、外事侨务、人民武装、防震减灾、气象、档案、史志、老龄、残联等工作都取得了新进步。

各位代表，5年来，经济形势发生了巨大深刻变化，发展历程极为曲折坎坷，取得的成绩来之不易。这是市委坚强领导、科学决策的结果，是市人大、市政协大力支持、有效监督的结果，是全市广大干部群众合力攻坚、拼搏奋斗的结果。在此，我代表市政府，向奋战在全市各条战线的广大干部群众，向大力支持政府工作的人大代表、政协委员、各界人士以及驻市单位，向离退休老同志和支持介休发展的社会各界，表示衷心的感谢并致以崇高的敬意！

在肯定成绩的同时，我们也清醒地认识到，当前我市正处在困难和矛盾交织期，经济社会发展中还存在不少问题，表现在"三缺三高"：发展缺进位，同以往在晋中市综合排位比，生产总值、公共财政收入退居第3，规模以上工业增加值退居第2；投资缺项目，缺乏成长性好的大项目，特别是工业项目，投资后劲不足，经济增长潜力不大；创业缺人才，企业家危机意识淡薄，创业激情不够，干部队伍作风不扎实，创新能力滞后；企业高成本，一些企业贷款过多，财务成本高，生存举步维艰；财政高压力，收支矛盾十分突出，处于保工资、保运转状态；环境高风险，煤焦工业形成"环境赤字"，采煤沉陷区、地质灾害、卫生防护距离内居民搬迁任务艰巨。对此，新一届政府班子将以对党和人民高度负责的态度，直面问题，正视差距，找准措施，加快破题。

二、"十三五"时期的总体要求和主要任务

"十三五"是我市产业升级转型的关键期，是全面深化改革的攻坚期，也是全面建成小康社会的决胜期。站在新的历史起点上审视介休未来5年的发展，挑战与机遇并存，压力与动力同在。经济发展进入新常态，发展方式加快转变，发展动力持续转换，改革开放将不断释放发展新活力。省委、省政府提出"不断塑造山西美好形象、逐步实现山西振兴崛起"的目标，晋中市委、市政府做出"苦干三年，全面挺进全省第一方阵"的重大决策部署，市第六次党代会对我市未来5年经济社会发展进行了准确研判和科学定位，给我们指明了方向、描绘了蓝图。发展的历程中，尽管还会遇到一些困难和问题，但只要我们坚持市委的统一领导，充分依靠广大干部群众，坚定发展信心，强化使命担当，拼搏奉献，苦干实干，就一定能打好决胜之战，实现正本清源和发展巨变。

根据市委五届八次全会和第六次党代会精神及《介休市"十三五"规划建议》，市政府组织编制了《介休市"十三五"规划纲要（草案）》。"十三五"时期，我市发展的指导思想是：以习近平总书记系列重要讲话精神

为指导，坚持“五位一体”总体布局和“四个全面”战略布局，树立“五大发展”新理念，紧紧围绕省委、省政府“一个指引、两手硬”重大思路和晋中市委、市政府“三年挺进全省第一方阵”的重大部署，以振兴崛起、城乡美丽、生活富足、人民幸福为目标，以深化改革创优环境为动力，以工业脱困、农业上档、旅游升级、民生加力、社会和谐为抓手，凝心聚力、苦干实干，加快建设太原都市圈南部区域性中心城市，推动介休实现巨变、再铸辉煌，确保如期全面建成小康社会。

（一）主要目标

1.经济实现稳定发展。全市经济发展综合水平显著增强、经济增长质量和效益明显提高，地区生产总值和城乡居民人均收入比2010年翻一番，并实现人均地区生产总值和公共财政预算收入的同步增长。

2.产业结构转型升级。传统产业优化提升，新兴产业和现代服务业加快发展，农业经济上档升级，以“互联网+”为核心的新业态和新模式经济比重提升，三次产业结构进一步优化，服务业增加值占地区生产总值比重达到50%。

3.城乡发展协调推进。发展空间格局进一步优化，中心城区、重点镇辐射带动作用进一步增强。新型城镇化加快推进，创建国家历史文化名城、国家健康城市，户籍人口城镇化率达到52%，进一步推进城乡发展一体化。

4.生态文明稳步提升。生产方式和生活方式绿色、低碳水平加快提升，资源集约型、环境友好型社会建设深入推进。建成宜居城市和美丽乡村，生态环境显著改善。单位生产总值能耗、二氧化碳和主要污染物排放总量控制在省、市下达指标内。

5.创新创业活力增强。大众创业、万众创新呈现新气象，研究与试验发展经费占地区生产总值的比重达到2.5%以上，进入省级创新型城市行列。

6.人民生活安康幸福。就业更加充分，城乡收入差距缩小，教育、社保、医疗、养老、住房等公共服务体系更加健全，“学有所教、劳有所得、病有所医、老有所养、住有所居”取得新进展，基本公共服务均等化水平进一步提高。

7.改革开放不断深化。各方面制度更加健全完善，国家、省赋予的试点政策取得明显实效，在新型城镇化、县城基础设施投融资、农民工和青年人才返乡创业等方面探索可复制、能推广、见实效的试点模式。

8.文化法治实现提升。公共文化体系更加健全，优秀传统文化广泛弘扬；人民民主更加健全，平安建设基础更加牢固，法治建设体系更加完善，政府公信力和行政效率进一步提高，社会更加和谐稳定。

（二）完成“十三五”奋斗目标，必须努力做好以下工作

1.经济强基固本，加快升级转型。农业突破惯性思维禁锢，实现提档升级。做强“药蛋果产”四大产业，打造“一廊两线三带”发展格局，实现传统农业向现代农业转型、传统农村向现代集镇转型、传统农民向新型农民转型。在促进农民增收上发力。突出规模化，建设绵黄芪、芦笋、红薯、食用菌、油用牡丹等特色种植和蛋鸡养殖、核桃干果、农副产品加工产业带、集中区，形成药材2万亩、蛋鸡300万只、核桃10万亩；突出品牌化，推进陈醋、牛肉、黄酒、核桃、铁皮石斛等品牌打造，培育2个国字号名牌产品；突出融合化，引进“互联网+农业”模式，推进农业与第二、第三产业深度融合，发展乡村旅游、兴趣体验等新业态，带动群众以游致富，建设乡村旅游示范村20个。在深化农村改革上发力。深化水利和林业改革，巩固集体林权制度改革成果，吸引社会资本进入生态建设和水利领域；深化农村集体土地和宅基地改革，完成农村集体土地确权登记颁证，开展不动产统一登记发证；鼓励土地经营权向大户流转，发展适度规模经营，支持工商企业领办庄园经济、家庭农场等农业龙头企业。在夯实农业基础上发力。推广秸秆还田、土地深松等技术，实施高效节水灌溉

工程,完成东山调水、中部引黄市域小水网和龙凤河、樊王河综合治理,严格水资源规划和开发利用控制,实现地下水压采量1450万立方米。

工业巩固提升支柱产业,摆脱发展困局。围绕"3131"目标做实做强煤焦钢化。按照供给侧结构性改革,加快淘汰落后产能,优化产业级次,煤炭产业提高回收率和资源转化率,标准化煤矿全部建成投产,洗精煤产量达到3000万吨;焦化产业完成重组,实施好昌盛、茂胜等大机焦建设,5户主体企业焦炭产量达到1000万吨;钢铁产量稳定在300万吨,高线、H型钢等先进装备产能充分释放,延伸发展下游精细钢铁;化工产业在现有10万吨粗苯加氢、20万吨甲醇基础上,加快30万吨煤焦油、20万吨煤焦油馏分加氢、2亿立方焦炉煤气制天然气等项目建设,化工产量达到100万吨以上,实现煤焦大市向煤化工大市的转变。同时,积极提升碳素、机械、建材等传统产业级次。围绕工业优化升级培育发展新兴产业。加快发展电力产业,重点实施崇光低热值煤发电、凯嘉煤层气发电二期等项目,就地转化煤炭,由煤炭输出变电力输出;壮大新材料产业,加快博创纳米材料产业园建设,打造全省纳米材料研发生产基地,引导三佳有机硅有序复产;科学发展装备制造业,坚持技术、项目、人才引进相结合,引导青云通用航空、中加大型锻件复工或调整项目;积极发展节能环保产业,引导企业发展和使用节煤、节油、节水、节电和余热余压利用装备产品。同时大力培育食品加工、高新技术、光伏发电等产业。

服务业立足区位优势,加快提升档次。把服务业作为战略产业来抓,做优做强文化旅游、仓储物流、商贸金融。围绕文化旅游,深度挖掘介休特色文化,完善旅游服务设施,推进景区提档升级,打造"一山一村一城一市"精品景区,到"十三五"末,力争全市AAAA级及以上景区达到5个,年旅游总收入达到160亿元,形成有全国影响力的文化旅游集散地和目的地。围绕仓储物流,加快推进奥维德圣、晋能物流、亿联国际商贸城等项目建设,力争形成3户年销售额超亿元的第三方物流企业,打造山西中部现代物流枢纽区。围绕商贸金融,扶持和诺等本土商贸企业提升经营水平,实施影视广场等新商业综合体项目,打造区域性商贸核心区;大力发展电子商务,深化与阿里巴巴、京东等大平台的合作,支持发展一批本地电商平台,电子商务产业园成为省级电子商务产业基地;创新推进金融发展,鼓励更多企业通过发行企业债、上市等方式提高直接融资水平,支持民间力量规范设立风险投资、天使投资等基金,规范小额贷款公司、融资担保公司,健全小微企业和"三农"发展融资担保体系,严厉打击非法集资,打造全省金融资本集聚洼地。

*2.民生贴近根本,提高幸福指数。*整合教育资源,跻身晋中一流。统筹城乡教育发展,推进学校信息化建设,全面改善农村薄弱学校办学条件,整合新建一批中小学、普惠性幼儿园,切实解决教育资源不均衡、城市中小学班容量大和入园难问题。全面普及高中阶段教育,提高优质高中办学水平;注重发展职业教育,创新教学实训基地建设。支持和规范民办教育发展,鼓励社会力量和民间资本提供多样化教育服务,打造教育产业。继续推行教育盟区管理和集团化办学的改革举措,全面落实教师"县聘校用"管理,建立健全教育干部管理和教师"管聘用"长效机制。加强教育人才培养和教师队伍建设,在职称评定、评优评先、绩效工资方面向一线教师、乡村教师倾斜。切实提高教育质量,稳定本市生源,吸纳外地生源,力争3—5年时间教育质量跻身晋中一流。

健全医疗体系,打造健康介休。深化医药卫生体制改革,建立全覆盖的城乡医疗保障体系。建成公共卫生服务综合大楼,引进社会资本投资建设综合性医院,加强乡村医疗卫生服务体系建设,完善社区卫生服务机构,构建分级诊疗格局。加强医疗卫生人才队伍建设,提升医务人员能力和水平。到"十三五"末,市域内一所医院达到三级医院标准,每千人床位数达到6张,医技人员和病床比达到1∶1.7。坚持计划生育基本国策,全面实施一对夫妇可生育两个孩子政策。实施健康城市创建,深入开展爱国卫生运动。发展体育事业，完善体育设施，积极开展全民健身活动，鼓励发展体育经济，构建全民健身服务体系。

完善社保体系，提高生活质量。贯彻落实全民参保计划，强化用人单位参保责任，建立完善企业、职工、城乡居民三个保险相衔接的养老保险体系，实现养老保险法定人员全覆盖；整合城镇居民、新农合两种医疗保险制度，做实医保基金，拓展工伤保险覆盖面，不断提高医疗保障水平；建立健全失业登记，就业辅助、社保补贴和失业保险相结合的失业救助体系，提高失业待业人员的再就业水平；实施机关单位养老保险制度改革，启动被征地农民养老保险制度。进一步健全城乡居民最低生活保障等社会救助体系；提升发展养老产业，实施南庄、太阳城、利贞等养生养老项目，探索“医养结合”新模式和个性化养老服务。创新住房保障方式，提高保障和管理水平。

树立安全为天理念，保障社会和谐。把安全生产作为生命线、高压线、责任线。完善安全生产责任体系，按照“党政同责、一岗双责、齐抓共管、失职追责”的要求，落实政府安全生产监管责任。夯实安全生产基础，落实企业主体责任，推进安全生产标准化建设，提升本质安全水平。加大安全生产专家库建设，实行专家参与安全生产检查、督查制度，实行重点隐患挂牌督办制度，提高安全生产管理的专业化水平。常态化开展安全生产大检查、打非治违和专项整治，切实堵塞安全漏洞，促进安全生产形势持续稳定好转。深入推进食品药品安全建设，让群众吃得放心、用得安心。全面推进社会治安风险隐患大排查大整治，完善立体化社会治安防控体系，创新城乡基层群众自治和社区治理，形成全民共建共享的社会治理新格局。

3. 城乡加快统筹，建设美丽介休。完善城市功能，提升内在品质。优化人居环境和投资环境，增强产业吸附能力，建成区域性中心城市。完善提升城市路网，建设城市快速路，提标老旧道路，打通微循环路，实施大西高铁通城连接线等工程，建设过街天桥、地下通道、无障碍设施。开展城市黑臭水体整治，实施城区雨污分流管网改造，探索地下管廊建设。优先发展公共交通，合理布局城乡公交线路，开通城市免费公交和1元公交，建成长途汽车站，发展城市公共自行车，鼓励社会资本参与公共交通设施建设和运营。提升公共服务质量，实施天然气置换煤气，完成热电联产供热，新建第二水厂，打通城区电网“井”字形主干通道。落实棚改5年计划，基本完成棚户区改造；改造城区人行道、小街巷，完善老旧小区基础设施，配套物业管理、公厕、公共活动室、社区养老、医疗卫生、文体服务等设施，打造幸福社区。完成历史建筑和街区保护修缮，创建国家历史文化名城。探索海绵城市、智慧城市建设，运用数字城管、地下管线系统等智能化平台，强化市政设施管理维护，全面提升城市管理水平，力争到“十三五”末，建成全省最宜居的县级城市。

完善农村基础设施，建设美丽乡村。推进城乡基础设施一体化，加快燃气、污水处理、垃圾处理等基础设施向乡村延伸覆盖，重点实施“1167”城乡交通、“气化乡镇”等工程。建设管理好7个小城镇，重点打造义安、张兰两个国家级重点镇，到2020年实现燃气、污水管网、垃圾处理、区域集中供热覆盖整个镇区，学校、卫生院、公园广场、特色商业街、日间照料中心等功能配套齐全，提升带动农村发展辐射力。推进美丽乡村建设，千人以上村实现“六个一”全覆盖，打造一批设施齐全、功能完善的新型农村社区。开展乡村环境综合整治，运用政府购买服务模式对乡村环境卫生统一清扫清运，全部达到“四净四无”。加快地质灾害治理、采煤沉陷区治理搬迁和农村危旧房改造，积极稳妥推进“山远边穷小”村庄归并整合。

加大环境综合治理，守住生态底线。牢固树立“绿水青山就是金山银山”理念，全面改善环境质量，建设绿色家园。加大环境治理。实行最严格的环境保护制度，努力构建政府、企业、公众多元共治的环境治理体系。深入实施大气污染防治，全面取缔土小锅炉，建成区实行高污染燃料禁燃；加强水污染防治，抓好10处饮用水水源地保护，投资4亿元完成农村生活污水防治工程；强化土壤污染治理。提高煤炭等矿产资源全过程污染物排放控制标准，严格淘汰落后产能，严控“两高一低”行业新增产能。制定计划、明确任务、分步推进卫生防护距离内居民搬迁。推动资源高效节约利用。推进煤炭清洁高效利用,加快太阳能、地热能等新能源利用,加大煤层气开发。加快推动重点领域节能改造,严格单位产品能耗和绿色建筑标准。在钢铁、电力、建材等重点耗能行业推行能效对标,推动企业节能降耗。严守水资源保护红线,建设节水型社会。构建绿色屏障。以荒山、城区、矿区、道路绿化和发展经济林为重点,大力实施绿化工程,实现增绿增收并重、绿化美化同步。引导社会力量参与造林绿化,加强天然林和古树名木保护,森林覆盖率达到26.76%。推进矿山生态环境治理修复,开展汾河介休段生态修复,打造汾河沿岸秀美风光。

4.创新创业引领,突破发展瓶颈。积极推进开发区建设。组建开发区管理机构,按照"布局合理、结构优化、特色突出、绿色生态"的思路推进经济技术开发区发展。结合资源禀赋和产业实际,编制完成开发区总体规划。完善开发区供气、供水、供电等基础设施,推动用地指标、环境容量、资本等要素向开发区倾斜,进一步提升承载能力。优化开发区产业结构,增强核心竞争力和持续发展能力,指导焦化、电力等高耗能、高污染企业开展工业产品生态设计,打造"两型"示范企业;对园区内"僵尸"项目、企业加速出清,优化资源配置,打造新兴产业聚集地。建立市场化发展体制,积极参与区域合作,加大招商引资,承接产业转移,发展"飞地经济"。

用足用活试点政策。全面把握国家深化改革、简政放权、激活市场重大战略机遇,发挥好区域中心城市综合优势,加强对外开放、对接协作,充分释放国家新型城镇化、投融资体制改革、义安经济发达镇、农民工返乡创业试点活力,深化省级转型综改、108廊带区域一体化建设试点政策,加大对授权政策的研究分解、对接落实力度,把政策转化为加快发展的动力。

创新投融资体制机制。坚持政府投资和社会融资"两条腿"走路,盘活政府资产,激活民间资本。对文化中心、保障性住房、旧城广场等政府投资项目,采取PPP模式,引进社会资本参与建设。规范政府性融资平台,建立集中监管、统一运营、统筹收益、权责明确的管理体制;放大政府资金作用,有效整合支持方向相同、扶持领域相关的中央和省、市各项专项转移支付,集中财力办大事。引导民间资本进入基础设施、生态环保、文化旅游、社会事业等领域,探索完善融资支持、合理回报、资本退出等配套政策。

大力推动"双创"。整合就业培训资源,加大就业培训力度,培育发展创业培训学校、劳动技能培训学校和劳务派遣机构,加强职业中介、劳务输出引进等人才市场服务。强化企业创新主体地位,鼓励有实力的企业与高校、科研院所开展创新研究,依托经济技术开发区推进产业创新升级,力争实现科技研发对GDP贡献、新兴产业增加值、高新技术企业和科技储备项目"四个倍增"。推广"四众"模式,实施创业孵化、创业主体培育行动,发展分享经济。落实大众创业、万众创新政策措施,争取申报设立3个省级众创空间,扶持中小微企业发展。通过培养培训和外部引进相结合,打造一批商界精英、培养一批明日之星、扶持一批创业能人,汇聚推动介休发展的磅礴力量。

实施城中村"撤村转居"。加快推进建成区"村转居",建立产权明晰、权责分明、运行规范、管理民主、流转畅通的新型集体经济组织运行机制,提高集体资产的经营效益,实现农民变股民、资产变股份、村委变居委"三个转变",城中村融入城市。

三、2016年政府工作安排

2016年是全面建成小康社会决胜阶段的开局之年,做好今年工作意义重大。今年主要预期目标是:地区生产总值增长7%以上,规模以上工业增加值增长5.5%,固定资产投资增长17%以上,公共财政收入增长6.8%,社会消费品零售总额增长7%以上,城镇居民可支配收入和农村居民可支配收入均增长7%。

围绕上述目标，今年以来，全市上下攻坚克难，扎实苦干，前三季度经济社会发展呈现稳中有升、稳中有进的良好态势，上半年，全市地区生产总值完成59.5亿元，同比增长5.5%；社会消费品零售总额完成38.8亿元，同比增长5.8%。1—8月份，规模以上工业增加值完成33.7亿元，同比增长5.3%；固定资产投资完成78亿元，同比增长8.8%；公共财政收入完成6.8亿元，同比增长3.92%；城镇居民人均可支配收入完成17889元，同比增长6.6%；农村居民人均可支配收入完成8463元，增长6.3%。必须看到，当前我市经济处于低位企稳状态，稳增长基础还不牢固，固定资产投资增速排名全市靠后，财政保障能力不足，城乡就业和增收压力加大，发展形势依然十分严峻。

在此，我向大会郑重承诺，市政府将在市委的坚强领导下，带领广大干部群众，坚定信心，凝心聚力，主动作为，苦干实干，力争完成全年各项任务，为实现"十三五"发展目标奠定坚实基础。第四季度，将重点抓好以下六项工作。

1.抓产业、稳增长。巩固提升核桃加工、铁皮石斛和芦笋种植等特色农业产业，培育壮大农业加工企业，完成绵山陈醋搬迁扩建主体工程，加大绵黄芪种植推广力度，全年农产品加工销售收入实现13亿元以上。扎实开展省万名干部入企服务工作，稳住工业经济增长基本面，煤炭生产企业要强化精细化管理，挖潜增效，全年煤炭产量达到650万吨；洗煤企业要开展精准营销，开拓市场，洗精煤产量达到1200万吨；焦化企业要积极稳定生产，完善精脱硫设施，焦炭产量达到500万吨；钢铁和碳素企业要着力推动管理创新，实现产量回升和效益提升。支持安泰集团完成战略重组，帮扶甲醇、粗苯加氢两个项目恢复生产，落实中小微企业发展各项政策，新增"小升规"企业4户。紧紧抓住晋中全域旅游发展机遇，加快横向联合，利用黄金周假日节点，做好绵山、张壁古堡等景区旅游服务工作，完善旅游要素体系。抓好亿联国际等仓储物流项目，积极推进电子商务发展，推动凯嘉煤层气挂牌"新三板"。

2.抓项目、促投资。落实重点项目"六位一体"机制，开展"各类项目受理大起底"和"待落地项目大起底"工作，完善市级领导联系帮扶重点工程制度，为项目单位提供精准服务。强化项目精细化管理，对全市范围内的实物发生量做到应统尽统，杜绝统计数据漏项，力争完成年初确定的项目建设任务。强化项目培育，围绕"三新经济"，聚焦"七大新兴产业"，加大招商引资力度，落实要素保障，强化招商项目的有效载体，切实谋划推进一批大项目、好项目。

3.抓环境、树形象。打好城乡环境综合整治攻坚战，党员带头，全民动员，集中整治"脏乱差"，改变城乡面貌。城区要按照国家卫生城市标准，从交通秩序、公共场所、市容市貌等方面入手，开展综合性攻坚整治，实现"五个规范"和"三个全面提升"。乡村要彻底清除积存垃圾，按照"四净四无"标准，集中开展硬化、绿化、净化整治，清理"四堆"，整治"四乱"，打造108国道、张义线、东夏线3条国省道精品路段，张兰、义安、三佳3个精品集镇，20个精品样板村，让我们的介休真正美起来。

4.抓财税、强保障。加强税收征管，做好煤炭、洗煤、房地产、建筑业、交通运输业等重点税源动态监管，推进税收便利化改革，狠抓欠税清理，努力增加税收收入。盘活国有资产，规范运营管理，依法公开处置闲置资产，增加非税收入。盘活后土庙、城隍庙广场地下商业设施和保障房等存量资产，推进房地产去库存。抓住国家政策窗口期，争取国家债务置换资金9.8亿元，享受更多政策红利。牢固树立"过紧日子"思想，硬化预算约束，严控"三公"经费，压缩一般性支出，提高财政统筹能力，全力保障民生支出。

5.抓安全、保底线。将安全生产工作作为头等大事抓实抓好。严格落实安全生产责任制，推进党政同责机制深化细化，继续强化企业主体责任，狠抓作业现场管理。夯实安全生产基础，落实分类分级动态监管、清单化监管等制度，落实安全专家顾问制度。加大隐患排查整治力度，扎实开展安全生产大检查等专项活动和"打非治违"等专项行动。加强社会治安综合治理,严厉打击各类违法犯罪,畅通信访渠道,化解矛盾纠纷,提升群众安全感。抓好国庆、元旦等重要节庆和重大政治活动期间安全维稳工作,确保社会和谐稳定。

6.抓民生、办实事。立足保障和改善民生,把有限的财力向民生倾斜,在统筹抓好教育、医疗、就业等重点工作的同时,投资2.5亿元办好10件民生实事,由于今年时间紧,一些工程需要跨年度实施。

(1)改善城区公共出行。对已开通的两条免费公交线路优化站点,保障运行;在城区投放1000辆公共自行车,适应城区公共出行的换乘需求。

(2)建设集贸市场。在城区主要路段建设5个小吃城、果蔬市场、熟食市场,低价租赁,规范小商小贩经营,方便群众生活。

(3)建设幸福社区。在千人以上村推进"六个一"工程,今年先期在2000人以上村实施;在城区增加社区停车位、绿化带,选择一批老旧小区进行规范提升,开放一批群众活动室。

(4)新改建免费公共厕所。在城市广场、人群集中的地段,新造、改建公共厕所50个。

(5)改善城区办学条件。建设介休三中新校区及十二幼儿园,力争年底完成主体工程建设,明年秋季具备招生条件。

(6)改造城市道路。完成3.2千米北坛东路改造和20条小街小巷维修、改造,改善群众出行条件。

(7)建成社会福利中心。完成集老年公寓、儿童福利院、城市流浪乞讨人员救助站和救灾物资储备仓库于一体的社会福利中心建设,保障弱势群体的合法权益。

(8)建设乡镇卫生院。完成在建的4所乡镇卫生院建设,并投入使用,改善农村群众就医条件。

(9)建设长途汽车站。在新城区规划新建长途汽车站,解决现汽车站占地规模小、拥挤的问题。

(10)打造城区汾河景观。建成三座液压坝和四个堤外湿地,形成城区汾河景观水系,完成国家级湿地公园建设。

四、加强政府自身建设

发展的重任、竞争的态势、人民的期盼,对政府工作提出了更高要求。市政府将始终本着对人民、对事业高度负责的态度,切实加强政府自身建设。

建设诚信政府。把诚实守信作为政府工作重要信条,加强政府系统公职人员诚信教育和管理,做到诚信办事、诚信服务。政府各部门要创造良好环境,帮助企业上项目、保运行、渡难关,在经济形势逐步回暖基础上,千方百计化解政府债务。广大企业家也要诚实守信、合法经营,倍加珍惜自身荣誉,保持进取精神和创业激情,成为弘扬社会正气和文明新风的模范。深化政务公开,推进政府决策、执行、管理、服务、结果全公开,杜绝急功近利、朝令夕改。落实政府承诺,确定的工作和实事,说一件做一件,做一件成一件,提高政府公信力。

建设法治政府。深化权力清单和责任清单制度,探索制定市场准入负面清单,加强权力运行全过程监督。健全政府依法决策机制,落实重大行政决策公众参与、专家论证、风险评估、合法性审查和集体讨论法定程序,完善政府法律顾问制度,提高政府决策水平。坚决服从市委领导,自觉接受人大及其常委会法律监督,接受政协民主监督,加强行政监督和审计监督,虚心听取和采纳社会舆论意见建议。严格落实市人大及其常委会的各项决议决定,坚持政府重大决策向人大报告制度,认真办理人大代表议案、建议和政协提案。启动"七五"普法,开展"法润晋中"系列行动。政府要带头遵法、学法、守法、用法,法定职责必须为,法无授权不可为，确保权力在法制轨道上运行。

建设高效政府。把务实、高效作为政府工作的自觉追求。深化“放、管、服”改革，做好上级下放事项承接和管理，清理规范行政审批中介服务，积极推进网上审批，打造全省审批事项最少、时间最短、效率最高的发展最优区。始终把敢于担当作为政府自觉，切实担起使命、担起责任、担起风险，凝聚推动发展正能量。建立“拼搏奉献、苦干实干”的激励和容错机制，营造干事创业的良好政治生态。加强常态化督查，紧盯不落实的事，问责不落实的人，严查不作为的官，打通政策落地的关键链条。健全政府目标责任考核指标体系，探索开展政府绩效第三方评估，确保各项工作有人抓、有人管、有实效。

建设廉洁政府。把廉洁从政作为提升政府形象的重要举措。认真落实全面从严治党主体责任，严格执行廉洁自律准则，推动政府系统党风廉政建设自上而下深入延伸。用制度管好政府的人、财、物、事，加强对财政收支、资产处置、土地出让、政府采购、民生项目、工程招投标等重点领域监管。扎实开展“两学一做”学习教育，增强政府系统干部讲规矩、守纪律的思想认同和政治自觉。严格执行中央“八项规定”和国务院“约法三章”，厉行节俭、反对浪费，“三公经费”只减不增。坚决纠正损害群众利益的不正之风，从严查处各类违法违规违纪案件，不断改进作风、提升能力。

各位代表，站在新的历史起点，我们肩负的责任重大而光荣。使命催人奋进，实干托起梦想，奋斗铸就辉煌。让我们更加紧密地团结起来，在市委的坚强领导下，在市人大、市政协的监督支持下，以更加饱满的精神开拓创新，以更加昂扬的斗志攻坚克难，以更加务实的作风勤勉工作，为实现市第六次党代会提出的振兴崛起、城乡美丽、生活富足、人民幸福的目标和全面建成小康社会而努力奋斗！

附：名词解释

（1）千县万村：阿里巴巴集团提出的在3—5年内投资100亿元，建立农村淘宝1000个县级运营中心和10万个村级服务站。

（2）一城两区五镇三十村：一城即市城区，两区即义安新区和义棠新区，五镇即张兰镇、连福镇、绵山镇、龙凤镇、洪山镇，三十村即30个中心村。

（3）三大突破：科技创新、民营经济、金融振兴。

（4）三证合一：将企业依次申请的工商营业执照、组织机构代码证和税务登记证“三证”合为“一证”。

（5）约法三章：政府性的楼、堂、馆、所一律不得新建；财政供养的人员只减不增；公费接待、公费出国、公费购车只减不增。

（6）三公经费：因公出国（境）经费、公务车购置及运行费、公务招待费。

（7）五位一体：经济建设、政治建设、文化建设、社会建设、生态文明建设。

（8）四个全面：全面建成小康社会、全面深化改革、全面依法治国、全面从严治党。

（9）五大发展理念：创新发展、协调发展、绿色发展、开放发展、共享发展。

（10）一个指引两手硬：“一个指引”就是要坚定不移地以习近平总书记系列重要讲话精神为指引，“两手硬”就是着力构建良好政治生态，着力推动经济稳步向好。

（11）一廊两线三带：一廊即打造汾河设施农业绿色经济走廊，两线即以108国道和大运高速为两条轴线发展农副产品加工产业园和物流交易集散地，三带即连福张兰丘陵山区、龙凤张壁旅游公路、义棠郭壁山区三条干果经济林产业带。

（12）新三板：全国中小企业股份转让系统，是继上海证券交易所、深圳证券交易所之后第三家全国性证券交易场所。

（13）3131目标：3000万吨洗精煤，1000万吨焦炭，300万吨钢材，100万吨化产。

（14）一山一村一城一市：一山即绵山，一村即张壁古堡，一城即老城，一市即张兰古玩市场。

（15）1167城乡交通：即1条高速连接线，1条景区内道路，6条县公路，7条乡公路，共125千米。

（16）农村“六个一”：一个街心公园，一个红白议事大厅，一个大众食堂，一个大众澡堂，一个幸福大院，一个群众活动室。

（17）四净四无：道路及路牙净、绿化带净、雨污水口净、垃圾点周边净，无塑料袋、无果皮纸屑、无砖瓦石块、无人畜粪便。

（18）飞地经济：两个相互独立、经济发展存在落差的行政地区打破原有行政区划限制，通过跨空间的行政管理和经济开发，实现两地资源互补、经济协调发展的一种区域经济合作模式。

（19）四众：众创、众包、众扶、众筹。

（20）小升规企业：小微企业进入规模以上工业企业。

（21）重点项目六位一体：项目储备、签约、落地、开工、建设和投产。

（22）两高一低：高污染、高耗能、低水平行业。

（23）两型：资源节约型、环境友好型。

（24）三新经济：新产业、新业态、新商业模式。

（25）七大新兴产业：山西省确定的装备制造、医药、特色食品、轻工、纺织、材料、信息技术七大产业。

（26）五个规范：即规范垃圾清运处理，规范户外广告和牌匾设置，规范城乡街巷市场秩序，规范城乡街道车辆停放，规范建筑工地管理。

（27）三个全面提升：全面提升城乡环境基础设施水平，全面提升城乡居民卫生文明素质，全面提升居民道德修养。

（28）四堆四乱：四堆即煤堆、肥堆、柴草堆、料堆，四乱即乱搭乱建、乱堆乱放、乱涂乱画、乱贴乱挂。

关于介休市2015年国民经济和社会发展计划执行情况与2016年国民经济和社会发展计划草案的报告

——在介休市第七届人民代表大会第一次会议上

介休市发展和改革局局长　赵建勇

（2016年9月23日）

各位代表:

受市人民政府委托，现将介休市2015年国民经济和社会发展计划执行情况与2016年国民经济和社会发展计划草案提请大会审议，并请列席会议的政协委员和其他同志提出意见。

一、 2015年国民经济和社会发展计划执行情况

2015年我市立足于“抢机遇、抓关键、补短板、破难题、防风险、惠民生”，积极应对经济下行压力，认真执行由市人大六届五次会议批准的介休市国民经济和社会发展计划，精心筹划、奋力拼搏，较好地完成了年初确定的预期目标，经济社会保持了平稳健康发展。回顾过去的一年，全市经济和社会发展呈现出如下几个特点。

1.经济运行平稳增长，综合实力逐步增强。2015年全市完成地区生产总值135.4亿元，增长6.2%；规模以上工业增加值58.2亿元，增长5.8%；一般预算收入10.02亿元，同比减少18.3 %。各项经济指标中，第一产业增加值5.9亿元，增长5.1%。第二产业增加值72亿元，增长6%。主要产品产量除市属原煤、焦炭、发电量同比减少外，其余均实现了不同程度增长，其中原煤产量806.28万吨（含汾西矿务局），增长5.8 %；市属原煤产量662.6万吨，减少18%；焦炭产量436.3万吨，同比减少22.7%；洗精煤产量1244.5万吨，增长9.7%；生铁产量149.7万吨，增长6%；粗钢产量166.6万吨，增长9.2%；发电量10.2亿度，同比减少7.1%。固定资产投资完成141.7亿元，增长18.9%。第三产业增加值57.4亿元，增长6.9 %。旅游景点年接待游客634.1万人次，增长19.5%。旅游综合收入达到85.6亿元，同比增长20.1%。主要经济指标中，地区生产总值、固定资产投资绝对量位于晋中第3；规模以上工业增加值、社会消费品零售总额绝对量位于晋中第2；公共财政预算收入绝对量位于全省第18；城镇居民、农村居民可支配收入稳居晋中前3。

2.项目建设扎实推进，结构调整初见成效。重点工程及“六位一体”工作顺利推进，项目储备、签约、落地、开工、建设、投产取得新进展。其中，完成储备项目81个、总投资1590亿元；签约项目9个，总投资180亿元；落地项目45个、总投资79.28亿元；开工项目69个，总投资104.62亿元；投产项目46个，总投资101.11亿元。省市重点工程59个项目，累计完成投资132.6亿元。包括崇光2×350MW（兆瓦）低热值煤发电项目、青云集团航空产业基地项目、中加重工20万吨大型锻件制造项目、汾河综合整治工程、晋能物流园项目在内的重点项目推进顺利。奥维德圣物流仓储项目开工建设。17个煤矿中有15个建成标准化矿井，志尧超高功率石墨电极、昌盛大机焦、凯嘉煤层气发电一期等建成投产，博创纳米材料工业园一期即将投产。非煤产业增加值占工业增加值比重达38.7%。以旅游和电子商务为主的第三产业快速发展，绵山、张壁古堡分别跻身国

家AAAAA、AAAA级景区，张兰古玩城入选“山西省特色商业街”，张壁、南庄入选“中国传统古村落”。成为阿里巴巴“千县万村”首批试点，35个农村淘宝村级服务站开业，电子商务产业园开园运营，入驻企业45户。第三产业增加值占全市地区生产总值比重达到42.4%。“一区三园”内水、电、路、气等基础设施进一步完善，以“一区三园”模式申报的介休经济技术开发区上报省政府待批。

3.转型综改稳步推进，改革效应得到放大。积极实施以“111”综改目标任务(即10项重大改革，10项重大事项，10个重大项目)为主导的综改行动计划，在新型城镇化综合试点、深化县城投融资体制改革试点方面取得新进展。户籍制度改革全面实施，出台金融振兴、科技创新实施意见，农村土地承包经营权确权登记颁证试点全面推开，城乡建设用地增减挂钩、工矿废弃地修复治理成效明显。争取到国家发改委、住建部县城深化基础设施投融资体制改革试点5000万元专项资金，用于我市西南排干改造工程。争取到义安经济发达镇试点三年6000万元专项资金。加快推进政府与社会资本合作，推进全市首个PPP合作项目三中新校区及十二幼儿园项目建设，积极推进污水处理、供热管网、城市公交等储备项目采用PPP模式建设。

4.城乡建设统筹推进，生态环境持续改善。积极推进大西高铁东站站前广场与市内道路连接线铁路高架桥续建工程，2015年完成投资4910.4万元，累计完成投资10142.9万元。总里程29千米的21项农村公路提质工程，完成投资1500万元。市城区内经五路、经十路、塔西巷三条道路建设，完成投资4500万元。由政府主导的安康嘉苑、裕康嘉苑三期两个项目于年初竣工分配，富康嘉苑、顺康嘉苑一期、永康嘉苑、裕康四期、泰康嘉苑、顺康嘉苑6个项目建设进展良好。完成了配建公共租赁住房184套的建设任务，完成投资1651万元；完成了城市棚户区城中村改造任务506套，完成投资1.03亿元。扎实推进大气污染防治行动计划的落实，继续实施污染减排重点工程。强化农村环境保护，加大生态建设力度，建成张兰镇穆家堡村生活污水防治等农村人居环境改善工程项目。龙凤镇南庄村、张兰镇板峪村、张兰镇上岭后村、义安镇义安村和义安镇西堡村5个村被晋中市命名为绿色生态村。2015年六项污染物减排任务全部完成，全市二级以上天数达到305天。

5.现代农业发展加快，农民增收得到保障。全市巩固设施蔬菜面积4570亩，新发展设施蔬菜面积5483亩，建成义安镇和张兰镇两个万亩设施蔬菜基地。具有较大带动作用的省级龙头企业达到5户，市级龙头企业达到23户，年销售收入2000万元以上的企业达到18户。农产品加工企业完成销售收入达到12.53亿元。凌云公司农产品加工陈醋生产线以及铁皮石斛加工、包装生产线等工程建设取得新进展。新发展省级一村一品专业村12个，专业乡镇1个，县级一村一品专业村20个。新型职业农民培训663人。农业产业化进程的加快和农业生产基础条件的改善，使农民增收得到保障。全年农民人均可支配收入达到11723元，同比增长7.3%。

6.社会事业全面发展，人民生活进一步提高。进一步扩大公办幼儿园规模，投资520万元，实施了总建筑面积2875平方米的4所农村幼儿园项目建设。全市高考达线人数1186人，其中介休一中达线653人，绝对人数连续两年排晋中16所优质高中之首。加快历史文化街区保护，后土庙广场基础设施进一步完善。劳动就业得到保障，全年城镇新增就业人数5226人，失业人员再就业1678人，就业困难人员就业410人，创业就业912人，转移农村劳动力4160人，城镇登记失业率2.99%。同时在卫生、体育、社会保障、民政、安全生产等方面均取得新进展。社会事业和经济同步发展，使全市人民生活质量和幸福指数进一步提高，全市社会消费品零售总额达到84.1亿元，同比增长5.5%；城镇常住居民可支配收入达到28970元，同比增长7.4%。

总体看，2015年全市基本实现了国民经济和社会事业的平稳健康发展，在转型综改和重点项目建设等方面取得新进展。但仍存在经济综合实力不强、传统支柱产业整体低迷、新型产业发展不快、企业效益下滑、地方财政收入下降等困难和问题，这些都需要我们在今后的工作中切实加以解决。

二、 2016年我市经济和社会发展的指导思想和预期目标

2016年是全面建成小康社会决胜阶段的开局之年，也是加快推进供给侧结构性改革的攻坚之年。根据我市实际，结合“十三五”规划纲要实施，确定我市今年经济社会发展的指导思想为：以习近平总书记系列重要讲话精神为指导，坚持“五位一体”和“四个全面”战略布局，牢固树立“五大发展”新理念，紧紧围绕晋中市委、市政府“三年挺进全省第一方阵”的重大战略部署，以转型综改实验区试点建设为统领，全面推进深化改革，围绕工业脱困、农业上档、旅游升级、民生加力、社会和谐，坚持“稳增长、促改革、调结构、惠民生、防风险”，加快建设以“振兴崛起、城乡美丽、生活富足、人民幸福”为目标的太原都市圈南部区域性中心城市。

按照上述指导思想，确定我市2016年经济和社会发展的预期目标为：地区生产总值增长7%以上，规模以上工业增加值增长5.5%，固定资产投资增长17%以上，公共财政收入增长6.8%，社会消费品零售总额增长7%以上，城镇居民可支配收入和农村居民可支配收入均增长7%。

三、 2016年我市经济和社会发展的主要任务

1.继续推进转型综改，激发发展内生动力。继续实施转型综改“三个10”年度行动计划，立足于供给侧结构性改革，统筹抓好“去产能、去库存、去杠杆、降成本、补短板”五大任务，着力破解存在困局，积极改善供给结构。强化企业创新主体地位和主导作用，鼓励和支持安泰、三佳、博创、凌云等企业科技创新发展，加快培育具有带动力的创新领军企业。加快企业上市“新三板”挂牌步伐，积极探索和运用新型金融工具，解决融资性问题。加快新型城镇化综合试点建设，在户籍制度改革、公共服务均等化等方面先行先试取得成效。继续深化农村土地改革，推进农村土地经营权确权登记颁证工作。积极引导土地经营权有序流转，完善市乡村三级土地流转服务平台。

2.继续推进结构调整，做稳做强基础产业。大力推进传统支柱产业改造提升，做稳做强煤焦钢化四大基础产业，逐步实现“3131”目标。16座标准化矿井全面建成投产；焦化产业完成重组，初步形成以安泰、龙源、茂胜、路鑫、昌盛五户为主体的义安千万吨级焦化园区；钢铁产量保持在300万吨；化工产业在完成得一10万吨粗苯、益达20万吨甲醇两个化工企业复产基础上，促进30万吨煤焦油、20万吨馏分加氢、20万吨液制天然气等一批化工企业投产。大力推进装备制造业提档升级，扶持青云通用航空、中加20万吨大型锻件、煤化成套设备等项目加快建设进度。大力发展电力产业，加快崇光低热值煤发电项目建设，启动凯嘉煤层气发电二期工程，构建煤电产业链条。扶持壮大新材料产业，加快博创纳米材料产业园项目建设，三佳有机硅项目复产。改造提升新型建材产业，发展矸石砖、矿渣粉、外墙保温、钢结构等新型建材。抓住节能减排、环境修复、资源循环利用的市场需求，引导企业发展节能环保产业。

3.继续抓好农业现代化，促进农村经济发展和农民增收。继续加大农业投入力度，大力实施“药蛋果产”战略。充分发挥我市种植药材的传统优势，以2万亩绵黄芪种植为基础，积极和山西国新能源公司对接，增加药材种植数量和面积，逐步将我市打造成中药材种植基地。在全市现有160万只蛋鸡的基础上，培育龙头企业，发挥辐射带动效应，争取用最短的时间在全市形成300万只蛋鸡的养殖规模，以核桃干果为主，着力打造龙凤、张壁旅游公路，连福、张兰丘陵山区，义棠、郭壁丘陵山区三条干果经济林产业带。大力开发农副产品，积极扶持绵山陈醋、金源黄酒、俏千金、金核仁等特色农副产业扩规模、上档次。通过努力，充分释放农业潜力，逐步形成农业工业齐头并进，工业有实力、农业有潜力的局面。

4.继续抓好三产服务业，培育一批经济新业态。着重抓好“一山、一村、一城、一市”的旅游升级战略，努力形成具有全国影响力的旅游地。加强绵山管理，突出忠孝文化，稳步提升AAAAA景区服务质量；继续扩

大张壁古堡影响力，加大配套设施建设；依托市城区后土庙、城隍庙、祆神楼三家国宝单位，打造城区精品旅游线路，完成AAAA级景区创建；加强张兰古玩市场基础设施建设，提升服务水平，持续放大古玩收藏文化效益。积极推进农村生态游和田园风光游。加大商贸流通体系建设，建设一批标准化仓储，打造区域性商贸物流中心。大力发展电子商务，以电子商务产业园为龙头，促进互联网新型业态在我市的发展。支持阿里巴巴“农村淘宝”和晋中粮易两个平台发展，千人以上村实现“农村淘宝”村点全覆盖，推动阿里巴巴特色中国、蚂蚁金服、绿色溯源等尽快落地。启动电商培训计划，对涉农组织、创业青年、返乡大学生进行培训，全年新开网店300个以上。

5.继续加强城乡基础设施建设，推进城乡一体化进程。加快农村公路改造步伐，完成34.9千米、涉及总投资5820万元的县乡公路改造。启动天峻山、侯家大院旅游公路建设。立足于补齐城市短板，加强老旧小区物业规范提升、基础设施改造；加快城市电网、农村电网改造，完成朝阳路、介纺80楼、影视广场的拆迁和住户安置。积极筹划新城供水站、热电联产供热主管网、天然气置换煤气、南同蒲以南供热、停车场建设等一批事关长远的重点工程，力争取得实质性进展。充分运用PPP、特许经营等模式，吸引民间资本参与城乡基础设施和公共服务建设。深入实施农村人居环境改善工程，推进燃气、排水、污水处理、垃圾处理、电信网络覆盖，补齐重点镇、中心村短板。适时启动地下管廊建设。

6.继续抓好环境治理，提升美丽介休建设水平。围绕“增绿、兴水、治污、减排”，大搞植树造林，坚持“生态建设产业化，产业发展生态化”和“增绿与增收并重，造林与造景并举，绿化与美化同步”，实施多元化投入、专业化栽管。继续推进汾河、龙凤河、樊王河百里河道建设，优化汾河流域及境内其他河流的水生态环境。实施好汾河橡胶坝、液压坝五座蓄水工程，提高地表水利用效率。以雾霾治理为重点，着力解决大气污染问题。继续加大燃煤锅炉污染治理，积极鼓励使用天然气，加强重点行业提标改造，深化城市污染综合治理，实施机动车和扬尘污染防治，促进空气质量进一步好转。着力节能降耗，发展循环经济，加快建立循环型工业、农业、服务业体系。大力发展低碳经济，主动控制碳排放，加强高耗能行业耗能管控，继续淘汰落后产能。大力倡导绿色消费、绿色出行，鼓励发展电动公交。积极开展城乡环境综合整治。

7.继续抓好社会事业发展和民生工程，加快幸福宜居城市建设。继续推进义务教育均衡发展，提高教育质量，深化考试招生制度改革和教育教学改革，实现基础教育、继续教育、终身学习通道畅通。创建1-2所数字化校园试点校。结合城市改造，学校提质扩容，加快推进介休六中、福馨园小学等重点项目实施进度。完成2所农村公办幼儿园建设。围绕美丽乡村和幸福社区建设，继续加大对乡村基础设施建设的投入。在千人以上的村逐步实施“六个一”工程，即：建一个街心公园，建一个红白议事大厅，建一个大众食堂，建一个大众澡堂，建一个幸福大院，建一个群众活动室。立足于着力打造幸福社区，由政府投资改造小区停车位、绿化带，将所有小区的物业进行统一管理，在小区建设群众活动室、公共食堂。建设社区医院，实现群众就近看病。在市城区人群集中的地方建设一批群众活动室。政府投资在黄金地段建设一批小吃城、果蔬市场、熟食市场，小商小贩全部集中入驻市场。市城区开通免费公交，投放公共自行车，让群众出行更方便。免费开放图书馆、博物馆，后土庙、城隍庙、祆神楼，让群众充分享受文化成果。

各位代表，让我们在新一届市委、市政府的正确领导下，在市人大、市政协的监督支持下，团结一致、携手共进，弘扬正气、正本清源，凝心聚力、拼搏奉献，确保各项指标的完成和各项经济社会发展的任务得以实现。

谢谢大家！

大事记 | DA SHI JI

大 事 记

DA SHI JI

1月

15日，晋中市市长胡玉亭到介休市调研。

24日，介休市举行PPP项目签约仪式。

26日，国家卫生和计划生育委员会在北京召开的“2016全国妇幼健康工作会议”上，授予介休市“全国妇幼健康示范县(市、区)”称号。

29日，晋中市副市长任忠到介休市调研。

2月

2日，介休市召开中共介休市委五届八次全体会议。

14日，介休市召开全市领导干部警示教育大会。

15日，晋中市委常委、组织部长唐立浩到介休调研。

23日，介休市召开全市经济工作会议。

同日，介休市召开中共介休市纪委五届六次全体会议。

3月

11日，介休市召开城市公交设计方案和大西高铁转体桥连接线建设方案评审会。

23日，介休市召开全市农村工作会议。

25日，国家统计司领导到介休调研。

4月

8日，介休市召开全市市、乡两级换届工作会。

13日—14日，晋中市委书记张璞到介休调研并召开座谈会。

18日，介休市召开全市招商引资工作会。

20日—22日，介休市市长王怀民组织相关部门赴上海参加晋中市108廊带产业项目推介对接会议。

5月

6日，晋中市委副书记刘志宏到介休调研。

10日，山西省委副书记楼阳生到介休调研。

16日，由山西省商务厅阿里巴巴集团农业事业部主办，介休市人民政府承办的山西品牌网上行“乡甜介休”项目启动仪式在太原举行。介休绵山长寿湾小米同步上线阿里巴巴农村淘宝“乡甜农场”。

17日，山西省省长李小鹏到介休调研。

同日，晋中市委书记胡玉亭到介休调研。

19日，海峡两岸中华传统文化与现代化研讨会在介休召开。

24日—27日，介休市市长王怀民赴深圳参加民营企业进山西项目推介会。

31日，山西省委常委、宣传部长胡苏平到介休调研。

6月

6日，农业部环境保护科研检测所的专家对介休市帅达农牧发展有限公司、光宏农牧发展有限公司（帅达子公司）及帅达有机肥加工厂进行调研。

9日，介休市首届“互联网+”普及推广及首届网购节开幕。

7月

18日，介休市第一条城市公交——101路公交正式开通运营。101路城市公交班线配置新能源纯电动公交车6辆。

27日，全市领导干部大会召开，晋中市委常委、组织部长唐立浩出席会议并讲话。晋中市委组织部干部二科科长张剑宣布了《关于丁雪钦等同志职务任免的通知》，经山西省委、晋中市委研究决定，丁雪钦任介休市委书记、常委、委员，免去王继堂介休市委书记、常委、委员的职务。

9月

8日-9日，中国共产党介休市第六次党员代表大会召开。会议审议通过《关于中国共产党介休市第五届委员会工作报告的决议》和《关于中国共产党介休市纪律检查委员会工作报告的决议》。

15日，介休市免费城市公交正式开通。此次运行的1路、2路免费公交车为纯电动公交。

22日-4日，政协介休市第七届委员会第一次会议在会议中心召开。

23日，介休市不动产登记局、不动产登记中心正式挂牌成立。

23日-25日，介休市第七届人民代表大会第一次会议在会议中心召开。

24日，介休市七届人大第一次会议召开第三次全体会议，通过选举，张驰当选为介休市人民政府市长。

10月

11日，介休市首届“介休好人”评选活动正式启动。

19日，介休市举行千年古刹虹霁寺旅游景区开放暨首届文化旅游节开幕仪式。

31日，晋中市政协主席赵庆华到介休调研并召开座谈会。

11月

8日，介休市文化促进会成立。会长路斗恒。

10日，介休市35千伏师屯南变电站低电压技改工程投产运行。

是月，介休市20个群众活动阅览室全部建成并投入使用。

12月

1日，介休市好人事业促进会成立。会长郭惠彪。

2日，“介休好人”评议委员会评出68名首届“介休好人”正式候选人。经过严格遴选，最终评选出敬业奉献、孝老爱亲、助人为乐、诚实守信、见义勇为等5个类别的首届“介休好人”10名、提名10名。

9日，晋中市委书记胡玉亭到介休调研。

16日，介休市工商业联合会（总商会）召开第六次代表大会。

22日，共青团介休市第六次代表大会召开。

是月，1000辆公共自行车亮相介休市各条主干道路。

概 况 | GAIKUANG

概　况
GAI KUANG

【位置】　介休地处山西省中南部，晋中盆地西南端，太岳山北侧，汾河南岸。位于东经111°44′10″—112°10′14″，北纬36°51′11″—37°11′4″之间。北起义安镇任家堡村，南至绵山顶端艾蒿坡，南北约38千米；西起义棠镇圪塔头村，东达张兰镇南窑头村，东西约39千米。边界线总长约153千米。四境与五县、市为邻：东邻平遥县，东南靠沁源县，西南接灵石县，西北界孝义市，北连汾阳市。

【自然地理】　介休市位于太岳山脉北侧，汾河南畔。境内地势呈南高北低，海拔740—2487米。海拔最高峰为南部的绵山艾蒿坡，海拔2487米，最低点为汾河谷地，海拔732米。全市土地总面积743.7平方千米。南部为山区，主峰有绵山、天峻山等，属太岳山脉，面积312平方千米，占全市总面积的42.09%；中部为丘陵区，面积191.7平方千米，占全市总面积的25.86%；北部为平川区，面积为237.6平方千米，占全市总面积的32.05%。

【气候】　介休处于中纬度大陆性气候区域，从北向南梯次排列，属暖温带大陆性气候。其特点是，一年四季分明，春季多风，干旱严重；夏季炎热，雨量集中；秋季少雨，天晴气爽；冬季寒冷，干燥少雪。多年平均气温11.3℃，平均气温年较差1.2℃。无霜期平均为177天，最长达217天，最短为136天。年平均日照时数2148.1小时。年平均降水量422.2毫米。年平均降水日数97天。降水集中在每年的5—10月，8月份最多。

【历史沿革】　介休历史悠久，新石器时代已有人类繁衍生息。2800年前，域内有古邑千亩，晋文公、襄公时（公元前636—前621年）境内史称随邑，为晋大夫士会食邑。晋顷公十二年（公元前514年），域内始置邬县。秦代置界休县，后域内曾置有平周县、界休县、南朔州、介休郡、平昌县、介州、介休县。现介休市城区所在地，系秦汉时的界休治所。民国二十八年（1939年）后，介休抗日县政府、阎锡山统治的第二战区长官司令部建立的介休县政权、日军治下的伪县公署三个政权同时并存，至民国三十四年（1945年）日军投降后，日伪县公署被阎锡山政权接受。介休县抗日政府更名为介休县民主政府。1948年7月17日，介休县城和平解放，介休县民主政府属晋中行署第三专署。介休县成为一个统一的行政区域。1949年一度属太原市第三专署领导。中华人民共和国成立后，介休县一直为晋中所辖。1992年2月，经国务院批准，撤销介休县，设立介休市。

2016年，全市辖7镇3乡，5个街道，231个行政村，35个社区。年末常住总人口419788人，其中男

214708人、女205080人,性别比104.69。人口出生率9.92‰、死亡率5.28‰、自然增长率4.64‰

国民经济和社会发展

【综合】 2016年是充满挑战的一年,也是孕育希望的一年。市委、市政府积极应对经济下行压力,带领全市人民紧围绕"振兴崛起、城乡美丽、生活富足、人民幸福"的奋斗目标,砥砺前行,主动作为,实现了"十三五"的良好开局。

2016年全市完成地区生产总值144亿元,按可比价格计算,比上年增长5.3%。其中,第一产业增加值6.2亿元,增长3.6%;第二产业增加值76.4亿元,增长4.8%;第三产业增加值61.4亿元,增长6.2%。第一产业增加值占国内生产总值的比重为4.3%,第二产业增加值比重为53.1%,第三产业增加值比重为42.6%。主要经济指标中,地区生产总值、规模以上工业增加值、固定资产投资、一般公共预算收入高于全省和晋中市平均增速,是近年来指标完成最好的一年;其中一般公共预算收入增速排名晋中第二,总量居全省第14位,较2015年前进4位。

【农业】 2016年,粮食总面积为32.40万亩(1亩≈667平方米),总产量为12214.45万公斤(1公斤=1千克)。其中:玉米产量减少,收获面积26.14万亩,减少0.8万亩,减幅3.0%;产量10847.56万公斤,增产840.89万公斤,增幅8.0%。小麦收获面积2.95万亩,减少0.43万亩,减幅12.7%;产量863.07万公斤,减产167.48万公斤,减幅16.3%。杂粮面积为3.31万亩,产量为503.82万公斤,亩产151.75公斤。蔬菜播种面积3万亩,总产量14850万公斤,总产值18099万元;规模以上加工流通龙头企业完成销售收入24.68亿元,其中"513"龙头企业实现销售收入13.7亿元;水果总面积1.07万亩,总产量为300万公斤,总产值760万元;中药材种植面积累计达到5000亩。

【工业】 2016年,全市工业增加值累计完成约62.89亿元,累计增速约10.7%,介休市主导行业中,煤炭业完成产值约103.71亿元(其中洗煤行业约61.38亿元),约占规模以上工业总产值的46.50%;焦炭业完成产值约71.07亿元,占比约31.86%;冶金业完成产值约28.46亿元,占比约12.76%;碳素业完成产值约2.39亿元,占比约1.07%;化工业完成产值约0.37亿元,占比约0.17%;其他行业(电力、机械等)完成产值约17.04亿元,占比约7.64%。焦炭累计生产约479.86万吨(同比增长约9.98%);洗精煤累计生产约1616.7万吨(同比增长约24.89%,其中包括汾西矿业的约127万吨);生铁约173.96万吨(同比增长约16.24%);发电量147241.1万千瓦时(同比增长约45.03%);模具累计生产1225套(同比增长约7.27%)。"8降":原煤累计生产约703.79万吨(同比下降约15.82%,其中包括汾西矿业的105.3万吨);粗钢约165.81万吨(同比下降约0.44%);线材约59.69万吨(同比下降约6.81%);H型钢约69.21万吨(同比下降约38.57%);水泥当月10.49万吨,累计17.49万吨(同比下降约31%);白酒754千升(同比下降约17.32%);碳素3.22万吨(同比下降约13.53%);甲醇1.86万吨(同比下降约40.96%)。

【林业】 2016年,人工造林7850亩,占晋中市下达任务的100%。其中,巩固退耕还林成果专项规划干果经济林项目2300亩,巩固退耕还林成果专项规划薪炭林项目3550亩,县级造林2000亩。省级村庄绿化5个,投资33万元,绿化村道6000米,栽植国槐、香花槐、油松等3500株,街巷绿篱500平方米,公共绿地6000平方米。四旁植树101万株,新育苗1500亩。

【固定资产投资】 社会固定资产投资达到149.58亿元,比上年增长5.6%。分产业看第一产业投资完成11.80亿元,比上年减少11.4%;第二产业投资完成70.58亿元,比上年增长42.5%;第三产业投资完成67.20亿元,比上年减少14.8%。分行业看,农林牧渔业完成投资11.80亿元,同比减少11.4%;采矿业完成投资24.72亿元,同比下降74.6%;电力、燃气及水的生产和供应业完成投资17.63亿元,同比增长198.9%;水利、环境和公共设施管理业完成投资13.98亿元,同比下降8.2%;教育业完成投资1.33亿元,同比下降25.4%;卫生和社会工作完成投资3.91亿元,同比增长69.6%。

【国内外经济贸易】 全市实现社会消费品零售总额90亿元,比上年增长7.1%。分地域看,城镇实现社会消费品零售总额61.9亿元,增长6.7%,乡村实现社会消费品零售总额28.1亿元,增长7.7%。分行业看,批发零售业、餐饮业共同繁荣,批发零售贸易业实现零售额86.6亿元,增长6.5%;住宿和餐饮业实现零售额3.4亿元,增长21.3%。

【交通邮电旅游】 2016年,全市公路开工建设里程12.56千米,完成8.654千米,投资20825万元。市区共有运营的出租汽车540辆,运送乘客424.4万人次。9月15日开通城市免费公交线路2条,4条1元公交线路,配置32辆车。全市邮政集团公司设9个营业网点,6个代办所,全年累计实现业务收入2661.63万元;其中储汇业务实现收入1588.47万元,占总收入的59.68%;保险业务实现收入379.98万元;函件业务实现收入46.73万元;集邮业务实现收入143.36万元;电子商务业务实现收入191.96万元;报刊业务实现172.13万元;分销业务实现收入36.01万元;寄递业务实现71.6万元。2016年,全市累计接待游客757万人次,旅游综合收入达78亿元,同比增长28%、26%。

【财政金融】 2016年,全市一般公共财政收入完成10.71亿元,同比增长6.85%,增收0.69亿元。分部门为:国税部门完成1.83亿元,同比增收0.49亿元,增长36.88%;地税部门完成3.67亿元,同比减收1.09亿元,减少22.95%;财政部门完成5.21亿元,同比增收1.29亿元,增长32.88%。分项目为,税收完成5.5亿元,同比下降9.86%,减收0.60亿元,占公共财政预算收入的51.36%;非税收入完成5.21亿元,同比增长32.88%,增收1.29亿元。全市金融机构人民币各项存款余额为268.85亿元,较年初增加25.94亿元,增长10.68%,同比上涨7.5个百分点,全市金融机构各项贷款余额为243.16亿元,比年初增加51.20亿元,增长26.67%,同比上涨8.94个百分点。全市银行机构不良贷款率为47%.同比下降0.73%,证券公司证券交易额103.32亿元,同比减少111.34亿元,下降51.86%,11家保险公司全年保费收入3.55亿元,同比减少1.53亿元,下降30.21%,保险理赔额9489万元,同比增加3109万元,增长48.78%,8家小额贷款公司注册资本金14.11亿元,年底贷款余额12.50亿元,与去年同期持平。

【教育卫生】 2016年,全市有小学70所,初中18所,普通高中4所,职业高中1所。在校学生数56130人,小学入学率100%,巩固率100%,完成率100%,毕业率100%;初中入学率99.8%,巩固率99.2%,三残儿童入学率95%,巩固率99%。全市有幼儿园136所,3—5周岁在园幼儿17453名。有卫生机构498个,其中疾病预防控制中心1个,妇幼保健机构1个,卫生监督所1个,村级卫生室230个。全市卫生机构拥有床位1919张,卫生技术人员2541人。10个乡镇全部开展新型农村合作医疗,27.78万人参加农村合作医疗,参合率98.9%。

【人民生活和社保】 2016年,全市城镇居民人均可支配收入为30650元,同比增长5.8%;农村居民人均可支配收入为12333元,同比增长5.2%。全市养老保险参保238300人,完成年任务100%,基金征缴27654.82元,完成年任务138%;医疗保险参保100003人,完成年任务101%,基金征缴10986元,完成年任务102%;失业保险参保58657人,完成年任务100%,基金征缴1794.58元,完成年任务103%;工伤保险参保55036人,完成年任务100%,基金征缴1778元,完成年任务107%;生育保险参保53306人,完成年任务100%,基金征缴359元,完成年任务175%。

机构设置与领导人名录

介休市行政单位一览表

市委部门

序号	单位	序号	单位
1	市委办公室	8	市直机关工作委员会
2	组织部	9	老干部局
	人才工作领导组办公室	10	信访局
3	宣传部	11	市委台湾工作办公室
4	纪律检查委员会		（市政府台湾事务办公室）
5	政法委员会	12	市委巡察工作领导小组办公室
6	统一战线工作部		市委巡查组（一、二、三组）
7	机构编制委员会办公室		

政府部门

序号	单位	序号	单位
1	政府办公室	10	住房保障和城乡建设局
2	发展和改革局		义安城建规划分局
	价格监督检查所	11	规划和城市管理局
3	教育科技局		（国家资源型经济转型综合配套改革试验区办公室）
4	经济和商务粮食局		
5	民政局	12	交通运输局
6	财政局	13	水务局
7	人力资源和社会保障局	14	农业委员会
8	国土资源局		（农村工作领导组委员会办公室）
	义安国土分局		林业局
9	环境保护局	15	文化旅游发展委员会
	义安环保分局		卫生和计划生育局

续表

序号	单 位	序号	单 位
16	审计局	19	市场和质量监督管理局
	统计局		（食品药品监督管理局）
17	安全生产监督管理局	20	公安局
	义安安监分局		义安公安分局
18	民族宗教事务局	21	司法局
			司法助理员

人大、政协机关

1	人大机关	2	政协机关

群 团

序号	单 位	序号	单 位
1	总工会	3	妇联
2	共青团	4	工商联

检察、审判

序号	单 位	序号	单 位
1	检察院	2	法院

乡 镇

序号	单 位	序号	单 位
1	义安镇	6	宋古乡
2	张兰镇	7	城关乡
3	连福镇	8	三佳乡
4	义棠镇	9	龙凤镇
5	绵山镇	10	洪山镇

街 道

序号	单 位	序号	单 位
1	东南街道	4	西关街道
2	西南街道	5	北坛街道
3	北关街道		

介休市事业单位一览表

序号	单位名称	主管单位	机构规格	经费形式
市委部门所属事业单位				
1	党员电教化中心	组织部	副科	财政拨款
2	行政效能中心(年度目标责任考核领导组办公室)	组织部	副科	财政拨款
3	精神文明建设指导委员会办公室	宣传部	正科	财政拨款
4	互联网信息办公室	宣传部	正科	财政拨款
5	审计中心	纪检委	副科	财政拨款
6	政风行风评议办公室	纪检委	副科	财政拨款
7	督查中心	纪检委	副科	财政拨款
8	矛盾纠纷排查调处办公室	政法委	副科	财政拨款
	政法专干			财政拨款
9	社会管理网格化协调服务中心	政法委	正科	财政拨款
10	归国华侨联合会	统战部	正科	财政拨款
11	统一战线信息中心	统战部	副科	财政拨款
12	事业单位登记管理局	编办	副科	财政拨款
13	机构编制电子政务中心	编办	副科	财政拨款
14	老年大学	老干局		财政拨款
15	信访信息中心	信访局	副科	财政拨款
市委直属事业单位				
1	介休市委新闻中心（介休市人民政府新闻办公室）	市委	正科	财政拨款
2	党校	市委	正科	财政拨款
3	党校招待所	党校		自筹
4	市委市政府接待办公室	市委	正科	财政拨款
5	史志办公室	市委	正科	财政拨款
6	介休报社	市委		财政拨款
7	介休市委市政府信息化中心	市委	正科	财政拨款
8	介休市民生事务保障服务中心	市委	正科	财政拨款
人大、政协所属事业单位				
1	人大代表联络中心	人大机关	正科	财政拨款
2	政协信息中心	政协	正科	财政拨款
群团事业及所属事业单位				
1	困难职工帮扶中心	总工会		自筹
2	工人俱乐部	总工会		自筹
3	未成年人保护委员会办公室	团市委	副科	财政拨款

续表

序号	单位名称	主管单位	机构规格	经费形式
4	妇女儿童委员会办公室	妇联	副科	财政拨款
5	残疾人联合会		正科	财政拨款
6	残疾人服务总社	残联		财政补助
7	残疾人用品用具供应站	残联		自筹
8	残疾人康复服务指导站	残联		自筹
9	残疾人劳动服务所	残联		自筹
10	科学技术协会		正科	财政拨款
11	文学艺术工作者联合会		正科	财政拨款
	检、法所属事业单位			
1	技术鉴定中心	人民法院		财政拨款
2	技术服务中心	检察院		财政拨款
	政府直属事业单位			
1	综合检验检测中心	政府	正科	财政拨款
2	介休市档案局(介休市档案馆)	政府	正科	财政拨款
3	地震局	政府	正科	财政拨款
4	机关事务管理局	政府	正科	财政拨款
5	投资促进局	政府	正科	财政拨款
6	国有资产经营管理公司	政府	正科	财政拨款
7	供销合作社联合社	政府	正科	财政拨款
8	政府采购中心	政府	正科	财政拨款
9	红十字会	政府	副科	财政拨款
	政府部门所属事业单位			
1	政务中心	政府办	正科	财政拨款
2	治理车辆超限超载工作办公室	政府办	正科	财政拨款
3	市直机关文印中心	政府办		自筹
4	旅游服务中心	政府办		自筹
5	绵山风景区管理处	政府办		自筹
6	金融办公室	政府办	正科	财政拨款

续表

序号	单 位 名 称	主管单位	机构规格	经费形式
7	国民经济发展项目研究储备中心	发改局	正科	财政拨款
8	价格认定中心	发改局		自筹
9	信息中心	发改局		自筹
10	价格监测中心	发改局		财政拨款
11	转型综改研究中心	发改局		财政拨款
12	蔬菜基地建设办公室	经商粮食局		财政拨款
13	商务粮食综合行政执法大队	经商粮食局	副科	财政拨款
14	节能监察大队	经商粮食局	副科	财政拨款
15	经济服务中心	经商粮食局		自筹
16	墙体材料革新建筑节能中心	经商粮食局	副科	财政拨款
17	中小企业服务中心	经商粮食局	正科	财政拨款
18	焦化研究所	中小企业服务中心		自筹
19	乡镇企业资产评估所	中小企业服务中心		自筹
20	老龄工作办公室	民政局	正科	财政拨款
21	城乡居民最低生活保障中心	民政局		财政拨款
22	光荣院	民政局		财政拨款
23	军队离退休干部休养所	民政局	副科	财政拨款
24	拥军优属拥政爱民工作领导组办公室	民政局		财政拨款
25	殡仪馆	民政局		财政补助
26	福利生产办公室	民政局		自筹
27	城市生活无着的流浪乞讨人员救助站	民政局		财政拨款
28	国库集中支付中心（会计核算中心）	财政局	正科	财政拨款
29	农业综合开发中心	财政局	正科	财政拨款
30	财政投资评审中心	财政局		财政拨款
31	公共就业服务中心（人才市场管理办公室）	人社局	副科	财政拨款
32	人才培训中心	人社局		财政拨款
33	劳动人事争议仲裁院	人社局		财政拨款
34	人事考试中心	人社局	副科	财政拨款

续表

序号	单位名称	主管单位	机构规格	经费形式
35	医疗保险管理服务中心	人社局	副科	财政拨款
36	职工失业保险所	人社局		财政拨款
37	社会劳动保险事业所	人社局	副科	财政拨款
38	劳动保障监察执法队	人社局		财政拨款
39	城乡居民养老保险中心	人社局	副科	财政拨款
40	工伤保险管理服务中心	人社局		财政拨款
41	职业技能培训鉴定指导中心	人社局		自筹
42	义安镇劳动保障事务所	人社局		财政拨款
43	张兰镇劳动保障事务所	人社局		财政拨款
44	连福镇劳动保障事务所	人社局		财政拨款
45	义棠镇劳动保障事务所	人社局		财政拨款
46	绵山镇劳动保障事务所	人社局		财政拨款
47	城关乡劳动保障事务所	人社局		财政拨款
48	三佳乡劳动保障事务所	人社局		财政拨款
49	宋古乡劳动保障事务所	人社局		财政拨款
50	洪山镇劳动保障事务所	人社局		财政拨款
51	龙凤镇劳动保障事务所	人社局		财政拨款
52	土地收购储备中心	国土资源局	副科	财政拨款
53	国土资源交易事务中心	国土资源局		自筹
54	地矿服务中心	国土资源局		自筹
55	土地整理中心	国土资源局		财政拨款
56	土地执法监察大队(地产公司)	国土资源局	副科	自筹
57	不动产登记中心	国土资源局		财政拨款
58	不动产登记服务中心	国土资源局		自筹
59	城关国土资源管理中心所	国土资源局		财政拨款
60	三佳国土资源管理中心所	国土资源局		财政拨款
61	绵山国土资源管理中心所	国土资源局		财政拨款

续表

序号	单位名称	主管单位	机构规格	经费形式
62	义棠国土资源管理中心所	国土资源局		财政拨款
63	连福国土资源管理中心所	国土资源局		财政拨款
64	义安国土资源管理中心所	国土资源局		财政拨款
65	张兰国土资源管理中心所	国土资源局		财政拨款
66	龙凤国土资源管理中心所	国土资源局		财政拨款
67	环境监察大队	环保局	副科	自筹
68	环境监理一所	环保局		自筹
69	环境监理二所	环保局		自筹
70	环境保护监测站	环保局		财政补助
71	介休市人民政府房屋征收与安置办公室	住建局		自筹
72	城市建设档案馆	住建局		自筹
73	城市建设中心	住建局		自筹
74	建筑工程招标投标管理站	住建局		自筹
75	路灯管理处	住建局		自筹
76	房产管理局(房地产交易所)	住建局	副科	自筹
77	建筑工程质量监督管理站	住建局		自筹
78	建筑设计院	住建局		自筹
79	旅游服务管理处	住建局		自筹
80	市政工程管理处	住建局		自筹
81	保障性住房建设管理中心	住建局		自筹
82	规划编制研究中心	规管局	正科	财政拨款
83	规划测量队	规划局		自筹
84	户外广告设置管理中心	规划局		自筹
85	规划监察队	规划局		财政拨款
86	城乡规划设计研究院	规划局		财政拨款
87	规划信息咨询中心	规划局		自筹
88	园林局	规管局	正科	财政拨款

续表

序号	单 位 名 称	主管单位	机构规格	经费形式
89	东城公园管理处	园林局		自筹
90	汾秀公园管理处	园林局		自筹
91	园林绿化设计所	园林局		自筹
92	世纪广场管理处	园林局		自筹
93	湿地公园管理处(介休市植物园)	园林局		自筹
94	义安工业园区绿化管理队	园林局		自筹
95	城市绿化苗木研究中心	园林局		自筹
96	公园管理中心	园林局		自筹
97	道路绿化管理中心	园林局		自筹
98	城市管理综合执法大队	规管局	副科	财政拨款
99	数字化城市管理中心	执法大队		自筹
100	市城市管理执法中队	执法大队		自筹
101	环境卫生管理局	规管局	正科	财政拨款
102	城乡环境卫生服务中心	环卫局		自筹
103	交通建设中心	交通运输局		自筹
104	交通建设工程质量监督站	交通运输局		自筹
105	县乡公路养护管理处	交通运输局		自筹
106	道路运输管理所	交通运输局	副科	自筹
107	公路工程处	交通运输局		自筹
108	交通规费征收稽查所	交通运输局		自筹
109	交通运输综合行政执法大队	交通运输局	副科	自筹
110	城市汽车客运管理所	交通运输局		财政拨款
111	农村公路管理所	交通运输局		自筹
112	汾河橡胶坝工程管理处	水务局		自筹
113	抗旱服务队	水务局		自筹
114	水保监督站	水务局		自筹
115	水利物资供应站	水务局		自筹

续表

序号	单位名称	主管单位	机构规格	经费形式
116	洪山水利管理处	水务局	副科	财政补助
117	兴地灌区	水务局		财政拨款
118	水利机械凿井队	水务局		自筹
119	水利建设服务中心	水务局		财政拨款
120	水利工程管理站	水务局		财政拨款
121	防汛抗旱办公室	水务局	副科	财政拨款
122	水资源管理委员会办公室（水资源征费稽查队）	水务局	副科	财政拨款
123	河长制办公室工作站	水务局		财政拨款
124	农业环境监测站	农委		财政拨款
125	农业广播电视学校	农委	正科	财政拨款
126	植物保护植物检疫站	农委		财政拨款
127	果树蔬菜管理站（蔬菜中心）	农委		财政拨款
128	棉花油料管理站	农委		财政拨款
129	农业技术推广站	农委		财政拨款
130	土壤肥料工作站	农委		财政拨款
131	种子管理站	农委		财政拨款
132	农作物良种场	农委		财政补助
133	农业综合执法大队	农委	副科	财政拨款
134	农产品质量安全监测站	农委		财政拨款
135	蔬菜产业技术服务中心	农委	副科	财政拨款
136	义安镇农业技术推广站（义安镇农产品质量安全监管站）	农委		财政拨款
137	张兰镇农业技术推广站（张兰镇农产品质量安全监管站）	农委		财政拨款
138	连福镇农业技术推广站（连福镇农产品质量安全监管站）	农委		财政拨款
139	义棠镇农业技术推广站（义棠镇农产品质量安全监管站）	农委		财政拨款
140	绵山镇农业技术推广站（绵山镇农产品质量安全监管站）	农委		财政拨款
141	宋古乡农业技术推广站（宋古乡农产品质量安全监管站）	农委		财政拨款
142	城关乡农业技术推广站（城关乡农产品质量安全监管站）	农委		财政拨款

续表

序号	单 位 名 称	主管单位	机构规格	经费形式
143	三佳乡农业技术推广站(三佳乡农产品质量安全监管站)	农委		财政拨款
144	龙凤镇农业技术推广站(龙凤镇农产品质量安全监管站)	农委		财政拨款
145	洪山镇农业技术推广站(洪山镇农产品质量安全监管站)	农委		财政拨款
146	畜牧兽医中心	农委	正科	财政拨款
147	动物卫生监督所(原动物检疫站)	畜牧中心		财政拨款
148	家畜家禽繁育改良站	畜牧中心		财政拨款
149	饲草饲料管理站	畜牧中心		财政拨款
150	家畜家禽防治站	畜牧中心		财政拨款
151	牛奶站	畜牧中心		自筹
152	张兰畜牧兽医中心站	畜牧中心		财政补助
153	义安畜牧兽医中心站	畜牧中心		财政补助
154	连福畜牧兽医中心站	畜牧中心		财政补助
155	绵山畜牧兽医中心站	畜牧中心		财政补助
156	宋古畜牧兽医中心站	畜牧中心		财政补助
157	农业机械中心	农委	正科	财政拨款
158	农业机械技术服务中心	农机中心		财政拨款
159	农业机械技术推广站	农机中心		财政拨款
160	农业机械安全监理站	农机中心		财政拨款
161	农村集体经济经营管理办公室	农委	正科	财政拨款
162	农村集体资产评估所	农经办		自筹
163	森林病虫害防治检疫站	林业局		财政拨款
164	林业技术推广站	林业局		财政拨款
165	森林资源管理站	林业局		财政拨款
166	国营苗圃	林业局		财政补助
167	公安局森林派出所(公安局森林公安警察大队)	林业局	副科	财政拨款
168	林产品经销站	林业局		自筹
169	汾河国家湿地公园管理中心	林业局	副科	自筹

续表

序号	单位名称	主管单位	机构规格	经费形式
170	绿化委员会办公室	林业局		财政拨款
171	森林防火应急分队	林业局	副科	财政拨款
172	人民政府森林防火办公室	林业局		财政拨款
173	文化市场行政综合执法队	文化旅游发展委员会	副科	财政拨款
174	文化服务公司	文化旅游发展委员会		自筹
175	人民影剧院	文化旅游发展委员会		财政补助
176	博物馆	文化旅游发展委员会		财政拨款
177	图书馆	文化旅游发展委员会		财政拨款
178	文化馆	文化旅游发展委员会		财政拨款
179	文化艺术中心	文化旅游发展委员会		财政拨款
180	介休市老城管理委员会	文化旅游发展委员会		自筹
181	广播电视台	文化旅游发展委员会	正科	财政拨款
182	电视台	广播电视台		财政拨款
183	人民广播电台	广播电视台		财政拨款
184	有线广播电视台	广播电视台		自筹
185	体育运动中心	文化旅游发展委员会	正科	财政拨款
186	业余少体校	体育运动中心		财政拨款
187	体育事业服务中心	体育运动中心		自筹
188	旅游开发服务中心	文化旅游发展委员会	正科	财政拨款
189	旅游培训中心	旅游开发服务中心		自筹
190	卫生学校	卫计局		财政拨款
191	人民医院	卫计局	正科	财政补助
192	中医院	卫计局	副科	财政补助
193	义安镇中心卫生院（义安镇妇幼保健计划生育服务站）	卫计局		财政拨款
194	万户堡分院	卫计局		财政拨款
195	北辛武分院	卫计局		财政拨款
196	张兰镇中心卫生院（张兰镇妇幼保健计划生育服务站）	卫计局		财政拨款

续表

序号	单位名称	主管单位	机构规格	经费形式
197	连福镇中心卫生院(连福镇妇幼保健计划生育服务站)	卫计局		财政拨款
198	义棠镇中心卫生院(义棠镇妇幼保健计划生育服务站)	卫计局		财政拨款
199	绵山镇中心卫生院(绵山镇妇幼保健计划生育服务站)	卫计局		财政拨款
200	宋古乡卫生院(宋古乡妇幼保健计划生育服务站)	卫计局		财政拨款
201	城关乡卫生院(城关乡妇幼保健计划生育服务站)	卫计局		财政拨款
202	三佳乡卫生院(三佳乡妇幼保健计划生育服务站)	卫计局		财政拨款
203	龙凤镇卫生院(龙凤镇妇幼保健计划生育服务站)	卫计局		财政拨款
204	洪山镇卫生院(洪山镇妇幼保健计划生育服务站)	卫计局		财政拨款
205	东南街道社区卫生服务中心(东南街道妇幼保健计划生育服务站)	卫计局		
206	西南街道社区卫生服务中心(西南街道妇幼保健计划生育服务站)	卫计局		
207	西关街道社区卫生服务中心(西关街道妇幼保健计划生育服务站)	卫计局		
208	北关街道社区卫生服务中心(北关街道妇幼保健计划生育服务站)	卫计局		
209	北坛街道社区卫生服务中心(北坛街道妇幼保健计划生育服务站)	卫计局		
210	计划生育妇幼保健服务中心	卫计局	副科	财政拨款
211	爱国卫生运动委员会办公室	卫计局	正科	财政拨款
212	疾病预防控制中心	卫计局	正科	财政拨款
213	卫生局卫生监督所	卫计局	副科	财政拨款
214	张兰卫生监督所	卫生监督所		财政拨款
215	义安卫生监督所	卫生监督所		财政拨款
216	义棠卫生监督所	卫生监督所		财政拨款
217	连福卫生监督所	卫生监督所		财政拨款
218	宋古卫生监督所	卫生监督所		财政拨款
219	三佳卫生监督所	卫生监督所		财政拨款
220	绵山卫生监督所	卫生监督所		财政拨款
221	城关卫生监督所	卫生监督所		财政拨款
222	洪山卫生监督所	卫生监督所		财政拨款
223	龙凤卫生监督所	卫生监督所		财政拨款

续表

序号	单位名称	主管单位	机构规格	经费形式
224	计划生育协会	卫计局	正科	财政拨款
225	投资审计中心	审计局		财政拨款
226	经济责任审计中心	审计局		财政拨款
227	城乡社会经济调查队	统计局	副科	财政拨款
228	普查中心	统计局	副科	财政拨款
229	统计调查监测中心	统计局	副科	财政拨款
230	煤炭职工培训中心	安监局		自筹
231	煤炭安全生产纠察分队	安监局		自筹
232	煤矿安全监管巡查队	安监局	副科	财政拨款
233	安全生产监督执法大队	安监局	副科	财政拨款
234	煤炭安全生产监察大队	安监局	副科	财政拨款
235	安全技术培训中心	安监局		自筹
236	煤矿劳动用工管理中心	安监局		财政拨款
237	安全生产服务中心	安监局		自筹
238	煤炭技术服务中心	安监局		自筹
239	煤炭服务中心	安监局	正科	财政拨款
240	食品药品稽查队(食品药品投诉举报中心)	市场监管局	副科	财政拨款
241	药品不良反应监测中心	市场监管局		财政拨款
242	义安镇食品药品监督管理站	市场监管局		财政拨款
243	张兰镇食品药品监督管理站	市场监管局		财政拨款
244	义棠镇食品药品监督管理站	市场监管局		财政拨款
245	连福镇食品药品监督管理站	市场监管局		财政拨款
246	绵山镇食品药品监督管理站	市场监管局		财政拨款
247	宋古乡食品药品监督管理站	市场监管局		财政拨款
248	城关乡食品药品监督管理站	市场监管局		财政拨款
249	三佳乡食品药品监督管理站	市场监管局		财政拨款
250	洪山镇食品药品监督管理站	市场监管局		财政拨款

续表

序号	单位名称	主管单位	机构规格	经费形式
249	三佳乡食品药品监督管理站	市场监管局		财政拨款
250	洪山镇食品药品监督管理站	市场监管局		财政拨款
251	龙凤镇食品药品监督管理站	市场监管局		财政拨款
252	西南街道食品药品监督管理站	市场监管局		财政拨款
253	西关街道食品药品监督管理站	市场监管局		财政拨款
254	北坛街道食品药品监督管理站	市场监管局		财政拨款
255	北关街道食品药品监督管理站	市场监管局		财政拨款
256	东南街道食品药品监督管理站	市场监管局		财政拨款
257	个体劳动者协会	市场监管局		财政拨款
258	民营企业协会	市场监管局		财政拨款
259	消费者协会	市场监管局		财政拨款
260	质量技术监督检验测试所	市场监管局	副科	财政拨款
261	质量技术协会	市场监管局		自筹
262	道路交通安全管理中心	公安局		自筹
263	110服务中心(情报信息研判中心)	公安局		自筹
264	公安局后勤保障中心	公安局		财政拨款
265	公安局文职雇员	公安局		财政拨款
266	法律援助中心	司法局	副科	财政拨款
267	社区矫正教育服务中心	司法局		自筹
268	公证处	司法局		自筹
269	教育局教学研究室	教育科技局		财政拨款
270	教师进修学校	教育科技局		财政拨款
271	现代远程教育中心	教育科技局		财政拨款
272	学生资助管理中心	教育科技局		财政拨款
273	中小学生综合实践教育基地	教育科技局		财政拨款
274	科技开发中心	教育科技局		自筹

续表

序号	单位名称	主管单位	机构规格	经费形式
乡镇、街道所属事业单位				
1	义安镇农业科技服务中心	义安镇		财政拨款
2	义安镇文化服务中心	义安镇		财政拨款
3	义安镇综合便民服务中心	义安镇		财政拨款
4	张兰镇农村综合便民服务中心	张兰镇		财政拨款
5	连福镇农村综合便民服务中心	连福镇		财政拨款
6	义棠镇农村综合便民服务中心	义棠镇		财政拨款
7	绵山镇农村综合便民服务中心	绵山镇		财政拨款
8	宋古乡农村综合便民服务中心	宋古乡		财政拨款
9	城关乡农村综合便民服务中心	城关乡		财政拨款
10	三佳乡农村综合便民服务中心	三佳乡		财政拨款
11	龙凤镇农村综合便民服务中心	龙凤镇		财政拨款
12	洪山镇农村综合便民服务中心	洪山镇		财政拨款
13	西关街道劳动保障事务所	西关街道		财政拨款
14	西关街道安全生产监督管理站	西关街道		财政拨款
15	西关街道社区服务中心	西关街道		财政拨款
16	西南街道劳动保障事务所	西南街道		财政拨款
17	西南街道安全生产监督管理站	西南街道		财政拨款
18	西南街道社区服务中心	西南街道		财政拨款
19	北关街道劳动保障事务所	北关街道		财政拨款
20	北关街道安全生产监督管理站	北关街道		财政拨款
21	北关街道社区服务中心	北关街道		财政拨款
22	北坛街道劳动保障事务所	北坛街道		财政拨款
23	北坛街道安全生产监督管理站	北坛街道		财政拨款
24	北坛街道社区服务中心	北坛街道		财政拨款
25	东南街道劳动保障事务所	东南街道		财政拨款
26	东南街道安全生产监督管理站	东南街道		财政拨款

续表

序号	单位名称	主管单位	机构规格	经费形式
27	东南街道社区服务中心	东南街道		财政拨款
	其他事业单位			
1	防雷设施监测站	气象局		自筹

介休市领导人名录

市委

书　记　王继堂（至2016年7月）
丁雪钦（2016年7月—）

副书记　王怀民（至2016年7月）
董国斌（挂职）（至2016年8月）
张　驰（2016年8月—）
苟富杰（2016年9月—）

常　委　王宁照（至2016年8月）
张宝贵（至2016年8月）
苟富杰（至2016年8月）
张　鑫（至2016年8月）
寇建文（至2016年8月）
赵　宇（至2016年8月）
韩　亮（2016年8月—）
郭建雄（2016年8月—）
刘世宏（2016年8月—）
李克虎（2016年9月—）
李　宏
董建伟（2016年9月—）
李俊萍（2016年9月—）

市人大

主　任　赵　宇

副主任　刘士忠（至2016年9月）
靳银翠（至2016年9月）
云晋平
贺永红
侯建文（2016年9月—）
冀晓军（2016年9月—）

市政府

市　长　王怀民（至2016年7月）
张　驰（2016年8月—）

副市长　王宁照（至2016年9月）
郭维新（至2016年9月）
李克虎（至2016年9月）
李兴国（至2016年9月）
韩　亮（2016年8月—）
王耀峰（2016年9月—）
张卫东（2016年9月—）
柳改清（2016年9月—）
续宏伟（2016年9月—）
段燕瑞（2016年9月—）

市政协

主　席　吴定元（至2016年9月）
郭维新（2016年9月—）

副主席　孟繁海
荆玲玲
武有伽（至2016年9月）
郝继文

市纪委

书　记　苟富杰（至2016年8月）
刘世宏（2016年8月—）

常务副书记　张景泉

副书记　杨永峰

常　委　崔　浩
阴宝龙
王维龙
张晓东（至2016年9月）
宋毅峰（2016年9月—）

市委秘书处

副秘书长　任晓华（至2016年9月）

市委办

主　任　董建伟（至2016年10月）

副主任　闫　杰
武　俊

阴晓波

市纪委内设

办公室　王　辉

党风政风监督室　梁卓平

信访室　邓颖香

纪检监察一室　王泽锋

纪检监察二室　李志国

纪检监察三室　耿建国

纪检监察四室　侯建平

纪检监察五室　张鸿明

纪检监察六室

审理室

案管室　李彩霞

干部监督室　文　毅

组织部

部　长　郭建雄(2016年8月—)

张宝贵(至2016年8月　)

常务副部长　张宇胜

副部长　李志浩

郭宏昱

李丰攸(至2016年9月)

宣传部

部　长　李克虎(2016年9月—)

张　鑫(至2016年9月)

常务副部长　郝晓平(至2016年10月)

副部长　宋林伟

文产办主任　张　勇

统战部

部　长　李俊萍(2016年9月—)

赵　宇(至2016年9月)

常务副部长　王锦武(至2016年10月)

副部长　田锡鹏

王鑫毅

政法委

书　记　董建伟(2016年9月—)

寇建文(至2016年9月)

常务副书记　王　岩

副书记　王家齐

王云涛

综治办

主　任　王云涛

国安办

主　任　王家齐

编　办

主　任　田军民

副主任　梁　俊

付改英

事业单位登记管理局　霍文亮

机关工委

书　记　陆道丰(2016年10月—)

程忠明(至2016年10月)

副书记　冯增强

冀锦文

纪检书记　阴彩霞

老干局

局　长　张宇胜(2016年10月—)

李丰攸(至2016年10月)

副局长　庞利平

穆丽萍

人大内设

办公室

主　任　曹维华(2016年9月—)

副主任　陈　鹏

农工委

主　任　张晓峰(2016年9月—)

财经工委

主　任　乔志寿(2016年9月—)

张晓明(至2016年9月)

法工委

主　任　荆永强(2016年9月—)

刘崇福(至2016年9月)

科教文卫工委

主　任　乔建中(2016年9月—)

薛志华(至2016年9月)

副主任　　雷清香

城建环保工委

主　任　　李守信

人事代表工委

主　任　　卫燕萍

信访室

主　任　　李丰攸(2016年9月—)

　　　　　郭玉福(至2016年9月)

政协内设

办公室

秘书长、主任　　宋书文(2016年9月—)

　　　　　　　　郭生辉(至2016年9月)

副主任　　郝兆伟(至2016年10月)

提案委员会

主　任　　郝继文(至2016年9月)

副主任　　张志东

经济和人口资源环境委员会

主　任　　董世哲(2016年9月—)

　　　　　刘志海(至2016年9月)

文史资料和学习委员会

主　任　　张平生(2016年10月—)

　　　　　张永财(至2016年9月)

农村委员会

主　任　　王春生(2016年9月—)

科教文卫体委员会

主　任　　程忠明(2016年9月—)

社会法制委员会

主　任　　王风岗(2016年9月—)

民族宗教和外事委员会

主　任　　王锦武(2016年9月—)

法　院

院　长　　李道华

常务副院长　　李虎亮

副院长　　贾建文

　　　　　高永庆

　　　　　杨飞飞

纪检组长　　王建旗

政治部主任　　王铁峰

专职委员　　邢育红

检察院

检察长　　陈延廷

常务副检察长　　任文生

副检察长　　孙蕊萍

　　　　　　顾建军

　　　　　　李　兵

纪检组长　　孙修亮

政治部主任　　温秀娥

专职委员　　冀　红

　　　　　　赵涛涛

案管中心　　程晓红

民行局局长　　郭　锐

反贪局局长　　武鹏云

反贪局政委　　冀守平

反渎局局长　　王　捷

总工会

主　席　　贺永红

常务副主席　　张民宝

副主席　　陈永恒

　　　　　郭润萍

团市委

书　记　　李　静(2016年10月—)

　　　　　孙文韬(至2016年10月)

副书记　　李　静(至2016年10月)

　　　　　刘　涵(至2016年5月)

　　　　　宋桂元(2016年10月—)

　　　　　薛　婧(2016年12月—)

少工委主任　　柴一博(2016年12月—)

　　　　　　　梁　玮　(至2016年10月)

妇　联

主　席　　王　丽

副主席　　王维荣

妇儿办主任　　武小花

科　协

主　席　　马成明

副主席　　郭　建
　　　　　赵晓芳（至2016年10月）

残　联

理事长

副理事长　　尚育德
　　　　　　李志宏

工商联

党组书记　　李俊萍（2016年12月—）
　　　　　　田锡鹏（至2016年12月）

副主席　　孙儒富（至2016年9月）
　　　　　武宏宇（2016年12月—）
　　　　　田雅兰（2016年12月—）

秘书长　　杨玉珍（至2016年12月）

文　联

主　席　　许建斌

副主席　　焦荷花

政府办

主　任　　续宏伟（至2016年10月）

副主任　　武卫中
　　　　　宋志国
　　　　　云晓辉
　　　　　任江英

应急办专职副主任　　高超杰

发展和改革局

局　长　　赵建勇

副局长　　张贵林
　　　　　宋卫萍
　　　　　曹启耀
　　　　　常伟民

纪检组长　　武淑红

转型综改办专职副主任　　田孝士

经济和商务粮食局

局　长　　温永平

副局长　　李永春
　　　　　张学英
　　　　　刘永根
　　　　　原宝国
　　　　　武宏宇（至2016年12月）

纪检组长　　刘广雷

总工程师　　郭树华

民政局

局　长　　董耀宙

副局长　　邓宝森

纪检组长　　范俊生

教育科技局

局　长　　张晓峰（至2016年10月）

副局长　　李冬明
　　　　　张保安
　　　　　杨世俊

纪检组长　　张鸿明

总工程师　　李安忆

公安局

局　长　　王耀峰

政　委　　王昱飞

副书记　　郭星明（至2016年9月）

副书记　　左玉田（至2016年9月）

副局长　　侯兴诚（至2016年9月）
　　　　　杨清铭（至2016年9月）
　　　　　刘建国（至2016年9月）
　　　　　贾富忠
　　　　　刘士孝
　　　　　冀鹏程
　　　　　武国俊

纪检书记　　李正茂

政治部主任　　姚　毅

监察局

局　长　　杨永峰

副局长　　张晓东
　　　　　崔　浩
　　　　　宋毅峰

司法局

局　长　　荆永强（至2016年9月）

副局长　　张玲红
　　　　　温雅胜

纪检组长　刘子武
政治部主任　陈超峰

财政局

局　长　裴俊基（至2016年12月）
副局长　王卫东
　　董吉亮
　　刘　刚
　　廉增禄
纪检组长　韩建勋

人力资源和社会保障局

局　长　任永录
副局长　闫海峰
　　王宁辉
　　王世锋（至2016年5月）
纪检组长　王丽琴

国土资源局

局　长　侯建平
副局长　郭志贵
　　郝丕华
纪检组长　王天奎
总工程师　荆莉莉
副主任科员　郭宝亮（2016年7月—）

环境保护局

局　长　乔建中（至2016年9月）
　　马　骏（2016年10月—）
副局长　王建凯
　　赵克贵
纪检组长　郭　华
总工程师　景凤英

住房保障和城乡建设局

局　长　董世哲（至2016年9月）
副局长　荣晓明（至2016年9月）
　　张志强
　　郭　瑞
　　赵宏权
纪检组长　张登华
总工程师　荣晓明（至2016年9月）

交通局

局　长　马　军
副局长　张云贵（至2016年9月）
　　张永江
　　宋开胜
纪检组长　范隐涛
总工程师　郝兆伟
战备办主任　张云贵（至2016年9月）

水务局

局　长　韩彦青
副局长　杨　德
　　赵秉谦
纪检组长　王　辉
总工程师　赵益霞

农业委员会

主　任　宋建华
副局长　晋田喜
　　王崇炎
　　李增寿
　　梁晓东
纪检组长　李亚萍
主任农艺师　张清文

林业局

局　长　赵江华
副局长　赵发辉
　　续春生
纪检组长　陆经怀
总工程师　范建国

文化局

局　长　赵晓峰
副局长　温爱珍
　　武振贵
　　刘炳文
纪检组长　韩红杰

卫生和计划生育局

局　长　刘冠英
副局长　薛翠花

刘海平
陈晓琴
纪检组长 宋洪波

审计局

局 长 王有长
副局长 李文泰
刘光星
纪检组长 王 璠
总审计师 侯广庆

统计局

局 长 郭福锁
副局长 兰永寿
宋文泉
梁国璋
纪检组长 张小丽

安全生产监督管理局

局 长 甄永亮
副局长 茹月明
纪检组长 乔江洲

民族宗教事务局

局 长 陶智耀
副局长 邹爱民

党 校

校 长 荀富杰(2016年9月—)
副校长 罗闻强

报 社

副总编 宋继生

党史办

主 任 温旭霞
副主任 侯 添

矛盾纠纷排查调处办公室

主 任 李 毅

政务中心

主 任 李云安
副主任 张晓波
纪检组长 曹维富

旅游局

局 长 曹武贵
副局长 苏长生
纪检组长 宋锦梅

广播电视台

台 长 郝晓平 (2016年10月—)
陆道丰 (至2016年10月)
副台长 田 科

体育运动中心

主 任 张启林(2016年10月—)
杜 军(至2016年10月)
副主任 张启林(至2016年10月)

畜牧兽医中心

主 任 郭建武
副主任 王国生
师冬莲
主任畜牧师 武春霞(至2016年9月)

市委、市政府接待办公室

副主任 王英俊
刘风明(至2016年9月)

项目储备中心

副主任 王峪武

中小企业服务中心

主 任 冀成斌(2016年10月—)
马 骏(至2016年10月)
副主任 韩文豪
赵永红
纪检组长 曹华毅

国库集中支付中心

主 任 董吉亮
副主任 郭树康

政府采购中心

主 任 刘 刚
副主任 张 红
纪检组长 窦风标

地震局

局 长 高喜生

副局长　　宋建全
　　　　　王　乾（至2016年5月）

档案局（馆）

局（馆）长　　曹润梅
副局（馆）长　　冀增山
　　　　　　　　李力伟

农机中心

主　任　　范荣河
副主任　　任建新
　　　　　郭学智
纪检组长　　冀士奎

机关事务管理局

局　长　　闫晓红
副局长　　朱红庆
　　　　　王贵奇
纪检组长　　郭得锐

老龄办

主　任　　赵晓芳（2016年10月—）
　　　　　段玉成（至2016年10月）

农经中心

主　任　　李树茂
副主任　　吴定朝
　　　　　胡少波

供销联社

主　任　　鞠海成（2016年10月—）
　　　　　乔志寿（至2016年9月）
副主任　　任鑫臣
　　　　　郭英凯
　　　　　王功寿
工会主席　　宋东生（至2016年9月）

介休一中

常务副校长　　高鸿远
副校长　　石有山
　　　　　李生茂
　　　　　罗　宇

疾病预防控制中心

主　任　　郭树华（至2016年10月）

副主任　　宋巍峰
　　　　　李晋洪
纪检组长　　王凤萍

人民医院

院　长　　彭建宏
支部副书记　　段　敏
副院长　　陆雅萍
　　　　　孟繁强
　　　　　侯聪明

国有资产经营公司

董事长、经理　　廉增禄
副经理　　杨江涛

交警大队

大队长　　贾富忠
教导员　　郝生才
副大队长　　黄金虎
　　　　　　乔中明
　　　　　　陈金壁
　　　　　　李旭华

农广校

副校长　　梁卓群

晋中南同蒲人才市场

副主任　　王　毅

规划局

副局长　　田国平
总规划师　　廉　东

园林局

局　长　　李桂勇
副局长　　刘双虎
　　　　　杜献文
纪检组长　　王素娥

环卫局

局　长　　董德红
副局长　　董金川
　　　　　马维新
纪检组长　　张慧娥

农业综合开发办
主 任 雷小成
副主任 弓新华
新闻中心
主 任 宋建国
副主任 郭青珍
洪山灌区
主 任 杨新明
军队离退休干部休养所
所 长 程 晓
社会劳动保险事业所
所 长 韩 军
医疗保险中心
主 任 武世忠
计划生育妇幼保健中心
主 任 樊金荣
农业综合执法队
队 长 孙锦霞
卫生监督所
所 长 段晓花
妇女儿童工作委员会办公室
主 任 武小花
信访局
局 长 刘建军（至2016年10月）
密码局
局 长 任晓华
市委督查室
副主任 郭 俊（至2016年9月）
台 办
副主任 张俊峰
计生协会
常务副会长 董耀卿
文明办
主 任 史果红
统战信息中心
主 任 马爱萍
信访信息中心
主 任 常 亮
土地收购储备中心
主 任 张晓峰
蔬菜产业技术服务中心
主 任 程秋莲
水资办
主 任 邓建平
防汛抗旱办
主 任 郭俊
森林防火应急分队
队 长 丁淑龙（2016年10月—）
森林派出所
所 长 韩建辉
质检所
所 长 张增耀
煤炭监察大队
大队长 侯生林
统计监测中心
主 任 王继华
普查中心
主 任 梁勇
综合检验检测中心
副主任 焦岸宇
政府督学
正科督学 李学权
副科督学 李奇良
李卫锋
金融办
主 任 张志俊
投资促进局
局 长 冀成斌（至2016年10月）
纪检组长 郝朝霞
人大代表联络中心
副主任 张 敏
互联网信息办公室
副主任 郝燕飞

治超办

主　任　　董跃俊

副主任　　马德贵

土地执法大队

大队长　　王志飞

环境监察大队

大队长　　王维平

城投公司

董事长　　曹维民

总经理　　宋建兵

城关乡

书　记　　杨宝民

副书记、乡长　　贾晓江

副书记　　郎发炜

人大主席　　李锡全

纪检书记　　王义强（2016年5月—）

　　刘秀萍（至2016年5月）

组织委员　　曹翠萍（2016年5月—）

武装部长　　高青阳（2016年5月—）

副乡长　　梁福云

　　王朝容（2016年6月—）

　　王春亮（2016年6月—）

　　李　萍（2016年6月—）

　　王义强（至2016年6月）

　　赵银生（至2016年6月）

宋古乡

书　记　　赵　辉

副书记、乡长　　杜鹏飞

副书记　　张著杰

人大主席　　王德胜

纪检书记　　张青海

组织委员　　王晓娟（2016年5月—）

武装部长　　曹　勇（2016年5月—）

副乡长　　刘　芳

　　郭启银

　　宋彦殿（2016年6月—）

　　张　瑛（2016年6月—）

　　罗建华（至2016年6月）

义棠镇

书　记　　段燕瑞

副书记、镇长　　韩青泉

副书记　　张　俊

人大主席　　张修文

纪检书记　　武宏俊（2016年5月—）

　　张尧峰（至2016年5月）

组织委员　　李卫林（2016年5月—）

武装部长　　康亿雄（2016年5月—）

　　赵黎生（至2016年5月）

副镇长　　冀煌云（2016年6月—）

　　赵晋芳（2016年6月—）

　　刘国莉（2016年6月—）

　　孙文韬（2016年10月—）

绵山镇

书　记　　杨东辉

副书记、镇长　　田俊杰

副书记　　刘　涵（2016年5月—）

　　闫兰云（至2016年5月）

人大主席　　赵黎生（2016年6月—）

　　张安武（至2016年6月）

纪检书记　　郭康洁

组织委员　　任英玲（2016年5月—）

武装部长　　邓晓冬（2016年5月—）

副镇长　　郭林桃

　　张　勇

　　张永明（2016年6月—）

　　李玉峰（2016年6月—）

　　宋桂萍（至2016年6月）

龙凤镇

书　记　　孟锡政

副书记、镇长　　孔庆霞

副书记　　于朝阳

人大主席　　杨际鹏（2016年6月—）

纪检书记　　赵　伟

组织委员　　郭　亮（2016年5月—）

武装部长　　李崇杰

副镇长　　孟　琼(2016年6月—)

李　锦(2016年6月—)

张　健(2016年6月—)

梁晓虎(2016年6月—)

杨际鹏(至2016年6月)

洪山镇

书　记　　李俊萍

副书记、镇长　　张建华

副书记　　武晓俊

人大主席　　张新文

纪检书记　　杨文辉

组织委员　　闫伟红(2016年5月—)

武装部长　　张东斌(2016年5月—)

赵亚江(至2016年5月)

副镇长　　赵亚江(2016年6月—)

侯世明(2016年6月—)

郝金伟(2016年6月—)

武　栋(2016年6月—)

孟　琼(至2016年6月)

韩智强(至2016年6月)

连福镇

书　记　　侯建文

副书记、镇长　　张德云

副书记　　杜晓云

人大主席　　石　斌(2016年6月—)

原林福(至2016年6月)

纪检书记　　曹柱高

郭风林(至2016年5月)

组织委员　　宋晓君

武装部长　　马　斌(2016年5月—)

副镇长　　赵　峻

宋团庆(2016年6月—)

任淑婷(2016年6月—)

王春英(至2016年6月)

裴晓辉(至2016年6月)

三佳乡

书　记　　冀鹏俊

副书记、乡镇　　郝震前

副书记　　王　乾

石　斌(至2016年5月)

人大主席　　邵成荣

纪检书记　　康亿恩

组织委员　　武文慧(2016年5月—)

武装部长　　武锦川(2016年5月—)

武宏俊(至2016年5月)

副乡长　　裴晓辉(2016年6月—)

韩智强(2016年6月—)

尹荷花(2016年6月—)

曹宇锵(2016年6月—)

杨正茂(至2016年6月)

义安镇

书　记　　乔洪治

副书记、镇长　　鹿人杰

副书记　　王海奇

人大主席　　郭爱萍(2016年6月—)

乔洪治(至2016年6月)

人大常务副主席　　赵坊嘉(至2016年6月)

纪检书记　　郭承恩(2016年5月—)

郭爱萍(至2016年5月)

组织委员　　宋　晖(2016年5月—)

武装部长　　刘建锋(2016年5月—)

副镇长　　罗建华(2016年6月—)

冀晓英(2016年6月—)

韩希雄(2016年6月—)

郭承恩(至2016年6月)

张兰镇

书　记　　冀晓军

副书记、镇长　　侯世文

副书记　　张建功

人大主席　　杨正茂(2016年6月—)

郭越前(至2016年6月)

纪检书记　　赵　胜

组织委员　　张志栋(2016年5月—)

武装部长　　马晓亮

副镇长　　张　龙

程晓俊(2016年6月—)

成羽(2016年6月—)

田雅兰(至2016年6月)

宋团庆(至2016年6月)

北关街道

书　记　　赵岚云

副书记、主任　　王建芳

副书记　　张清涛

人大工委主任　　晋年永

纪检书记　　辛成桂

副主任　　曹娅玲

白云卿

西关街道

书　记　　朱明智

副书记、主任　　曹维华(至2016年9月)

纪检书记　　王冬娥

武装部长　　韩先敢

副主任　　王晓红

东南街道

书　记　　范玲玲

副书记、主任　　温卫国

副书记　　梁　玮(2016年10月—)

政协组长　　杨文彪

武装部长　　马　斌(至2016年5月)

副主任　　张　欣

张永明(至2016年5月)

西南街道

书　记　　张岩峰

副书记、主任　　王秀芳

人大工委主任　　戴小宁

纪检书记　　张　英

武装部长　　席会生

副主任　　郎亚慧

王瑞芳

北坛街道

书　记　　曹　华

副书记、主任　　张建兵

纪检书记　　申秀俊

武装部长　　赵永栋

副主任　　王丽娟

政　治 | ZHENGZHI

政　治
ZHENGZHI

党　委

【概述】　2016年，介休市共有基层党组织1059个，其中党(工)委38个、党总支89个、党支部932个，共有党员22178名。介休市委以习近平总书记系列重要讲话为指引，把学习贯彻习总书记系列重要讲话精神作为首要政治任务，有力地推动了"两学一做"主题教育的贯彻落实。围绕中央、省、晋中市决策部署，介休市委确立了"振兴崛起、城乡美丽、生活富足、人民幸福"的奋斗目标，明确提出了"工业脱困、农业上档、旅游升级、民生加力、社会和谐、勇争第一"的工作思路，全市上下发展，定位更加准确，发展思路更加清晰，发展方向更加明确，凝聚起了"拼搏奉献、苦干三年、正本清源、实现巨变"的强大合力。

【党的建设】　介休市委常委会严格落实党风廉政建设主体责任，着力推进"全面从严治党"向纵深扩展。开展"两学一做"。积极稳步推进"两学一做"学习教育试点工作，坚持每月党日活动，夯实"两学"基础；突出"一亮、一联、三诺、三比"，强化"一做"关键；坚持分层次、分类别对处级、科级党员干部和普通党员进行专题培训，组织"党员标准"大讨论，立足常态，长效抓好落实推进。严格责任传导。市委常委会专题研究基层党建工作20次；专题研究党风廉政建设和反腐败形势工作17次；集体研究反腐败案件工作2次；建立"三级""双层"党建目标责任制管理制度，坚持三级联述、联评、联考，层层压实责任。强化基层组织。撤并改建各领域支部34个，对30个后进支部挂牌整顿；细化"五个好"乡镇党委和村党组织创建标准；在非公企业和社会组织中启动"六个标准化"建设；实行介休市四套班子领导干部包联，科级干部带队工作组驻点，"第一书记"入村，市直机关和工商企业结对的"4帮1"举措；圆满完成换届工作，乡镇领导干部平均年龄下降6岁，大学本科以上学历比例上升18个百分点，具有2年以上乡镇工作经历的领导干部占到了81%，乡镇领导班子得到进一步优化。提升服务水平。投入41.28万元启动12个农村危旧场所改建修缮工程，全市村级组织活动场所管理和使用全部实现科学化、制度化、规范化。加强社区阵地标准化建设，全面提升"五个十分钟服务圈"服务水平，着力为居民群众提供优质服务。严肃执纪问责。成立市委巡察工作领导小组，组建巡察办和3个巡察组，严肃开展执纪审查和监督问责。2016年纪检监察机关共处置问题线索274件，立案120件，结案119件，给予诫勉谈话81人，党纪政纪处分119人，其中处分乡科级干部6人，撤职以上重处分15人，移送司法机关3人，持续保持了反腐的高压态势。

【经济发展】 2016年，全市地区生产总值完成143.9亿元，同比增长5.3%；规模以上工业增加值完成62.9亿元，同比增长6.2%；固定资产投资完成149.6亿元，同比增长5.6%；社会消费品零售总额完成90亿元，同比增长7.1%；一般公共预算收入完成10.7亿元，同比增长6.9%；城镇居民人均可支配收入完成30650元，同比增长5.8%；农村居民人均可支配收入完成12333元，同比增长5.2%。工业加速提质。实施“稳煤保焦促钢强化”路径，紧紧围绕“3131”目标，全市生产矿井达到13座，推动安泰、昌盛等传统企业加快脱困，全市原煤、洗精煤、焦炭、钢铁分别实现产量703.8万吨、1616.7万吨、480万吨、294.7万吨，全部实现增产增效；推动博创纳米材料产业园建设，崇光低热值煤发电和凯嘉煤层气发电二期工程加快实施；推进晋能物流等重点物流项目建设，奥维德圣仓储中心建成投运；积极培育提升小微企业，新增“小升规”企业4户。农业释放潜力。实施“药蛋果产”战略，大力调整种植结构，减少传统低效作物玉米种植面积1.2万亩，粮食总产量达到1.22亿公斤；积极发挥规模效应，干果经济林提质增效8000亩，2万亩绵黄芪种植项目成功落地；鼓励社会资本进入农业领域，长寿湾项目成为全国首批、华北首个乡甜农业项目，绿兴源蛋鸡养殖项目建成投产，誉美香肉鸡养殖项目开工建设。服务业上档升级。加快“一山一村一城一市”精品景区建设，张壁古堡挂牌国家4A级景区，启动老城4A级景区创建，张兰古玩城成为山西第四条特色商业街，虹霁寺正式对外开放；电商园冷链仓储建成投运，家家利超市进驻太原；“互联网+”战略加速实施，成为国家农民工返乡创业试点县，电子商务产业园交易额达到4000万元，被山西省科技厅确定为省级众创空间。

【民生保障】 加大民生支出。全年民生共支出18.9亿元，占公共财政支出79%，累计保障低保对象3.4万人，发放低保金1275万元，发放抚恤金、补助金2300万元，发放救助金540万元。发展民生事业。出台《介休市关于鼓励民间资本进入教育领域，促进民办教育健康发展的实施办法》，引进北京新学道和山西现代双语两所民营学校在介休办学；对城区学校进行优化调整，盘活教育存量资产4.4万平方米；聘任全国教育专家、河北省骨干校长张斌利担任介休一中校长。积极推进人民医院PPP建设模式，争取引进三甲医院参与管理运营；被国家卫计委表彰为全国中医药工作先进县，成为山西省唯一的国家级妇幼健康优质服务示范市。办好民生实事。确定城市公共出行、集贸市场等十件民生实事，开通免费公交线路和1元公交线路，完成公共自行车投放；免费向社会开放后土庙、祆神楼、城隍庙等三处全国重点文物保护单位和20个群众文化活动室，社会福利中心主体完工；完成各类就业创业培训7830人次，新增城镇就业人数4750人；成立民生事务保障办公室，开通民生服务专线，协调解决事关群众切身利益的“四供”等民生重点问题。

【优化发展环境】 市委下大力气不断优化发展环境，着力破解项目不多的困局。通过深挖潜力、科学调度，扭转了项目建设停滞不前、固定资产投资连续在全晋中市排名靠后的局面，崇光低热煤电厂、汾河综合整治等4个省级重点工程项目完成投资17.5亿元，73个晋中市级重点工程完成投资115.8亿元，有效支撑全市固定资产投资增长。积极开展干部入企帮扶，落实四套班子包项目责任制，成立75个工作小组对接115个帮扶企业和项目，首批39名熟悉企业管理、安全生产等特长的干部脱产到企业挂职。扎实开展项目服务，深化“各类项目受理大起底”和“待落地项目大起底”工作，共排查、筛选落地项目85个、总投资101.9亿元。针对项目停产原因，积极与省、晋中市国土、环保、安监等有关部门对接，与相关村企沟通协调，妥善解决企业有关问题，全力推动所有项目复产或投产。茂胜大机焦环评手续办理、亿联国际商贸城用地等问题全部解决，得一、益达化工复工复产。

【城乡建设】 以国家新型城镇化综合试点和“108廊带区域一体化发展示范区”建设为抓手，加快城乡一体化发展步伐。介休市级领导牵头，综合性打造张兰、义安、三佳城镇化示范区，8个村入选中国传统古村落名单；深入实施城乡人居环境改善工程，改造东大街、朝阳路，投资3000万元集中开展垃圾集中清理、交通秩序整顿、公共设施配套、经营秩序规范、绿化美化提升为内容的城乡环境综合整治攻坚行动，城乡环境形象焕然一新；抓好“美丽乡村、幸福社区”建设，在两千人以上村谋划“六个一”工程；深入实施大气、水、土壤防治，启动省农村生活污水防治项目，加快汾河国家级湿地公园创建，新增绿化面积12.55万平方米，建成区绿地率、绿化覆盖率分别达到37.7%、43.06%，城市人均公共绿地面积10.8平方米。

【社会事业】 以“党政同责，一岗双责”为核心，扎实开展安全生产大检查、打非治违、专项整治等重点行动，全覆盖、无遗漏排查治理各类安全隐患，全市未发生较大以上安全生产事故；加快“平安介休、法制介休”建设，深入开展“打黑除恶”专项斗争，全面消除各类社会治安隐患，促进社会和谐稳定；积极开展“信访大结案”活动，深入落实领导接访、领导包案、信访救助、重点稳控等措施，全市共发生信访总量819批次、5630人次，同比去年下降21.78%、50%，进京非访10人次，同比下降87.8%，共排查出重点信访案件100件，办结75件，办结率75%；成立介休市文化促进会、光彩公益事业协会、介休市蓝天救援队，开展丰富的公益活动，大力推动社会公益组织建设，不断提升社会道德水平；拿出1000万元专款成立介休好人事业促进会，设立好人基金，举办“介休好人”评选，着力转变作风、带动社风、教化民风，形成“人人当好人、人人做好事”的良好风尚。

（刘婷婷）

组 织

【概述】 2016年，在晋中市委的坚强领导和上级组织部门的科学指导下，介休市委组织部紧紧围绕贯彻党的十八大、十八届三中、四中、五中、六中全会精神和习近平总书记系列讲话精神，认真落实全国组织部长会议和省、晋中市组织部长会议精神，按照省委“一个指引，两手硬”和晋中市委加快完成“两个全面”“全面挺进全省第一方阵部署”总要求，突出全面从严治党这条主线，强化理论武装，坚持刷新吏治，持续改进作风，夯实基层基础，实施人才强市，落实管党治党，重点抓好“两学一做”学习教育、县乡两级换届，努力为实现介休“振兴崛起，城乡美丽，生活富足，人民幸福”的奋斗目标提供坚强组织保证。

【基层组织建设】 “两学一做”学习教育 2016年，介休市按照中央、省委和晋中市委的安排部署，在全市党员中分“讲政治、有信念”“讲规矩、有纪律”“讲道德、有品行”“讲奉献、有作为”四个专题，开展“学党章党规、学系列讲话、做合格党员”学习教育。一是抓基础，确保学习教育全覆盖。通过撤并改建34个支部，整顿30个后进支部，梳理完善支部制度，建强支部主体，强化各级党组织抓学习教育的主体责任。全市建立各级领导干部联系点1066个，认真落实双重组织生活制度。二是抓指导，确保学习教育取得实效。在抓好“八个一”规定动作基础上，强调结合实际，注重创新。针对流动党员实际，组建1300个微信群，转发、编发信息60余万条。每月5号为党日活动，突出务求实效、契合实际，特别是结合城乡卫生环境整治，促进“两个作用”的发挥。三是抓载体，确保党员作用充分发挥。开展党费自查，强化党员意识，截至2016年底共补交党费91.76万元。落实“党员先锋行”，组织全市党员普遍亮身份，联系实际开展承诺践诺。

落实党建主责 制定《介休市2016年度基层党建工作目标任务》，对各领域党建工作建立问题、任务、责任三个清单，建立11个项目组推进重点工作，开展基层党建半年督查和“7+1”重点任务专项检查，推进落实。完善党建目标管理责任制，压实党建责任。2016年，将市级领导党建联系点延伸至村一级，具体指导基层党建和重点工作，进一步强化责任意识。坚持三级联述、联评、联考，年初承诺党建项目事项，年终围绕承诺兑现、保障投入、个人履职、存在不足及整改方向等进行述职。

党员队伍建设 优化党务工作队伍结构。结合乡镇换届，全部配齐专职副书记和组织委员。开展基层党组织按期换届专项检查，选出一批能力强、素质高的基层党组织书记。坚持分层次、分类别开展培训，对处级、科级党员干部和普通党员分层次培训，开展机关党员干部学习教育。坚持丰富教育载体，运用现代多媒体技术建立“空中课堂”，扩大教育覆盖面。有序开展村干部流动，截至2016年底，全市大学生村干部在岗83人，年内流出14人，其中公务员10人，事业单位1人，其他3人。

服务型党组织建设 下发《介休市“一带三创”工作实施方案》，细化“五个好”乡镇党委和村党组织的创建标准，年内有25个农村党组织开展首批申报。立足“五个十分钟服务圈”水平提升，开展建设幸福社区。全市35个社区活动场所面积在200平方米以上的有14个，新增服务网点255个，全市社区服务圈发展到59个，基本实现服务门类全覆盖，解决居民群众各类突出问题1090件。落实在职党员进社区“三定两评”活动。全市共有4265名在职党员到所在社区报到，新组建31支党员志愿者队伍，张挂1600多个“党员家庭户”标牌。在非公企业和社会组织中开展集中组建，党的组织覆盖率分别达到84%和73%。

强化基层党建保障 推进基层场所标准化建设，投入41.28万元对12个农村危旧场所完成改建。在宋古乡实施“十有十化十制度”，进一步拓展功能。强化经费保障。继续将党建经费列入财政预算，予以保障；社区工作者月平均工资达到1450元，农村在职“两委”主干报酬在2015年人均增长60%的基础上再增长50%，达到年均17500元。

【干部人才建设】 *乡镇领导班子换届* 调整后，每个乡镇都至少配备了1名妇女干部和30岁左右年轻干部，乡镇领导干部平均年龄36岁，比调整前下降6岁；35岁以下年轻干部29名，比调整前增加20名；妇女干部16名，比调整前增加9名；非党干部5名，比调整前增加4名；具有2年以上乡镇工作经历的领导干部占到81%；大学本科以上学历比例较调整前上升18个百分点；选拔“三类人”25名，占新提拔乡镇副职的61%。

干部选任 实现了“三个一批”工作常态化，突出组织部门把关和参谋助手作用，对提拔人选全部征求纪检、综治、公安、检察、审计、卫计、安监、信访、610办公室、司法等部门意见，全年共调整干部8次，审查甄别干部112人，使用敢担当、善作为的好干部53人，因“五查”不过关取消任用9名，退出不胜任干部2名。

干部思想政治建设 强化理论武装，利用两个月时间开展科级干部政治理论知识专题轮训，协同市委统战部举办党外干部培训班，专门邀请省委党校、山西大学的专家教授围绕省党代会精神和党建理论知识为各级党员干部授课辅导，举办了党务干部培训班。

年轻干部队伍建设 积极选派年轻干部担任村第一书记，不断增进年轻干部与人民群众的感情；选派14名年轻领导干部到基层挂职副书记、副乡镇长，切实促进年轻干部快速成长；进一步加大招考力度，2016年，新招录公务员和参公人员39名，补充教师60名。

干部监督管理 持续开展违规进人、档案造假、领导干部违规兼职等问题整治工作，制定出台领导干部“八小时之外”监督管理办法，做好干部请销假、职级并行、出国境审批备案等日常管理工作，综合运用提醒、函询、诫勉等组织处理措施，保持从严管理干部高压态势。清理2012年8月以后通过空转手续调入事业单位工作的人员37名，处理档案造假2人，诫勉干部1人。

人才工作 大力引进培养高精尖人才。11月，成功引进著名教育专家张斌利任介休一中校长，完成了1名晋中市“551人才计划”和5名“第六届晋中

市委联系高级专家推荐工作”目标。通过举办人才交流大会，为215家企业对接各类人才4900余人。加强人才教育培训，累计集中培训党政干部4000余人次，妇女干部260人次；培训中小企业创业人才100余人；培训电商创业人才500余人；培训医疗系统专技人才9次900余人；开展农业技术培训100余次；培训农民12000人。

【自身建设】 坚持周一例会，集中学习，认真开展“组工干部大讲堂”活动，提高组工干部学习自觉性。结合“两学一做”学习教育，组织原文学习《中国共产党章程》（以下简称《党章》）、《中国共产党廉洁自律准则》（以下简称《准则》）、《中国共产党纪律处分条例》（以下简称《条例》）等党内法规；认真开展部、机关“四讲四有”专题研讨；组织全体组工干部到介休革命烈士陵园缅怀先烈；集中观看《好人常慧珍》等电影，引导大家树立崇高理想和道德追求。2016年，共有4名人员从军转干部和大学毕业生中被选拔录用为组工干部，一名组工干部调整到乡镇担任组织委员。坚持在“管”中“育”，在“用”中“管”，结合换届选举、干部考核等重点工作检验和锤炼组工干部，着力建设忠诚、干净、担当的组工队伍。进一步深化“组工干部下基层”“双联双帮”等主题活动，在实践中转作风、接地气、强素质。9月，组织到左权县委组织部观摩学习，开通了介休党建手机报和微信公众号平台，刊发组工信息共88期。

（刘本刚）

宣 传

【概述】 2016年，全市思想文化宣传工作全面贯彻习近平总书记系列重要讲话精神，紧紧围绕“五位一体”总体布局和“四个全面”战略布局，深入落实党的十八大和十八届三中、四中、五中、六中全会及省第十一次党代会、晋中市第四次党代会和介休市第六次党代会精神，牢牢把握“两个巩固”根本任务，严格按照全市宣传思想文化工作会议确定的工作思路，着力推进理论武装、舆论引导、文明创建、文化繁荣、队伍建设“五大工程”，全面落实意识形态各项工作，以创新改革带动活力，为全市“十三五”开好局、起好步提供了强有力的思想保证、舆论支持、精神力量、道德滋养和文化条件。

【理论武装】 将“两学一做”学习教育作为重要载体，全市上下认真学习习近平总书记系列重要讲话精神，认真学习习近平总书记和新一届中央领导集体崇尚实干、勇于担当、廉洁自律的优良作风。市委中心组开展学习活动26次。邀请省委党校高建生教授及晋中市委讲师团刘更生教授为全市领导干部就“两学一做”进行了专题辅导。邀请省委党校赵公社教授和晋中市委宣讲团成员曲晓东、李旭辉就党的十八届六中全会及省和晋中市党代会精神进行了深入解读。党的十八届六中全会之后，第一时间抽调市委宣传部、党校等部门单位理论工作者组建市委宣讲团，深入全市所有乡镇、街道及部分市直单位开展为期两个月的宣讲共40余场。引申了党的十八届五中全会精神宣讲，组织市委宣讲团宣讲100余场。全市广大社科工作者和理论研究者围绕改革发展稳定中的重大现实问题、重大思想理论问题、重大实践经验积极深入调查研究，完成各类调研成果近100篇。其中，《全媒体背景下县级党委宣传部门构建“大宣传”格局的思考》在新华社中国经济信息社《山西领导决策》刊发，《探究复兴历史文化名城“介休样式”的意义》在《前进》杂志刊发，《找到文物保护与城镇化发展的结合点》在省政府办公厅《参阅材料》登载，《旅游与文化融合发展》在《山西日报》理论周刊发表。《增强中国特色社会主义和中国梦宣传教育的针对性、实效性》获评2015年全省思想政治工作优秀研究成果一等奖。在晋中市第五次社科研究优秀成果评选中，3件作品获奖，介休市委宣传部获优秀奖。在晋中市社科重点课题研究资助评审中，获三级资助3项、优秀课题2项。

【舆论引导】 认真贯彻落实习近平总书记在党的

新闻舆论工作座谈会上重要讲话精神，整合市委新闻中心（市政府新闻办公室）、市委政府信息化中心、市互联网信息办公室、介休报社等宣传资源，组建新闻网络信息中心。紧紧围绕全市工作大局，全面深入准确宣传阐释了市委、市政府一系列决策部署，“冬季行动”“增收脱贫”“春季战役”“两学一做”学习教育、“城乡环境综合整治”“首届‘介休好人’评选”等重大主题宣传成效明显。发挥“介休发布”微博微信平台作用，加大了网上正面宣传力度，加强了网络舆情相关知识和技能的网上培训及互动。全年实时监控、搜索上报国际、国内舆情2300余条，收集本地舆情近1000条，编报《舆情快报》120余期、《舆情信息》14期、《季度舆情动态》4期。编制《介休市突发事件新闻发布应急预案》，积极引导“鑫峪沟煤矿发生坍塌”“介休旧城保护工程”等负面舆情20余次。11月，由《人民日报》微博和新浪网联合发布的《2016年人民日报·政务指数微博影响力报告》中，“介休发布”政务微博位居山西党政新闻类微博排行第四。主办首届“互联网+”普及推广展系列活动，参与组织山西品牌网上行“乡甜介休”项目启动仪式。围绕“十三五”开局等主题，设置外宣话题，讲好介休故事，发出介休声音，树好介休形象。《晋中日报》县、市专刊刊发24期。《新华晋中手机报》（快讯）发稿150余条。在中央和省、市主流媒体发稿300余篇（条）。热情接待“2016形象中国·百家媒体聚焦魅力晋中”全国新闻摄影团及新华社、中央电视台等媒体10余批次、记者200余人。台湾媒体人凌峰及其团队就纪录片《新八千里路云和月》在清明节期间走进绵山景区。由英、法、俄等十余个国家有关媒体记者、旅游爱好者以及中国日报社记者近30人组成的“洋眼看山西”文化旅游宣传推广活动采风团走进绵山、张壁古堡，通过“体验式旅游”，向世界展示了介休独特的文化魅力。特别是中央电视台《文明密码》栏目组深入挖掘绵山挂祥铃、洪山制香、琉璃烧制技艺和老陈醋制作工艺等历史文化资源，制作完成《清明介休探寒食》和《绵山脚下智慧多》两集专题片，于清明节期间在CCTV-10（中央电视台科教频道）播出。5月还承办了“2016海峡两岸中华传统文化与现代化研讨会”。

【文明创建】 在斩获“2014—2015山西省创建文明城市先进工作市”荣誉的同时，继续全面对照《山西省文明城市测评体系》，推进文明城市创建常态化。组建成立介休好人事业促进会，引导“人人当好人、人人做好事”的良好风尚。以“弘扬正能量、激发新活力、建设新介休”为主题，开展首届“介休好人”评选活动，注重多平台宣传动员和多载体氛围营造，于2017年春节期间对评选出的“介休好人”进行了集中表彰，并以重奖。举办第三届道德模范表彰会，对10名道德模范和10名道德模范提名奖获得者进行了表彰。刘增友荣获晋中市第五届“感动晋中十大道德模范人物”称号，梁秀娥、刘兴荣、刘爱红、马永根、王云伶、赵晓燕等6名人员和洗煤厂工贸公司“学雷锋小组”一个团队荣获2016年“晋中好人”称号。在全市组织开展了“践行社会主义核心价值观”主题宣讲活动。举办第三期道德总堂，同时邀请全市各级各类文明单位和“践行核心价值观　寻找最美家风”评委老师及获奖作者参与活动全程。开展“践行社会主义核心价值观”赠书活动。传统文化协会将核心价值观公益讲座设在社区农村，辐射到了周边县市。开展2016年全市青少年“中华魂”（遵纪守法从我做起）主题教育活动。介休市博物馆举办春节和暑期社会教育活动，让广大青少年在动手制作的同时也用心体会到传统的民间艺术文化。图书馆加强了青年馆员和读者的培养力度，为广大青少年提供网上学习及电子图书推荐3000余册，吸引读者积极创新，大胆创新。不断规范校园周边环境及文化市场。

【文化繁荣】 深入贯彻习近平总书记在文艺工作座谈会上重要讲话精神，坚持以人民为中心的创作导向，进一步深化文化体制机制改革，于11月组建成立介休市文化促进会，推动文化事业全面繁荣和文化产业健康发展。王旭东长篇小说《复调婚姻》入选三晋百部长篇小说文库。任兆琮中篇小说处女作《木铎传奇》荣登《乡土文学》头条。图书《介休国宝》由山西科学技术出版社出版发行。组织近年来全市优秀作家及作品参评第四届“晋中文学奖”和全国首届“千高原杯”征文大赛。同省文联等有关部门单位共同举办“老树新田——田树苌个人书画作品展”“迎中秋　庆国庆　家乡美”全省少年儿童书画大赛获奖作品展、“直觉六月”叶羽轩作品展等书画展览。同省介子推文化研究会联合打造的话剧《兴晋贤臣》完成剧本创作。晋剧现代戏《焦裕禄》顺利开排。按照《市委深化改革领导小组文化体制改革专项小组2016年工作要点》，结合上级改革要求和统一部署，统筹推进各项改革工作任务。列入2016年晋中市级的3个文化产业重点项目完成投资5321万元，落实贷款2900万元。凯嘉能源集团旗下山西德星隆文化交流有限公司挂牌，张壁旅游公司独家冠名山西广播电视台《天下寻宝》栏目。张兰古玩城举办2016年春秋两季古玩收藏品交流会，凭借其“古玩+商业”的特色模式，荣膺“山西省特色商业街”称号。安益洪山陶瓷公司获评2016年首批省级工业旅游示范点。千年古刹虹霁寺旅游景区建成并对外开放。在市区建成并免费开放群众文化活动室20个，后土庙、袄神楼、城隍庙三处全国重点文物保护单位免费向社会开放。“凝心聚力促发展，砥砺奋进铸辉煌”两节群众文化活动举办了历史文化名城复兴一期十大工程全面竣工后的首次灯展及“金猴闹春”少儿春晚、九台大戏庆新春等，节前组织书法爱好者为群众义务书写春联2600余幅。通过第十二届广场文化节、心连心合唱节、千人广场舞大赛、“老城杯”百姓擂台拳王争霸赛、晋剧票友大赛等“全民文化季”系列活动和“走基层·惠民生”送文化下乡公益演出活动，丰富了广大城乡群众的精神文化生活。

【队伍建设】　将意识形态工作作为党的建设和政权建设的重要内容，出台了《党委(党组)意识形态工作责任制实施细则》，建立了意识形态领域分析研判机制。把“两学一做”学习教育作为2016年党建工作的首要任务，通过讲党课、专题研讨、观看电教片、建立党建微信群、专题测试等形式筑牢学的基础，通过佩戴党员胸章、组织义务植树、参加心连心大合唱、联系岗位职责领题调研等比学风作风、比作用发挥、比建功立业，在真学、真懂、真信、真用上下足了功夫。支持盲人曲艺队以说唱方式集聚推动学习教育的正能量。以1号文件印发《关于进一步做好宣传思想文化系统党风廉政建设工作的通知》，及时制定《党风廉政建设主体责任清单》《关于加强新闻媒体监督作用的意见》《介休市新闻媒体舆论监督(暂行)办法》，编印发放《漫画新规》1000册，邀请省委党校崔建周教授以《准则》和《条例》为主题向全市副科级以上干部进行专题培训。《介休报》和电视台除日常开辟专题专栏，在节假日连续刊登播出中央及省、市纪委有关通告，强化了广大党员干部的纪律意识和规矩意识。特别是全市领导干部在春节后上班第一天“受教育、正作风”的消息于2月15日在《山西日报》和《晋中日报》头版进行了报道。客观分析“十三五”开局形势，组织召开全市宣传思想文化工作会议。对各项工作进行了任务责任分工。通过工作月、计划月、总结月落实制度的实施，全面提升了工作质量和水平。宣传部长参加了2016年全省宣传部长培训班学习，系统科级干部全员参加了介休市2016年乡科级领导干部“两学一做”专题轮训班学习。邀请晋中市委讲师团贺凯平教授以《唱响主旋律，弘扬正能量》为题目，对全市新闻舆论工作者进行了专题培训。

（郝燕飞）

文化联合会

【概述】　2016年，介休市文化联合会(以下简称“文联”)在市委、市政府的坚强领导下，在市委宣传部的正确指导下，带领广大文艺工作者深入贯彻落实习近平总书记系列重要讲话精神和习总书记在文艺工作座谈会上的讲话精神，牢牢把握“高举旗帜、围绕大局、服务人民、改革创新”的要求，按照“把握方向，加强联谊；走出去，请进来；创作精品，繁荣文艺”的工作思路，坚持党的文艺方针，把握先进文化的前进方向，认真履行“联络、协调、指导、服务”的职能，努力调动一切积极因素，团结一切力量，振奋精神，锐意进取，各方面工作取得了新进展、新成效，有力促进了全市的文化建设和文艺繁荣。

【文艺活动】 2016年春节前夕，配合市委、市政府送文化下乡活动，组织60多名书法家“送春联到农村、到学校、到机关”活动，书写春联一千多幅；为积极推动介休市的书法艺术创作，弘扬中国的传统文化，先后举办李钢先生书法精品回顾展和“老树新田——田树苌个人书画作品展”；举办“直觉六月”叶羽轩工笔绘画展。在山西省第四届工笔画大展中，介休市叶羽轩工作室5名成人教育学员的作品入展，是介休市有史以来入选作品、入选人数最多的一次。为推动介休市工笔画创作，组织举办了“直觉六月”工笔画大展，展出作品一百余件。任兆琮的中篇小说处女作《木铎传奇》被晋中文联主办的《乡土文学》头条采用，是介休市文学创作的重要收获；原十中高二学生李金的小说《江南烟雨琉璃瓦》则以《新人新作》开设栏目的首部作品刊登《乡土文学》，成为绝无仅有的高中学生文学作品刊登《乡土文学》第一人；在两年一度的晋中文学奖评选中，汾西矿业集团公司的毛守仁、王旭东和凯嘉集团公司的李剑啸分别以小说作品《白岸闲人录》《征兆》和评论作品《乱花渐欲迷人眼》分别荣获第四届“晋中文学奖”中篇小说奖、短篇小说奖和文艺评论奖三个奖项；市直机关作者田孝士的短篇小说《饭局》和罗圻的散文《固原，我心灵之故园》分别获得北京大型文学期刊《千高原》举办的全国首届“千高原杯”征文大赛“最佳小说奖”和“最佳散文奖”；王旭东的长篇小说《复调婚姻》正式入选山西省作家协会和北岳文艺出版社的三晋百部长篇小说文库，并正式出版发行。

【社团活动】 收藏协会　2016年，收藏协会组织举办了收藏协会成立20周年纪念展，藏品分七个门类，展出藏品上千件。活动期间，还组织省城和周边县、市收藏界的领导和同仁参观了介休市郭彪先生的酒文化专题展和王灵仙猴艺术品专题展。

文化事业促进会　2016年11月4日，介休市文化促进会成立并召开一届一次会议，选举路斗恒任会长，王光亮、董增万、张金祥、梁月林、王良利等19人任副会长，原家敏、李文平任秘书长，会员127人。

（张晓婷）

统　战

【概况】 2016年，是“十三五”开局之年，也是介休市统一战线工作以“两个全面”和实现介休振兴崛起为目标，拼搏奉献的一年，更是市统战工作充分发挥法宝作用，努力构建“大统战”格局的重要一年。一年来，介休市委统战部秉承素有的工作作风，立足新的工作形势，建立统战部、工商联、民族宗教局、侨联合署办公机制，坚持思想到位、责任到位和行动到位的优良传统，团结凝聚各界优秀党外人士的力量智慧，开启统一战线事业发展新的征程。

【巩固统一战线共同思想政治基础】 介休市委历来都十分重视统战工作，特别是2015年中央统一战线工作会议以来，更是将统一战线工作纳入了市委重要议事日程，成立了由市委书记丁雪钦担任组长，市委统战部长李俊萍、市人大副主任冀晓军、政府副市长张卫东担任副组长，相关部门负责人为成员的市统一战线工作领导小组。制定出台《中共介休市委关于进一步加强统一战线工作的意见》（介发〔2016〕1号）文件，组织召开市委统战工作会议，对全市统战工作进行安排部署，明确将统战工作纳入年度综合考核内容，作为市委考核乡镇、市直机关工作的重要依据。市委中心组专题学习了中央、省、市统战工作会议和《中国共产党统一战线工作条例（试行）》精神，听取了市委统战部传达的省、晋中市委统战工作会议精神，研究了新形势下全市统一战线工作思路。将统一战线工作纳入市委宣传工作计划，市委统战部在《介休报》开设“统战专栏”，并开通“介休统一战线”微信公众号，传统和新兴媒体共同发力，积极营造“大统战”格局的浓厚氛围，把统战理论、政策纳入了市委党校教学内容，全市上下形成大统战工作格局。

把学习贯彻《中国共产党统一战线工作条例(试行)》精神作为重要任务。各民主党派、工商联和无党派人士把学习贯彻精神与“坚持和发展中国特色社会主义”学习实践活动结合起来，党外代表人士把学习贯彻精神与“双学一跟”活动结合起来，进一步凝聚起共同的思想政治基础。

【抓好党外代表人士队伍建设】 站在“坚持多党合作”高度，鼓励引导党外代表人士发挥作用，力促介休市统一战线巩固壮大、持续发展。一是积极支持帮助。积极赢得市委、市政府支持，全市有三个民主党派支部均实现“议事有场所、办事有经费、参政议政有席位”。二是坚持服务大局。积极引导各党外代表人士围绕县域经济社会发展的各项重点工作，结合实际开展调研，切实发挥统一战线服务经济发展中的作用，2016年，党外代表人士共完成调研文章16篇、政协提案80余件。三是提高政治待遇。切实贯彻《条例》精神，建立健全组织部和统战部联席会议制度，推动党外干部工作制度化、规范化、程序化。认真落实中央《条例》和省委、晋中市委和介休市《意见》中关于党外人士安排的各项政策规定，结合换届工作，加大党外干部配备使用力度。在实职安排方面，2016年，党外人大常委会副主任1名、党外副市长1名、党外政协副主席1名，党外副科级及以上领导干部共23名，政府职能部门共配备了20名副科级以上党外领导干部。5月18日，介休市组织部、统战部共同举办介休市第二期党外青年干部培训班。同时建立了包含100名党外后备干部的人才库。在乡镇换届工作中，配备了5名党外干部担任乡镇副科级干部。四是完成第七届介休市政协委员协商提名工作。认真贯彻落实党中央要求和有关法律、章程规定，做到严格素质条件、身份认定、产生程序、组织考察，联合各有关部门按照各自职责，认真负责地做好了政协委员初步人选的联审工作和非公有制经济代表人士综合评价工作，完成第七届介休市政协委员协商提名工作。共推荐产生162名政协委员，设置界别24个，党外代表人士102名，占比为63%；非公有制经济人士37名，占比为22.8%；新社会阶层人士3名，占比为1.9%；少数民族、归侨、侨眷委员占适当比例。常务委员会委员24名，其中19名常委中，党外14名，占比为73.7%。

【深入开展“双学一跟”主题活动】 根据省委统战部和省工商联部署，在全市非公有制企业中深入开展“双学一跟”主题活动，以增强非公有制经济人士理想信念和促进非公有制经济转型发展为目标，激发非公有制经济人士跟党奋进热情，进一步深化理想信念教育实践活动。工商联作为非公有制经济党委的组成部门，积极参加非公有制党建的各项活动，在非公有制企业党员中开展“两学一做”学习教育，围绕“党要管党、从严治党”主线，进一步增强基层组织战斗力；进一步增强党员的党性；进一步营造山清水秀的政治生态；进一步激发基层党员干事创业热情。教育他们树立“义利兼顾，以义为先”理念，积极参与光彩事业和其他社会慈善事业。积极引导非公有制经济人士自觉承担社会责任。

【促进非公有制经济发展】 2016年，介休市工商联完成换届工作，市工商联第六次代表大会选举产生代表144名，新的领导班子的产生为市工商联充分发挥桥梁和纽带作用，努力当好政府服务与管理非公有制经济的助手奠定了坚实的基础。市委统战部继续推进“双引双赛”主题活动，通过搭建政商互通平台、纵横拓展商会网络建设、帮扶企业发展壮大、引导非公有制经济人士回馈社会等活动，为非公有制企业提供优质的帮促服务，引导全市非公有制企业适应经济新常态，加快推进配套改革，努力实现转型发展，进而引导非公有制经济组织健康发展、引导非公经济人士健康成长。2016年5月，市工商联获得全国“五好”县级工商联称号。

【民族宗教】 认真贯彻党的民族宗教政策，依法管理民族宗教事务，以人为本做好工作，确保民族宗教领域和谐稳定。2016年，对介休市条件成熟的云峰寺、大罗宫、兴隆寺、胜因寺提出了机构代码申请和开设银行账户的要求，进一步规范财务制度。以“爱国宗教团体建设年”为契机，严格按照法定程序，圆满完成佛教、基督教换届工作。一以贯之做好玉佛禅寺和双福寺文物保护相关工作，打通玉佛禅寺西侧安全通道，并改造排水，寺院多年的院内下雨积水问题得以解决。政府支持天主教3万元并帮助其筹资40万元新建北贾天主堂。

【新侨工作】 适应侨情变化，重点针对近年来留学生知识和职业层次高、思想观念新、参政议政意识浓的特点，扎实做好新侨工作。2016年，政协换届工作中，介休市新进两名侨眷（韩婧、张汉霖）担任政协委员。介休市归国留学生联谊会继续秉承“团结合作、资源共享、协作共赢”理念，每月在中茶会馆举行公益沙龙，特别是中央财经大学培训学院院长李维就股本融资给大家进行了深刻细致的讲解。持续引申“金桥爱心工程”活动，市委统战部和市侨联积极争取香港华革会30万元资助款新建希望小学。2016年10月，香港华革会名誉会长吴祺光夫妇率领的观礼团来到介休市，对捐资新建的石屯香港华革会李建培英小学进行揭牌验收。

【调研摸底新的社会阶层人士】 2016年5月，成立介休市互联网创业协会，建设了一支有影响力的新社会阶层人士代表队伍。以此为契机，努力做好新媒体从业人员工作，建立一支优秀的新媒体从业人员代表人士队伍，建立健全工作机制。新一届市委、市政府坚定文化自信，将原旧法院办公楼移交给市文学艺术工作者联合会及个别民间文化团体。自11月以后，先后成立介休市文化促进会、书法家协会、朗诵协会等20余家协会，会员合计2100余人。

【中国民主建国会介休市支部委员会】 2016年，中国民主建国会介休支部（以下简称“民建介休支部”）设主委1人，副主委2人，秘书长1人，吸收两名新会员，有会员26人。支部会员遍布经济、文化、法律、艺术、医卫、广告、社会学等多个行业，会员专业技术及特长有经济师、工程师、医师、审计师、统计师及讲师、书画、心理咨询等多种类型。民建介休支部共有7人担任各级人大代表和政协委员，其中晋中市四届政协委员1名，介休市政协常委2名，介休市政协委员3名，介休市人大代表1名。

2016年，民建介休支部深入开展“双学一跟”学习教育活动，制定学习计划，组织会员深入学习习近平总书记系列重要讲话；积极参与市委统战部组织的“纪念中国共产党成立95周年暨红军长征胜利80周年——梦想·岁月”主题征文活动，完成征文两篇；相继举办李刚书法精品展、“相逢便金石——金石山房藏拓本展”、青少年传拓体验活动；开展文化讲堂“介休城民国时期文化格局”；出版发行《介休近当代艺文丛稿》《黄土文明，介休范例》丛书之《民族文化与多元传承：黄土文明的人类学考察》《介休历史乡土地理研究》《天下一点：人类学“我者”研究之尝试》《延续的文明，山西介休的历史透视》；支部主委郝继文撰写的《傅山隶书<郭泰碑>的后世影响》《郭泰碑，傅山唯一隶书原刻之碑？》分别发表于国家级期刊《书法赏评》和国家级报纸《中国文化报》。

【中国民主促进会介休市支部委员会】 中国民主促进会介休市支部委员会（以下简称“民进介休支部”）设主委1人，副主委2人，秘书长1人，有会员22人。2016年，民进介休支部开展“双学一跟”活动，组织召开“双学一跟”学习教育动员大会，参加民进晋中市委主办的晋中市第四期民主党派大讲堂暨“双学一跟”活动专题讲座及介休市党外代表人士“双学一跟”座谈会，举办践行“双学一跟”同心同行诵唱会。民进介休支部注重社会服务工作，3月8日，支部秘书长李彩香为女性同胞们做了题为《阳光思维、快乐人生——做个快乐的女人》的公益健康知识讲座；另外，支部积极落实“服务就在身边、人人可以参与”的微公益理念，立足本职，发挥特长，双岗建功，持之以恒传播民进声音，以赤诚和奉献助推和谐社会建设。5月21日，民进中央主席严隽琪会见了民进介休支部部分骨干会员并开展座谈。民进介休支部全年共向市政协上报个人提案5件，集体提案1件，信息16篇，主委马爱萍、副主委曹平的题为《重振教育雄风，再塑介休精神》与《关于我市房地产去库存的思考与对策》大会发言受到了市委、市政府领导以及与会委员的一致认同和称赞。

【中国民主同盟会介休市支部委员会】　中国民主同盟会介休市支部委员会（以下简称“民盟介休支部”）设主委1人，副主委2人，秘书长1人，盟员23人，其中研究生2人，本科学历20人，高级职称10名，盟员分布在医卫、教育、法律、林业、财政、铁路、安检、社会保障等行业。盟员中有晋中市政协委员1名，人大代表1名；介休市政协常委1名，政协委员2名。2016年，民盟发展新盟员4人，每月召开一次支委会，每季度召开一次全体盟员会议，遇到特殊情况会及时召开全体盟员会议。2016年，民盟介休支部根据盟省委要求开展“双学一跟”活动，同时新建“双学一跟”学习微信群，并举办了“双学一跟——不忘初心·峥嵘岁月‘梦想·岁月’主题拓展活动”；民盟介休支部建立了集体领导和个人分工相结合的领导体制和工作机制，建立健全了盟费收支制度，并讨论修订了《民盟介休支部盟员行为准则规范》；全年，民盟支部完成三个大调研课题：“新常态下介休市民营企业大众创业、万众创新的创客群体调研”“大力发展林下经济，为农村经济发展培植新的经济增长点”“关于帮扶民办职业教育促进供给侧改革的建议”，调研内容均获得上级领导的好评；民盟介休支部共提交提案7篇，信息1条，王琼的大会发言《严阵以待，推动分级诊疗顺利实施》，获得领导的赞扬；支部多次组织医务界开展医疗“三下乡”义诊活动，受到老百姓的普遍欢迎。2016年11月，民盟介休支部被盟中央授予“坚持和发展中国特色社会主义学习实践活动先进基层组织”。

（任华哲）

工商业联合会

【概述】　2016年，市工商联认真践行“四个全面”战略部署和“五大发展”理念，强化“突出主线、抓住重点、巩固品牌、夯实基础”的总体思路，引导和推进介休市非公有制经济健康发展，为建设大太原都市圈南部区域性中心城市，全面建成小康社会而努力奋斗。至年末，全市工商联会员总数有1384名，其中企业会员618名、个人会员749名、团体会员18个，全市规模以上工业、企业共有74户，全部覆盖在工商联的服务范围之内。

【换届工作】　2016年12月16日，介休市工商联根据《中国工商业联合会章程》，制定换届方案，实施选举。由市委统战部牵头，会同市委组织部、法院、检察院等15家单位，本着放宽视野、统筹兼顾、民主协商的原则，在对非公经济代表人士拟任人选进行综合评价的基础上，由市工商联第六次代表大会选举产生代表144名（分别来自4个团体、14个行业分会，涵盖68个行业、140个企业），常务委员会63名，主席、会长1名，专职副主席（副会长）2名，兼职副主席15名，秘书长1名（兼），市委常委、统战部长李俊萍兼任工商联党组书记。

【引导非公有制经济“两个健康”发展】　认真贯彻落实山西省、晋中市民营经济发展推进大会，深入开展“守法诚信、坚定信心”非公有制经济人士理想信念教育活动，引导非公有制经济健康发展和非公有制经济人士健康成长。一是搭建政商互通平台，着眼构建“亲”“清”新型政商关系。市委响应山西省、晋中市号召，迅速行动，将干部帮扶企业（项目）落地，2016年，有39名副科级以上干部深入企业开展帮扶；促成青云集团和介交运业集团携手合作，合理规划60辆纯电动公交车充电及运营；市工商联深入6家民营企业进行调研，引导民营企业加快转型升级步伐，为实现介休市非公有制经济更有效率、可持续发展出智出力。二是纵横拓展张兰商会组织网络，构建健全的组织建设格局。经过两年的筹备，张兰商会于2016年底正式挂牌成立，商会规模为70多家单位、100余人，下一步将探索组建商业、食品、家具、建材、古玩等分会，依托平台优势，积极发挥商会的桥梁纽带功能。三是坚持创新培训，搭建育才合作平台。市工商联充分利用各类资源，加快培育企业发展各类人才，组织部分企业家听取中国债事生活服务大系统王亦斌讲解债事生活；邀请清华大学专家对市民营企业问诊把脉，激发创业激情；组织企业家参加"晋中市民营企业创新转型高级研修班"。四是做好非公有制经济代表人士的政治思想引导工作。市委统战部联合市工商联、侨联召开2016年上半年介休市非公有制经济代表人士座谈会，共同探讨学习胡玉亭书记在全市贯彻落实省委决策部署会议上的讲话精神；组织企业家赴武汉参加晋中市民营经济"挺进全省第一方阵"培训班，引导企业家政治上有方向，经营上有本事，责任上有担当，文化上有内涵。五是帮扶企业发展壮大。市委统战部、市工商联主要领导前往张兰镇沟底村考察光伏发电项目选址情况，为介休市的光伏发电产业发展做好前期准备工作；联合群邀网，在介休组建互联网电商平台。六是引导企业家回馈社会。市工商联联合晋中市民营经济助学协会携手凯嘉能源集团有限公司为介休市36名应届贫困大学生每人捐助5000元。

【荣获全国"五好"县级工商联】 2016年5月，介休市工商联获得全国"五好"县级工商联称号。工商联始终坚持"建一流队伍、创一流业绩、树一流形象"的创建理念，扎实规范开展工商联各项工作：建立健全领导班子和领导机构工作制度，打造学习型领导班子，加强班子队伍建设，落实"领导班子好"；建立完善会员管理制度和执常委数据库，并实行动态管理，广开非公有制经济人士参政议政言政路。实现"会员发展好"；深化工商联基层组织建设，继续强化浙江商会(异地商会)、美容美发化妆品行业协会等商协会建设工作，推进"商会建设好"；增强服务质量，特邀中央财经大学李微院长回介休对市文化市场的发展问诊把脉，并进行项目对接，举办中国债事生活服务大讲堂、互联网+传统商企转型升级高端峰会，狠抓"作用发挥好"；建立完成市委统战部、工商联、侨联、民宗局的合署办公机制，核定工商联行政编制5名，追加5万元工作经费，促进"工作保障好"。

(任华哲)

市直机关党建

【概况】 2016年，市直机关工作委员会牢牢把握全面从严治党主线，围绕机关党建"服务中心、建设队伍"两大核心任务，着力落实机关党建工作责任制，推进服务型党组织建设，提升机关党建水平，多措并举加强机关党的思想、组织、作风、反腐倡廉和制度建设，在深入推进"十点百岗"、文明单位、机关文化活动三个创建载体上下功夫，扩大机关党建覆盖面和实效性，打造机关党建新形象。全年下辖党委6个，党总支25个，党支部256个(包括直属党支部52个)，党员总数6054人。

【思想政治建设】 2016年，在市委的统一安排部署下，工委对市直机关党组织"两学一做"学习教育的开展进行督促和指导：突出"一亮、一联、三诺、三比"党员先锋行，动员机关党员立足岗位做贡献，强化问题导向，推进组织生活常态化；以"组织关系理顺、参学党员不少"为目标，完成好党员组织关系排查、党代表和党员违纪违法排查、党费收缴专项检查等工作，着力打造"四讲四有"党员干部队伍。同时，建立基层党建年度目标责任制，明确各级党组织专职党建办主任工作职责；运用和完善在线学习、专题讲座、课题研讨、主题宣讲、读书活动等载体，通过信息网络、工作简报等阵地，突出党的思想理论学习更加紧密联系实际。尤其在具体工作开展过程中，定期收集汇总市直各党组织工作开展情况，加大督导密度、力度，明确考评标准、办法，对症施治。

【党员队伍建设】 2016年，切实加强机关基层党组织班子建设和党员队伍建设：督促指导直属党委、总支、支部新建、改选和换届45个，按期换届率达100%，调整充实基层党组织书记、委员，党组织班子结构进一步优化；按照“坚持标准、保证质量、改善结构、慎重发展”方针，2016年考察吸收新党员62名，批准预备党员转正48名，培训入党积极分子和预备党员280余名；深入开展新中国成立前老党员和困难党员走访、慰问活动。同时，各党组织开展了形式多样的庆祝中国共产党建党95周年活动，评选表彰各行各业的优秀共产党员、优秀党务工作者。

【党风廉政建设】 2016年，认真贯彻执行《中国共产党党内监督条例(试行)》，切实抓好党员干部，特别是领导干部的监督：把廉政教育列入年度学习培训计划；坚持党组织书记年终述职和民主评议党员制度，加强对市直党组织的民主生活会联系指导，保证质量。同时，坚持党风廉政建设工作与业务工作同计划、同部署、同落实、同检查、同考核，压力层层传导、级级把关，建立“横向到边、纵向到底”的责任体系和链条，特别是对不设纪检组长的工青妇、信访、编办、残联、科协等12个单位明确了专门的纪检委员承担党风廉政的监督责任，由纪工委书记统一协调，切实履行监督责任。

(梁瑾欣)

机构编制

【概述】 2016年，介休市编办努力强化部门自身建设，主动适应机构编制工作新常态、新要求，围绕中心、服务大局，着力转观念、转重心、转方式、转作风，把深化改革、简政放权、控编减编和优化配置机构编制作为重点，扎实推进改革和管理等各项工作。

【深化行政审批制度改革】 积极推行以“权责清单、流程图、风险防控图”(简称“一单两图”)为内容的行政审批制度改革。“一单”明确了政府权力范围、强化政府监管责任和措施，做到“法无授权不可为”“法无禁止皆可为”“法定责任必须为”。“一单两图”从自束权力手脚、敞开市场大门，到提高行政效能、创优发展环境，再到明确政府责任、强化事后监管，是紧密联系、相互促进的完整体系。

对行政审批事项进行动态管理。2016年，编办持续落实和承接国务院、山西省政府、晋中市政府取消和下放的行政审批事项，改为属地管理行政审批事项，及时对审批事项逐项梳理对接。截至10月份，共梳理省、晋中市两级关于取消、下放调整行政审批事项的文件10个，其中，承接落实省、晋中市政府下放行政审批事项共2项；承接落实省、晋中市政府取消的行政审批事项17项，对应取消17项。通过动态调整，截至年底，共保留行政权力事项2610项。出台了文件《介休市人民政府关于落实和承接省政府、晋中市政府取消和下放行政审批项目的通知》(介政发〔2016〕5号)《介休市人民政府关于落实省政府取消行政审批事项的通知》(介政发〔2016〕9号)。

深化行政审批制度改革事中事后监管。出台《介休市人民政府办公室关于深化行政审批制度改革加强事中事后监管的实施意见》(介政办发〔2016〕9号)。各有关部门(单位)围绕取消、下放、转移、保留的行政审批事项，逐条逐项制定监管办法，强化政府部门的监管职责，加强事中、事后监管，防范监管权力缺位、越位、错位现象。

推行中介机构改革，巩固和扩大改革成效。将《山西省人民政府关于落实和承接国务院第一批清理规范89项国务院部门行政审批中介服务事项的通知》(晋政发〔2016〕3号)和《山西省人民政府关于落实国务院第二批清理规范192项国务院部门行政审批中介服务事项的通知》(晋政发〔2016〕19号)全文转发。经汇总，介休市拟保留行政审批中介服务事项5项。

落实制度措施，加强权责清单管理。根据《山西省人民政府关于印发山西省政府部门行政职权运行监督管理办法的通知》（晋政发〔2016〕34号）和《山西省人民政府关于印发山西省政府部门权责清单动态管理办法的通知》（晋政发〔2016〕35号）文件精神，出台《介休市人民政府关于印发介休市政府部门行政职权运行监督管理办法的通知》（介政发〔2016〕12号）和《介休市人民政府关于印发介休市政府部门权责清单动态管理办法的通知》（介政发〔2016〕13号）。进一步加强了权责清单管理、规范和优化行政职权运行，建立了长效运行机制和监督管理机制。

【综合行政执法体制改革】 综合行政执法（以下简称综合执法）是深化行政管理体制的重要内容，也是建设法治政府的主要载体之一。为稳步推进介休市综合行政执法体制改革工作，对改革单位进行了专题调研，摸清底数，发现问题，为领导决策提供了翔实的依据。

交通运输综合行政综合执法体制改革。根据山西省机构编制委员会办公室《关于转发<中央编办关于印发开展综合行政执法体制改革试点工作的意见>的通知》（晋编字〔2015〕65号）和晋中市编委《关于印发晋中市交通运输综合行政执法体制改革方案的通知》（市编发〔2015〕95号）文件精神，出台《介休市交通运输综合行政执法体制改革方案》，将介休市交通运输局及其下属事业单位全部行政处罚权予以集中，组建市交通运输综合行政执法机构，统一负责交通运输综合执法工作，同时行使必要的行政检查权、行政强制权。以市交通路政大队为依托，整合组建市交通运输综合执法机构，执法机构名称规范为介休市交通运输综合行政执法大队。

商务粮食综合行政执法体制改革。根据《中央编办关于印发开展综合行政执法体制改革试点工作意见的通知》（中央编办发〔2015〕15号）和晋中市编委《关于印发晋中市商务粮食综合行政执法体制改革方案的通知》（市编发〔2015〕94号），印发《介休市商务粮食综合行政执法体制改革方案》。撤销市商务粮食局内设机构综合股，其职责划入办公室，设立市场监督股。组建市商务粮食综合行政执法大队。将分散在市经济和商务粮食局内设机构和所属事业单位的行政检查职责全部予以整合，集中交由市场监督股履行；将分散在市经济和商务粮食局内设机构和所属事业单位的行政处罚职责全部予以整合，集中交由新组建的市商务粮食综合行政执法大队履行。市场监督股和市商务粮食综合行政执法大队相互配合，协调运行。

【介休经济技术开发区管理机构申报】 2016年3月7日，省住建厅组织有关部门评审通过了《介休市城乡总体规划（2014—2030）》，把介休经济技术开发区纳入了全市总体规划的范畴。为保证开发区未来规划和全市规划的相容性，在新一轮的《介休市城乡总体规划（2014—2030）》调整中，将城市规划区面积调整为240平方千米，并特殊说明主要包括城区、义安、三佳和张兰的城镇产业发展带。同月14日，在省委、省政府"冬季行动"的统一部署下，省商务厅孙跃进厅长带领省发改委、省住建厅等厅局的领导来介休，对经济技术开发区的设立情况进行调研，并实地考察了部分企业和建设项目。孙跃进厅长强调开发区建设的必要性和紧迫性，对申报工作提出明确的时间节点要求。为加快申报进程，编办积极与规划部门沟通，督促其完成《介休市城乡总体规划》的报审工作。5月，按照省商务厅的安排，编办将新的《介休市城乡总体规划》中为开发区增改的部分内容予以整理，并上报省商务厅。7月，省政府批准设立介休经济技术开发区，标志着介休市经济发展揭开一个新篇章。根据机构编制管理权限及申报流程，将成立介休经济技术开发区管理委员会的请示上报晋中市编办，待晋中市召开编委会议讨论通过后，上报省编办。

【义安经济发达镇行政管理体制改革试点】 2016年4月，省编办副主任郭晋明在晋中市编办主任陈水泉的陪同下，来介休市调研义安经济发达镇行政管理体制改革试点工作。郭主任对义安经济发达镇改革试点工作成绩表示了肯定，同时提出了新的要求。借此机会，编办向领导们反映了义安经济发达镇存在的困难。同时，按照省编办《关于对〈深化经济发达镇行政管理体制改革指导意见（讨论稿）〉征求意见的通知》（以下简称《通知》），编办会同组织、发改、公安、民政、财政、人社、国土、住建、农委、政府法制办和义安镇主要负责人，针对《通知》中安排的事项和义安经济发达镇行政管理体制改革试点工作情况进行专门研讨，提出合理化的意见和建议。

【事业单位法人年度报告公示】 集中3月份一个月时间，开展事业单位法人年度报告公示工作，严格按照申请、受理、审核、核准的权限进行事业单位网上登记，在规定时间内完成年度报告和换证工作。截至2016年底，全市共计事业单位107家，全年事业单位法人网上年度报告公示合格率达到100%。同时，结合法人年度报告公示工作，积极推动中文域名管理工作。

【事业单位分类改革】 根据《关于加快事业单位分类批复工作的通知》（晋编办字〔2015〕40号）和晋中市关于事业单位分类工作的部署，编办严格按照省、市分类推进事业单位改革精神，协力推进，狠抓落实，按要求完成第一批事业单位分类工作。

严格认定标准和范围 为确保分类科学准确，对全市事业单位进行了调查摸底，摸清了设定审批事项的法定依据，按照是否主要履行行政决策、行政执行、行政监督等职能，从严认定承担行政职能的事业单位。

细分从事公益服务的事业单位 根据职责任务、服务对象和资源配置方式等情况，参照省编办《山西省事业单位分类目录》，将从事公益服务的事业单位细分为两类：承担义务教育、基础性科研、公共文化、公共卫生及基层的基本医疗服务等基本公益服务，不能或不宜由市场配置资源的，划入公益一类；承担高等教育、非营利医疗等公益服务，可部分由市场配置资源的，划入公益二类。

加强沟通协调 事业单位分类改革工作关系到介休市事业单位的改革和发展，应谨慎认真对待，既要保证准确把握文件精神和政策要求，对事业单位实施科学分类，确保如期完成分类任务；又要立足长远，积极主动谋划好推进分类以后的配套改革工作。编办积极主动与省、晋中市编办多次沟通协调，完成了介休市第一批事业单位分类工作。

【网上域名管理】 根据《关于贯彻中央编办<关于做好党政机关网站开办审核、资格复核和网站标识管理工作的通知>的实施意见》（市编办发〔2014〕71号）和《关于印发<晋中市党政机关、事业单位和国有企业互联网网站安全专项整治行动方案>的通知》（晋中公发〔2015〕113号）要求，通过单位在线提交网站开办审核或资格复核申请、机构编制部门在线审核、单位线下向同级机构编制部门报送资料备案、机构编制部门对报送资料确认并在线审核，最后单位加挂网站标识。

中文域名注册工作 介休市"政务"域名注册54个，"公益"域名注册349个，域名注册量达到403个。下一步，重点解决过期域名的续期工作。

党政机关和事业单位网站挂标工作 介休市党政机关和事业单位加挂网站标识4个，其中党政机关3个，事业单位1个。

【严格控制和优化配置机构编制】 继续贯彻落实好中共中央、国务院关于今后5年内财政供养人员只减不增的要求，做好介休市控编减编工作。根据《晋中市机构编制委员会关于印发<晋中市控编减编工作方案>的通知》（市编发〔2014〕1号）和晋中市编办《关于认真做好控编减编工作的通知》（市编办发〔2015〕36号）文件精神，认真贯彻落实新一届政府提出的今后5年财政供养人员只减不增的要求，结合介休市的实际情况，严格控制编制总量，盘活存量，使介休市事业单位人员编制基本适应经济社会发展的水平。

按照“严控总量、盘活存量、优化结构、增减平衡”的思路，为进一步盘活编制，合理调配编制资源，实现机构编制管理工作的精细化，着力于向管理要编制，向优化要编制，从全市大局出发，使有限的编制资源发挥出最大的作用。一是优化结构，机构编制注重向基层一线倾斜。二是盘活存量，将有限编制资源向重点领域倾斜。

（张　玮）

离退休干部管理与服务

【概述】　2016年，老干部局工作以“两学一做”为抓手，认真学习贯彻落实中办发〔2016〕3号《关于进一步加强和改进离退休干部工作的意见》，紧紧围绕介休转型发展中心任务，树立老干部工作为党的事业增添正能量的价值取向，不断加强老干部政治理论学习，坚持求真务实，与时俱进，开拓创新，思想、组织建设、服务、管理等工作都取得了新成效。

【老干部“两项建设”】　2016年，把学习贯彻落实中办发3号文件，作为全市老干部工作的头等大事，通过举办专题培训、座谈讨论，组织引导老干部工作人员和离退休干部全面理解和深刻把握文件精神实质，在继续组织好老干部政治学习的同时，依托离退休干部党组织、老干部活动中心、老年大学等组织采取多种形式加强老干部政治思想教育。在“两学一做”学习教育中，30个老干部支部进行了换届；9名老干部支部书记3次参加了省、晋中市组织的培训；老年大学开展3次校长讲党课活动；举办全市老干部支部书记座谈会；组织全市老干部情况通报会；组织老干部参加市里的重要会议和重大活动，参观视察工农业生产和重点工程建设；开展了“我为全面小康添彩助力五大行动”“老干部大讲堂”“送医、送技、送艺三下乡”“老干部志愿者迎新年送春联”“我为扶贫攻坚献良策”“讲述励志故事”“我为美丽介休建言献策”“我为美丽介休再做贡献”等增加正能量的活动。

【老干部服务管理】　2016年，离休干部“三个机制”规范运行，“两费”按时足额落实，服务更进一步细致化、亲情化、人性化、特色化。坚持寿诞必访、重大节日必访、生病住院必访、家中有事有困难必访和老干部去世“五必访”，及时送温暖，坚持元旦、春节、国庆、中秋、重阳节期间走访慰问老干部制度，在原有的慰问标准基础上，每人再加1000元的慰问金，同时对当年的家属也给予慰问；继续组织对全市3211名离退休干部健康体检。进一步推进利用社区资源为离退休干部做好服务工作。在2015年晋中市介休现场会的推进下，以11个示范社区为带动，建立微信工作平台及时交流工作，通过指导培训、督查检查，开展攻坚行动，组织其他24个社区的主任、专职人员参加了晋中市“四就近”培训，率先在晋中市实现“四就近”工作全覆盖。

【阵地建设】　2016年，市委、市政府着力改善老干部学习、活动条件，建设新的介休市老干部活动中心，并将老干部局等涉老部门一同搬入新的工作活动场所。同时投资29.5万元建成20个免费群众活动室、阅览室，为老干部的就近学习、就近活动提供保障。依托市老干部活动中心、老年大学开展科学健康文体活动，娱乐比赛，还积极开展各种才艺展示活动、专题讲座、专场演出等等，依托老干部党组织涉老组织社区，为老干部老有所学、老有所乐、老有所为搭建平台，争做“介休好人”，成立志愿者队伍，为美丽介休做贡献，使老干部精神文化生活不断丰富充实。

（庞利平）

信　访

【概述】　2016年是“十三五”规划的开局之年，介休市信访工作以"为党分忧、为民解难"为出发点，坚持领导接访、下访，提高信访积案化解率，狠抓信访三项治理(赴省进京访治理、重复信访治理、信访秩序治理)，着力构建信访制度更严谨、网上信访更便捷、信访程序更规范、信访处置更高效、信访回馈更满意的长效信访机制，为全市社会和谐稳定做出积极的贡献。

2016年，介休市信访局接待群众来访819批次、5630人次，赴省访17批次、366人次，进京访218人次，非正常上访10人次。总体来看，全市信访形势较为平稳，来市、进京信访明显下降。尤其是进京非访下降幅度高达89%，远远低于晋中市控制范围。但全市集体信访问题仍然突出，煤矿、建筑行业拖欠农民工工资、企业改破遗留、城市老旧楼房改造、迁村移民、农村占地补偿等问题层出不穷。

【坚持隐患排查】 2016年，市信访局紧紧围绕社会矛盾的新情况、新特点，坚持重点问题和特殊时期的排查相结合，提高矛盾隐患排查化解率。针对重点领域排查，对农村土地征收征用、房屋拆迁、拖欠农民工工资等突出问题，进行经常性地排查，共确定重点人员88人；针对特殊时期排查，在全国"两会"、省、晋中市换届选举、党的十八届六中全会期间，深入开展矛盾纠纷排查化解，对排查出的信访案件逐一建立台账，重点关注，综合运用政策、法律、经济、行政以及思想教育等方法努力把问题解决在基层，把人员稳控在当地。通过排查劝返进京访86人次，大大减少了进京非访隐患，实现了各个时期"零非访"的工作目标。

【规范信访程序】 及时妥善化解初信初访是控制信访增量、减少信访积案的治本之策，为此，市信访局不断推进信访工作标准化、规范化建设，真投入、大整合。一是完善高标准信访接待场所。投资2.8万元改造接访大厅，设置来访登记窗口、小型接待室和领导接访室。2016年，信访大厅共接访819批5630人，其中初访317件，已办结241件，办结率76%，真正实现了阳光信访综合服务系统的高效运行。二是完善"领导接访+约访"机制，2016年，共有31位市级领导接访，共接待来访435批4615人，市级领导先后进行了7次约访。三是完善群众依法合理分类表达诉求机制，根据省、晋中市信访局和介休市《关于推进法定途径分类处理信访投诉请求的工作方案》，厘清发改局、经济和商务粮食局等27个重点职能部门的法定途径分类处理清单，积极引导群众依照法定程序反映信访诉求。

【拓展网上信访】 开展"清网"行动，对2016年上半年网上信访存在的超期受理和受理后超期未办理的73件信访案件(其中：乡镇、街道54件，市直部门19件)进行集中督办，对部分不重视信访信息系统建设的单位进行通报，全面畅通网上信访新渠道。2016年，信访信息系统收到上级转办事项232件，除4件未到期未办结外，办结228件，到期办结率100%，实现"互联网+手机"的网上信访平台。

【聚焦信访难题】 2016年，市委将信访问题纳入全市的"三大战役"中，积极推动信访积案化解，先后开展"一交办三治理"专项活动和"百日百案"攻坚活动，将信访积案的化解作为做好信访稳定工作的有效载体和有力抓手，全力推进。"一交办三治理"专项活动共66个信访事项，办结56件，办结率85%；上级交办9件，办结9件，办结率100%，其中化解8件，化解率89%；"百日百案"攻坚活动共100个信访事项，办结68件，办结率68%，其中化解33件，化解率33%，涉法稳控案2件。在财政紧张的情况，介休市全力保障信访工作经费，共投入1500余万元，用于保障乡镇、街道信访维稳工作，解决改制、破产企业职工，涉军群体安置，农村土地等信访问题。全年通过信访救助解决的信访事项达到20余件，信访救助金额达到40余万元，惠及26名困难信访群众。

【治理信访秩序】 通过不断规范信访秩序，引导群众合理信访。一是增强了律师合力，由司法局指派全市8个律师事务所律师参与日常接访工作，并聘请安吉律师事务所两名律师担任常年法律顾问，为市委、市政府依法处理重大疑难复杂信访事项提供法律咨询和建议等全方位的法律服务。二是依法打击非理性上访，2016年，全市共行政拘留上访人员12人，树立了"非访不仅无助于问题解决，还会受到法律制裁"的舆论导向。同时继续加强保安队伍建设和驻市值班工作，共同维持信访秩序，增强责任单位信访工作责任意识。

【严格信访督办】 2016年7月20日至28日，市联席办对"一交办三治理"信访积案进行全面督查，通过听取工作汇报、查阅信访台账相关资料等方式，对乡镇、街道和部分市直单位等31个责任单位、79个信访案件进行督查指导。对专项活动开展不到位、化解信访问题不力的责任单位实施全市通报、约谈等责任追究措施。同时实行信访工作动态考评，对各乡镇、单位进行每月汇总排队、每月通报调度，纳入考评。以考核压实责任，倒逼工作落实，推动了全市信访工作效率的提高。

（雷舒雯）

党员学习教育

【概述】 2016年，介休市委党校认真学习党的十八大、十八届三中、四中、五中、六中全会精神，全面贯彻落实习近平总书记系列重要讲话精神和全国、全省党校工作会议精神，把"党校姓党"的要求贯穿到全部工作当中，狠抓教学质量提升，强化措施落实，使教学、科研、咨政三项职能得到较好发挥。

【党建工作】 2016年，扎实抓好"两学一做"学习教育，严格落实"三会一课"、民主生活会、党员民主评议制度，认真过好组织生活，深入开展批评与自我批评，严肃党内政治生活。始终保持党校风清气正、昂扬向上的精神风貌。

【队伍建设】 2016年，着力建设教学、行政、后勤三支队伍。教师队伍水平明显提升，新增"全省高级职称师资库"专家1名，全省党校系统赛讲一等奖获得者1名、二等奖1名。经市委领导提议，及时组建了一支兼职教师队伍，改变了党校教师专业结构单一、实践经验不足的局面。针对党校实际，及时转变过去统一的管理考核模式，适应实际情况，把"一校两制"的劣势转变为优势，既照顾了后勤人员的实际困难，又优化了对全额事业人员的管理。

【教学工作】 2016年，成功举办七期"全市乡科级领导干部两学一做培训班"，共培训领导干部700余人，基本覆盖在任的全部乡科级领导干部；完成了市直机关工委和市委组织部组织的入党积极分子和预备党员的培训，总计500余人；教师赴乡镇和农村、街道和社区、市直机关以及其他企事业单位讲课达80余场次，8000余人次。

【阵地延伸】 2016年，为适应新形势，针对不同人群打造了"介休党校"微信公众号和《中共介休市委党校论坛》纸媒平台。微信公众号由专人负责，每周更新2—3次，党校论坛第一期主题是"挖掘介休文化、弘扬介休精神"，目的是宣传和解读丁雪钦书记8·30讲话，在晋中市党校系统属开创性举措，很好地延伸了党校阵地，为党员领导干部和各级各地党校同仁提供了交流、学习、展示的平台。

【科研工作】 2016年，把调研作为体现党校职能和作用的重要任务来抓，调研有方向、有思路、有结论，青年教师围绕基层党建和党员教育管理，在深入调研的基础上撰写了5篇论文，3名青年教师共同撰写的《进一步做好中国特色社会主义和中国梦宣传教育工作》的调研报告被山西省思想政治研究会评为一等奖。

【校园建设】 2016年，校园文化突出"党校姓党"的特色，在教学楼大厅设置了学习习近平总书记系列重要讲话精神专版，在会议室、报告厅悬挂了习总书记像和语录，在楼道内悬挂了习近平总书记的重要讲话横幅。

（曹文雁）

干部下乡

【概述】 2016年，介休市第27批农村工作队，在介休市委、市政府的正确领导下，根据下乡帮扶工作整体思路，以“乡村美丽、农民幸福、增产增收”为目标，坚持开发性帮扶和救助性帮扶两轮驱动，健全完善工作体系，不断创新工作机制。

【立足实际，多措并举开展工作】 2016年，下乡帮扶工作措施强、力度大。林下经济、蔬菜大棚欣欣向荣，乡村特色旅游发展迅速，农产品加工进一步向深加工方向发展，村民吃用水问题得到有效解决，危房改造、移民搬迁稳步推进。

发挥帮扶优势，积极参与环境整治 全市环境卫生整治工作中，下乡工作队员配合义安镇田岳堡村党支部开展“最美庭院”示范户创建，实行党员分片包干，9名老党员组成3支巡查队伍，加强对村内卫生情况日常监督巡查。市煤炭局党支部130名党员深入义安镇降家寨村，清扫7条主街道和50余条小巷，清理“四堆”160个、垃圾近400立方米，修整场地2块，修建围墙32米。

加强基础设施建设，改善村民生活条件 环保局硬化下李侯街道，打深井，帮助修复村内古庙；在强南村帮助修缮村级组织活动场所，协助打深井，协调硬化强南村至东湖龙村2千米的出村公路。检察院累计投入10万元，为孙村绿化村内环境，修复村内学校围墙，解决了村内吃水、用水问题，协调供电局更换村内变压器1台。交通局共投资240万元，为上岭后村硬化1.6千米道路，为河东村硬化道路600余米，引进省、晋中市项目为圪垛村硬化道路3千米。水务局近两年来分别引进国、省、晋中市项目89万元、577万元、200万元，解决张原村、北辛武村、洪善村防洪和水利工程项目。财政局引进晋中市“一事一议”项目，为包村打两眼深井，共投资230余万元。

立足特色产业，提高村民收入水平 安监局积极帮扶包村引资金引项目，配合村“两委”干部，协调农户，种植油用牡丹160余亩（1亩≈667平方米），促进农民增收。旅游局引进国、省、晋中市旅游专项资金64万元，积极支持包村发展旅游事业。农业委员会为拓宽农民增收渠道，在北庄村积极发展林下经济，即核桃林下套种谷子，村民每年人均增收1200元；在前党峪村发展三期大棚蔬菜，引进省市130万项目资金发展干果林。农商行每年投入10万余元用于帮扶工作，在大靳发展中药材柴胡项目。

捐款捐物奉献爱心，慰问帮助困难学生 市场局在城寺村投入3万元，建立爱心书屋。烟草公司每年组织单位职工捐款捐物，慰问包村困难户、困难学生，共3万余元。公安局全局副科级以上职工，累计捐款和实物价值5万余元，用于慰问困难学生。

【重视队伍建设，帮扶工作有声有色】 2016年，全市共有198个党政机关、驻介单位和企事业单位参与包村工作，565名工作队员进驻10个乡镇的160个村开展工作，所进驻的村占到全市行政村数的70%。帮扶单位包括全市所有副科级以上单位、驻介企事业单位和具有较强实力的民营企业。同时，全市共有“第一书记”23名，进驻软弱涣散村开展帮扶工作。

市级领导身先士卒，为老百姓解决实际困难 市四套班子领导深入包村，调研指导，协助农田水灌溉改造，争取政策支持，协调项目贷款，积极培育产业，累计协调资金310余万元。市委、市政府分管领导不间断明察暗访，及时发现问题，现场调度指挥，帮助解决困难。各机关单位“一把手”积极与包村对接，立足部门实际，协助包村破解热点、难点问题。

第一书记深入驻村，担起改善民生的重任 下梁村第一书记郝兆伟急群众所急，把解决村民饮用水困难的问题积极向有关部门和领导汇报，经过努力，得到重视。4月，下梁村村西蓄水池建设项目获

得立项批复,9月,蓄水池工程完工使用,全体村民告别困扰多年的饮用水困难局面。7—8月,义安镇刘家寨村汛情严重,特别是旧村居民由于地势低洼,房屋老化,受灾严重。旧村多是低保、五保户,为减轻损失,第一书记杨凯伟和村“两委”领导多方筹措资金,为每户住在危房的低保、五保户送去汛期租房补助500元,并帮助他们找房子搬家,安全度汛。

【健全体制,全力保障帮扶工作】 2016年,介休市下乡办有工作人员18人,其中主任1人,副主任2人。下设办公室、内务科、财务科、信息科、外宣科5个科室。在新一届市领导班子带领下,全办人员团结一致、兢兢业业、扎实工作,服务干部下乡包村帮扶工作。

积极发挥组织管理协调作用 通过下乡包村帮扶、工作例会指导、阶段性考核,选树包村工作典型,交流经验,创新方法;发现宣传先进事迹,榜样带动,教化民风;鞭策督促后进单位,营造良好的下乡包村帮扶工作氛围。

完善管理体制机制 制定第27批农村工作队管理制度、考勤制度、请销假制度及考核评比制度等,使下乡干部工作有方向,奋斗有目标,操作有规程,行为有准则。7月11日至8月5日,市下乡办按照“夯实基础设施、发展高效农业、集中整顿后进”的要求,重点围绕介下乡办发〔2016〕2号文件和“冬季行动”“春季战役”工作任务,对干部下乡工作、“百企推百村工作”“第一书记”工作、软弱涣散党组织整顿工作进行检查。

强化宣传推动工作 为及时翔实地掌握各工作队的工作进展情况,实行周五队长例会制度,整理汇总工作队、第一书记的工作亮点和典型经验,并以通报的形式及时反馈各包村单位、工作队组。2016年,第一书记临时党支部专门设立“第一书记工作动态”信息,用于宣传报道和第一书记间交流学习。《介休报》开设的专栏《情洒黄土地》和专版报道下乡工作,同时,通过电视台、互联网等向社会宣传报道。

(马文杰)

纪检监察

【概述】 2016年,介休市纪检监察机关在晋中市纪委和介休市委坚强领导下,以推进全面从严治党为主线,以压实主体责任为抓手,以实践“四种形态”为手段,坚决有力开展监督执纪问责,深入推进党风廉政建设和反腐败工作,为全面构建良好政治生态,实现晋中市“两个全面”和介休振兴崛起的伟大目标提供了坚强的纪律保障。

【压实主体责任】 介休市纪委积极协助市委落实主体责任,督促各级党组织不断强化管党治党政治责任。以明责、记责、述责、考责、问责为抓手,加大对各级党组织和纪检组织履责情况的检查督导和责任追究,推动全面从严治党主体责任不断向基层传导、压实。一是层层压实主体责任。2016年,市委常委会专题研究党风廉政建设工作17次,集体研究反腐败案件工作2次;市委书记作为第一责任人亲自开展各类约谈7次,市委常委会一班人强化“一岗双责”。全市各级党委(党组)就落实党风廉政建设层层“签字背书”,逐级约谈;在全市高标准高规格召开基层党委(党组)书记“四述”工作会,对“四述”考核排名靠后单位负责人进行约谈,严格运用考评结果;突出政治巡察,强化巡察实效,领导实施了3个单位的首轮巡察,对巡察发现的7大类38条问题,严肃认真处理。二是全面履行监督责任。对照“五责工作法”要求,协助市委下发《关于全面落实基层党风廉政建设主体责任的实施意见》和《实践监督执纪“四种形态”推进全面从严治党的实施意见》(以下简称“两个《实施意见》”),从加强党的领导、坚持抓早抓小、强化监督制约、保持惩治腐败高压态势、加强基层组织建设等五大方面,开列了15项主体责任内容,并组织市纪委领导班子成员采取包联督导的方式对全市各单位开展“贯彻介休市委两个《实施意见》、落实八项规定精神、排查化解涉纪信访”三项重点工作进行了监督检查。三是严肃追责问责。严格实行“一案双查”，以问责倒逼责任落实，全年共实施“一案双查”11案，涉案18人，给予党纪政纪处分17人，涉及乡科级干部3人。

【实践运用“四种形态”】 介休市纪委坚持把纪律挺在前面，科学运用“四种形态”(“四种形态”：党内关系正常化，批评和自我批评要经常开展，让咬耳扯袖、红脸出汗成为常态；党纪轻处分和组织处理要成为大多数；对严重违纪的重处分做出重大职务调整应当是少数；而严重违纪涉嫌违法立案审查的只能是极少数。)，抓早抓小抓经常，努力营造严明纪律和规矩的浓厚氛围。一是规范运用“四种形态”。组织召开“四种形态”交流推进会，出台《介休市关于进一步加强和规范监督执纪“四种形态”工作的通知》，为各级党委履行好主体责任、规范运用“四种形态”提供具体方法和有力抓手。二是强化日常监督管理。充分运用第一种形态，加强对干部的教育、管理、监督，让咬耳扯袖、红脸出汗成为常态。2016年，市纪委共进行廉政教育谈话975人次、提醒谈话274人次、信访谈话17人次、诫勉谈话81人次。三是把好廉政意见回复关。对新任命的领导干部进行任前廉政谈话81人次，开展廉政审查54批，涉及151个集体1611人，提出异议1个单位41人次，以强有力的监督执纪问责确保换届纪律风清气正。

【查纠“四风”】 介休市纪委把落实中央八项规定精神作为全面从严治党的经常性工作，经常抓、抓经常，对发现的问题，坚决一查到底。一是紧盯重要节点。紧盯元旦、春节、中秋、国庆等重要时间节点，强化监督检查，2016年，共抽调相关部门机关18人次、纪检组长72人次，监督检查重点单位75个，检查饭店、酒店、超市等18个36次。二是坚持问题导向。紧盯党员干部操办婚丧嫁娶等事宜借机敛财行为；紧盯村级干部、中层干部、事业干部和企业干部，严肃查处大操大办、收送红包等突出问题；紧盯公款吃喝、公款旅游、公车私用、收受节礼、乱发福利等节假日期间易发多发的“四风”问题。对不收敛、不收手、顶风违纪的坚决一查到底，严格“一案双查”。三是加大问责查处和曝光力度。全年，共查处违反中央八项规定精神的典型案件8件，给予党政纪处分8人，诫勉谈话10人。

【正风肃纪】 一是保持执纪高压态势。介休市纪委始终保持党风廉政建设和反腐败斗争形势的清醒认识，坚持高压态势不放松，严肃开展执纪审查，坚决遏制腐败蔓延势头。2016年，共接收信访举报864件次，市纪委本级受理26件，同比下降39.53%；上级转办838件，其中涉纪信访举报711件，重复举报640件，占到90%。共立案120件，结案119件，给予诫勉谈话81人，党纪政纪处分119人，其中处分乡科级干部6人，撤职以上重处分15人，移送司法机关3人。二是转变执纪理念。牢牢把握纪在法前、纪严于法，加大对反应党员领导干部问题线索的规范化处置力度。以“三抓三促”专项活动为突破口，加大谈话函询力度，深入实践“四种形态”。全市共处置问题线索274件，其中谈话函询162件，占比59%。通过谈话函询，促使主动交代问题186人，主动上缴违纪金额298.3万元。三是坚决整治群众身边的不正之风和腐败问题。以查处损害群众利益的腐败案件为突破口，全力狠抓基层党风廉政建设，严惩村干部腐败行为。全年，介休市、乡两级纪委共查处涉农领域损害群众利益的腐败案件58件，给予党纪、政纪处分58人，严肃查处农村“两委”主干19人，其他村组干部23人。

【党风廉政宣传教育】 2016年，介休市纪委在加强廉政文化建设中，找准“廉”文化与介休特色文化载体的契合点。完善介休市廉政文化警示教育基地，更新、更换版面6块、图片200多张，文字3万余，突出全省范围内案情重大、社会影响巨大的18个典型案件，以身边事教育身边人；创新形式，联合介休市晋剧团积极打造廉政文化晋剧《焦裕禄》。拓展廉政文化阵地，增强廉政文化渗透力，充分利用新开设的20个群众活动室、图书馆、广场舞台等文化设施，依托市纪委监察局网站、市纪委微信公众号、文明单位创建、"纪检监察干部大讲堂"等载体,提高廉政文化活动的开放度和群众参与度,在各级党员干部和全社会营造形成"不想腐"的浓厚氛围。

【纪检监察队伍建设】 2016年,介休市纪委继续巩固深化"转职能、转方式、转作风"成果,以深化纪律检查体制改革为契机,深入开展"两学一做"学习教育,着力打造忠诚、干净、担当的纪检监察队伍。坚持不懈地开展了"周一学习"活动,量身定制了"纪检监察干部大讲堂"学习教育活动;强化党章党规党纪教育,牢固树立纪律规矩意识,深入组织委局机关党员干部学习等履行监督执纪问责职责的纲领性文件,严防"灯下黑";结合乡镇纪委换届,打造过硬的乡镇纪检干部队伍。全市10个乡镇全部配齐纪委班子,现有乡镇纪委书记10名,专职副书记10名,纪委委员50名。

(马鹏飞)

人民代表大会

【概述】 2016年,市人大常委会在市委的正确领导下,紧紧围绕中心工作,开拓创新,扎实工作,圆满完成了各项任务。全年完成介休市人民代表大会、常委会会议、主任会议(简称"三会")等重要会议25次,其中人民代表大会会议1次、常委会会议7次、主任会议17次。听取和审议专项工作报告8个,做出决议决定9个,任免地方国家机关工作人员57人次。

【监督工作】 2016年,市人大常委会坚持发展理念,在重大实践和重点工作上凝心聚力,不断改进计划、预算监督,坚持审议计划、预算执行情况报告、决算报告和审计报告,审查批准市本级决算、预算调整方案,督促政府从严控制支出增长,科学使用财政资金,防范财政风险;提前介入预审"十三五"规划,特别是在把握新常态、新阶段、新机遇的重大发展战略,关系群众切身利益、社会普遍关注的重大问题上,进行了深入细致的调研,为听取和审议市政府相关报告做积极准备。常委会以"健全人大讨论、决定重大事项的制度"为抓手,把有效推动经济社会发展和提高人民群众生活水平有机统一到重大事项决定权的行使上来,依法做出了有关经济发展、人事调整、换届选举等方面的决议决定。根据监察制度的顶层设计及关于深化监察体制改革工作的部署,研究制定工作方案,按照严密的工作时间表逐步推进监察体制改革在市七届人大二次会议上的相关议程。市人大常委会坚持以人为本,倾心维护人民群众切身利益。介休三中实验校区及十二幼儿园PPP项目是介休市第一个教育公益PPP项目,常委会听取和审议了《关于介休三中实验校区及十二幼儿园PPP项目推进情况的报告》,为项目发展提供最大的支持和监督。为更好地发挥历史文化名城在介休市旅游发展、经济建设等方面的积极作用,听取和审议了《关于历史文化名城保护情况的专项工作报告》,督促并支持市政府总结和借鉴其他地方对名城保护的经验,注重名城保护方式,强化名城保护工作,彰显地方文化特色。围绕建设社会主义新农村关键问题,针对特色农业发展、农村土地承包确权工作开展相关调研,积极引导介休农业向现代农业方向发展。市人大常委会坚持标本兼治,全力推动法治介休建设,有序推进民主法制领域改革工作,组织开展宪法宣传日活动,落实宪法宣誓制度,组织任命的国家工作人员进行了宪法宣誓。对开展"七五"法治宣传教育工作提出了明确要求。注重加强市人大与市公安司法机关的经常性工作联系,重点关注并支持市人民检察院开展预防职务犯罪专题活动、专项职务犯罪预防工作、"百名检察官进百村"等工作的有序开展,检察院预防人文理念的转变及改进的工作作风,确保了预防工作的连续性、实效性。

【决议、决定】 2016年4月11日,介休市第六届人民代表大会常务委员会第三十三次会议通过《关于二〇一六年市、乡(镇)人民代表大会换届选举的决定》《关于介休市第七届人民代表大会代表名额的决定》《关于乡（镇）人民代表大会代表名额的决定》《关于成立介休市选举委员会的决定》；7月19日，介休市第六届人民代表大会常务委员会第三十四次会议通过《关于批准新建人民医院项目融资租赁的议案的决定》；8月24日，介休市第六届人民代表大会常务委员会第三十五次会议通过《关于接受王怀民辞去介休市人民政府市长职务请求的决定》《关于张驰代理介休市人民政府市长的决定》；12月9日，介休市第七届人民代表大会常务委员会第二次会议审议做出《关于实施法治宣传教育第七个五年规划的决议》《关于批准2016年部分财政预算调整的决定》。

【人事任免】　2016年2月26日，在介休市第六届人民代表大会常务委员会第三十二次会议上，根据市人大常委会赵宇主任的提请，任命郭玉福为介休市人大信访室主任，李守信为介休市人大城乡建设环境保护工作委员会主任，雷清香为介休市人大教育科学文化卫生工作委员会副主任，张敏为介休市人大代表联络中心副主任。免去裴海忠的介休市人大秘书长职务，曹维华的介休市西关街道人大工委主任职务，温卫国的介休市北坛街道人大工委主任职务，雷清香的介休市人大人事代表工作委员会副主任职务，马德贵的介休市人大城乡建设环境保护工作委员会副主任职务。根据市人民法院李道华院长的提请，免去何强的介休市人民法院人民陪审员职务。7月19日，在介休市第六届人民代表大会常务委员会第三十四次会议上，根据市人民法院李道华院长的提请，任命张晓成为介休市人民法院刑事审判一庭庭长，王志敏为介休市人民法院张兰人民法庭副庭长，李海虹为介休市人民法院民事审判二庭副庭长，赵伟为介休市人民法院审判员，师小丽为介休市人民法院审判员，张晓燕为介休市人民法院审判员。免去常娥的介休市人民法院审判委员会委员、刑事审判一庭庭长、审判员职务，张晓成的介休市人民法院刑事审判二庭庭长职务，郭建辉的介休市人民法院刑事审判一庭副庭长、审判员职务，赵桂生的介休市人民法院审判员职务。8月24日，在介休市第六届人民代表大会常务委员会第三十五次会议上，根据市人大常委会赵宇主任的提请，决定任命张驰为介休市人民政府副市长，张驰副市长代理介休市市长。9月20日，在介休市第六届人民代表大会常务委员会第三十六次会议上，根据市人民政府张驰代市长的提请，免去张晓峰的介休市教育科技局局长职务，荆永强的介休市司法局局长职务，乔建中的介休市环境保护局局长职务，董世哲的介休市住房保障和城乡建设局局长职务，宋书文的介休市规划和城市管理局局长职务。根据市人大常委会赵宇主任的提请，任命曹维华为介休市人大办公室主任，荆永强为介休市人大法制工作委员会主任，乔志寿为介休市人大财政经济工作委员会主任，乔建中为介休市人大教育科学文化卫生工作委员会主任，张晓峰为介休市人大农村工作委员会主任，李丰攸为介休市人大信访室主任，陈鹏为介休市人大办公室副主任。免去刘崇福的介休市人大法制工作委员会主任职务，张晓明的介休市人大财政经济工作委员会主任职务，薛志华的介休市人大教育科学文化卫生工作委员会主任职务，郭玉福的介休市人大信访室主任职务，陈鹏的介休市人大副秘书长职务。12月9日，在介休市第七届人民代表大会常务委员会第二次会议上，根据市人民政府张驰市长的提请，任命张正宇为介休市人民政府副市长，赵建勇为介休市发展和改革局局长，温永平为介休市经济和商务粮食局局长，王耀峰为介休市公安局局长，杨永峰为介休市监察局局长，董耀宙为介休市民政局局长，任永录为介休市人力资源和社会保障局局长，马骏为介休市环境保护局局长，马军为介休市交通运输局局长，韩彦青为介休市水务局局长，宋建华为介休市农业委员会主任，赵江华为介休市林业局局长，赵晓峰为介休市文化局局长，刘冠英为介休市卫生和计划生育局局长，王有长为介休市审计局局长，王维平为介休市市场和质量监督管理局局长，郭福锁为介休市统计局局长，甄永亮为介休市安全生产监督管理局局长，陶智耀为介休市民族宗教事务局局长。

【听取专项工作报告】 2016年，市人大常委会根据主任会议确定的年度工作要点，分别听取和审议了《市六届人大五次会议以来代表建议、批评、意见办理情况的报告》；针对大力推进教育事业发展，坚持教育优先发展战略，听取审议了《介休三中实验校区及第十二幼儿园PPP项目推进情况专项工作报告》；以推动文化产业发展为着力点，听取审议了《历史文化名城保护情况的专项工作报告》，为打造国家级历史文化名城提出了中肯的审议意见；听取和审议了《介休市2016年1—9月份国民经济和社会发展计划执行情况的报告》《介休市2015年财政决算和2016年1—9月财政预算执行情况的报告》《介休市2015年度本级预算执行和其他财政收支情况的审计工作报告》《介休市2016年1—11月份财政预算执行情况和部分预算调整情况的报告》《2015年度本级预算执行及其他财政收支审计查出问题的整改情况报告》。

【代表工作】 常委会坚持多措并举，支持和保障人大代表履职尽责。一是强化代表学习培训。根据代表培训总体规划，举办两期新一届市、乡（镇）人大代表培训班，常委会分管副主任作专题授课，共有800余名新一届市、乡（镇）人大代表参加。举办一次人民代表大会制度及相关法律知识竞赛，竞赛分报纸答题和电视参赛两个阶段，前后历时近两个月，覆盖全市近700余名两级人大代表。介休市人大代表组队参加了和晋中其他县、市的电视竞答比赛。二是搭建代表履职平台。围绕项目建设、环境整治等工作，创造性地开展代表主题活动。在"入企帮扶"主题活动中，部分企业代表投入科技产品研发，吸纳就业，形成了良好的带动效应。三是提高代表建议办理实效。市七届人大一次会议期间，大会议案审查委员会收到代表提出的建议和意见140件，闭会后收到6件，共计146件，涉及经济发展、生态文明、城乡建设、民生保障、社会治理等方面，市人大常委会及时召开七届人大一次会议代表意见交办会，对照人大代表和人民群众的期望与要求，在工作合力、办理实效、督办落实力度和长效机制等方面一如既往地加强督办工作。

【换届选举】 2016年是介休市市、乡两级人大换届年，根据省、晋中市安排，介休市共划分78个选区，分别确定5月25日为10个乡镇、9月19日为5个街道的统一选举日。经过宣传发动、周密安排部署，成功选出新一届市人大代表192人，乡（镇）人大代表593人。新一届代表产生后，于6月4日召开了各乡（镇）人民代表大会，于9月23日至24日召开了介休市第七届人民代表大会第一次会议。

【介休市第七届人民代表大会第一次会议召开】 2016年9月23日、24日，介休市第七届人民代表大会第一次会议在会议中心召开。会议听取和审议了介休市人民政府代市长张驰所做的《介休市人民政府工作报告》，审查了《介休市国民经济和社会发展第十三个五年规划纲要》，审议了《介休市2015年国民经济和社会发展计划执行情况与2016年国民经济和社会发展计划》《介休市2015年财政预算执行情况和2016年财政预算》，听取和审议了市人大常委会主任赵宇所做的《介休市人大常委会工作报告》、市人民法院院长李道华所做的《介休市人民法院工作报告》、市人民检察院检察长陈延廷所做的《介休市人民检察院工作报告》。在市七届人大一次会议召开的第三次全体会议上，通过选举：赵宇当选为介休市第七届人民代表大会常务委员会主任；张驰当选为介休市人民政府市长；贺永红、云晋平、冀晓军、侯建文当选为介休市第七届人民代表大会常务委员会副主任；韩亮、王耀峰、张卫东、柳改清、续宏伟、段燕瑞当选为介休市人民政府副市长；李道华当选为介休市人民法院院长；陈延廷当选为介休市人民检察院检察长；赵宇、贺永红、云晋平、侯建文、冀晓军、薛志华、张修文、张宇胜、张民宝、韩军、任晓飞、郭聚财、张德生、刘晓春、冀晓斌、李锡全、张新文、张景泉、孙文韬、薛永根、郭千、郭贵生、李世东、郭云峰、康启贵、曹维华、卫燕萍、张晓峰、李丰攸、荆永强、李守信、乔建中、乔志寿当选为介休市第七届人民代表大会常务委员会委员；丁雪钦、王成、王琼、王风斌、左月琴、任忠、任志坚、刘斌、刘文兴、刘海涛、刘路矿、米立志、许秀丽、杜献文、李铁梅、李盖尔、杨允强、杨步国、张驰、张靖、张玲红、张春生、陈帅武、武建军、范玲玲、赵宇、赵辉、赵春雷、赵耀志、郝秀花、侯世文、郭惠彪、曹海燕、常晓空、崔雪波、阎树万、董增荣、程继红、温庆、温杰、温锦滨、冀芸、魏锦亮43名人员当选为晋中市第四届人民代表大会代表。在市第七届人民代表大会第一次会议召开的第四次全体会议上，通过了《关于介休市人民政府工作报告的决议》《关于介休市国民经济和社会发展第十三个五年规划纲要的决议》《关于介休市2015年国民经济和社会发展计划执行情况与2016年国民经济和社会发展计划的决议》《关于介休市2015年财政预算执行情况和2016年财政预算的决议》《关于介休市人大常委会工作报告的决议》《关于介休市人民法院工作报告的决议》《关于介休市人民检察院工作报告的决议》。

【亮点工作】 为了增强国家工作人员树立宪法意识、忠于宪法、遵守宪法、维护宪法，根据山西省第十二届人民代表大会常务委员会第二十三次会议通过的《山西省组织实施宪法宣誓办法》的规定，从第六届人民代表大会常务委员会第三十二次会议开始，拟任人员在依照法律程序产生后，在会场庄重、严肃地右手举拳，公开进行宪法宣誓。

【创新工作】 2016年11月1日，市人大常委会举办人民代表大会制度及相关法律知识竞赛选拔赛。15支代表队参加此次竞赛，竞赛活动采用现场竞赛、现场评比的方式进行，评选出个人优胜奖6名，三佳乡代表队荣获集体荣誉一等奖。

【自身建设】 在人大常委会自身建设上，突出政治生态建设，全面落实从严治党“两个责任”，推动“两学一做”常态化。一是自身建设贵在学，勤学苦学练定力。采用多种形式深入学习贯彻党的十八届三中、四中、五中、六中全会和习近平总书记系列重要讲话精神，深刻理解讲话提出的新思路、新观点、新要求。扎实开展“两学一做”，坚持从严要求，强化问题导向，切实增强了政治意识、大局意识、核心意识、看齐意识。以“榜样”为引领，组织收看《榜样》等专题节目，强化了对“榜样”的看齐意识，营造了学榜样、做榜样、争当榜样的浓厚氛围。二是自身建设重在修，修德养廉能自律。坚持把法规和纪律挺在前面，全面落实从严治党“两个责任”，持久开展正反两方面廉政教育。进一步推进“八项规定”的落实，进一步完善制度、强化措施、加强监管，优化经费支出，建设节约型、廉洁型机关。三是自身建设难在改，真改实干能树威。巩固“两学一做”学习教育成果，驰而不息转变工作作风，不断提高工作效能。人大常委会班子成员坚持把深入调查研究作为转变工作作风的突破口，深入开展食品安全、环境污染及雾霾治理、清洁能源利用、特色农业发展等方面的调研，为常委会会议审议专项工作报告，发出审议意见书提供参考依据。人大机关风清气正，既清廉又勤勉，清廉不清闲已成为人大工作的新常态。

（张　敏）

政 府

【概述】 2016年，介休市人民政府坚决贯彻晋中市委、市政府各项决策部署，主动适应经济发展新常态，统筹推进稳增长、调结构、惠民生、防风险工作，经济社会发展在克服困难中奋力前行。全年完成地区生产总值144亿元，同比增长5.3%；社会消费品零售总额90亿元，同比增长7.1%；规模以上工业增加值预计完成62.9亿元，同比增长6.2%；固定资产投资预计完成149.6亿元，同比增长5.6%；公共财政收入完成10.7亿元，同比增长6.9%；城镇居民人均可支配收入为30650元，同比增长5.8%;农村居民人均可支配收入为12333元，同比增长5.2%。

【经济发展稳中向好】 2016年,介休农业发展势头良好,减少玉米种植面积1.2万亩,粮食总产量达到1.11亿公斤,干果经济林提质增效2300亩,营造林面积3550亩,2万亩绵黄芪种植项目成功落地,长寿湾项目成为全国首批、华北首个乡甜农业项目,绿兴源蛋鸡养殖项目建成投产,誉美香肉鸡养殖项目开工建设。工业经济稳步回升,传统产业恢复产能,帮扶安泰集团走出困境,恢复产能;探索企业筹资、政府组织、逐步搬迁的方式,推动益达和诚宏福得一两个化工企业复产;南窑头煤矿进入综合验收,年底全市煤炭产能将提升到1230万吨。新兴产业加速发展,崇光低热值煤发电和凯嘉煤层气发电二期项目加快实施;推进博创纳米材料产业园建设,正在打造全省纳米材料研发生产基地;积极发展节能环保产业,引导企业发展和使用节煤、节油、节水、节电和余热余压利用装备产品。全年共新增"小升规"企业4户。服务业保持增长态势,张壁古堡挂牌国家4A级景区,启动介休老城4A级景区创建,张兰古玩城成为山西第四条特色商业街,累计接待游757万人次,旅游综合收入达78亿元,同比增长28%、26%。奥维德圣建成投运,晋能物流等重点项目建设加快推进。"互联网+"战略加速实施,成为农民工返乡创业试点县,43家企业、200余名创业人才入驻电子商务产业园,园区交易额达到4000万元,被省科技厅确定为省级众创空间。

【项目建设积极推进】 全市重点工程有序实施,4个省级重点工程项目完成投资15.88亿元,73个晋中市级重点工程预计完成投资91.17亿元。投资结构更加合理,第一、第二产业投资增长较快,同比增长15%、42.9%。项目服务扎实开展,持续深化"各类项目受理大起底"和"待落地项目大起底工作",积极开展"万名干部入企帮扶",落实四套班子包项目责任制,共排查、筛选2016年计划落地项目56个,总投资20.5亿元。

【民生事业持续加力】 2016年,介休市有限财力向民生倾斜,民生支出10.9亿元,占公共财政支出77.7%,同比增长2%。组织举办大型和专项招聘会10场,提供就业岗位4549个,达成就业意向4793人;开展创业培训14期,受培训人数420人;新增城镇就业人数2682人,实现创业就业人数87人。开展教育资源整合,引进社会资本助教,首个PPP教育项目介休三中实验校区及第十二幼儿园工程开工建设。公共卫生综合服务大楼开工建设,中医药工作被国家卫计委表彰为全国中医药工作先进县,妇幼健康服务成为山西唯一的国家级妇幼健康优质服务示范市。社会福利中心建设全年累计保障低保对象12977户,发放低保金1261万元;办理临时救助75户,发放救助金35.5万元。

【人居环境不断改善】 深入实施城乡人居环境改善八大工程,完成投资20亿元,全市首座转体桥大西高铁转体桥完成转体施工,建成160万吨集中供热项目。加快城乡一体化,市级领导牵头,综合性打造张兰、义安、三佳城镇化示范区,8个村入选中国传统村落名单。投资3000万元集中开展垃圾集中清理、交通秩序整顿、公共设施配套、经营秩序规范、绿化美化提升为内容的城乡环境综合整治攻坚行动。深入实施大气、水、土壤防治,启动省农村生活污水防治项目,加快汾河国家级湿地公园创建,新增绿化面积12.55万平方米,建成区绿地率、绿化覆盖率分别达到37.7%、43.06%,城市人均公共绿地面积10.8平方米。

【改革攻坚创新突破】 转型综改扎实推进,推进十大类重点领域改革,"一区三园"经济技术开发区正式获批,产城融合式布局进一步优化;完成集体林权制度和土地确权登记改革,成立不动产登记局,全面铺开不动产登记;攻坚城镇化综合试点,在全省率先取消户籍区分、推开户改,8万农业人口进入城镇;创新投融资机制,推动全领域、全产业链向民间资本开放,加快10个总投资20亿元的PPP推介项目落地,对15个储备项目对接论证;推进"放管服"改革,推行"三证合一"、集群注册和"一站式服务",工商注册缩短到3个工作日，取消停征涉企收费49项，帮扶安泰集团脱困重组。

（任旭盛）

政务中心

【概述】 2016年，围绕市委、市政府中心工作，市政务中心在各项工作中突出重点，狠抓落实，内强素质，外树形象，有计划、有决心以严格落实“一岗双责”，多措并举，扎实推进，攻坚克难，进一步树立政府窗口的品牌形象，并切实贯彻为人民服务的宗旨。

【优化政务服务】 市政务中心在继续强化一次性告知、首席负责制等基本制度的基础上，为进一步优化政务服务，草拟了《介休市重大项目审批“绿色通道”实施办法》，并通过党组会议最终定稿。拟定《深化“六权治本”成果，加强政务服务建设的意见》《关于对投资项目审批全流程再造改革的通知》，为全市的重大项目审批和政务服务创造更优的环境、更好的服务。

【集中审批职能和部门窗口】 完成部门行政审批（服务）职能向一个科室集中，确保行政审批事项在政务大厅办理到位。严格按照“不增加内设机构、中层领导职数和人员编制”的原则，“撤一建一”的办法，独立设置行政审批股30个，明确行政审批股“代表本部门办理全部行政许可、非行政许可审批和公共服务事项”，充分体现部门行政审批职能向行政审批股集中的原则。窗口统一受理后，市政务中心移交委托部门按规定流程、时限办理。实行“一个窗口”受理、“一个窗口”办结的“一条龙”服务，杜绝办事群众“多头跑”“来回跑”的现象。2016年，市政务大厅共办理行政审批事项及政务服务事项3万余件，办结率达到99%以上。

【编制权力清单】 配合审改办出台了介休市权力清单制度，各类项目总结如下：介休市行政权力事项共2615项，其中行政许可192项，行政处罚1898项，行政前置109项，行政征收33项，行政给付39项，行政检查86项，行政确认40项，行政奖励22项，行政裁决10项，其他186项。

【优化审批流程】 按照“能减则减、能并则并、能快则快”的原则，各部门对所承担许可事项进行流程再造，逐一的梳理、合并、压缩，简化为受理、审核、审批、办结四个环节，解决了互为前置现象；所有在政务大厅办理事项必须录入行政审批网，实行窗口与单位办件内循环模式，实现“一口受理、一站式办结”，避免了办事群众窗口、单位两头跑现象。同时，由市监察局通过电子监察系统进行实时在线监察，实现监督全覆盖。

【提升三级便民服务水平】 为推动全市政务服务向纵深发展，市政府继续强化对各乡镇、街道便民服务的指导和监督，推动标准化建设。乡镇（街道）便民服务大厅面积都达到60平方米以上，实施柜台式办公，并在每个窗口配备电脑、打印设备；项目进驻实行“3+N”模式，计生、民政、（党）政办必须入驻大厅；积极推进村（社区）便民代办站建设，要求村级便民服务代办点按照“有场所、有人员、有牌子、有制度、有记录簿”五有标准，积极为群众提供咨询、代办服务。全市基本形成健全的政务服务（便民）的工作格局，做到场所适用、事项进驻、人员到位。

（侯成崇）

民 政

【概述】 2016年，介休市民政局全面落实优抚安置各项政策待遇，稳步推进基层政权建设工作，积极探索养老服务新模式，各项工作取得新发展，有效发挥民政部门保障和改善民生、加强和创新社会管理的重要作用，在晋中12个县区综合考核中排名第二，全年发放各类社会救助保障金4113.97万元。

【社会救助】 2016年,介休市民政局按照上级要求及时提高保障标准,城市低保标准由每人每月450元提高到485元,农村低保标准由每人每年2730元提高到3030元,全年发放低保金1276万元;农村五保对象分散供养补助标准由每人每年2930元提高到3130元,集中供养补助标准由每人每年7900元提高到8100元,全年发放五保供养金309.74万元;发放冬春生活救助款183.08万元;制定实施《介休市进一步完善医疗救助制度全面开展重特大疾病医疗救助工作实施办法》,救助城乡患大病困难群众488人次,发放救助资金295.30万元,资助1.65万困难群众参保参合,资助金额200.4万元;办理临时救助99户,发放救助资金44.2万元;为1486名困难残疾人及314名高龄、失能老人发放补贴104.2万元;救助流浪乞讨人员112人次,支出13万元。

【优抚安置】 介休市民政局严格执行优抚对象抚恤和生活补助标准自然增长机制,截至2016年12月底,全市重点优抚对象达到1988人,全年发放各类抚恤定补882.6万元。做好农村"两参"(参加过战争和参加过核试验的)人员的就业帮扶,通过体检、面试、培训等环节,94名"两参"人员就近安排到农村中小学,工资由基础工资1450元+军龄补助每月30元,录用人员统一同保安公司签订劳动合同,合同期为3年,期满可续签合同。6月21日,在烈士陵园举行第二批烈士迁葬及纪念活动,将张兰镇旧新堡村新发现挖掘的81具烈士遗骸(为1948年晋中战役大甫村附近战斗时牺牲的战士),安放至烈士陵园,烈士陵园共安放烈士165人。9月30日,烈士公祭日,正逢长征胜利80周年,介休市举行烈士公祭活动,市四套班子分管领导、人武部、市直各单位、学校师生、烈士家属代表以及社会各界人士参加公祭活动。按时进行优抚对象核查,下发《关于开展全市优抚对象按比例核查工作的紧急通知》,对各乡镇(街道)任务进行分解,共核查363人。2014年启动优抚对象医疗"一站式"服务,共设定点医院21个,2016年直接救助84人次,救助资金8.7万元。给一至六级残疾军人缴纳1—12月城镇职工基本医疗保险金及全年医疗补助金,共计31.55万元。完成60岁老兵审批工作,当年新申报137人。全年接收两名因公牺牲军人和一名病故军人,共发放一次性抚恤金165万元。集中组织97名参试人员到太原中国辐射防护研究院附属医院进行体检。做好安置工作,为2015年度20名安置对象安置工作,其中,城建执法大队18名,市人民医院1名,太岳林局1名;为20名安置对象发放6.84万元待安置期间生活费。为2014年退役的142名退役士兵发放一次性经济补助金205.2万元。为2015年秋冬季自主就业的108名退役士兵发放一次性经济补助金182.03万元。2016年共接收116名退役义务兵,历时两个月,办理了档案的审核、登记、报到、落户等相关手续。建立安置对象信息数据库,完成1978年后520名转业志愿兵(士官)及4061名义务兵的信息采集工作。慰问在乡五级残疾军人、在乡老功臣、参战参试困难人员等808人次,慰问各驻介部队、军休所等7个单位,慰问金额43万元。

【基层政权】 2016年"3·25"村务公开率达99.6%,"7·25"村务公开率达98.3%。印发《关于上报农村社区建设试点的通知》(介民函〔2016〕18号)文件,努力打造一批管理有序、服务完善、文明祥和的农村社区建设示范点;积极争取省、晋中市两级社区活动场所和公益性服务设施建设项目扶持,上报城市社区活动场所和公益性服务设施建设扶持省级补助项目3个(三官楼巷社区、南大街社区、水门南街社区),并通过初审,上报城市社区活动场所和公益性服务设施建设扶持市级补助项目两个(顺城关社区、朝阳社区);健全完善社区工作人员招录机制,组织社区志愿者选拔考试,择优录取15人;通过层层组织、分步实施,安排403名社工与劳务派遣公司签订工作合同,并协调解决劳务派遣单位与劳动人事及街道等有关部门做好403名社工的社会保险转移事宜;丰富社区活动内容,由介休市推选的26人组舞蹈《吃面》登上2016年山西省首届社区春节晚会的舞台。

【福利慈善】 2016年，全市集中供养孤儿52名，社会散居孤儿43名，补助标准分别为每人每月1000元和600元，发放孤儿生活费97.13万元；为残疾孤儿提供帮扶服务，通过向残联申请，为4名弃婴分别领取到康复仪器儿童助行器、坐姿椅、站立架和儿童轮椅各1个，通过“明天计划”，为2名机构供养孤儿做了唇腭裂手术。新建农村老年人日间照料中心8个，拨付建设补助62万元，另外拨付义安镇降家寨、连福镇后山庄老年人日间照料中心运营补助4万元。做好福利企业安全工作，各福利企业责成专人负责安全工作的组织协调和日常监督检查，并建立健全安全台账，发现问题及时整改，逐月上报市民政局。

【区划地名】 结合实际情况，完善介休市平安边界建设联席会议制度，进一步加强部门间的协调配合，维护边界地区的稳定；出台介休市地名联席会议制度、印发《介休市地名专家审查委员会制度》，为今后地名的命名和更名工作，提供人员保障；9月1日，配合灵石县民政局对5块界碑进行联检，对界碑进行平整和刷漆工作，上报界线联检工作报告；按照国务院普查办要求，展开介休市全国第二次地名普查年度工作，1月5日进行招标，3月24日与北京苍穹数码测绘有限公司签订外包服务合同，市政府配备必要的硬件设施，印发《介休市地名普查专家审核咨询委员会》，7月5日召开全市地名普查工作动员会，地名普查工作进入实质性操作阶段。

【社会组织】 依法规范管理社会组织，不断加大社会组织培育发展力度，全市各类社会组织达到207家，比2015年增长24%。

【婚姻登记】 2016年，介休市民政局积极推进婚姻登记信息化建设，对1990年1月1日至2011年8月1日共7.34万对婚姻历史档案信息进行电脑录入；全年办理结婚登记3039对，离婚登记687对，补领结婚登记581对，补领离婚登记31对，合格率达100%。

【殡葬服务】 积极推进绿色殡葬，安全有序组织清明节祭扫活动。全年火化遗体413具。根据介休市人民政府办公室文件《关于明确工商注册备案名录安全监管部门的通知》（介政办发〔2016〕30号）文件精神，认领殡葬类监管企业55家，其中40家经营正常。

【民政项目】 介休市社会福利中心项目由社会福利中心辅助用房和社会福利中心综合楼项目组成。市社会福利中心辅助用房项目由原消防大队东侧已由地上四层保留建筑改造而成，总建筑面积为1700平方米，总投资367.45万元，于2015年4月份开工建设，作为救灾物资储备仓库及老年公寓、儿童福利院、救助站等辅助用房，改造建设工程完工；市社会福利中心综合楼项目为6层框架结构综合楼1幢，总建筑面积为4200平方米，总投资1159.84万元，于2016年4月份开工建设，截至年底主体建筑工程全部完成，附属及水暖电等安装工程完成总量的70%。

（丁凌云）

统 计

【机构】 2016年，介休市统计局内设工业股、农业股、综合股、行政审批股和办公室四股一室，下辖城乡社会经济调查队、普查中心、统计调查监测中心、统计信息服务中心和服务业调查中心。在岗职工39人，其中，统计师10人、会计师1人；从学历上看，有研究生1人、大学本科生32人、大专生5人，大专及以上学历人数占到职工总数的97.4%。

【统计调查】 统计数据上报 2016年，介休市统计局对工业、农业、建筑、投资、房地产、科技、贸易、劳动工资、核算、能源等各项常规统计专业的2015年报和2016年月季度定报纸质报表报送与联网直报统计数据的审核、汇总和上报。

专项调查　全年主要有全国1%人口抽样调查后续总结、2016年人口变动情况抽样调查、文化产业调查、重点企业月度用工情况监测、劳资试点抽样调查、"四众"企业单位摸底排查及其专项统计调查、"三新"情况核查、非公有制企业人才资源状况抽样调查、物价调查、城市年报等。对月度劳动力调查试点进行前期准备，组织基层统计员参加月度劳动力调查培训。

第三次全国农业普查　2月12日，市政府办公室下文成立以分管农业的副市长为组长的介休市第三次全国农业普查领导小组，全面启动介休市第三次全国农业普查工作。市农普办印发《关于印发介休市第三次全国农业普查领导小组成员单位分工职责的通知》（介农普办字〔2016〕2号）文件。从主管单位和统计局抽调20多名业务骨干，确定14名专职人员，组成综合组、业务培训与调查组、数据处理与执法检查组、宣传发动与对外联络组直接参与普查全过程。全市10个乡镇共划分231个普查区、813个普查小区，选调普查指导员和普查员1197名，确定智能手持数据采集终端（PDA）操作员380名。市农普办联合宣传部制定《介休市第三次全国农业普查宣传方案》，开展形式多样的普查宣传。印制《全国第三次农业普查知识》等宣传资料2万余份，发送到广大农村住户和经营户手中；市、乡两级制作横幅标语30条，板面10块，在城内主干街道和各乡镇集镇所在地悬挂展示；制作分发宣传手册及条例3000多份。8月底，在宋古乡东段屯村开展介休市第三次农业普查综合试点工作。此次普查对全市约11.5万农户的人口、耕地、居住环境等信息进行登记。

【统计信息】　介休市统计局每月联网直报之前，各专业股室入企业、下乡镇，收集国民经济各个领域的动态，对主要经济指标进行预测，分析经济运行态势及形成原因，撰写《内部参阅》。每月联网直报后，对农业、工业、投资、房地产、建筑业、批零餐饮、服务业等主要经济指标数据进行分析监测。针对经济运行和社会发展中出现的新情况、新特点，通过一线调研，形成针对性强、有深度的统计分析报告。编印发布《2015年国民经济统计资料提要》和《介休市第三次经济普查资料》。利用介休市政府网、晋中统计信息网、《介休报》《介休信息》和《晋中日报》等媒体，及时发布统计信息、政务信息和统计数据解读70余条。

【统计服务】　业务培训　通过文化在线网络培训方式对统计从业人员进行统计业务培训。召开年报、季报业务安排会，对"四上"企业、各乡镇、街道的统计人员进行统计业务与统计法律知识培训，不断更新其统计知识体系。介休市第三次全国农业普查期间，选派市乡两级统计业务骨干赴省、晋中市参加业务培训，并分组对十个乡镇的普查指导员、普查员和PDA操作员进行全方位的培训。

入库管理　2016年，介休市统计局提供一套表调查单位统计入库管理服务，将达到规模标准的单位及时纳入统计范围，实现应统尽统、应统必统。全年新入统的企业工业有12家，服务业有1家，商业有2家，建筑业有4家，房地产有1家，固定资产投资入库项目有8个，共计28家，这些达标企业和项目的及时入统，为全面客观反映介休市经济社会发展状况奠定了基础。

法制建设　介休市统计局按照国家、省、晋中市统计局部署，积极深入开展"数据造假、以数谋私"专项治理工作，并与各乡镇、街道、局内部各股室签订《反对弄虚作假承诺书》。积极开展统计法规宣传活动，共发放宣传资料2500余份。组织全市统计人员进行两期统计法律知识培训。结合年中的"规上企业核查"工作，对部分"四上企业"进行现场检查，对其中3家企业违法违规行为进行立案查处，均给予警告处罚。

（蔺莉珍、梁　勇）

国家统计调查

【概述】　国家统计局介休调查队简称介休国调队，属国家统计局的派出机构，规格为正科级，是依照国家公务员管理的全额拨款的中央事业单位。介休国调队接受国家统计局和国家统计局山西调查总队的垂直领导和集中统一管理，依法独立行使统计调查、统计监督的职权，独立向国家统计局上报调查结果，并对上报调查资料的真实性负责。主要职责：组织实施国家抽样调查。担负着城乡收入、农业生产、企业监测等常规统计调查任务；负责畜禽生产等专项监测；还负责组织工作、党风廉政等民意调查工作。具体承担城乡住户一体化、农民工、劳动力、农产量、农作物播种面积、畜禽、规下工业、限额以下商品贸易、新成立小微企业跟踪、规下服务业等10项抽样调查任务，共联系企业、养殖户、家庭户等707个，调查点遍布全市各个乡镇和街道。

【统计调查方法制度】 国家统计局介休调查队在统计调查业务上严格执行《中华人民共和国统计法》（以下简称《统计法》）及其《实施细则》，严格执行国家统计局制定的调查方法制度，主要采用抽样调查方法，严格执行山西调查总队制定的业务规范化标准，在本区域内依法组织、实施各种统计调查工作。抽样调查样本（点、户、地块、单位）的选定和轮换，每项调查的开展与结束未经上级主管部门的批准，调查样本不得自行变更，相应的调查数据和分析报告都遵守《统计法》保密规定，在国家数据未公布前，未经上级主管部门的批准，抽样调查资料不得随意公布。对涉及个人隐私和商业秘密的数据资料绝对保密，如有泄漏，严格追究相关人员的法律责任。

【统计调查成果与服务】 2016年，介休调查队坚持独立调查、独立上报，增强国家队意识、调查队意识，以提高统计数据质量为中心，进一步完善体制机制，创新进取、砥砺前行，各个方面均取得了新进展、新成效。各专业的基础工作、数据质量及纪检等系统管理得到山西调查总队和介休市委、市政府的肯定。获得全省统计调查系统综合评比“良好”优良成绩。一是通过对全市10个居民小区（城市、农村各5个居民小区）100户调查户，进行城乡住户一体化抽样调查，分别按季、年推算全市居民总收入、总支出、现金收入、现金支出、人均可支配收入等主要数据。二是精心组织国家抽中5个村的农作物面积遥感测量工作，开展春播和夏播面积的野外遥感实地调查、开展玉米等主要秋粮作物空间分布遥感测量、实割实测调查。三是提供8个“国家住户调查点”所在村农村住房及农户固定资产投资调查。四是通过对5个村的5个调查小区和26个生产单位、104个规模养殖户的猪牛羊禽等畜禽分季度监测调查，提供饲养量、存栏、出栏等数据，反映全市畜牧业生产情况。五是在国家抽中的6个村开展农民工监测调查，反映农民工规模、流向、分布等情况，为党和政府制定政策、宏观调控提供依据。六是在国家抽中的8个点进行月度劳动力监测调查，为国家准确判断就业形势，制定和调整就业政策，开发新的就业领域，改进宏观调控提供依据。七是完成各级布置的各种合法调查，如一次性调查、专题调查（组织工作满意度调查、党风廉政建设调查）等。八是开展规模以下企业工业、限额以下商品贸易、新成立小微企业跟踪、规下服务业等抽样调查。九是3年来围绕总队的中心工作以及领导、社会关注的热点、难点问题，重点做好社会关注、群众关心的民生问题调查，督促各专业结合经济发展的热点与难点，有针对性地开展调研活动，写出有分量、有见地的统计调查分析文章，共上报各类工作信息106篇、经济信息94篇、约稿分析39篇。十是完成国家统计局、山西调查总队和市委、市政府安排布置其他业务调查和非业务性工作任务。十一是完成一般性行政事业单位的日常性事务工作。

【统计调查信息化建设】 统计调查信息化建设是统计科学发展的重要保证，也是推动统计调查改革的核心和内在动力。为加快统计调查信息化、自动化建设步伐，介休调查队不断更新设备，2016年购置3台高配置的计算机、打印机。在山西调查总队的大力支持下，投资5万元完成了专业网络设备安装调试和运营商线路对接工作，使计算机上网络速度快、运行稳、效率高，彻底摆脱对VPN（虚拟专用网络）上网的依赖，同时视频会议系统也正式开通。

【统计调查法制建设】 2016年介休调查队加大统计法制宣传和统计执法力度。一是加大统计法制宣传和教育力度。抓住下乡入户入企、党日活动等机会，对外宣传国调工作和统计法，塑造调查队形象，营造良好的外部环境。开展12·4、12·8法制街头宣传，实现《统计法律告知书》全覆盖。二是进一步加大队内监督和数据审查力度。树立"搞不准数据就是最大的玩忽职守"的意识，在数据生产的各个环节都要抵制弄虚作假行为。三是加大统计执法力度。按照总队的安排部署，全年对10家调查对象开展统计执法检查。在执法过程中，严格检查程序、严肃检查内容，严处检查结果，维护了统计法规的权威，对统计违法违规行为起到了震慑作用。四是将统计执法与锻炼队伍相结合。认真学习习近平总书记系列重要讲话精神，增强党员干部法制观念，通过统计执法工作，增强执法人员的办案水平和业务能力，努力培养一批学法、懂法、善用法的统计法制人员。

（李　勇）

机关事务管理

【概述】 2016年机关事务管理局在市委、市政府的正确领导下，以"两学一做"专题学习教育为主线，紧紧围绕全市中心工作，全面树立和落实科学发展观，适应建设廉洁务实高效政府机关、构建和谐社会的要求，突出科学化管理、法制化保障、规范化服务、着力加强节约型机关建设、和谐机关建设。

【党建工作】 2016年，机关事务管理局在认真总结和巩固2015年工作成绩的基础上，按照市委、市政府的安排部署开展工作。局党组认真贯彻介休市纪委五届六次全会精神，统筹谋划党风廉政建设和反腐败工作，制订《2016年党风廉政建设工作计划》《2016年党风廉政建设任务分解》，并层层签订了党风廉政建设责任书，明确各层级的主体和监督责任。根据市委、市政府《关于在全体党员中开展"学党章党规、学系列讲话、做合格党员"学习教育方案》，全局开展了"两学一做"学习教育活动。

【安全保卫工作】 将保安、保洁外包给专业的公司来管理，降低了政府管理成本，提高了工作效率。政府实现由管理者到监督者的职能转变，实现保安、保洁工作由复杂化到简单化的转变。

【基建维修工作】 市武装部新营区、电商园区投入使用后，对市武装部新营区大院内保安、保洁，采取政府采购社会化服务模式进行管理，实行公司化运行。

2016年，机关事务管理局对政府机关大院进行了广场改造，拆除大院围墙，拓宽马路，将市政府大院向公众开放；对各处旧房、危房进行加固和改造；对职工食堂、公寓、阅览室、信访大厅等进行了改造和维修。对政府大楼、宿舍楼等屋顶防水组织以及供热管道进行全面检查和维修，包括楼顶补灰、清理化粪池、修补落水管、更换地下室供水管等。

对政府大院内的水、电、暖进行日常维护。对中央空调、电线、电缆等设施进行全面维修，对大院内其他安全隐患进行了排查和整改，保证了会议中心和其他单位各项工作的正常运行。

严格把好食品采购关，做到按时、保质、保量，不影响加工制作，防止浪费；时刻保持机关食堂的卫生清洁，做好食品安全工作。

【建立车辆服务平台】 2016年服务平台保证了政府四大班子和车改单位车辆使用的正常运行，圆满完成了全市的应急、机要、接待用车工作。应急平台运行车辆57辆，2016年1月—10月全市出车次数1770次，外地出车次数631次，未发生各类事故，没有出现因车辆平台调配、司机个人等原因而影响出车任务的情况。

2016年1月—10月，车辆加油费为22.05万元，同比上年节省29.72万元，节省率为57%。车辆维修费为25.19万元，同比上年节省11.32万元，节省率为31%。

【节能宣传】　根据《关于开展2016年公共机构节能宣传周活动的通知》精神，广泛宣传生态文明的主流价值观，努力营造节能降耗的浓厚氛围，根据党政机关厉行节约、反对浪费的规定，机关事务管理局深入开展节能宣传周活动，印发学习宣传资料，并上街宣传，开展了低碳日体验活动。

（降兆祥）

政治协商

【概述】　2016年，在中共介休市委的坚强领导和晋中政协的有力指导下，介休市七届政协接过了六届政协的接力棒，顺利完成了换届工作，在新旧政协交替的一年里，两届政协常委会牢牢把握团结和民主两大主题，紧紧围绕全市中心工作，认真履行政治协商、民主监督、参政议政职能，团结动员各参加单位和广大委员，谋发展、促改革、惠民生，广建真言，深谋良策，勤出实招，为促进介休经济社会发展做出了积极贡献。

【参政议政】　2016年，市政协紧紧围绕市委、市政府关系全市改革发展全局的重大决策部署协商议政，组织制订协商计划，选择协商议题，积极开展多种形式的民主协商。10月召开全体委员会议，精心挑选7名政协委员进行大会发言，发言内容紧扣全市发展大局，围绕构建新型政商关系、房地产发展、教育医疗、农民增收等热点话题开展，一些发言直接转化为2016年提案，加快了落实步伐。在全体委员会议上，委员们充分讨论并肯定了政府工作报告以及人大相关报告，围绕全市发展积极献计献策，认真讨论。在召开全体委员会议之前，提前为委员印发了提案导向，围绕市委丁书记8·30讲话提出的“工业脱困、农业上档、旅游升级、民生加力、社会和谐”的具体要求，提前部署参政议政提纲内容，增强委员议政建言的针对性。全体委员会议之后，新一届政协领导班子积极参加市委、市政府办公会议，有效进行领题协商，如张弛市长在政府办公会议中提出2017年要加强旧城改造的要求，责成市政协领题开展调研，并形成了针对性强的大型提案，充分体现了政协协商在决策之前的要求。

【民主监督】　创新提案办理监督　强化与市委办、政府办的协商，强化与提案承办单位的协商，强化与提案者的协商，进一步提升提案办理质量。探索创新民主监督方式，于2016年全委会召开前夕召集市委、市政府以及相关提案办理部门对六届五次全会以来重点提案办理情况进行通报，95件提案全部办复，办复率100%，现场开展民主评议工作，促进提案办理规范化、制度化、科学化运行。

完善协商议政监督　体现中共中央协商于决策之前和决策实施之中的要求，寓监督于协商之中。2016年政府工作报告和“十三五规划实施纲要”在市“两会”召开之前，先在市政协常委会上协商征求意见，提高了协商监督实效。根据省、晋中市关于“纪检监察、法院、检察院、公安机关每年向政协作一次情况通报”的有关规定，听取了市政府以及市纪委、人民法院、检察院、公安局的工作情况通报，委员们现场评议，提出意见建议，为改进政府以及执纪执法部门工作发挥了积极作用。

强化视察调研监督　对事关介休市群众反映强烈和影响较大的具体问题进行视察调研监督。如针对环境卫生综合整治，组织60余名政协委员视察基层工作，提出意见建议；针对介休市民营经济发展困难、上级政策措施落实不到位等问题，组织委员深入企业听、看、查、访、问，通过座谈等形式及时发现问题，得到市委、市政府以及相关部门的广泛关注，及时促进制订了相应落实办法并付诸实施。

【专题调研】　2016年，政协介休市委员会根据省、晋中市政协统一安排部署，由经济企业和工商联界别委员活动小组牵头，发改、经贸、教育、科技等部门全程参与，对介休市17家重点民营企业进行专题视察调研。调研中，广大民营企业就土地、资金、人才、环境所面临的突出问题和困难进行了分析，并对民营经济发展提出了意见和建议，得到有关部门的广泛关注并积极采纳。

【提案工作】 2016年，全委会召开前夕召集市委、市政府以及相关提案办理部门对六届五次全会以来重点提案办理情况进行通报，95件提案全部办复，办复率100%，现场开展了民主评议工作，促进提案办理规范化、制度化、科学化运行。七届一次政协全体会议期间共收集提案123件，经审查立案94件，占76.4%，作为意见转交的29件，占23.6%，对这些提案，按照“分级负责，归口办理”的原则，召开了提案交办会、通报会，有效促进了提案办理，办复率、委员满意和基本满意率均达96%以上。

【机关工作】 2016年，介休市政协深入学习贯彻中共十八大和十八届三中、四中、五中、六中全会精神及习近平总书记系列重要讲话精神，召开市政协党组会议、主席会议进行专题学习，学习政协最新论述。强化议政协商，拓展协商内容，突出协商实效。对视察调研、协商会议等形成的建议案、提案、调研报告及时跟进督促，促进协商成果转化为推进富民强市的政策措施。积极关注民生，促进社会和谐稳定。聚焦民生热点，积极表达民意，促进社会和谐。高度重视民族宗教工作，着力促进民族团结、宗教和睦，做了大量工作，这些工作为促进社会和谐，凝聚介休发展力量发挥了积极作用。进一步提升提案办理质量，完善协商议政监督，强化视察调研监督，加强自身建设，努力提升履职水平，不断强化委员队伍建设，坚持以党建带动机关建设，深入落实党风廉政责任制。

【政协第七届介休委员会第一次会议】 2016年9月21日至24日，政协第七届介休市委员会第一次会议在会议中心举行。市委书记丁雪钦做了讲话。大会就本届委员构成情况做了说明，会议听取并批准了政协第六届介休市委员会常委会《工作报告》和《提案工作报告》。投票选举产生了市政协第七届介休市委员会主席、副主席、秘书长、常务委员名单。听取了本次会议提案征集审查情况的报告，审议并通过了大会政治决议及常委会工作报告决议。

（王　玉）

群众团体 | QUNZHONG TUANTI

群众团体
QUNZHONG TUANTI

工　会

【概述】　2016年，介休市总工会在市委、市政府及上级工会组织的正确领导和大力支持下，以党的十八大及工会十六大精神为指导，以学习习近平总书记系列讲话精神和省总提出的“素质提升年”为统领，全市各级工会紧紧围绕市委、市政府确定的发展目标和工作思路，切实履行维护职工合法权益的基本职责，团结动员广大职工为建设和谐介休做出了积极贡献。把“两学一做”教育贯穿于工会工作始终，紧密结合市工会工作的实际，组织和带领全市广大职工，始终围绕全市改革发展稳定的大局，紧紧抓住职工关心的难点、热点问题，积极和富有创造性地开展工作。

【组织建设】　2016年，根据晋中市总工会安排，介休市总工会将“工会组建月”活动暨“农民工入会”集中行动作为重点工作来抓，出台了《介休市总工会2016年“工会组建月”活动暨“农民工入会”集中行动工作方案》，把工会组建重点放在城区及临城乡镇，组建对象为大市场、小微散商户及涉农企业。采取“联系实际，突出重点，分类指导，典型带动”的措施，组织开展“工会组建月”活动和“农民工入会集中行动”。为提高建会质量，继续推行“三告知、两报告、一宣誓”标准建会程序。工会组建月活动中，共组建基层工会8个，涵盖单位32个，发展会员1800人，其中农民工会员达831人。

同时为加强民主管理制度的进一步落实，继续开展了创建厂务公开民主管理示范单位的活动，把推进基层工会群众化、民主化建设与日常的工会组建规范工作同步督导，积极推动“三双”和落实会员“四权”，包括“双亮”“会务公开”“会员评家”等各项活动。

【素质提升】　2016年，省总工会提出“素质提升年”，按照省总、市总工会“十二五”工会干部教育培训实施意见，根据各级工作考核目标责任要求，除组织社区、乡镇及市总机关工会干部参加了上级的各类培训活动外，3月28日，组织开展了全市工会干部“两学一做”学习教育培训会，聘请介休市委党校老师解读《中国共产党章程》，参训人数达50余人。10月中旬，聘请市委党校老师就职工代表职责、非公企业民主管理工作等内容开展了培训，参训人数达102人。11月23日，邀请晋中市总工会法工部长岳军柱等2人为全市工会干部进行了公文写作及工资集体协商等法律培训。11月28日，举办了党的十八届六中全会及省十一次党代会精神培训。

【民主管理】 民主管理厂务公开是新形势下职工民主管理新的实现形式和途径，是职工代表大会制度在新形势下的完善和发展。加强民主管理和民主监督工作，完善以职代会为载体的厂务公开制度，保护了职工群众的知情权、参与权，畅通利益诉求渠道，行使职工民主权力。截至2016年，全市建立职代会制度的基层工会72个，涵盖单位772个，涵盖职工31347人；建立职工大会制度的基层工会318个，涵盖单位720个，涵盖职工27824人。召开职代会(职工大会)的单位131个，涵盖单位232个。全市建立厂务公开民主管理制度的企事业单位共300家，其中，非公有制企业173家，实行厂务公开的147家，公开率86%，事业单位124家，实行公开的124家，公开率100%。

【平等协商】 进一步规范平等协商集体合同制度，帮助指导职工签订劳动合同，广泛开展"创建劳动关系和谐企业"活动。2016年，重新修改并印制"介休市企业工资集体协议"，将所需表格依次同时装订入协议文本，为基层工会提供了方便，从而促进企业能真正把合同、协议有关内容落到实处。全年全市工资协议新签续签20份。

依托3月份的集体合同月，明确活动主题和工作重点，做到女职工专项合同与集体合同工作同部署、同推进、同检查，女职工专项合同与集体合同协商、签订、履约"三同步"。2016年，全市单独签订工资协议68份，覆盖职工8695人，签订行业性工资协议1份，涵盖药品行业110家企业，覆盖职工2806人，建制率和签订率均占正常运转企业的90%。签订率达90%。女职工专项合同的签订率达到100%，履约率达到98%。凯嘉集团经过平等协商，在职工代表大会上对女职工权益保护专项集体合同修订内容进行审议通过。

【评先选优】 培养、评比、宣传、弘扬劳动模范是常抓不懈的一项工作。3月，按照省、晋中市工会的安排和要求组织召开全市基层工会主席会议，安排部署申报推荐"山西省五一劳动奖章和奖状"，对申报的个人和集体的事迹材料进行审核筛选并上报市委、市政府通过。"五一"期间，介休市龙凤镇龙凤村党总书记村委主任获得"山西省五一劳动奖章"的荣誉称号；城峰煤业公司开掘三队蔺建武班组获得"工人先锋号"的荣誉称号。

为弘扬工匠精神和劳动精神，营造"创造伟大、劳动光荣"的时代新风，在全市范围内开展了寻访立足本职岗位，勤奋学习、刻苦钻研，追求卓越、技艺超群，淡泊名利、甘于奉献，为晋中建设和发展做出重要贡献的优秀技术工人、工艺大师和身怀绝技绝活的能工巧匠。经过多日的走访，确定推荐山西安益洪山陶瓷有限公司的袁建生等4名人员为"晋中工匠"候选人，其中袁建生代表介休参加了晋中市举办的劳模、工匠座谈会，将自己精湛的技艺进行了展示，受到了与会专家、领导的肯定。

【五小创新】 为进一步增强广大职工的创新意识，在全市工业企业职工中广泛开展了以"五小"(小发明、小创造、小革新、小改进、小建议)为主要内容的群众性技术发明，技术创新，技术攻关，技术改造和合理化建议等群众性技术创新活动。

2016年，全市共有171家大中小型企业参与"五小"竞赛，开展"五小"创新发明项目37项，其中青云煤业8项，城峰煤业12项，安益公司3项，义煤公司2项，倡源公司3项。其中义煤公司张慧宇发明的《矿井粉尘治理——除尘喷头》(在2016年6月8号获得国家专利)、青云公司崔若凡发明的《设计主井导水槽》和《配仓分料器和皮带机的成套设计和安装》、城峰煤业梁腾平发明的《包固制作装置》作为主要推荐项目。安泰集团公司9项，开展"五小"活动以来安泰集团公司成果申请专利47项，其中38项获授权(33项实用新型专利、5项发明专利)，7项已受理(6项发明专利、1项实用新型专利)。公司QC(质量控制)小组共完成50余项QC课题研究，21项课题在全国和省内获奖(全国4项、省内17项)。6月23日，晋中市总工会常务副主席李增才一行专门就介休市“五小”活动开展情况进行实地调研。

【经审女工】 切实做好工会经费审计，是加强工会经费收缴管理，增强工会财力和服务工会工作全局的需要。按照上级工会经审会要求，市总工会继续以深入推进经审工作规范化建设为抓手，积极发挥经审工作在全会中的促进和保障作用。上半年经审委对介休市总本级工会2015年经费预算执行情况（决算）进行了审计。9月13至30日，聘请审计专业人员集中对10个乡镇、5个街道、教育等20家基层工会开展以“开户建账、划拨使用、管理建制”为主要内容的审查审计，确保基层工会经费的合法合规使用和管理。同时，对介休市总的各类专项资金和半年经费使用情况进行了审计。

为维护女职工正当权益，增强女职工自我保护意识，以《中华人民共和国反家庭暴力法》《山西省女职工劳动保护条例》颁布实施为契机，广泛宣传国家涉及女职工权益保护法律法规，推动宣传普及工作进企业、进车间、进班组、进基层一线，组织开展职工群众喜闻乐见、针对性强、宣传效果好的活动，市总工会举行了维权行动月女工干部培训，组织女职工学习《中华人民共和国妇女权益保障法》；介绍12338妇女维权公益服务热线、110反家暴报警中心等维权阵地的服务功能等；引导女职工通过合法渠道表达诉求，运用法律维护自身的合法权益。2016年将“妈咪小屋”建设作为落实女职工“孕期”保护的具体举措，在介休市妇幼保健计划生育服务中心组建了介休市首个妈咪小屋，并获省级挂牌。

维权月活动中，全市共发放女职工维权宣传资料1万余份，悬挂宣传条幅32条，展示宣传版面15块，开展女性法律维权培训10场，参训女职工510人。

【文体活动】 以“培育好家风——女职工在行动”主题实践活动为载体，深入推进全民阅读，促进家庭文化建设，以“智慧女性·书香家庭”为主题，倡导女性阅读，建设书香家庭，建设书香社会。组织开展书香三八大讲堂、打造家庭云图书馆、评选书香家庭、寻找最美家庭感人故事等活动，全市共征文86篇，上报61篇，参加单位有教育、西南街道等13个系统和单位；参加省总女工委组织的“母亲的乡愁”主题摄影展，征集作品56份；5月，组织开展“写家书·传亲情”活动，唤起人们对家庭的重视，对亲情的珍视，让向善的力量在亲情中凝聚，让真善美的风尚在家庭中传扬，引导广大女职工自觉践行社会主义核心价值观，弘扬主旋律，树立新风尚，建设幸福家庭。征集家书33份，微视频1个。

在全市职工中举办的“壮丽史诗——纪念长征胜利80周年书画展”，通过筛选汇总上报合格美术作品5幅。5月至9月，与市体育运动中心联合举办了乒乓球、篮球、羽毛球等锦标赛，参赛职工达1000余人。

【组织调研】 按照上级工会的安排部署，开展了全市工会组织“机关化、行政化、贵族化、娱乐化”专项整治工作。介休市总工会率先开展了走基层、转作风、促工作大调研活动，市总工会班子成员采取分片的方式进行了深入调研，在汇总调研情况的基础上结合自身工作，对存在问题的表现、形成的原因以及如何改进新形势下的工会，加强新形势下的工会工作进行了专题分析研究。6月15日，山西省总工会副主席王荣一行10人在介休市就“强三性、去四化”工作及落实中央群团工作会议情况进行了实地调研，并提出了宝贵意见。

市总工会在全市企业中开展了“工资集体协商集中指导调研”工作，由2名人员组成调研组从4月5日开始在全市重点企业范围进行为期四天的专题调研，采取实地走访等各种形式，共走访典型企业16家，其中集团公司2家，涉煤企业11家，二轻企业3家，涉及职工6000余人，通过与企业工会干部座谈，与企业行政干部咨询，与企业职工交流的形式，对这些企业的经营状况、面临的困难、工资发放情况、职工队伍状况有了基本的了解。同时为配合全国总工会法律工作部开展的《全国总工会改革试点方案》中涉及的工会法律工作相关问题，对介休市工会法律工作的建设、组织、人员结构等相关法律工作进行了细致的调研，并形成调研报告。

（李东萍）

青　年

【概述】　2016年，共青团介休市委以党的十八大精神和团的十七大精神为指引，深入贯彻习近平总书记系列重要讲话精神，切实履行团的职能，不断加强自身建设，团结带领广大团员青年围绕共青团组织、宣传、青工青农、青少年维权、志愿服务、少先队六个方面扎实开展相关工作，圆满完成各项任务，实现介休市共青团工作的全面发展。

【组织工作】　2016年7月上旬，团市委对乡镇、街道、学校、企事业单位团组织、团干、团员青年开展摸底调查，联合市委组织部配齐配强了乡镇街道团委书记。7月5日，印发《关于开展基层团组织工作调研的实施方案》(团介发〔2016〕9号)，8月中旬，完成对街道团工委工作的调研，共搜集、整理出意见建议18条，明确基层团组织工作重点；团市委严格按照“坚持标准、控制规模、提高质量、发挥作用”的总要求和“初中毕业班团员和学生30%的比例，高中毕业班团员和学生60%的比例”分配名额发展团员，严把发展团员的“标准关”“培训教育关”和“程序关”，坚持成熟一个发展一个，全年全市共发展团员195名；团市委认真贯彻落实《关于加强新形势下全市党建带团建工作的实施意见》《介休市推优入党工作实施办法》，依托党建带团建抓好团组织建设。2016年，全市各级团组织以“推优入党”的方式推荐46名优秀青年团员加入了中国共产党；自2013年3月在全市范围内推广共青团系统联建共建活动以来，历时3年的改进与推广，联建共建已成为基层团组织开展工作新常态，2016年各联建组累计开展活动43次，得到广大团员干部一致好评；10月9日团市委召开介休市县、乡、村三级团组织换届工作动员会，10月31日，全市231个村级团组织全部完成换届工作，12月9日，全市10个乡镇团组织完成换届工作。

【共青团介休市第六次代表大会召开】　12月22日，中国共产主义青年团介休市第六次代表大会召开，会议总结回顾了3年来全市共青团工作，安排部署了今后3年全市共青团的主要工作任务，大会听取并审议了团市委书记李静代表共青团介休市第五届委员会所做的题为《凝聚青年力量，弘扬拼搏精神，在实现介休振兴崛起的征程中彰显青春风采》的工作报告，选举并产生了共青团介休市第六届委员会委员39名，同日召开共青团介休市六届一次全委会，选举产生了介休市第六届委员会常务委员7名、书记1名，副书记2名。

【宣传工作】　2016年，市网络文明志愿者队伍达2960人，依托微博、微信、QQ群等平台开展转帖跟帖、文化讨论等活动，依托介休团市委微信公众平台，宣传共青团系统各项工作，开展青少年思想政治教育、青少年禁毒、安全生产、节能减排等各项宣传工作。至年底，介休团市委微信平台有粉丝3120人，累计发布信息166条，平均信息点击量在270次以上；3·5学雷锋期间(3月3日至3月7日)，共开展志愿服务进社区、关爱孤寡老人、心理健康教育、就业创业帮扶等学雷锋活动12次；五四青年节，团市委动员全市团组织开展了“致青春”五四青年节系列活动32次；2016年，获省级表彰五四红旗团委1个、五四红旗团支部1个、优秀共青团员1名；获市级表彰先进基层团组织6个、优秀共青团干部4名，优秀共青团员4名；5月，团市委为学校系统在2015年度工作中涌现出的先进集体和优秀个人进行了表彰，共表彰优秀团支部22个，优秀团干27名、优秀团员48名。

【青工青农工作】　2016年，介休市青年就业创业指导中心重点开展了就业帮扶、就业培训和招聘推荐会三项工作，共服务求职青年780名，登记青年信息700名。开展就业技能培训3次，培训人数40人，举办招聘推介会8次，发放各类宣传资料1万余份，服务待业青年680人；市电子商务创业孵化中心共有30家电商企业入驻，入驻人数133人，其中8人以上电商企业15家90人，8人以下电商企业15家43人，全年入驻企业销售额累计1104万元。6月9日至11日，团市委在后土庙广场举办了介休市首届网购节。网购节为期3天，共有110余家介休及周边县、市的企业参与了网购节线下展会，其中介休本土土特产参展企业近40家，占到了参展总数的25%。经核实统计，网购节3天线下展会现场累计人数达45000人左右，涉及销售产品的企业交易总额达310万元左右。网购节专用线上网购平台自6月8日晚20点08分开通团购以来，手机端和电脑端累计浏览人数达到8万余人次，同时在线人数达2500人。通过网购节平台秒杀、团购的有效订单数共有641笔。网购节期间，介休市青年志愿者协会共出动15个志愿服务大队、6个独立大队参与本次活动的志愿服务，累计参与志愿者达300余人次。全市26家网络自媒体参与了本次活动的宣传工作；7月5日，团市委组织青年文明号单位负责人70余人召开了介休市青年文明号工作会，引领青年爱岗敬业、青年集体创先争优。7月底到8月中旬，团市委按照《园区考核管理办法》对园区入驻企业进行了考核，参考企业业绩和日常表现进行综合排名，对存在问题的企业分别给予警告、约谈、勒令退出等处罚，约谈了14家考核不合格企业，勒令17家数次考核不合格企业退出了孵化中心。除保障园区后勤工作外，团市委还邀请电商产业专业人士、金融系统相关领导、市场管理局工作人员为孵化中心入驻企业开展讲座、金融扶持、政策培训等服务；8月，推荐市公安局交警大队城市一中队西门口岗、网格中心受理派遣科、艺舟钢琴艺术培训中心三个集体申报2016年度晋中市级青年文明号先进集体荣誉称号，并对介休市4家不符合标准的晋中市级青年文明号进行摘牌。

【青少年维权工作】 作为介休市社会治安综合治理委员会重点青少年群体服务管理和预防犯罪工作专项组组长单位，2016年团市委共召开3次联席会议，对介休市预青工作进行安排部署。5月中旬，团市委针对介休市五类重点青少年群体开展了社会治安风险隐患大排查大整治活动，共排查出存在风险隐患闲散青少年7人、有不良行为或严重不良行为青少年12人、流浪乞讨未成年人1人、服刑在教人员未成年人12人、农村留守儿童48人。此次排查出的重点青少年群体数据均在其所在的乡镇、街道团(工)委进行了备案，并由各乡镇、街道团(工)委对其进行重点关注帮扶；依托团市委微信公众号，全年编发、转发青少年毒品知识识别预防类信息20条，青少年安全自护类信息21条，各类信息阅读总量为12300余次，提升介休市预防青少年违法犯罪和未成年人保护工作的覆盖面。全年全市共开展安全宣传、消防应急演练、地震应急演练、心理卫生健康教育等活动13次，开展青少年捐资助学活动4次，累计捐助贫困学生98人，捐助现金38050元，捐助图书、文具、衣物等物资580余套，物资价值7100元。

【志愿服务工作】 2016年，青年志愿者协会开展各类活动45次，累计参与志愿者750余人次，其中慰问孤寡老人10次，帮孤助残2次，参与公益宣传活动6次，组织义诊7次，组织志愿者献血1次，开展3·5学雷锋、五一志愿活动、社区志愿服务等活动18次，为四川贫困地区儿童募集并送去各类衣物3吨，帮扶贫困青少年72人，捐款捐物累计价值44506.5元。开通"公益介休"志愿者微信平台。至年底，拥有粉丝2475人，全年发布信息32期，平均信息点击量在300次以上；成立志愿者服务队24个，新增会员153人，共有会员786人。

【少先队工作】 清明节期间，团市委、少工委动员全市各中小学按照就近原则，在周边的烈士陵园、爱国主义教育基地开展清明祭扫活动。同时组织青少年开展网络祭扫，依托中国青年网"清明祭英烈·共铸中华魂”网页开展献花留言活动，依托中青在线“清明祭英烈”开展手机互动活动，全市共开展活动16次，活动直接参与人数6400余人；2016年，市少先队员积极开展了“核心价值观记心中”活动，通过集中学习、制作板报、手抄报等方式开展少先队社会主义核心价值观教育活动，帮助少先队员牢记社会主义核心价值观和习近平总书记的要求；建队节期间，团市委、市教科局、市少工委对市少先队工作先进集体和优秀个人进行了评选表彰工作，共表彰“红旗大队”10个、“十佳少先队员”10人、“十佳少先队辅导员”10人、“优秀中队”31个、“优秀少先队员”94人、“优秀少先队辅导员”86人。

（曹　庚）

妇女儿童

【概述】　2016年，介休市妇女联合会以（以下简称市妇联）统筹推进城乡妇女发展，不断创新工作载体，以联系妇女、服务妇女、教育妇女、维护妇女儿童合法权益为根本任务，谋求工作新思路、新举措，积极做好家庭文明建设、维权信访、关爱贫困妇女儿童工作，加强妇联组织自身建设，推进全市妇女儿童工作再创新业绩。获得省妇联“宣传报道先进单位”表彰；晋中市妇联、晋中市妇儿办、晋中市文明办“家庭美·文明风书画大赛优秀组织奖”；介休市法治领导小组办公室“全市法律六进示范单位”表彰。

【创业就业】　2016年，介休市妇联搭建平台，拓宽渠道，推进女性创业创新。举办了“春风行动”女企业家交流会暨女性专场招聘会。共有47家企业应邀前来招聘，为妇女群众提供了141个工作岗位，560余名妇女与用人单位初步达成就业意向。举办了小儿推拿就业培训班，由专业小儿推拿师全程授课，传授小儿推拿疗法新技术及临床治疗经验。依托“巾帼创业就业培训基地”——商祺培训学校，联合爱心商家共同举办了为期四天的“巾帼创业训练营”活动，招募学员20名。开展了电子商务进农村工作。以“农民增收精准扶贫”为宗旨，依托村级妇联推进粮易电商进乡村，实现村妇联在基层服务职能转变。开展了妇女手工业发展情况调研。推荐商祺培训学校校长杨晓丽参加了全国妇联举办的小微企业培训；组织中青家政服务人员参加了省妇联“晋嫂”家政服务技能大赛，获团体优秀奖；推荐8人参加了省妇联创业就业培训；推荐5名妇女参加了省妇联举办的巾帼家政员培训。两名养老护理员参加了晋中市养老护理班培训学习，经考核获得晋中市职业技能四级证书。推荐32幅作品参加了晋中市手工艺品大赛。

【家庭文明创建】　2016年，注重宣教，培树典型，推进家庭文明建设。召开了纪念“三八”国际劳动妇女节106周年总结暨基层妇联特色工作展示会，8个基层妇联组织分别从群众性文化工作、推进家庭文明建设工作、“党建带妇建，妇建服务党建”、促进妇女创业就业、以一流的技术优质服务妇女儿童等角度，对自身的工作做了总结和展示。邀请晋中市中都学院、介休市中华传统文化协会的老师举办了传统文化公益讲座。邀请省妇女儿童心理卫生协会、介休市妇幼中心、心理卫生协会等专家就身体与心理健康方面的知识进行专题公益讲座。深入开展了寻找“最美家庭”活动，城乡社区设立宣传栏、光荣榜180个，推选各级“最美家庭”27个；举办“最美家庭最美家风”巡讲演讲活动5期，覆盖妇女人数800余人；市妇联推选表彰各具特色的优秀家庭12户，3户优秀家庭被评选为晋中市“最美家庭”。举办了第二届“骐韵杯”百人户外瑜伽展示公益活动，组织400余人参加了2016山西省第二届千人瑜伽户外公益活动；与竹瑾瑜伽馆联合举办了介休市“老凤祥杯”首届旗袍大赛；还开展了“尊老敬老六行动”主题月活动；发放了尊老敬老六行动宣传画，开展了“发现身边的感动”随手拍照片征集活动。开展了“幸福从家开始”系列活动，向全市广大家庭发出了“我爱我家　同悦书香”亲子阅读活动倡议书，引领广大家庭形成阅读风尚，培养阅读习惯，促进未成年人健康成长和家庭幸福和谐；以“幸福从家开始”为主题，开展了“我爱我家征文”活动，征集征文22篇，“亲子阅读 同悦书香”作品30余个；举办了260余人参加的家庭教育讲座；向晋中市妇联推荐“最美少年”1人；挑选32幅书法绘画作品参加了晋中市“家庭美文明风”书法绘画作品展。

【宣传教育】 2016年，组织开展“巾帼心向党”群众性主题教育活动。在全市广大妇女群众中开展了“四个一”活动，即阅读一本党史图书、观看一部党史题材影视作品、传唱一首爱党爱国歌曲、组织一次党史知识竞赛；组织市、乡、村妇女干部200余人参与了感恩祖国、感恩党跟帖、网上学党史等活动；各妇女组织引领基层广大妇女及家庭，借助妇女之家平台，通过讲家事、现场观摩、视频展播、红歌展演、收看专题讲座、接受反腐倡廉警示教育、走访慰问等开展了不同形式主题教育活动。开展了“12·1”预防艾滋病宣传活动，在全社会营造了“相互关爱、共享生命、从我做起”的良好氛围。

【民生实事】 2016年，关爱贫困留守妇女工作。继续实施“两癌”（妇女宫颈癌和乳腺癌）免费筛查，共为6名贫困“两癌”患者争取全国妇联“贫困母亲两癌救助专项基金”和省儿童基金会两癌救助金32000元，市妇联为11名家庭特殊困难的基层妇代会主任发放了6000元的慰问金，为6名贫困母亲送去了3000元慰问金，为114名乳腺癌患者争取兰超“幸福家庭关爱基金”（义乳文胸捐助）。积聚社会力量，关爱贫困留守儿童。一是举办了“幸福启航·旗帜飘扬”公益活动捐赠仪式。100多名受赠婴幼儿家庭得到了旗帜奶粉公司的捐赠。二是积极谋划，牵线搭桥，倾力搭建奉献爱心的公益平台。共有28名贫困儿童和学生得到了中国儿童少年基金会、省妇联、安泰集团总裁李猛、汾河生态园董事长梁海、完美公司巾帼志愿者、生活潮杂志社等爱心单位和爱心人士资助金22800元；樊王小学、板峪小学、赵家窑小学学生获得了凯嘉集团、介休园林局、美肤宝阳光计划12700元资助金和价值1万余元爱心物品；71名婴幼儿收到中国儿童少年基金会捐赠的纸尿裤；1名白癜风儿童患者参加了中国儿童少年基金会免费夏令营活动。三是开展“恒爱行动”，为困境儿童编织爱心毛衣。市妇联招募40名爱心妈妈为新疆贫困儿童编织毛衣40件，为孩子们送去了暖暖的爱心。四是联合完美康美源商行开展了爱心献给社会——巾帼义务献血活动，100余人参与活动。

【规划评估】 2016年，撰写了《妇女儿童发展“十二五”规划》评估报告。全面分析了《介休市妇女儿童发展规划（2011—2015）》主要目标实现情况，针对存在的问题与障碍，提出了策略与措施，为全面推进《“十三五”妇女儿童发展规划》制定提供参考依据。同时对介休市“十二五”家庭教育工作开展了全面深入自查，就家庭教育工作面临的新问题、新情况提出了意见建议。

【妇女维权】 2016年，开展了3·8维权月妇女法律知识宣传，宣传《中华人民共和国反家庭暴力法》《中华人民共和国妇女权益保障法》等法律法规知识。与政法部门配合开展了防毒、防拐宣传；与市法律援助中心深入花园社区开展了法律援助进社区活动。邀请司法局法律专家举办了《反家庭暴力法》知识专题讲座，在街道社区妇联开展了妇女维权法律知识讲座，就有关妇女维权等方面的法律知识以案例的形式做了详细讲解。开展了“12·4”法制宣传活动，为过往群众讲解法律知识，解难释惑，发放妇女维权法律法规政策宣传手册、创建平安家庭宣传手册等资料200余份。做好来信来访工作，全年接待来信来访40余件，通过对来访群众进行法律宣传将各类矛盾解决在了萌芽状态。开展平安家庭创建和婚姻家庭矛盾、邻里纠纷排查工作。

【素质提升】 2016年，举办了260余人参加的为期两天的市、乡（镇）、村级妇女干部培训班。采用专家集中授课、经验交流等方式，通过对习近平总书记系列重要讲话精神解读、反家暴法律知识讲座、家庭教育讲座等课程，让妇女干部政治理论水平和对优秀家风、家庭教育理念有了新的提高，同时进一步提高了妇女的法律意识和维权观念。开展了“百人百题百日”基层大走访大调研活动，先后深入10个乡镇100余个行政村，围绕女性进两委、妇代会主任待遇、妇女创业就业、文化活动、妇女之家建设、困境妇女儿童生活等情况向广大妇女干部和妇女群众问计问需，收回调研问卷200余份，并撰写了调研报告。推荐市妇联王丽主席、1名乡镇妇联主席、1名街道妇联主席参加了省妇联组织的岗位培训，推荐10人参加了晋中市女人大代表和女政协委员培训，推荐10人参加了晋中市维权干部培训；推荐6人参加了晋中市家庭教育培训。

【妇联改革】 根据省、晋中市妇联要求，在全市各村全面推开村代会改建妇联工作。全市229个村完成妇代会改建妇联工作，产生兼职副主席228人，执委1013人。推荐上报了10个妇女之家示范点，完善了档案资料，加强了规范化建设；组建了5个社会公益组织；为广大妇女儿童提供法律咨询、家庭教育、扶贫济困等服务。

（张　夏）

经济管理 | JINGJI GUANLI

经济管理
JINGJI GUANLI

审　计

【概述】　介休市审计局作为国家审计机关,依法负责对全市乡镇、街道、市直各部门以及事业单位和各类集体经济组织的审计监督工作。部门实行双重领导体制,即业务上受上级审计机关领导,行政上隶属于当地政府,是市政府组成部门。2016年,介休市审计局人员编制21人,实有28人,审计辅助员29人。其中,领导职数5人。下设办公室、财务总务股、法制股、农业环保股、行政事业股、经贸股、财政股、社会保障股、信息管理股和金融外资股10个职能股室,并辖政府投资审计中心和经济责任审计中心两个全额事业单位。

【审计成果】　2016年,审计单位(项目)29个,查出违规金额15253.61万元,发现管理不规范问题70832.14万元,并对严重违规问题进行处罚。其中,上缴财政90.5万元;出具审计工作报告和专项审计调查报告29篇;提出审计建议43条,提交审计信息43篇。

【财政资金审计】　2016年,审计局对2015年度本级预算执行情况进行审计,发现介休市财政2015年度预算执行,切实推进了预算公开透明,加大了预算统筹力度,严肃了财经纪律,充分发挥了财税政策促进稳增长、调结构、促改革的重要作用。但发现违规问题金额12829.58万元,管理不规范金额67788.96万元。主要体现在应缴未缴预算款、应缴未缴上级财政专户款、出借非税专户资金、坐支破产企业收入、为非预算单位拨款、非税专户"暂付款"长期挂账、应缴未缴规费收入、欠征各种税收等。为严格预算管理,加强税收管理,审计部门提出整改意见,财政和地税部门积极进行整改。

对龙凤和洪山两个乡镇政府2015年度财政决算进行审计,促进规范乡镇财政管理。

【经济责任审计】　2016年,根据年度审计项目计划安排和介休市委组织部委托通知,开展经济责任审计工作。分别对机关事务管理局、住房保障和城乡建设管理局、粮食局、房产管理局、西南街道办事处、北坛街道办事处、北关街道办事处、西关街道办事处、中共介休市委党校和介休市第一中学10个单位14名领导干部进行经济责任审计。查出问题金额4740.33万元,其中:违规金额1785.75万元,发现管理不规范金额2954.58万元。主要问题是未经政府采购购置资产、固定资产管理不规范、扩大开支范围,超限额使用现金支付等。根据审计情况,介休市审计局向介休市人民政府、介休市纪律检查委员会、介休市委组织部分别报送审计结果报告，对领导者任期经济责任进行客观评价。

【社会保障审计】 2016年，由晋中市审计局授权介休市审计局派出审计组，对祁县2015年保障性安居工程（含城市棚户区改造、农村危房改造和廉租住房、公共租赁住房、经济适用住房等保障性住房）及配套基础设施的计划、投资、建设、分配、运营等情况进行审计，并对祁县政府所属住房保障和城乡建设管理局、财政局、国土资源局等进行重点审计，延伸调查2个乡镇8村的24户农村危房改造家庭，对6个安居工程项目的建设管理情况进行检查。审计发现：工程建设管理方面存在土地审批未落实、非法占地以及工程质量方面的问题；分配管理方面存在违规享受住房保障待遇问题；工程运营管理方面有欠缴周转房租金、保障性住房空置的问题。审计组针对问题对整改情况进行跟踪检查，对涉及民生资金、民生项目的重大政策落实情况起到监督保障作用。

【行政事业审计】 2016年，介休市审计局对介休市交通警察大队、公积金管理中心、校车运营单位3个单位进行财务收支审计。对介休市交通警察大队审计查出违规金额637.88万元，收缴财政资金3万元，存在无依据收取事故保证金、挤占财政资金等问题，进行了相应处罚。同时，对晋中市住房公积金管理中心介休管理部2015年末售房资金情况以及校车运行、管理情况进行了审计。审计查出管理不规范金额2.99万元。主要是超限额使用现金支付，并责成上述2个单位自行纠正问题。

【政府投资项目审计】 2016年，介休市审计局对介休市公安局交通警察大队指挥中心液晶屏工程、智能交通综合管控平台改造工程、X395县道与机场路等10个路口电子警察设备工程、定阳路路鑫东方市场等7个卡口设备工程、G108国道与三贤大道岔路口电子警察系统工程5个审计项目进行审计。送审金额869.82万元，审计认定造价812.43万元，审计核减57.39万元，核减率6.60%。审计从项目审批管理、投资控制、工程招投标、建设质量等方面入手，着力规范投资管理，避免重大损失浪费和重大安全隐患。同时，根据晋中市审计局委托，对山西省太岳山国有林管理局进行了工程概算执行情况审计。

（张婷婷）

国土资源管理

【概述】 介休市国土资源局承担保护与合理利用土地资源、矿产资源等自然资源，规范国土资源管理秩序，优化配置国土资源的责任。负责规范国土资源权属管理。承担全市耕地保护的责任，确保规划确定的耕地保有量和基本农田面积不减少；及时准确提供全市土地利用各种数据；节约集约利用土地资源；规范国土资源市场秩序的责任。负责矿产资源开发；管理地质勘查行业和矿产资源储量。承担地质环境保护；地质灾害预防和治理的责任。依法征收资源收益，规范、监督资金使用，拟订土地、矿产资源参与经济调控的政策措施。推进国土资源科技进步。

2016年，介休市国土局内设办公室、财务股、规划股、耕保股、利用股、地籍股、矿管股、测绘股、地环股、监察股、测绘股、纪检室、车管办、信息中心、安整办、法制股、档案室、信访接待中心、不动产登记中心、不动产登记服务中心、土地整理中心、国土交易中心、储备中心、执法监察大队24个股室和10个乡镇国土资源管理所。

【土地规划】 2016年，介休市国土资源局启动土地利用总体规划调整完善和新一轮土地整治规划编制工作，按照政府购买服务程序进行编制单位招标；在建设用地审批中，严格按照规划计划报批，保障项目用地依法合规，为张壁新村建设项目、凯嘉电厂三期项目解决占地，组织实施龙凤镇、义棠镇两乡镇土地利用总体规划评估和修改工作，落实市局追加新增指标185亩;加强建设用地预审工作,认真把好规划关和国家用地政策关,确保项目用地符合规划和供地政策,全年办理用地预审3宗。

【耕地保护】 介休市耕地面积为38.97万亩,与晋中市下达本市耕地任务38.61万亩相比,完成率101%,中心城区2016年划入基本农田4377亩,限制建设区和禁止建设区内划入基本农田比例达到70.14%。中心城区现有基本农田5148亩,与中心城区现状耕地面积相比,占比34.08%。推进实施以往年度占补平衡项目,年内验收占补平衡项目5个,新增耕地678.15亩,其中水浇地项目1个,新增水浇地285.78亩。调研拟定本级开发项目5个,可新增耕地1015亩。完成介休市中心城区永久基本农田划定核实举证工作并通过市级审核,中心城区此次划入基本农田4377亩,限制建设区和禁止建设区内划入基本农田比例达到70.14%。中心城区现有基本农田5148亩,与中心城区现状耕地面积相比,占比34.08%。既保障了国家粮食安全,又促进了城市转型发展,同时落实了生态文明建设的中央精神。

【土地利用】 2016年全市共获省政府批复3个批次建设用地、1个单独选址项目,总面积609.58亩,涉及新增建设用地面积464.98亩;批复2个农村集体土地农转占批次项目,面积108.63亩。年初制订《介休市2016年度国有建设用地供应计划》,共供应土地24宗,面积327.71亩。其中:公开挂牌出让土地25宗,成交19宗;协议出让土地1宗;划拨土地4宗。落实市局追加新增指标185亩;盘活存量土地4宗。全市"本年批准本年建设"当年进行变更的地块19宗,面积344.85亩(耕地245.7亩),作为2016年度合法用地面积。

公开挂牌出让土地19宗,出让面积14.16公顷(合212.47亩),成交价款6228万元。其中9宗为商服用地,土地面积3.69公顷(合55.40亩),成交价款3224万元;9宗工矿仓储用地,土地面积10.12公顷(合151.75亩),成交价款2905万元;1宗公共设施用地,土地面积0.35公顷(合5.31亩),成交价款99万元。

根据介休市人民政府《关于永亮仓储物流中心补办相关建设手续的协调会议纪要》(介政纪办函〔2016〕31号),协议出让土地1宗,介休市永亮汽车销售服务有限公司于2013年9月24日受让2013—36号宗地中超占的边角地,面积0.06公顷(合0.9亩),成交价款19.26万元。

为保障介休市公益事业项目的顺利发展,划拨土地4宗,土地面积7.62公顷(合114.34亩)。其中泰康嘉苑保障性住房项目1宗土地,面积3.33公顷(合49.98亩);公共设施用地3宗,土地面积4.29公顷(合64.36亩)。

为推进节约集约用地,积极盘活存量土地,提高土地利用效率:2016年共盘活存量土地1.73公顷(合25.89亩),收缴出让金1217万元。分别是:介休市张兰镇王建民运输队项目盘活土地面积1.39公顷;介休市新意达科贸有限公司项目盘活土地面积0.06公顷;介休市超华房地产开发有限公司项目盘活土地面积0.13公顷;中国电信集团公司山西省晋中市电信分公司项目盘活土地面积0.16公顷。介休市政府采购中心对该项目进行了公开采购活动,中标单位为山西瑞友土地估价咨询有限公司,中标价格是52.8万元,2015年完成介休市区域建设用地节约集约利用初始评价,2016年开展介休市区域建设用地节约集约利用更新评价和介休市中心城区建设用地集约利用潜力初始评价。

根据山西省国土资源厅《关于全省闲置土地处置情况的通报》(晋国土资函〔2016〕316号)和晋中市国土资源局《关于落实2016年度土地例行督察工作方案的通知》(市国土资发〔2016〕71号)要求,介休市国土资源局对6宗闲置土地进行了研究。6宗闲置土地为:介休市城区创兴修建队位于义棠镇小宋曲村介休市龙源综合楼项目、山西凯嘉张壁古堡生态旅游有限公司两宗土地用于修建游客接待中心和景区餐饮住宿服务设施项目、晋中市公安局介西分局技侦大楼建设项目、山西金源酒业有限公司迁

(扩)建万吨黄酒和保健酒生产项目、山西安泰集团股份有限公司位于介休市义安镇义安村(安泰工业园内)焦炉煤气制液化天然气项目。

【地籍管理】 2016年推进全市农村集体土地使用权调查登记工作完成外业工作99%,内业整理工作80%,办理各项土地登记111宗,其中:国有土地使用权登记38宗(初始登记24宗、变更登记11宗、补证3宗),集体土地使用权登记20宗(变更登记14宗、补证6宗),土地抵押登记16宗,查封登记37宗。卫星遥感监测变更工作,复核部下发433个图斑,面积3580.5亩。介休市总面积74119.05公顷,农用地合计52949.81公顷,其中,耕地:(水浇地)14553.15公顷,(旱地)11425.53公顷;园地(果园):1566.65公顷,(其他果园)6.44公顷;林地:(有林地)14306.09公顷,(灌木林地)518.03公顷,(其他林地)6094.11公顷;交通运输:(农村道路)1743.94公顷;水域及水利设施用地:(坑塘水面)31.56公顷,(沟渠)539.61公顷;其他土地:(设施农用地)270.36公顷,(田坎)1894.34公顷。建设用地合计12078.99公顷,其中,交通用地:(铁路用地)291.34公顷,(公路用地)854.18公顷;水域及水利设施:(水库水面)46.99公顷,(水工建筑物)40.76公顷;城镇村及工矿用地:(城市)1695.84公顷,(建制镇)670.39公顷,(村庄)7259.88公顷,(采矿用地)1033.79公顷,(风景及特殊用地)185.82公顷。

未利用地合计9090.25公顷,草地:(其他草地)7995.15公顷;水域及水利设施:(河流水面)273.13公顷,(内陆滩涂)378.1公顷;其他土地:(盐碱地)1.19公顷,(裸地)442.68公顷。

【地矿资源】 介休市矿产资源比较丰富,已发现矿产17种,主要矿产有煤、铝土矿、石膏、石灰岩、陶瓷黏土等。煤为全市的主要优势矿产,含煤面积533平方千米,占全市总面积的76.5%,主要分布在义棠、绵山、龙凤、洪山、连福、张兰6个乡镇区域内,预测总资源量62亿吨。全市查明煤炭资源储量23.51亿吨,保有资源储量23.02亿吨,其中已占用6.22亿吨,未占用16.81亿吨。主要煤种为主焦煤、肥煤和贫煤,共含煤10层,主要可采煤层6层,其中山西组有2#、3#、5#,太原组有9#、10#、11#。2#煤厚0.70—0.98米,平均0.75米;3#煤厚0.85—1.12米,平均0.93米;5#煤厚0.70—1.50米,平均0.75米;9#煤厚1.33—1.75米,平均1.55米;10#煤厚0.85—3.45米,平均2.30米;11#煤厚1.43—2.30米,平均2.05米。

陶瓷黏土分布于连福镇的刘家山、洪山镇的马山、龙凤镇的龙凤、河东、峪子及张兰镇板峪村等,累计查明资源储量302.5万吨。矿体赋存于石炭系上统太原组与中统本溪组,自上而下分为4层,厚0.5—1.2米,最厚达5米,$Al_2O_3$22%—55%,$SiO_2$16%—60%,$Fe_2O_3$0.75%—13.31%,$TiO_2$1.25%—2.9%。

石灰岩分布于龙凤、绵山、洪山、连福、义棠、张兰6个乡镇区域内,面积10平方千米,预测资源量5亿吨左右。

铝土矿分布于连福镇赵家庄、南坡村、木壁及张兰镇南岭村,面积1.5平方千米,已提交的赵家庄地质详查报告,矿体长1200米,宽350米,厚1.68米,$Al_2O_3$65.24%,A/S7.05,查明资源储量432.3万吨,属优质小型铝土矿床。

铁矿分布于龙凤、洪山、连福、张兰等4个乡镇区域内,面积4平方千米,TFe25%—30%之间,系窝状的山西式铁矿,预测资源量200万吨(查明资源储量13.5万吨)。

矿泉水为产于龙凤河上游的洪山泉,为承压水,以泉的形式开采,允许开采量为1.86万立方米/日。

全市水资源总量为1.4亿立方米,其中地表径流总量4320万立方米,又流经境内33千米的汾河和磁窑河、文峪河、龙凤河、樊王河、东(西)涧河等支流组成。

矿产资源管理

【限制开采区】 赵家窑煤炭资源开采区:含煤面积12.3平方千米,估算资源储量1.12亿吨,最低开采规模30万吨/年。

龙凤煤炭资源开采区：含煤面积24.6平方千米，估算资源储量2.25亿吨，最低开采规模45万吨/年。

东河底煤炭资源开采区：含煤面积16.7平方千米，估算资源储量1.52亿吨，最低开采规模30万吨/年。

东欢煤炭资源开采区：含煤面积11.0平方千米，估算资源储量1亿吨，最低开采规模30万吨/年。

介休崔家沟井田扩大区：属市规划的介休境内部分，在介休境内面积为3.6平方千米，资源储量1341万吨，最低开采规模90万吨/年。

【禁止开采区】 赵家庄铝土矿区：位于绵山自然保护区的核心区内，查明资源储量432.3万吨，禁止开采。

绵山自然保护区：面积178.17平方千米，禁止在该区新办矿山。

绵山风景区：面积54.10平方千米，禁止在该区新办矿山。

高速公路、国道、省道、铁路、重要旅游线路两侧直观可视范围，禁止在大运高速公路、G108国道、东厦省道、汾介省道、南同蒲铁路、介西铁路支线、绵山旅游公路两侧直观可视范围内新建露天采矿厂。

处于国家、省、市、县级文物保护区保护范围，禁止在上述文物保护范围内采矿。

洪山泉，禁止在该泉域出露点一定范围新办矿山，以保护水资源。

【矿政管理】 2016年度应检矿山企业39座，实检39座，其中合格21座，19座因未按时缴纳规费或提供年检资料不全定为限期整改。编制完成全市8个新设矿点《储量核查报告》及《开发利用方案》。矿产资源补偿费征收价款4473.65万元、矿补费6.56万元。

省级发证企业17座，全部按照要求设立采矿权标识牌，提交矿山储量年报和矿产资源储量统计表，且开采回采率指标全部达标，有部分煤矿企业因欠缴矿产资源补偿费、采矿权资源价款及未按时提供地质环境保护与恢复治理方案情况确定为限期整改；市级发证企业4座，全部按要求设立采矿权标识牌，并提交了矿产资源储量统计表，开采回采率全部达标。

【矿业秩序整治】 为有效利用煤矿旧矿区废弃地，保障建设矿井用地，根据部省合作协议《山西省矿业存量土地整合利用实施方案》等文件要求，介休市启动全市矿业存量土地整合利用工作，对全市范围内的煤矿进行摸底调查，并组织编制《介休市矿业存量土地整合利用实施方案》。坚持"及时发现、及时制止、及时查处"的原则，加大了对违法占地、私挖滥采行为的巡查力度、查处力度，坚持依法监管，强化责任落实，夯实安全基础。

【水域、水利设施用地及其他用地】 全市水域、水利设施用地，共5.81万亩，占全市土地总面积的5.2%。其他土地面积3.87万亩，占全市土地总面积3.5%，其中设施农用地3689.03亩，田坎2.81万亩，盐碱地50.13亩，裸地6830.45亩。全市农用地总量为79.84万亩，占全市总土地面积的71.8%；建设用地总量17.34万亩，占全市总土地面积的15.6%。全市已利用土地面积为97.18万亩，土地利用率为87.4%；未利用土地14万亩，占全市总土地面积的12.6%。在农用地总面积中耕地占农用地面积的49.1%，林地面积占农用地面积的39.5%，两项占农用地总面积的88.6%。建设用地中，城镇村及工矿用地面积15.66万亩，占全市总面积的14.1%，占建设用地总面积的90.3%。各乡镇土地利用率高于全市87.4%的有义安镇97.6%，城关乡98.2%，宋古乡96.1%，三佳乡96.7%，分布特点是平川乡镇，非农建设用地迅速增长，农用地利用高，耕地质量高。各乡镇土地利用率低于全市87.4%的有，张兰镇87%，连福镇78.5%，洪山镇76.4%，龙凤镇82.8%，绵山镇85%，义棠镇78.9%，特点是丘陵区或山区乡镇，一是丘陵区的黄土冲沟数量较大，山区的荒山荒坡数量较大;二是多为裸土地和裸岩石砾地。前者黄土冲沟与荒山荒坡,可通过土地整理和开发复垦提高土地利用率,而后者为暂难利用土地。

【地质灾害防治】 介休市地处山西省中南部、霍山大断裂南端,辖区东部和南部山区和丘陵区地形地貌差异显著,地质构造复杂,断裂发育,岩石破碎,地质环境条件较差。经资质单位核查全市地质灾害隐患点有93处;主要类型:滑坡11处、崩塌18处、泥石流6处、不稳定斜坡14处、地面塌陷43处、地面沉降1处,是晋中市地质灾害较严重的地区之一。

全年在"4·22"世界地球日、"5·12"防灾减灾日、"6·25"土地日,充分利用电视、广播、网络等新闻媒体开展地质灾害防治科普知识宣传,发放防治宣传画(册)2000余份,宣传材料6000余份,设立宣传展板10余块,悬挂标语20余条、时代广场街头宣传2次。在汛期来临之前,聘请省地质灾害专家对介休市三级网络责任人、监测人1000多人次进行法律法规及地质灾害防治的培训。编制《介休市农村地质灾害治理搬迁规划(2014—2020)》。

【测绘工作】 2016年,对全市5家测绘资质单位进行检查;并开展重点项目的勘界和地籍测绘工作,完成各类测绘业务83宗,总面积3755亩。外调控制测量D级点20个,E级点50个,建城区1:500的105平方千米数字规划图和1:200的108平方千米数字规划图全部完成。对国家标志点进行巡查,10个标志点完好,6个破坏严重,签订测量标志委托保管书17份。

【信息公开】 2016年,介休市国土资源局门户网站公开信息61条,"介休国土"微信公众号平台发布各类信息92条,向市新闻网络中心等媒体报送工作动态信息33条;全年共接待信访事项22起,调解处理土地权属纠纷5起,下达土地确权决定处理纠纷1起,调处结案率100%。

【政策法规宣传】 在"3·19"矿产资源法颁布纪念日、"4·22"世界地球日、"6·25"全国土地日、"8·29"测绘法颁布纪念日等主题宣传活动期间,介休市国土资源局以悬挂标语、办宣传专栏、设立咨询服台等形式开展宣传活动。

根据市行政权力领导小组办公室要求,分类别填写了行政职权目录:其中行政许可权11项,行政处罚权49项,行政强制权1项,行政征收权7项,行政裁决权1项,其他权4项,共计6大类73项行政权力。在权力清单和责任清单的基础上进一步完善了行政权力运行流程图73项,廉政风险防控图73项,自由裁量权量化细化49项,建立健全各项规章制度76项。

【不动产登记】 依据《中华人民共和国国务院令》第656条及《介休市人民政府关于实施不动产统一登记的公告》,2016年9月23日,在全市范围内开始实施不动产统一登记。不动产登记中心内设权籍调查科、咨询预审科、受理科、审核科、登簿发证科、档案管理科6个科室。主要负责全市土地、房屋、林地等不动产登记的申请、受理、审核、登簿、发证及相关工作。含不动产初始登记、转移登记、抵押登记、查封等限制不动产权利登记、不动产变更及其他登记、撤销登记、预告登记等;承担不动产登记档案管理及查询;协助调解处理不动产纠纷;其他与不动产登记相关的业务。截至2016年12月31日,办理土地不动产权证书2件,房屋不动产权证书6件,不动产权抵押证明54件,不动产预告证明53件。

【执法监察】 介休市2016年土地矿产卫片遥感监测图斑共下发80个,面积439.3亩(耕地207.96亩),涉及10个乡镇。经实地调查地籍变更后,新增建设用地52个图斑,面积270.8亩(耕地147.97亩);非新增建设用地28个图斑,面积168.5亩(耕地59.99亩)。52个新增建设用地图斑中:违法变更已报批图斑1个(崇光电厂),面积91.3亩(耕地40.6亩);违法变更图斑51个:省重点工程2个,面积36.2亩(耕地26.68亩);未批设施农用地19个,面积37.7亩(耕地21.52亩);村民住宅9个,面积12.9亩(耕地8.77亩);南排干水渠改造工程4个,面积20.1亩(耕地7.87亩);仓储及其他用地17个,面积72.6亩(耕地40.5亩)。

28个非新增建设用地图斑中,堆填土13个,面积87.6亩(耕地43.02亩);已批设施农用地10个,面积50.7亩(耕地8.73亩);农村道路2个,面积13.5亩(耕地8.24亩);未变更图斑3个,面积16.7亩(耕地0亩)。

打击私挖乱采,全年制止各种矿业违法行为39起,立案查处36起,结案36起,收取罚没款24.5万元。开展卫片监测图斑核查工作。国土资源部下发介休市土地遥感图斑433个,面积3580.5亩,经核查,新增建设用地图斑293个,其中判定为合法图斑10个,违法图斑283个,立案查处224宗,移送法院强制执行170宗,违法用地问责比例下降到13.35%,实现免问责目标;下发介休市矿产图斑7个,其中合法图斑2个,违法图斑5个,全部立案查处并结案。全市严格按照规定核查、判别新增建设用地图斑,拆除疑似违法图斑2个,面积33.5亩(耕地23.46亩),对52个图斑经分割合并,共立案查处23宗、非立案5宗、报批2宗、紧急用地1宗、拆除2宗、设施用地19宗(报批施舍用地7宗、举证12宗)。土地违法案件立案率达100%。有6宗土地违法案件向法院移送申请强制执行,有17宗土地违法案件到年底未到移送法院期限。卫片执法下达拆除违法建筑面积30.8亩;下达罚款42.395万元,收缴到位31万元;5宗地向纪检部门移送进行责任追究。

(冀锦俊)

市场和质量监督管理

【概述】 2016年,市场监管工作在市委、市政府的正确领导和上级业务部门的精心指导下,通过"五个一体化"(即:行政审批一体化,市场检查一体化,投诉处理一体化,执法办案一体化,信息化保障一体化,)循序渐进,优化队伍,服务民生,强化监管,维权保障,打开市场局的监管新格局。

【一体化服务提效率】 市场和质量监督管理局是在2015年2月撤销工商行政管理局、质量技术监督管理局、食品药品监督管理局的基础上重新组建而成,2016年,市场局通过实行"五个一体化"提升形象,提高效率。行政审批一体化:食品生产、流通、餐饮环节食品经营许可证和营业执照的"统一受理"模式,证照办理"一口受理、一表申请、一门办理",降低准入门槛。市场检查一体化:针对原有工商质检食药三类监管模式的不同特点,在检查中合并检查项目,制定标准化、集约化检查流程,逐步实施"一次出动、全面体检"的检查模式。投诉处理一体化:将12315、12365、12331三个受理平台整合形成一个机构、一支队伍、统一工作流程、三个呼号受理、集中一体化办公,实现一个窗口投诉。通过现场受理、网络平台、24小时畅通热线电话等多渠道全方位接收消费者投诉举报信息,由中心统一受理后分流转办到相关市场监管所、食药站。执法办案一体化:针对处罚程序不统一、法律文书格式不统一、办案流程不衔接等问题,整合三个单位数百部法律法规,编排印制原三个部门的"法律法规库"。同时,认真比较工商、质监、食药三大办案领域程序规定的异同,对办案指南、办案流程、执法文书等做出统一规范。信息化保障一体化:市场监管部门具有很强数据优势,掌握着市场主体登记信息、违法经营行为查处信息、食品安全电子监管数据等强大的数据信息。2016年,投资30余万元建起一站、三库、一平台。门户网站构架形成,重点将企业信用、认证评比、行政许可、行政处罚等内容进行公示;数字库、法律库、档案库、移动执法终端平台初具规模。

【食品监督管理】 2016年,市场局共验收通过餐饮单位546家;检查各类食品销售经营户2600户,组织核查新开业和变更食品经营户1400家,核发新领、换发食品经营许可证1220张。各食药监管站按照各自网格化划分的辖区，对餐饮、食品生产和销售类经营户落实分级分类监管和格式化检查，实现百分百全覆盖。抽检食品生产加工小作坊张兰牛驴肉、食醋共计4批(次)，抽检食品流通领域预包装食品9批(次)，抽检水果蔬菜、肉、蛋等食用农产品240批(次)。针对学校食堂及旅游景区、“两节”期间餐饮服务环节、打击违法添加非食用物质和滥用食品添加剂、酒类销售等行业开展集中整治。加强全市机关、企事业单位、行政主管部门所辖企业集体食堂食品安全监督管理工作。5月，重点围绕市场内餐饮服务单位检查中存在的问题，对12个便民市场开办者进行约谈，针对违法违规行为，提出整改措施，并督促单位认真落实企业主体责任。

为推进食品安全示范县创建，全年组织各类宣传活动12场次，发放宣传资料5000余份，悬挂横幅15条，企事业单位、临街门店游走字幕发布食品安全公益广告1500条，开展食品生产经营企业知识竞赛活动、食品安全征文活动、食品安全摄影活动等相关活动。

2016年，14个食药站单独或联合举办食品安全大讲堂10场，800余人参加，实现全市10个乡镇、5个街道的全覆盖。分三批对全市169家保健食品经营企业，64家化妆品经营企业的从业人员近400人进行培训，发放保健食品宣传资料300余册，为223户保健食品经营企业、141户美容美发机构、141户化妆品经营企业建立电子档案。

【药品监督管理】 2016年，新开办药品经营企业共14户、医疗器械专营企业1户、兼营企业29户，在企业开办和经营中，市场局鼓励发展连锁经营，已开办药品连锁企业1家，2家申办中。在规范药房建设的基础上，部分医疗机构对药械库房进行升级改造，阴凉、冷藏、温湿度自动监测等设施配备到位。对晋中市局规定的药品日常抽检、监督抽检和专项抽检进行57种批。全年共收集、上报药品不良反应监测报告617例，医疗器械不良事件监测报告67例。对批发企业和零售药店连锁总部实行源头监管，城乡接合部和车站周边作为重点领域监督检查，与卫生计生部门协作对乡镇级医疗机构及以上单位作重点监管，集中力量开展药品流通环节违法经营行为、非法购销回收药品、疫苗、视力服务中心经营使用医疗器械、体外诊断试剂等多项专项整治工作，对中药饮片、血液制品、含麻制剂、基本药物、终止妊娠药品、口腔义齿、隐形眼镜、高风险医疗器械等开展专项监督检查。山东问题疫苗案件以来，对全市所有252家疫苗接种单位进行排查，确切掌握疫苗购销渠道、使用情况，确保疫苗使用安全。

全年组织所有药品经营企业负责人、质量负责人及质量管理人员开展药品经营企业电子监管培训和严格按照GSP(《药品经营质量管理规范》)规范经营培训，组织医疗机构县级以上医疗机构分管领导及科室负责人开展医疗器械使用监督管理培训。组织阳光、熙宇、天诚等零售企业，以版面宣传、发放传单和微信公众号宣传等方式开展回收药品整治内容宣传。印制《药品安全宣传手册》，借助“安全用药月”宣传活动以“进社区、进学校”等方式向群众普及安全用药知识。

【特种设备监管】 2016年，介休市注册登记使用的特种设备：电梯1048部，锅炉493台，起重机械1763台，压力容器1981台，压力管道8.42万米，索道2条，游乐设施10台，厂机161辆。年初，市场局与各特种设备安全监管人员签订《特种设备安全目标责任书》。与410家特种设备使用单位签订《特种设备使用单位安全主体责任承诺书》，并按照晋中市质监局要求，实施“好、中、差、黑”四个等级分类监管，共对255户特种设备使用单位进行分级分类。对在用服役周期达20年以上的长输管道、工业管道、公用管道进行普查，未发现服役周期达20年以上管道；对在用老旧电梯进行调查摸底，有3部电梯使用年限为15年以上，并要求使用单位签订限期改造承诺书；对危化企业进行专项检查，共检查企业20户，存在安全隐患1户，下达监察指令书；在全市范围内集中开展燃气行业“打非治违”专项行动，共检查气瓶充装单位7户，检查液化石油气钢瓶180余只。对5户天然气气站进行执法检查，未发现安全隐患；对绵山的两条索道和北坛公园的10辆碰碰车等大型游乐设施进行专项检查；对9家发电企业进行安全检查，共发现隐患7处，并下达指令书限期整改。

2016年市场局在盛华丽苑小区组织开展主题为“电梯、燃气安全关系你我他”电梯、燃气安全进社区活动，并进行电梯安全应急演练，在山西和谐百货有限公司、国泰绿色能源有限公司、益兴股份有限公司、绵山风景旅游区景区开展了相应的安全应急演练，在山西同文职业技术学院举办主题为“学习安全知识，构建平安校园”电梯安全知识进校园活动。

【标准化工作】 2016年，市场局强力推进“质量振兴”“技术标准”，力促经济发展。组织开展工业产品生产许可证数据管理系统培训和“质量月”活动。与山西安泰控股集团联手在集团内部开展“提升供给质量，打造卓越品牌”主题活动。督促汾矿集团公司和安泰集团公司编写《企业质量信用报告》。协助山西君康水处理设备有限公司制定企业标准。对14家重点用能单位开展能源计量审查。对2家3C获证企业建立电子版《山西省3C获证企业信息档案》，并企业签订《质量安全承诺书》。

【市场秩序监管】 2016年，市场局成立打击侵犯知识产权和制售假冒伪劣商品专项行动领导小组，并开展多次专项执法行动。10月中旬，与西安质检公司人员配合对万户堡武士龙化肥精品店、北辛武刘德明化肥经营店等6家农资经销单位销售的磷肥、尿素、复合肥等15个化肥样品进行质量抽检。对1594户网络经营主体数据进行比对。电子标识共发放4户。

打击虚假违法广告。通过在电视台多频游走，印制《关于严厉打击虚假违法广告的通告》分发给广告经营单位进行宣传，并在80个户外公众信息栏和37个公众阅报栏全部进行张贴。全年共监测电视台、广播电台、期刊、车身广告、户外广告等共计300余条，建议纠正30余条，拆除更换门头牌匾10块，叫停电子显示屏广告4个。

打击传销和规范直销。市场局与各成员单位签订《介休市市场局打击传销和变相传销及深入开展“无传销社区（村镇、院校）”活动责任状》。实行属地管理责任制度，划定责任区，落实责任人，明确打击任务。

加强计量强检管理。对樊王村公路超限检测站各项计量管理制度的落实、计量器具的正确使用、维护和计量器具的强制检定情况进行全面检查，并与樊王村公路超限检测站签订《治理车辆非法超限超载责任书》。对24家加油站的190台加油机进行检定。随机抽查顺城关、梁吉集贸市场电子计价秤、电子台秤230台，均加贴检定合格证。开展“民用表”计量强制检定管理工作。电能表检定6464块，燃气表检定1169块，水表（总表）82块。在“5·20”世界计量日期间，组织24人次到顺城关集贸市场、卫生诊所，现场对计量器具免费检定维修300余台件。出动12人次到4个加油站对24枪加油机防作弊和加油量进行检查抽检，同时检查2家超市、3家眼镜店的计量器具强检情况和抽查定量包装商品。

产品质量整治，规制企业合法经营。对20家生产企业进行工业产品生产许可证年度审查。开展危险化学品和包装物、容器、甲醇安全专项检查整治。对钢铁和水泥产品生产许可证获证企业进行监督检查。检查发现山西汾西矿业（集团）有限责任公司水泥厂存在回转式水泥包装机超过有效期（2016年4月8日）、发热量室放置一台库仑测硫仪不符合发热量环境条件，并下发整改通知。

在查办案件上，2016年共立案279件，其中：食药违法案件197件，质监违法案件13件，工商违法案件69件（商标侵权案件19件、不正当竞争案件1件、登记违法案件3件、销售不合格产品案件18件、无照经营案件21件、虚假宣传案件1件，利用格式条款侵害消费者权益案件6件）。

【优化服务】 2016年，市场局扎实推进“三证合一”“一照一码”登记制度改革，全年共办理新设立企业775户，共有2340户企业和579户个体户做出信用承诺，累计核发“三证合一”证照近2340户，仅营改增后就核发“三证合一”证照900余户。

通过在介休电视台、汾矿电视台多频游走，在《介休报》刊登、微信公众平台转发等形式进行广泛宣传，引导企业进行网上信用信息公示。2016年度企业应报3666户，已报2998户，年报率82%；个体户应报21967户，已报6837户，年报率31%。拟注销426户。

市场局建立合同帮农制度，全年出动执法人员56人次，走访大棚种植8户，畜禽养殖6户，检查指导合同三类21份，提出指导意见4条。帮助解决企业融资问题，全年共办理动产抵押登记56份，实现融资19.08亿元，行业种类包括煤矿、焦化、洗煤，机械制造、碳素、汽车销售，酒类生产，仓储等。继续推进商标兴企工程，为3户企业办理省著名商标的重新认定，为绵山陈醋厂申报省著名商标。提供商标注册咨询服务20余次，申请注册数50余件。办理商标侵权案件19件。2016年，市场局在拍卖现场监督16次，办理拍卖备案27次，成交金额6982.74万元。

【维护消费者合法权益】 2016年，市场局受理消费者咨询130余起，投诉举报90余件，为消费者挽回经济损失11.78余万元。在张壁古堡设立12315投诉举报工作站，实现12315投诉举报站全市4A级以上景区全覆盖。3·15消费者权益保护日，举办“新消费、我做主”主题纪念大会，现场设立法律咨询台、投诉台、真假鉴别台、职能宣传台和便民服务台。出动宣传人员300余人，散发宣传资料2万余份，现场受理投诉4件。基层站所共设立15个消费维权点，出动人员30人次，发放宣传材料1万余份，现场解决手机质量纠纷1件。市场监管信息化系统建设做前期资料收集和软件设计开发调研工作。

【推进非公党建工作】 推进非公企业党建工作健康发展，做到应建尽建，全市共有非公企业3880户，在册党员143名，建立130个非公企业党支部。选派了69名思想觉悟高、工作能力强的工商干部担任党建工作指导员。同时，加大发展党员工作力度，积极引导企业优秀骨干人员向党组织靠拢，重点发展管理人员和技术骨干人员入党。2016年培训入党积极分子64名，新接收预备党员29名、预备党员转正27名。

【组织队伍建设】 聚焦“两学一做”，紧扣“学”这一基础，聘请专家教授讲课、开展征文比赛、组织演讲比赛；各支部通过召开座谈会、重温入党誓词、悬挂横幅、悬挂党建标语等方式营造氛围；同时，全局建立11个覆盖170人的党员微信群，同时建立微信群管理、学习教育督查、周报、联系点、通报等制度。围绕“做”这一关键，通过佩戴党徽、工作牌、摆放桌牌等形式亮明身份；开展“党员包户帮扶，排忧解难主动服务进企业”活动；全力推行“注册资本认缴制”“先照后证”登记制度；积极参与城乡环境综合整治、加强市场监管百日会战行动。

加强对基层单位负责人的监督，通过例会工作汇报、工作讲评，定向、非定向约谈，广泛征求管理对象意见建议等方式，强化工作监督。着力构建监管新模式，出台对班子成员及各科室站所人员监督检查的工作计划、落实“两个责任”纪律作风专项治理行动方案，对各单位开展作风纪律检查。共深入各基层站所检查115余次，提出指导性意见20余条。

（段　超）

安全生产监督

【概述】 2016年，介休市安监局坚持“安全第一、预防为主、综合治理”方针，坚持管行业必须管安全、管业务必须管安全、管生产经营必须管安全，扎实做好安全生产各项工作。

全年共出动检查、督查组4454个，出动检查、督查人员22339人次，抽查企业20437家次，排查治理各类隐患16711条，打击各类非法违法、治理纠正违规违章行为3266起，责令限期整改企业1047家，责令停产停业整顿企业35家，关闭取缔企业61家，行政处罚罚款121.34万元。

【安全生产检查】 为吸取全国典型事故特别是同煤集团“3·23”事故教训，2016年5月1日至9月底，介休市以煤矿、非煤、危化、冶金工贸等行业为重点，突出企业自查、政府督查督导、隐患排查治理，全面开展安全生产大检查的“回头看”“再补课”，通过查漏洞、查落实、查非法违法，做到企业检查100%覆盖、问题和隐患整改100%覆盖；通过补充完善隐患排查台账、补充隐患治理台账和补充分类分级管理台账，做到台账记录100%覆盖，执法查处100%覆盖。

大检查期间，全市出动检查、督查人员3822人次，检查抽查企业12331家次，排查治理各类隐患7684条，打击各类非法违法、治理纠正违规违章行为1311起，责令限期整改企业1025家，责令停产停业整顿企业21家，关闭取缔企业11家，行政处罚罚款113.2万元。

【安全生产形势】 2016年，全市共发生各类生产安全事故26起，同比增加3起，上升13.1%；死亡22人，同比增加7人，上升46.7%；直接经济损失117.13万元，同比增加12.43万元，上升11.9%。其中：生产经营性道路交通事故20起，同比增加6起，上升42.9%；死亡21人，同比增加6人，上升40%；直接经济损失111.45万元，同比增加9.55万元，上升9.4%。消防火灾事故5起，同比减少4起，下降80%；无死亡人员，同比持平；直接经济损失5.68万元,同比增加2.88万元，上升102.8%。工矿商贸企业发生1起生产安全事故，同比增加1起；死亡1人，同比增加1人。建筑施工企业未发生事故，同比持平。

【隐患排查】 2016年，介休市安监局对各重点行业安全隐患问题清单进行梳理、细化、分解，督促企业建立隐患排查数据库，建立安全生产风险警示和预防应急公告制度，完善风险排查、评估、预警和防控机制，按照隐患整改“五落实”的要求，一般隐患立即整改，不能立即整改的隐患挂牌督办，隐患整改完毕逐一验收销号。凡是存在重大隐患的，都要坚决停产整顿；凡是非法违法生产经营建设的，都要依法取缔关闭。全年所有存在隐患的单位均整改到位。

【重点行业领域专项整治】 *煤矿* 市领导每月对煤矿检查不少于1次，乡科级领导每月对煤矿检查不少于2次。市政府分管领导，市煤炭局主要领导分别与15家煤矿矿长开展谈心对话活动。开展煤矿安全生产专项检查11次，排查出隐患2117条，全部督促整改。对高瓦斯、煤与瓦斯突出矿井100%安装并有效使用瓦斯抽采系统，全年抽采瓦斯0.08亿立方米。

道路交通 加强对农村道路、城市道路、高速道路的安全监管，对摩托车、面包车、过境大型挂车违法违规行为实施专项整治。

消防 在仓储物流、商场市场、建筑施工等行业领域开展消防安全大检查9次，检查社会单位3276家，发现火灾隐患2275处，督促整改2076处，依法实施临时查封35家，实施处罚29家，罚款151万余元。加强公共消防设施建设，增建市政消火栓157具，修复损坏市政消火栓206具，全市市政消火栓完好率、年度补建率达到100%。

建筑施工 严厉打击和取缔非法“黑工地”，共组织检查组13个，出动执法人员800余人次，检查企业400余家，共排查出非法建设、违法施工和违法转包、分包行为10起，对8个存在非法建设行为的建设项目下达《责令停止违法行为通知书》，约谈建设单位、施工单位、监理单位24次。对非法建设行为特别严重的施工单位、监理单位作不良行为记录，记入诚信档案。

非煤矿山 全年累计开展专项检查153次，查出一般隐患2354条，并完成整改。特别是在汛期，检查企业35家(次)，查出隐患186条，并完成整改。

危险化学品和烟花爆竹 危险化学品方面，全年开展安全生产大检查6次，出动执法人员121人

次，检查危险化学品生产、经营、储存单位210家次，查出安全隐患1065条，并全部督促整改。烟花爆竹方面，检查零售点59个（次），取缔非法零售点132个，查处非法运输1起、非法储存1起，收缴非法烟花爆竹1092箱（件），价值30万余元，行政拘留2人。

其他城市燃气、输油气管道、民爆器材、旅游、学校、水库等重点行业和领域，通过开展"打非治违"、隐患排查、综合检查、专项督查等方式，进一步改善安全生产条件，预防事故发生。

【工商注册名录倒逼监管责任全覆盖】 推行倒逼监管责任落地工作作为全省、全晋中2016年的重推任务，介休市各级各部门做了大量工作。安委办以介安办字〔2016〕14号印发《介休市以工商注册备案名录倒逼安全生产监管责任全覆盖工作方案的通知》，并多次召开专题会议安排部署，要求各相关单位按照"三监管三必管"的要求，制定相关制度，细化工作流程，实施落地挂牌，落实包保责任，升级信息化监管。4月7日，召开专题推进会，对涉及的部门进行了再动员、再部署。将工商注册企业名录的27067家企业，按照"三监管三必管"的原则，分行业类别100%划分到33个部门，明确具体股室和责任人，并在教科局、煤炭局、卫计局、气象局、金融办、环保局、供销联社、环卫局、市场和质量监督局等单位建立正常经营单位和非正常经营单位台账。

【安全培训】 2016年，介休市侧重对新《中华人民共和国安全生产法》培训，采用就地就近培训和在市安全教育培训中心集中培训的方式。组织开展各类安全生产培训、复训工作。培训各类人员2258人，特种作业人员274人，从业人员：烟花爆竹共93人；非煤矿山172人；危险化学品667人；八大行业892人；应急救援194人；职业健康178人。选聘7位教师参加省局组织的安全教师资格培训。

【安全宣传】 2016年，介休市安监局举办第15个安全生产月活动和安全生产咨询日活动，以"强化安全发展观念，提升全民安全素质"为主题，按照"三贴近"（贴近实际、贴近生活、贴近群众）、"三面向"（面向基层、面向企业、面向职工），在各乡镇、街道、村企、社区、重点街道、重点人员密集场所举行安全生产知识和新安法规模宣传，共印发宣传资料两万余份，市安监、煤管、住建、规管、水务、交通运输、教育、科技等26个安委会成员单位设置了咨询台和展板，向市民提供安全生产相关法规与知识的咨询和普及。

【应急演练】 2016年，介休市安监局制定各类生产安全事故应急预案58个，生产经营单位制定各类应急预案570个。全年举办危险化学品、道路交通、石油化工、消防火灾、建筑高坠等救援演练共474次，参演人员达1万余人。

（韩　鹏）

发展与改革

【概述】 2016年，发改局积极服务全市经济建设和社会发展，抓重点、破难点，充分发挥综合经济部门职能。全力抓好"六位一体"和重点项目建设，继续抓好固定资产投资管理、新能源项目的办理、108廊带建设、加气站建设拍卖和重大项目稽查工作；围绕转型综改工作，主要抓好国家新型城镇化建设试点、县城基础设施投融资改革试点和农民工返乡创业试点工作；围绕民生改善，着力抓好价格管理、采煤沉陷区治理、安全等工作，并在重点工程建设、转型综改、物价管理、民生工程等方面取得新进展。

【"六位一体"工作】 按照省委、省政府2016年"项目创新年"要求以及市委、市政府的安排，提出介休市2016年固定资产投资和支撑项目盘子共计重点项目4大类、17个方面102个项目，总投资506亿元，年度计划投资169亿元。2016年"六位一体"任务以市政府介政发〔2016〕1号文件分解下达各乡镇、街道及各有关单位。其中，项目储备：全年任务

1590亿元。项目储备动态达到80个,完成额1590亿元,其中新兴产业储备率、大项目储备率均为100%。项目签约:全年任务250亿元。截至10月完成252亿元,完成目标任务的100.8%。项目落地:全年任务138亿元。截至10月完成额24.68亿元,完成目标任务的17.88%。项目开工:全年任务103亿元。截至10月完成额52.23亿元,完成目标任务的50.7%。项目建设:全年任务133亿元。截至10月完成投资107亿元,完成目标任务的80.5%。项目投产:全年任务120亿元。截至10月完成额63.1亿元,完成目标任务的52.58%。

【重点项目建设】 2016年介休市共有4个项目列入省级重点项目,分别是崇光低热值煤发电项目、汾河介休段综合整治深度治理工程、奥维德圣物流物流仓储中心建设项目、亿联国际商贸城项目。4个项目涉及总投资53亿元,年度计划投资26.31亿元。累计投资18亿元。省重点工程建设领导组办公室要求市级重点工程要与固投统计库对接,要求项目统一,上报数据统一,重点工程投资与固定资产投资数据匹配。根据5月固投统计库信息,共筛选有投资空间1500万元以上项目73个,总投资424.51亿元,年度计划投资106.67亿元。

【固定资产投资管理】 2016年介休市固定资产任务169亿元。发改局持续加大抓投资抓项目工作力度,在项目立项办理方面,进一步优化行政审批事项。根据市政务中心要求,对备案、核准、审批进行进一步完善。政府出资投资项目审批申请应提交的材料由原先的14项缩减为12项,取消3000万元以上的项目建议书的批复流程;企业固定资产投资项目备案提交材料由原先的6项缩减为5项。开展投资项目在线审批监管平台工作,2016年审批、核准、备案项目全部录入在线审批监管平台。截至12月底,共办理170个项目立项手续。其中,核准类文件12项,总投资为9.27亿元,批复类文件共18项,总投资为3.27亿元,备案类文件共140项,总投资为63.77亿元。

【108廊带建设】 按照晋中市关于108廊带建设工作的安排部署,制定介休市2016年G108国道综合发展廊带建设工作方案。并在工业产业提档升级、一区三园建设、商贸物流业发展、文化旅游建设、生态修复和环境污染治理、城镇化战略实施六个方面加大推进力度。其中以“一区三园”模式申报的省级开发区——介休经济开发区于2016年7月19日经省政府以晋政函〔2016〕94号文件正式批复。

【加气站建设】 2016年底,介休市共建有加气站13个,其中母站1个、LNG(液化天然气)加气站2个、CNG(压缩天然气)加气站2个、合建站8个。朝阳路、毅腾、和畅通3个加气站已办燃气许可证并正常运营。宏锐和天标加气站完成验收,项目正试运营,待办燃气许可证。永兴加气站主体、设备安装完成,验收中。市建加气站主体完成,进行设备安装。北辛武、国新瑞东、梦达、临汾鹏飞4个加气站正办理土地手续。石河加气站和大甫村加气站由于未获得土地手续,根据上级要求,走拍卖程序。

【项目稽查】 按照省、晋中市发改委要求,加强项目稽查工作力度。及时上报省发改委稽查六处2015年保障性安居工程配套基础设施、城市基础设施、节能环保中央预算内投资进展情况,上报晋中市发改委政法基础设施和保障性安居工程项目情况。督促介休市公共卫生服务大楼开工建设,该项目总投资3500万元,于2016年6月28日正式开工;督促农业局10个乡镇农技站业务用房建设事宜,由原来的新建4个乡镇农技站变更为改扩建项目等。转发《山西省发改委关于取消安泰股份有限公司4.5×108Nm³/a焦炉煤气制液化天然气项目投资计划的通知》,将项目中的中央资金和省煤炭资金投资进行调整。

【转型综改工作】 2016年是全省转型综改第二阶

段目标任务的起步之年,《介休市转型综改实施方案(2016—2020)》和《介休市2016年行动计划的编制工作》,分别以介政发〔2016〕11号、介政办发〔2016〕31号文件印发。围绕十个重大改革、十个重大事项、十个重点项目,积极推进转型综改工作,完成省综改办安排的两项改革任务:推进深化县城基础设施投融资体制改革试点和推进结合新型城镇化开展支持农民工等人员返乡创业试点。在此基础上,积极推进新型城镇化试点,构建化解产能过剩长效机制,化解房地产库存,深化用地管理制度改革,完善民营经济发展促进机制,探索建立公共服务供给机制,有序推进农村土地承包经营权流转,加快推进政府自身建设等改革。

【深化县城基础设施投融资体制改革试点】 介休市成为国家深化基础设施投融资体制改革试点并争取到国家发改委、住建部县城深化基础设施投融资体制改革试点5000万专项资金,用于西南排干改造工程。深化政府与社会资本合作,成立PPP项目领导组,推进10个总投资20亿元的PPP推介项目落地,加快15个储备项目对接论证,委托第三方机构对首批入库项目开展前期PPP调研及实施方案编制;同时加快企业债发行,推进城投公司与深圳天风证券发行企业债券15亿元,用于基础设施建设。加快融资平台建设,成立城乡人居环境改善发展有限公司,作为实施城乡人居环境改善工程的贷款平台,运用实物优质资产、股权资产、未来收益权资产打造融资平台,办理国开行货币化安置贷款4亿元、农发行贷款2亿元等共使用各类贷款9.4亿元。

【农民工返乡创业试点】 建成占地70亩的电子商务产业园区,入驻电商园区共有41家企业195人,并升级为省级众创空间。成为阿里巴巴“千县万村”首批试点县,完成第三批农村淘宝合伙人招募,建成“农村淘宝”市级运营中心和59个村级服务站,覆盖所有乡镇。引进菜鸟物流,促进“网货下乡”和“农产品进城”双向流通。积极探索“互联网+农业”“互联网+旅游”,促成绵山长寿湾小米上线阿里巴巴“乡甜农场”平台,成为全国首批华北首个进入此平台的产品。“乡甜农场”项目落地,带动了绵山小米种植面积,达3000亩。整合经贸、农委、人社、团委等部门的培训资源,积极开展创业培训,提高农民工等人员创业能力,累计完成培训1500人次。

【国家新型城镇化建设试点】 2016年,积极实施新型城镇化建设各项改革任务。通过国家发改委组织的第三方评估。全面推进户籍制度改革,累计为3912名流动人口办理居住证,户籍改革后,介休市户籍城镇化率由2014年的29.91%,提高为50.68%;推进城镇基本公共服务常住人口全覆盖,依托1.3万套保障性住房,将经适房保障范围覆盖到全市户籍人口;统筹推进采煤沉陷区治理、地质灾害治理搬迁安置、不满足卫生防护距离搬迁,17个村共1万余人进城入镇搬迁;补齐重点镇和中心村基础设施和公共服务短板,通过财政奖补政策引导支持,加强重点镇基础设施、公共服务建设,中心村深入实施农村人居环境改善工程,实施迁村移民、农村电网改造、古村落保护开发、旅游景区提升等项目;加快推进农村第一、第二、第三产业融合发展、农村电商发展和“快递下乡”。强化农民合作社和家庭农场基础作用,培育多元化农业产业融合主体。形成以绵山长寿湾为代表的“互联网+农业+旅游”发展新模式。

【公车改革】 公车改革办公室设在发改局。车改工作启动后,出台《介休市党政机关公务用车制度改革公务交通补贴发放管理暂行办法》《介休市机要通信、应急公务用车使用管理办法》等文件,从2016年1月起,保证公车补贴逐月正常发放。组建公务用车应急管理服务平台,建立全天24小时调度制度,有效保障全市公务应急用车。

【价格管理】 新建《介休市行政事业性收费目录清单》《介休市经营服务性收费清单》《介休市免征小微企业行政事业性收费目录清单》,通过对三个目录清单的建立和台账的完善对介休市的行政事业性、经营服务性收费实行目录管理,为事中、事后监管夯实基础。对取消、停征、下放管理、放开管理的行政事业性收费、经营服务性收费进行梳理过滤,共计取消行政事业性收费项目37项,停征行政事业性收费项目12项;取消经营服务性收费项目3项;放开经营服务性收费项目58项;下放到介休市的价格管理权限项目共18项;放开价格管理权限的5项。按照市财综〔2016〕20号文件要求,对小微企业免征的18项行政事业性收费免征范围扩大到所有企业和个人。根据市政府安排,对污水处理运营成本和出租车运营成本进行监审,提出调整污水处理收费标准和出租车运价的听证方案。开展旅游景区门票价格专项整治工作。完成市公立医院价格改革工作。

【物价检查】 2016年,物价检查以专项检查为重点,清费治乱减负,营造良好价费环境。积极开展包括环保价格政策检查、“落实高耗能产业差别、阶梯、惩罚性电价”专项检查、涉企收费专项检查、涉农价格和收费检查、节假日旅游市场价格巡查、药品价格专项检查在内的六项专项检查。在节假日旅游市场价格检查中,共出动检查人员百余人次。国庆期间,发改局与市各职能部门组成联合工作组,在绵山风景区驻点值班,保证突发事件第一时间在现场进行调查处理,化解矛盾。

【价格举报】 2016年1月1日建立全国行政执法部门第一个四级联网的价格监管平台,平台分为“12358价格呼叫平台”和“12358价格处理平台”,接听(或留言)、受理、审批、办理、答复在网内循环完成。全年共受理群众投诉咨询47件,其中举报、投诉21件,咨询26件,罚没款121674.55元,退还消费者32220元;结案率、群众满意率均达100%。

【价格认证和物价监测】 2016年共受理各类价格鉴证案件130件,鉴定金额753万元,收费金额91930元。对关系民生的蔬菜、肉、蛋等日常消费品,畜禽产品及饲料以及部分生产资料等共计50余种产品展开价格监测。

【采煤沉陷区治理】 2016年,全面开展采煤沉陷区搬迁安置工作,制定《介休市2016年采煤深陷区治理搬迁安置方案》。2016年涉及张兰、连福、义棠、绵山4个乡镇10个自然村、1650户、3647人,采取购置存量住房和货币化补偿方式搬迁。为确保顺利完成,2016年,组织各相关乡镇的分管领导多次召开“采煤深陷区治理搬迁安置工作”专题会议,督促2015年采煤沉陷区治理搬迁工作的开展和2016年搬迁项目尽快立项。为确保改善人民群众的居住生活质量,提高采煤沉陷区土地质量、居处矿山生态环境,起草《介休市采煤沉陷区综合治理工作方案(2016—2018)》并报介休市政府。

【科教文卫事业】 积极开展“十三五”期间广播电视出版基础设施建设调查及“十三五”期间项目储备工作,并按时上报晋中市发改委社会科。协调教育局,填报“十三五”期间介休义务教育学校标准化建设规划项目,并联合申报2017年度教育项目中央预算内投资计划的请示。及时与卫计局、民政局沟通,组织申报“十三五”期间有关社会领域建设项目的储备。组织填报介休市健康与养老服务重大工程2016年5000万元以上项目清单并每月按时汇报有关项目进展情况。

【安全生产】 发改局作为长输油气管线安全和新能源安全监管部门,按照省、市发改委、安委办相关要求,在全市开展长输油气管线安全和新能源安全检查。每月分上、下旬2次例行检查,截至2016年底开展例行检查63次,风险点3处,风险点整改3处,新隐患点0处,举报电话0次。在节假日、汛期等特殊时期前后,发改局重点安排相关安全工作,保证长输油气和新能源在特殊时期的安全运行。

(田孝士)

国有资产经营管理

【概述】 介休市国有资产经营公司于1999年4月成立，是介休市政府授权的唯一国有投资主体，代表市政府依法履行国家对企业各种形式出资所形成权益的出资人职责，行使出资人的权利与义务，是市政府授权管理行政事业单位和企业国有资产的部门，统一营运行政事业单位和市属企业经营性国有资产，是市政府融资的重要平台。公司设有党建办公室、行政办公室、财务投资部、资产管理部、资产经营部、产权管理部、产权交易监管部等。

【资产清查移交】 根据介休市人民政府办公室《关于开展全市行政事业单位国有资产清查摸底和规范使用工作的通知》（介政办发〔2016〕72号）文件精神，对全市行政事业单位不动产进行了清查摸底和移交接收工作。

这次共清查全市行政事业单位527个，其中涉及有房屋建筑物的行政事业单位167个，有房产413处，约1148193平方米；涉及有土地的行政事业单位119个，有土地268宗，约5556.36亩。均不存在抵押、担保、入股等情况。

根据市委、市政府办公室《关于进一步做好全市行政事业单位国有资产移交工作的通知》（介办函〔2017〕11号）文件要求，加快推进不动产移交接收工作。首先对76个行政事业单位不动产进行移交，涉及建筑物264处（建筑面积557306.65平方米），其中有房产证的建筑物40处（建筑面积72814.39平方米）；实际有110宗（3866.53亩），其中有土地手续的39宗（1479.92亩）。

年底，已经有41个单位的产权清晰资产签订了移交协议，但均未办理资产调拨手续。其余单位资产由于当初统计上报不全、未按实际建账、资产养活职工、存在四六产权等国有产权不清的情况，还未能完成移交接收工作。

【国有资产管理】 通过开展国有资产统一管理，优化了资源配置，防止了资产流失，实现了保值增值。原介休一中旧校区闲置资产统一管理后，市委、市政府改建成民生大院，极大地提升了群众的幸福指数。将破产改制企业剩余的国有资产移交市国资公司，进行统一管理、运营，充分挖掘沉淀资产的利用价值。原山印小区大门口招待所和售楼部，经统一管理后改建成便民中心和大众食堂，大大方便了群众生活。

【国有资产经营】 建立国有资产监管运营新机制，实现政府资产产权集中管理、统一公开运营，加强国有资产的出租出售管理，将分散沉淀的国有资产转化成高效流动的国有资本。在取得政府许可后，经委托评估、财政核准、进场交易，提高了资产的市场价值，堵塞了廉政风险点。

对行政事业单位办公用房进行清理规范、核定标准、统一调配、集中办公，节约了办公场所、加强了统一管理、优化了资源配置、显化了资产价值。原先各行政事业单位办公场所分散在市区各个角落，管理混乱，也给群众办事带来极大不便，经统一调配后，办公场所相对集中，避免了面积超标、有利于统一管理、方便了群众办事。

【国有产权管理】 公司以市场为导向，积极实现国企、事业资产优化重组，强化国有资本运营，以国有资产"有进有退"为原则，实现国有资本与职工身份"双置换"，通过产权制度改革，在竞争性国有企业领域，国有资本退出，使改制企业真正成为市场主体，焕发了生机与活力，发挥国有经济的主导作用。

【国有产权交易】 以《中华人民共和国企业国有资产法》《企业国有产权交易操作规则》为依据，严格遵守交易程序，依法公开处置闲置资产，确保国有产权100%进场交易，集体经营性资产参照执行。

【国有企业产权重新登记】　按照晋中市人民政府国资委《关于在全市开展国家出资企业国有产权登记及产权交易工作检查的通知》(市国资产权发〔2017〕23号)文件精神,我市出台了《介休市人民政府办公室关于做好全市国家出资企业产权重新登记工作的通知》(介政办函〔2017〕92号),全面开展对全市国家出资企业的产权重新登记发证工作。

同时,加强监督检查,在制度建设方面,重点检查所属企业是否有产权登记具体制度、企业是否明确产权管理职能部门及人员配备情况;在业务办理方面,所属企业是否做到应登尽登,对外投资各级子公司是否如实参加登记、企业登记数据是否完整真实准确、企业办理产权登记所涉及的经济行为是否规范;在档案管理方面,是否建立健全产权登记档案管理制度、是否对企业办理产权登记合规性资料整理归档。

【产权流转交易】　以《中华人民共和国企业国有资产法》和《企业国有产权交易操作规则》为依据,严格遵守交易程序,依法公开处置闲置资产,确保国有产权100%进场交易,集体经营性资产参照执行。2016年共完成国有资产公开交易7宗,成交金额79.68万元,增加国有资产收益。

市国资公司产权交易监管部重点检查2016年以后贯彻执行《企业国有资产交易监督管理办法》(国务院国资委、财政部令第32号)精神的情况,检查企业国有产权流转是否依法履行了内部决策程序和有关外部审核批准程序、是否依规对拟进行的经济行为开展审计和评估工作、基准日的选择是否合理、审计和评估机构的选择是否公开、评估报告结果是否按规定进行核准或备案、所属企业产权转让公告内容是否全面、是否存在法律禁止的行为、征集意向受让方的保密工作是否规范、是否存在违规场外协议转让行为。

【督促安全生产】　随着经济形势的复苏,安全生产管理迫在眉睫,多次组织行业主管部门对所属企业安全生产进行督促,上门约谈企业负责人,并签订《企业负责人安全生产责任书》,认真履行国有股权出资人的安全生产督促责任,要求企业严格按照安全生产操作规程作业,周密防范和杜绝安全生产责任事故。

(刘　颖)

投资促进

【概述】　介休市投资促进局是隶属介休市政府的全额事业单位,正科级建制,主要负责全市对外开放、招商引资、投资促进及经济协作等各项事务工作。编制5名,科级职数2名,内设机构数3个,分别为办公室、研究发展合作交流科、投资服务对外投诉科,正式在册职工5人。

【招商引资工作】　2016年,围绕招商引资目标任务,全年共完成签约项目12项,总投资252亿元。

为加快招商引资步伐,抢抓发挥先机,在市委、市政府的安排部署下,共外出洽谈对接6次,主要赴北京、上海、广州、南京、济南等地开展推介对接活动。重点围绕文化产业建设、旅游开发、现代服务业、装备制造、环保项目等内容进行对接,实现绿色招商,促进经济绿色发展,进一步助推介休市产业转型升级。在推介活动中,经过多轮的洽谈协商,与深圳华侨城集团、三一重型能源装备公司、上海智氨公司等企业达成合作意向。

(宋方舟)

工 业 | GONGYE

工　业

GONGYE

工业综述

【概述】 2016年，全市工业增加值累计完成约62.89亿元(现价)，累计增速约10.7%(上报数)。工业经济结构不合理等诸多不利因素的影响依然存在，新的增长动力没有孕育成熟，增长基础仍比较薄弱，能源原材料产品的市场供求关系尚未根本性改善，经济结构和增长动能没有根本性改善，制约实体经济企业发展的突出问题没有根本性改善。因此，虽然市场形势有所回暖，企业经济效益有所好转，但全市工业经济运行将长期面临严峻考验，增长势头需进一步稳固。

【工业增加值】 全市规模以上工业增加值全年累计完成约62.89亿元(现价)，完成市工业稳增长领导组办公室下达的目标分解任务；根据可比价格测算，全年累计增速约10.7%。非煤产业增加值累计完成约20.99亿元，约占规模以上工业增加值的33.38%。由于煤炭开采和洗选业增加值较大幅度增长，加之非煤产业存量有限，增量还未形成，非煤产业增加值比重呈现逐月下降趋势。

【主要行业】 煤炭业完成产值约103.71亿元(其中洗煤行业约61.38亿元)，约占规模以上工业总产值的46.50%；焦炭业完成产值约71.07亿元，占比约31.86%；冶金业完成产值约28.46亿元，占比约12.76%；碳素业完成产值约2.39亿元，占比约1.07%；化工业完成产值约0.37亿元，占比约0.17%；其他行业(电力、机械等)完成产值约17.04亿元，占比约7.64%。

【大型企业】 山西汾西矿业(集团)有限责任公司全年累计产值约14.99亿元，同比下降约28.7%；山西义棠煤业有限责任公司累计约12.83亿元，同比上升约9.8%；安泰集团累计产值约61.59亿元，同比下降8.55%。

【重点监控产品】 介休重点监控的14种工业产品中，纯苯由于得一化工停产，产量仍零报且同比下降100%。剩余13种工业产品中，同比“5增8降”。“5增”：焦炭累计生产约479.86万吨，同比增长约9.98%；洗精煤累计生产约1616.7万吨，同比增长约24.89%，其中包括汾西矿业的约127万吨；生铁约173.96万吨，同比增长约16.24%；发电量147241.1万千瓦时，同比增长约45.03%；模具累计生产1225套，同比增长约7.27%。“8降”：原煤累计生产约703.79万吨，同比下降约15.82%，其中包括汾西矿业的105.3万吨；粗钢约165.81万吨，同比下降约0.44%；线材约59.69万吨，同比下降约6.81%；H型钢约69.21万吨，同比下降约38.57%；水泥当月4900吨，累计174943吨，同比下降约31%；白酒754千升，同比下降约17.32%；碳素32204吨，同比下降约13.53%；甲醇18562吨，同比下降约40.96%。

【企业经济效益】 规模以上企业经济效益整体呈现持续向好。全年累计完成销售收入约294.31亿元，实现利税约-8.65亿元，实现利润约-14.45亿元，产销率累计约95.35%。亏损企业64户，亏损面约76.19%，亏损额累计约17.46亿元。亏损主要集中在煤炭、焦化等行业。

【能源消耗】 2016年晋中市节能降耗工作领导组下达的单位地区生产总值能耗降低率为3.2%，全年工业能耗预控目标为334.23万吨标煤（等价值），月均能耗预控目标为27.85万吨标煤（等价值）。具体推进中，84户规模以上工业企业全年累计能耗总量约为348.7万吨标准煤（当量值），同比增长约14.1%，折合等价值约39万吨标准煤。

【企业帮扶】 组织介休市钢材、水泥等生产企业开展省内重点工业产品推荐工作，完善省内重点工业产品目录。开展了晋中市征集2016年地方工业产品目录。编纂《山西省消费品工业发展报告》。开启干部入企服务工作，有针对性地帮助企业解决问题，同时宣传贯彻各项惠企政策措施，并推动相关政策的贯彻实施。

【节能和资源综合利用】 在2015年能耗5000吨以上的56户规模企业中组织开展重点用能单位基本情况调查。对山西汾西矿业（集团）有限责任公司水泥厂的基本情况及2014、2015年用电情况进行了解。配合晋中市节能监察支队对重点用能单位开展节能目标责任评价考核工作。组织新泰钢铁参加省节能总队工作布置专题会，开展能耗专项检查，同时配合省节能监察总队人员及专家对其各工序能耗专项监察进行现场核查。按照产业培育目标和发展重点，推动电动汽车产业发展，山西介交运业集团有限公司购入60辆豪沃牌JK6660GBEV新能源公交车。

【两化融合】 推荐山西安泰集团股份有限公司、凯嘉集团义棠煤业有限公司为晋中市拟重点培育的两化融合市级示范企业，指导两户企业在中国两化融合服务平台山西评估平台完成网上自我评估，组织企业参加晋中市信息化和工业化深度融合专题培训。对介休市年营业收入在5000万元以上的18户各行业重点工业企业进行重要控制系统信息安全调查摸底，为省工业控制系统信息安全“十三五”规划编制奠定基础。

【墙体材料改革】 积极配合晋中市墙体改造办公室收集核对介休的15年墙改发展史以及介休砖厂的发展演变史，编撰的《晋中墙改巡礼》资料真实、全面，有参考价值，该书已出版。

（田通寰）

煤炭工业

【概述】 介休市位于晋中盆地南段，总面积744平方千米。煤炭资源主要分布在城西南和东南一带。以龙凤镇为界，东部属沁水煤田，含煤5层；西部属霍西煤田，含煤6层。可采1号煤层、2号煤层、9号煤层、10号煤层、11号煤层，总厚度11.4米，可采储量32亿吨。煤种以主焦煤、肥煤为主，其次为贫煤。

2016年全市共有矿井17座，产能1500万吨，其中1座（正益煤业、年产能60万吨）属于焦煤集团监管。属地监管16座，产能1440万吨，分属四个主体企业：义棠主体6座，大佛寺主体5座，鑫峪沟主体4座，平遥兴盛主体1座，目前，共有生产矿井12座，产能1110万吨，现有待证矿井1座，待竣工验收矿井1座，正在建设矿井2座。

【煤炭经营企业】 介休市煤炭局负责全市287家

洗(选)煤、配煤、型煤加工及煤炭贸易企业的行业管理及安全监管。其中,洗煤企业共计169家,登记备案的企业有154家,合计生产能力1.18亿吨,主要生产销售高硫精煤、低硫精煤。

受当时形势的影响,有20多家企业维持着正常运转,还有20余家企业属于间断性生产,占到全部洗(选)煤企业的25%左右,其余企业基本处于停产状态。

【经济指标】 全市地方煤炭产量640.91万吨,工业总产值28.7亿元,分别超任务计划3.3%、14.8%;增加值11.48亿元,缴纳税费3.38亿元,分别同比增加10.38%、16.6%;全年洗精煤1616.7万吨,实现工业总产值61.4亿元,实现增加值27亿元,分别同比增加48.65%、38.8%、38.8%;固定资产投资完成12亿,完成任务的100%,同比增加30.4%。整体煤炭行业在全市经济的占比,总产值由2015年的32.8%上升到40.4%;增加值由52.6%上升到61.2%。

【安全管理】 2016年,煤炭局紧紧围绕"夯实安全生产基础求生存,提升精细化管理水平谋发展"的工作思路,坚持抓重点、重点抓,以防范一般事故,杜绝遏制较大以上事故为工作目标,继续开展以防治水、"一通三防"、防大面积冒顶和乘人装置等为重点的灾害预控治理,进一步建立健全隐患排查治理体系,充分发挥了企业隐患排查治理的主体责任。精心组织开展安全大检查、安全稳定风险隐患大排查大整治、"打非治违"、防治水、反"三违"等专项行动,全年共排查治理各类安全隐患9832条,实现了全年安全无事故。

继续推动煤炭企业不断提高标准化管理水平。通过省市验收共有6座矿井达一级标准化矿井,7座矿井达二级标准化矿井。

【教育培训】 煤炭企业全部建立了培训教育管理机构和专门的培训机构,严格执行"教考分离"制度,严格培训标准要求,增强培训的针对性和实效性,提高安全培训基础保障能力和培训质量,实现了煤矿安全培训全覆盖、常态化。

【强化劳动用工管理】 加强劳动用工检查,对重点矿井实行联合检查和突查,进一步规范劳动用工管理。建立工资、考勤公示制度,对信访重点矿井实行工资保证金制度,促进了信访稳定,形势稳步,好转。全年共受理11个矿的信访案共计62起1177人,同比,次数下降22%,人数下降3%;到晋中市煤炭局、省煤炭厅信访案件次数和人次都大幅减少。特别是春节前,对所有矿井进行摸底排查,根据发现的信访风险隐患采取针对性措施,确保了节日期间信访稳定的良好局面。

(梁志丽)

煤炭运销

【概述】 2016年,认真贯彻党的十八大和十八届三中、四中、五中、六中全会精神,以转型发展为主题,以保生存、求发展为主线,坚守生产安全、资金安全、风险防控三个底线,狠抓贸易物流和企业管理,把握两个责任落实、干部队伍建设、企业和谐稳定三个关键,以管理提升为主题,以提高发展质量和经济效益为中心,全力推动企业逆势前行,实现了企业安全稳定有序和"十三五"平稳开局。

【主要经济指标】 营业收入完成0.91亿元。利润总额实现60.62万元。铁路煤炭发运量完成41.62万吨。公路煤炭贸易量完成13.56万吨。

【安全管理】 建立健全大安全管控模式,坚持"党政同责,一岗双责",落实领导班子成员"一岗双责"责任,落实基层单位主要负责人为第一责任人,层层签订安全目标责任书。持续抓好违章和隐患排查治理,深入开展"安全生产月""安全危机意识大反思""对照事故找问题""安全警示教育""应急演练"等为主题的安全活动,对检查中发现的问题做到员工知晓率100%、员工教育率100%、检查落实率达100%、隐患整改率达100%。强化环保管理，建设配套完备的污染治理设施，并确保正常运转，污染物实现稳定达标排放；加强与地方相关部门沟通与协调，提高对社会公众问题的释疑解惑能力。

【贸易物流】 做大做强贸易物流，通过向煤炭供应链两端延伸，以“集零为整、互惠互利”的贸易模式，发掘和整合优质客户，实现煤炭采购（大型煤厂、经销商）到煤炭销售（终端焦化厂、电厂）链条上的集中采购、集中供给，在整合资源中体现供应链管理价值。组建专业化的煤炭采购、营销队伍，探索人均贸易量营销模式，研定人均销售贸易额度，出台人均贸易量激励机制，建立起内外部市场传动的链条。推行企业总法律顾问制度，聘请专职法律顾问，围绕资源采购、市场开发、物流配送、激励考核、成本控制与核算、贸易风险防控六个贸易物流环节进行审核把关，强化贸易风险防控。

【转型发展】 在项目建设方面，晋能物流园项目被列入介休市国民经济和社会发展第十三个五年规划和介休市2016年十大重点项目。6月8日，通过招、拍、挂成功竞买到项目建设土地62.66亩，项目规划、环评等各项前置手续全部办理完毕，确保了项目如期开工。在项目研发方面，6月4日，“卡车司机”智慧物流生态系统完成研发工作，进入商业推广阶段。其中无线智能磅机联网模块，填补了国家空白，正在申请国家专利。“卡车司机”智慧物流生态系统主要包括智能磅室端设备，移动RFID端设备，卡车司机APP，卡车司机大数据平台四部分。系统通过互联网软、硬件基础设施，对煤矿、洗煤厂、发煤站等区域车辆进出及货物运输行程进行智能化管理，实现全物流环节数据信息采集、报表生成和数据分析等功能，彻底解决整个物流环节中任何两个起点与终点之间信息不对称的问题；并可实时全程监控货物的运输状态，保证每一个货运订单的安全可靠。现智慧物流生态平台已在介休煤销公司发煤站、山西海能煤化有限公司、和顺煤销公司发煤站、和顺华耀物流园及储配煤厂等企业投入运营。在项目运营方面，按照“统筹规划、基础先行、分期实施、滚动发展”和“边建设、边运营”的思路建设和运营园区，重点开展以车辆销售、加油、维修保养、信息服务、物流配送为主的综合物流服务。

【企业管理】 按照集团要求，编制“十三五”发展规划，确立中长期奋斗目标。制定《2016年度生产经营及投资计划》，推进全面计划管理。制定《关于落实“加强资金管控十条措施”2016年实施方案》和《全面实施提质增效节支降耗十八条措施》，2016年可控费用同比下降17%。建立健全“三重一大”决策制度实施办法和操作细则，明确细化决策的事项范围和程序，形成决策权、执行权、监督权既相互制约又相互协调的权力运行机制。按照精干管理层，充实一线力量的要求，对管理层级进行合并压缩，同时重新定责任、定分工，管理人员按照新的职责定位履职尽责，使管理更加清晰明确，实现扁平化管理。

【党建工作】 深入学习贯彻落实习近平总书记系列重要讲话、十八届六中全会及省市党代会精神，以“两学一做”学习教育为契机，深化理论武装，坚持抓好学习，全年共组织集中学习15次，开展“四讲四有”专题研讨4次，主题讲座3次，专题民主生活会1次，撰写学习心得40余篇，形成学习笔记40余万字。按照党建工作总体要求，建立完善党的工作机构，配备党务工作人员。建立党建工作例会制度和党建工作推进制度，推动落实党建年度20项具体工作。广大干部职工学先进、赶先进、创一流，公司荣获晋能集团先进单位，王锡海、张慧敏等7人被评为晋能晋中公司先进职工。

（姚　敏）

电力工业

【概述】 国网介休市供电公司成立于1958年，隶属于国网山西省电力公司，位于介休市裕华路313号，担负着全市744平方千米，10个乡镇，5个街道，231个行政村，约42万余人口的生产、生活的供电任务，营业面积744平方千米。2016年末，介休境内有220千伏变电站2座，绵山变电站和东湖龙站，主变压器4台，72万千伏安；110千伏变电站4座（介休、北辛武、定阳、洪山），主变8台，容量39万千伏安；35千伏变电站10座（龙凤、连福、师屯南、义安、路南、张兰、城东、槐志、沟口及南河沿），主变20台，容量18.49万千伏安；35千伏公用线路18条，144.4千米；10千伏公用配电线路68条，917.928千米，高低压线路近2300千米；公用配电变压器793台，容量12.645万千伏安，辖区内用电户达14万余户。2016年底，介休辖区客户110千伏变电站7座，分别是：安泰站、北村站、益达站、茂盛站、三佳站、国泰站、昌盛站，主变16台，总容量59.75万千伏安；35千伏变电站19座，分别是：金山坡站、鑫峪沟站、大佛寺站、725台站、宝塔山站、义煤站、三盛站、金昌站、士达站、国泰电厂站、安益站、左则沟站、青云站、南窑头站、德隆站、瑞东站、城峰站、正益站、志尧站（其中维群站已销户），主变38台，总容量29.975万千伏安；全市拥有统调发电厂5座，安泰电厂机组7台/7.4万千瓦、茂盛电力机组2台/5万千瓦、三佳电厂机组9台/3.3万千瓦、国泰电厂机组4台/3.6万千瓦。凯嘉集团一期项目煤层气（瓦斯）发电机6台/1.98万千瓦，一期工程于2015年3月并网发电。

【电网建设】　特高压属地协调工作成绩显著，圆满完成了上海庙—山东临沂±800千伏直流输电工程介休段的属地协调工作。办理110千伏石河变电站建设用地规划许可证、规划设计条件通知书，顺利取得石河变电站土地手续，该站已于2016年3月25日顺利开工。完成35千伏南河沿变电站2号主变增容扩建，新增变电容量1万千伏安，该项目代表省公司接受国网公司检查验收。实施35千伏师屯南变电站增容项目，两台6300千伏安主变增容为两台1万千伏安主变。完成了公司“十三五”新一轮农网改造升级规划报告。公司委托北京恒华伟业科技股份有限公司完成了介休智慧城市智能电网的规划，并经过了市公司和介休市政府的初审。经过不懈努力，促成市政府高标准开工建设城区电缆管沟24.5千米。

工程情况　2016年解决动力电不足工程，改造高压线路1.0千米；新建及改造低压线路5.34千米；新建及改造变压器1台，共200千伏安等。总投资156.95万元。

2016年第二批井井通电工程，共涉及21个村，50眼机井，37个台区；新建10千伏线路11.48千米；新建及改造配电变压器37台、容量3700千伏安；改造0.4千伏低压线路2.25千米等。总投资567.88万元。

2016年第二批小城镇（中心村）电网改造升级工程共2项，有介休市罗王庄村等低压线路及配变台区改造工程、介休市板峪村等低压线路及配变台区改造工程。新建及改造10千伏线路2条共2.48千米；新增及改造10千伏配变9台/3600千伏安；新增及改造10千伏配变9台/2800千伏安；改造低压线路19.93千米。总投资989.77万元。

2016年10千伏及以下农网改造升级工程共4项，有10千伏北干线罗王庄村东支线改造工程、10千伏大许Ⅱ线新建工程、10千伏仙台线改造工程、宏顺台区新建工程。新建及改造10千伏架空线路17.74千米；新建改造10千伏低压线路2.8千米；新建及改造10千伏电缆线路0.93千米等；新建10千伏线路0.15千米。总投资598.05万元。

石河——南河沿35千伏线路新建工程，新建电缆线路4千米。总投资1150万元。

路南——龙凤入石河变电站35千伏线路工程，新建线路5.8×2千米，其中电缆长度2×1.4千米。总投资352.44万元。

2016年农网改造工程共6项，有介休市仙台村等低压线路及配变台区改造工程、介休市连福村等低压线路及配变台区改造工程、介休市北辛武村等低压线路及配变台区改造工程、介休市三佳村等低压线路及配变台区改造工程、介休市龙凤村等低压线路及配变台区改造工程、介休市义棠村等低压线路及配变台区改造工程。有新建及改造26个村共105个台区。总投资3855万元。

2016年第三批"中心村"工程共3项，有介休市张兰村等低压线路及配变台区改造工程、介休市西刘屯村等低压线路及配变台区改造工程、介休市兴地村等低压线路及配变台区改造工程。新建及改造配变21台；新建及改造10千伏线路6.42千米，改造低压线路42.56千米；新建低压线路1.59千米；新建3台变压器；增容9台；利旧4台；新建10千伏接续线1.28千米。总投资2250万元。

2016年第三批"机井通电"工程共2项，有介休市下梁村等机井通电改造工程、介休市上站村等机井通电改造工程。改造36个村共70个台区。总投资810万元。

服务光伏发电项目推广 2016年，新装投运分布式光伏发电用户65户，计266千瓦；历年来累计投运分布式光伏发电用户69户，计278千瓦。

充电站建设 建成电动汽车充电站两座，分别为介休公交公司充电站，充电桩10台；公交运业公司充电站，充电桩5台，共15台充电桩，总容量900千瓦。两个充电站月售电量约10.5万千瓦时。

【安全生产】 强化责任落实，制订各级年度安全目标，签订安全目标责任书。按照"三零九预"的要求，加强现场管理，量化检查项目，逐项对照，确保了每项安全措施执行到位。履行安全职责，严格审查"两票"，提出整改建议，提高两票合格率。按照"全覆盖、零容忍、严执法、重实效"的总要求，从思想认识、责任落实、制度执行等方面做好安全大检查工作。多措并举提高供电可靠率，统筹安排基建、技改、检修、消缺工作，加强与用户的协调，实现用户检修与电网检修同步，实现一停多用，严格控制和减少临时停电。2016年，共受理故障报修工单1432起，同比下降10.27%。

【营销工作】 营销管理坚持以客户需求为导向，主动创新工作方式，取得新突破。千方百计克服困难，狠抓电费回收。在年初煤炭形势低迷形势下，建立政府、供电企业、客户三方定期会晤机制，确立"相互支持，共渡难关"的基点，积极防范供给侧结构性改革带来的电费风险，推广高压预付费装置，自主研发"电力用户远程预付费控制系统"，应用低压远程费控，电费回收和上缴率均实现了100%，年末预付电费增加1000万元，有效规避了电费风险。营销各项同业对标指标水平显著提升，采集成功率、营配调贯通率和合格台区占比在晋中公司长期排名第一，整体指标市公司排名第1位、省公司排名第19位。市场开拓成绩显著，对重点行业专项走访16次，主动建立联络机制，实时了解客户用电现状及前景，为潜在需求释放供电潜能。实现全省首个公交充电桩项目送电，纳入市公司典型案例。完成第二个公交公司充电桩项目。服务水平持续提升。深化"互联网+营销"服务转型，积极推广应用"电e宝""掌上电力"APP（手机软件），低压离柜购电比例达到95%；推行营业厅社区"网格化"流动服务，逐步实现"体验型"服务升级；限时处理国网、省客服中心工单事项，妥善处理不属实投诉举报7件，投诉举报属实率同比下降4.19%，中心营业厅连续五年"零投诉"，获得省公司给予的2016年度先进班组称号。落实高危及重要客户"一户一案"，每季度全面开展高危及重要客户用电安全隐患排查，确保"通知、报告、服务、督导"四到位率100%。

用户资产移交工作接收用户10户，资产总额743.86万元。

【经营管理】 2016年，介休市用电量共计226362.2万千瓦时，其中：市公司直管介休市大客户售电量完成93326.99万千瓦时，电厂自发自用电量16185.17万千瓦时，介休公司售电量完成116850.04万千瓦时。介休公司售电量比同期增加6497.94万千瓦时，同比增加5.89%，比计划增加5.88%；电费回收率100%；累计综合线损率4.37%，比计划降低0.53个百分点。

【科技工作】 深化PMS(生产管理系统)应用,在晋中公司率先实现PMS与营销系统公变一致率、准确率、完整率100%,营配贯通100%。运检部穆冠争获得全省PMS竞赛配网专业个人第6名,其关于台区过电压治理方案入选国网公司典型方案库。

【党的建设与精神文明建设】 按照市公司党委统一部署,为进一步增强党的建设,为公司改革发展提供坚强的思想、政治和组织保证,成立党的基层委员会,顺利完成公司党委改选工作。加强党建基础工作,通过对89名党员信息进行集中摸排,严格按照“五查五看”要求,对2007年以后组织关系转出的党员以及全体党员进行摸底排查核实,确保党员组织关系落实,不存在“口袋”党员。采取“三到位、两举措”扎实推进“两学一做”学习教育。“三到位”:一是组织安排到位。建立健全组织机构,制订下发详细周密的学习教育安排,明确“两学一做”各个节点的重点内容、具体措施和时间要求,确保“两学一做”学习教育按规定动作扎实开展。二是学习资料到位。为全体党员发放重点学习资料170余本,扎实开展“引领·月读·提升”活动。三是制度保障到位。通过定期督查指导,确保学习不走形式,有成效、出成果。“两举措”:一是开展自学、集中学和专题学。领导班子成员主动参与到党小组的专题研讨中,带头发言,带头查摆问题,与党员们共同学习,坦诚交流。二是开展“三亮三比”主题活动。通过组织党员亮身份、亮职责、亮承诺,坚定党员干部理念信念,强化宗旨意识,采取设立“党员示范岗”“党员服务队”,统一佩戴党徽,组织签订承诺书、重温入党誓词等形式,引导全体党员处处发挥党员先锋模范作用。开展《中国共产党廉洁自律准则》《中国共产党纪律处分条例》专题学习活动。加强廉政教育,通过观看警示教育片,发廉政短信,并监督检查党员干部节日期间落实“八项规定”情况,从而增强党员干部的廉洁自律意识。加强群体创新,推选申报“电力用户远程预付费控制系统”“五小”竞赛成果,荣获山西省总工会“五小”创新成果三等奖,晋中市总工会二等奖。

(刘鹏飞　任慧娟)

中小企业

【概述】 2016年,全市中小企业共有391户,其中:工业企业243户、建筑业19户、交通运输业14户、批发零售业57户、住宿及餐饮业34户、居民服务及修理业21户、其他业3户。从业人员38049人,实现总产值1263593万元,营业收入1265839万元,利润总额-3648万元,上缴税金56747万元。生产原煤492万吨,洗精煤1154万吨,焦炭283.31万吨,发电量22376万度,碳素7.4万吨,管模1210支,洗煤设备147台/套,化工产品10067吨。

【规范化管理】 为推进中小企业的规范化管理,帮助企业完善法人治理结构,建立现代企业制度,转变发展方式,提升管理水平,组织专家组对参评企业的情况进行核实。组织专家召开评委会,进行初步评价,最终有7户企业评为规范化管理达标企业。分别是:兴海农业科技发展有限公司、紫丁香农业生态园有限公司、介休市金源酒业有限公司、介休市西海峰选煤有限公司、介休市永亮汽车销售服务有限公司、介休市华凌汽车销售服务有限公司、山西金核仁食品股份有限公司。

【小升规】 根据省政府《关于进一步支持小型微型企业健康发展措施的通知》(晋政办发〔2015〕70号)和《山西省财政厅山西省中小企业局中小微企业发展专项资金管理办法》(晋财企〔2015〕148号)以及山西省中小企业局《关于2016年度山西省“小升规”企业奖励资金使用工作指南的通知》(晋企发〔2017〕14号)和《关于2016年度山西省“小升规”企业奖励资金使用工作补充要求的通知》(晋企函〔2017〕12号)文件精神,经申报:山西介休林海煤化有限公司、山西帅峰碳素有限公司、山西介休义棠青云煤业有限公司、介休市宏基煤化有限公司、介休市昌顺丰煤化有限公司、介休市士旺选煤有限公司、山西福源新能源有限公司、山西介休鑫峪沟德隆煤业有限公司、介休市祥恒选煤有限公司、介休市荣恒泰煤化有限公司10户企业符合奖励政策,每户企业获得奖励资金20万元。

【助保贷】 积极开展金融创新、服务中小企业,继续开展好与建设银行合作的助保贷业务。2016年底,共为13户中小企业发放助保金贷款3985万元,其中:介休市协晟昌仓储物流有限公司400万元、介休市协鑫农业发展有限公司400万元、山西恒裕物流有限公司350万元、介休市旗茂二手车交易有限公司370万元、介休市中通汽车服务有限公司195万元、介休市兴海农业科技发展有限公司260万元、介休市紫丁香农业生态园有限公司400万元、介休市佳隆建材有限公司440万元、介休市新意达科贸有限公司400万元、山西昱源农业合作社280万元、山西凌云生态农业开发有限公司490万元、介休市商砼混凝土有限责任公司340万元、山西金源酒业有限公司245万元。

【其他】 2016年,为山西多智管模有限公司申报专、精、特、新项目,省中小企业局奖励25万元;介休市电子商务产业园荣获晋中市级中小企业创业基地。

(韩文豪)

重点企业

山西汾西矿业(集团)有限责任公司

山西汾西矿业(集团)有限责任公司(简称汾西矿业集团公司),是山西焦煤集团所属的五大煤炭子公司之一。其前身汾西矿务局,成立于1956年1月。2000年8月,经山西省人民政府批准,改制为国有独资的山西汾西矿业(集团)有限责任公司。2001年10月,加入山西焦煤集团有限责任公司。2005年12月,由山西焦煤集团有限责任公司、中国信达资产管理股份有限公司、中国华融资产管理股份有限公司、中国建设银行股份有限公司共同出资重组为山西汾西矿业(集团)有限责任公司。2013年8月9日,汾西矿业完成债转股工商登记注册工作,注册资本为35.26亿元。

汾西矿业实行母子(分)公司管理体制。有子公司39个,分公司31个,直属事业单位3个。同时,所属单位现有37个党委,78个党总支,740个党支部。在册职工总数49075人。

汾西矿业历经两次战略西进和煤炭资源整合煤矿兼并重组,已发展成为一个以煤炭生产加工为主,集煤炭、电力、建筑建材、机械修造、民爆化工、物流贸易等多种产业门类为一体的特大型国有煤炭企业。公司煤炭资源丰富,主打产品为主焦煤、肥煤和贫煤。煤炭保有储量46.6亿吨,可采储量24.52亿吨。汾西矿业有生产矿井12座,核定煤炭产能3210万吨/年;竣工验收矿井3座,通过省厅质量认证的矿井2座,在建矿井3座,停缓建矿井18座,已关闭退出矿井1座。汾西矿业有选煤厂11座,洗选能力3560万吨/年。有自备电厂两座(备注:老厂36兆瓦,现停产),总装机容量136兆瓦;瓦斯电站两座,总装机容量7.9兆瓦;在建瓦斯电站两座,总装机容量5.4兆瓦 。

山西汾西矿业(集团)有限责任公司证载经营范围包括:煤炭技术开发、咨询、服务;煤矿安全生产培训;矿山设备和洗煤设备的安装、租赁、经销及配件经销;机电设备制造维修;冶金炼焦;劳务服务;林木种植;动物养殖;建筑安装;生产经销水泥建材、钢化玻璃制品;批发经销水暖器材、百货、五金交电;家具加工;物业管理。以自有资金对煤炭行业投资。(以上项目涉及许可的凭许可证经营)。

以下项目限分支机构经营:发电、供电;汽车修理;印刷;生产润滑油、工业硫酸;批发零售溶解乙炔、工业氧气和二氧化碳;工程建设、机电设备采购、医药品及医疗器械采购的招标代理;医疗服务;饮食服务；洗浴、理发、旅馆住宿；矿用支护产品、橡塑产品、服装、劳保产品。选煤设备的制造、修理，选煤技术服务，房地产开发、销售，企业文化策划、文具产品、体育用品及器材的销售；广告代理，文体用品的设计；铁矿粉、铁精粉、金属材料的销售。煤矿管理服务；煤炭开采、加工、经销；货物运输；煤焦检验服务。承装（修、试）电力设施（限分支机构经营）；（须经审批的项目，经相关部门审批后方可开展经营活动）。

汾西矿业公司先后被中国煤炭工业协会授予“全国煤炭工业节能减排先进企业”，被中华环保联合会和中国煤炭加工利用协会联合授予“中华环境友好企业”称号，并获得“全国五一劳动奖状”“山西省功勋企业”“山西省优秀企业”“全国煤炭工业思想政治工作先进集体”等荣誉。

2016年，汾西矿业公司认真贯彻落实“创新、协调、绿色、开放、共享”五大发展理念，顺应新常态、展现新作为，坚定不移地走煤炭供给侧结构性改革之路，紧扣“6+8”重点工作，坚持发展战略由“做大做强”向“做实做优”转变，发展方式由“数量速度粗放型”向“质量效益集约型”转变。狠抓“三基”管理和安全质量标准化建设，安全生产平稳发展；学习借鉴“阿米巴”模式，实施“四条线”管理，企业经营秩序稳定。在严峻困难形势面前，进一步拓展发展空间，高产高效矿井建设成效明显，多经三产迸发活力，后勤改革步履稳健，重点工程稳步推进，素质工程彰显实力，转岗分流有序展开，“双创”工作行稳致远，科技创新逆势有为，“两学一做”扎实开展，文明创建硕果累累，圆满完成了“保生存”任务目标，精煤销量、收入、利润等主要指标取得较好成绩，企业在逆境中保持了健康有序的良好发展态势。

2016年集团公司新增公告矿井2座：山西汾西瑞泰井矿正珠煤业有限公司于2016年3月初次公告生产能力90万吨/年；山西汾西正文煤业有限责任公司于2016年10月初次公告生产能力90万吨/年。截至2016年12月底，集团公司在省煤炭厅已公告的矿井由10座增至12座矿井，公告生产能力由3030万吨/年增至3210万吨/年。

2016年选煤产能为3560万吨/年，与2015年相比较由于统计口径因素，介休洗煤厂增加跳汰400万吨/年。

2016年度汾西矿业集团公司主要指标完成情况：原煤产量完成2555.2万吨，精煤产量完成1350.2万吨，发电量完成51526.78万千瓦时，煤矿建设投资完成78247.26万元，销售收入完成207亿元，利润完成121万元。

整合矿井正文已投产，正中、正旺、正善通过省厅组织的竣工验收，正令、正佳进入联合试运转，正在筹备验收事宜；正帮、和善工程建设正在有条不紊地推进；香源90万吨/年改扩建、双柳300万吨/年洗煤厂已开工。

（董慧平）

山西安泰控股集团有限公司

【概述】　山西安泰控股集团有限公司的前身为李安民董事长1983年创建的介休义安焦化厂，经过30多年发展，成为全国首家以焦化行业为特征的国家生态工业示范园区。园区占地面积4150亩，规划面积6000亩，拥有山西安泰集团股份有限公司（上市）、山西新泰钢铁有限公司、山西宏安焦化科技有限公司、山西安泰国际贸易有限公司、山西安泰电业分公司、山西安泰能源投资有限公司等十余家企业，涉及洗煤、焦化、精细化工、特种钢铁、电力、建材、投资、房地产、酒店、国内外贸易等行业，有职工8000余人。集团2010—2014年连续5年入围全国民营企业500强，2008—2013年连续6年入围山西省工业企业30强。2016年，公司实现工业销售产值611166万元，实现营业收入610374万元，上缴国家各种税金15410万元。截至2016年末，公司累计上缴国家税金53.15亿元。

山西安泰集团股份有限公司是山西省首家上市民营企业，是国家循环经济试点示范单位、山西省首批循环经济试点企业、清洁生产及资源节约与综合利用示范企业。公司主要生产设备有国内先进的240孔JN60-6A大型焦炉，并配套完善的化产回收和干熄焦装置，可年产优质冶金焦240万吨，焦油11万吨，粗苯3.5万吨，硫铵2.4万吨，硫膏0.5万吨。装机总容量105兆瓦的煤气、煤矸石、干熄焦余热、高炉炉顶煤气余压发电(TRT)、烧结余热及转炉蒸汽回收发电机组，可年发电8.3亿度。资源综合利用配套建有80万吨矿渣微细粉生产线；拥有目前亚洲单条规模最大、规格最全的140万吨大型H型钢生产线。其主轧设备及工艺技术引进德国西马克·米尔公司，可生产腹板高度100—1008毫米的H型钢。

山西新泰钢铁有限公司是山西省晋中市唯一一家包括炼铁、炼钢和轧钢在内的钢铁联合企业，是中钢协会员单位，全联中小冶金业商会副理事长单位、山西省钢铁行业协会副会长单位。公司粗钢产能300万吨，拥有3座450立方米和1座1250立方米高炉，配套有2台100平方米和1台180平方米烧结机；2座90吨转炉及配套的LF炉(钢包精炼炉)、VD炉(真空精炼炉)、方坯和异型坯连铸机；拥有100万吨优质高线大盘卷生产线，其主体设备和工艺参数由美国摩根公司提供，生产的产品具有尺寸精度高、表面质量好、力学性能好、盘中大的优点，可用于制作各类商品钢丝、焊丝、轮胎帘线，以及各种钢丝绳、钢钉、标准件等，公司先后开发了4.8级至10.9级的冷镦钢系列盘条及大盘卷及优质硬线40、45、60、65、70钢盘条，品种钢比例达60.74%，是山西省内唯一一家紧固件用钢和大盘卷生产企业。

【生产销售】 公司在生产过程中，成立降本增效领导小组，开展以原辅料采购、生产组织、物流运输、产品结构等优化和设备、质量、安全、节能环保、成本核算等强化为主要内容的全方位降本增效活动。

公司在产品销售上把握销售节奏，创新营销模式，争取利益最大化。尤其是在钢铁产品销售中，在分品种、分区域的价格常态化的基础上，灵活调整品种和销售区域，主动开拓市场，H型钢强化了与华东市场贸易商的合作，在山东泰安新建了直销库。同时，公司通过了韩国KS标准认证，2016年出口韩国H型钢5.31万吨，较2015年(4.77万吨)增加出口0.54万吨，实现出口收入1.43亿元。

【技术创新】 2016年，公司以科研项目课题研究为基础，突出科研服务生产，降低成本，支撑和推动产品开发工作。其中“提高SWRCH22A拉拔性能的研究”项目完成结题；“PC钢用30MnSi盘条开发”项目成功开发了30MnSi盘条；“4#高炉护炉工艺研究”项目使炉底炉缸的温度有了明显的降低，有效防止了炉缸烧穿的恶性事故的发生，延长了高炉的使用寿命；“解决BB0断面型钢轧制开花头问题”项目通过对转炉及连铸工艺的调整，BB0异型坯硫含量和磷含量得到控制，出现开花头的现象比2015年降低10%；“转炉低成本炼钢模型工艺的研究”项目引进了安工大炼钢模型，指导转炉炉前操作。

2016年公司共获得7项专利授权，其中3项发明专利，4项实用新型专利。3项发明专利分别为：《一种优质高强度冷镦钢及其生产方法》《一种含钛和硼热轧低硬度的高强度紧固件用钢及其生产方法》和《发电工业废水回收处理方法及处理回用系统》。截至2016年底公司拥有授权专利39项，其中发明专利5项，实用新型34项。2016年还向国家知识产权局专利局申报6项专利，其中发明专利1项。

【内部管理】 公司针对非生产一线员工数量偏多，职能部门和职能科室人员工作不满负荷的情况，2016年年初，对非生产单位进行岗位优编，岗位编制由2093人优编为1650人，岗位优编率为21%。对生产单位按编制总数95%以下动态控制，实际在岗员工总数控制在5450人左右，相应全员劳动生产率为440吨钢/人·年，与行业民营企业数据458吨/人·年基本接近。

强化各项制度管理尤其是财务制度管理。2016年，制定出台了《安泰控股集团设备检修管理办法(试行)》《安泰控股集团合同管理办法(试行)》。同时还根据公司《建立健全企业规章制度管理办法》

中的有关规定，对内控制度框架、标准化体系中的管理标准及其他方面的管理制度进行了认真梳理。在财务制度建设上，公司建立了对预付账款的合同复核、到货、开票等的手续跟踪，严格控制预付账款和旧欠款的支付，加强了预付账款的风险控制；在2016年市场波动较大且极其频繁的情况下，通过及时、准确的日成本核算和每月的经营数据分析。

【环保管理】 2016年，公司先后完成240万吨焦化二期工程、1250立方米高炉及配套180平方米烧结项目、烧结余热发电与转炉蒸汽发电项目、干熄焦及余热发电项目的环保设施验收；完成了焦化尾气脱硫技改工程，焦化废水回用于循环水系统项目，烧结原料场冲洗轮胎装置，完善污水厂进口在线监测设备安装及中控系统。期间，安泰共申请环保补助资金890万元，全部用于集团环保技改工作。

【节能建设】 公司积极利用先进技术和工艺不断提高资源利用率，先后组织实施了高低压变频节电技术、高炉富氧喷煤工程、转炉煤气柜改造、干熄焦及其余热利用、冷却塔风机水轮机改造、水泵节能改造、烧结余热发电项目、高炉TRT(高炉煤气余压透平发电装置)发电，转炉煤气置换焦炉煤气改造项目，高炉冲渣水采暖等多项大型节能技改项目。其中，2016年全年烧结余热发电量达2442.768万千瓦时，集团购电资金节约170万元；水泵节能改造全年节电226.457万千瓦时；转炉煤气置换焦炉煤气项目运行稳定，全年烧结工序节约焦炉煤气约2.938立方米/吨，炼钢工序可节约焦炉煤气月11立方米/吨，转炉煤气多回收约35.238立方米/吨。

2016年节能储备项目还有高炉冲渣余热利用项目、电伴热项目、煤调湿项目、初冷器循环冷却水余热利用项目、焦炉优化串级控制自动加热技术、蓄热式改造项目、轧钢余热蒸汽发电项目等。

【技能竞赛】 2016年，在全公司开展了“全员岗位练兵及技能竞赛活动”。从3月初到5月底，先后举行了焊工、钳工、电工、热工仪表、炼铁工、炼钢工、炼焦工、计算机应用、起重工等12项劳动技能竞赛，这次全员岗位练兵及技能竞赛活动历时3个月，参与人数达到1500余人。

【造福社会】 公司发展的同时，主动回报社会。30多年，安泰累计为公益事业、慈善事业捐款人民币12266万元，为光彩事业出资6118万元，为新农村建设出资15540万元，三项共计3.4亿元。2016年，为中国光彩事业“六安行、西藏行、赣州行”捐款50万元；为山西光彩事业“中阳行”捐款50万元。

山西凯嘉能源集团公司

【概述】 山西凯嘉能源集团有限公司成立于2009年，是在山西义棠煤业有限公司规模发展的基础上组建而成的。其前身义棠煤业公司始建于1956年，2000年改制，2009年改为集团的全资子公司。集团公司注册资本20700万元，由山西凯嘉投资有限公司、晋中市公用基础设施投资控股(集团)有限公司、介休市城乡基础设施投资开发有限公司三方股东共同出资，是集煤炭、旅游、房地产、发电、金融、医疗等于一体的综合型集团企业。凯嘉集团在煤炭主业上，有义棠、安益、倡源、城峰、青云、瑞东6个煤业公司，均为生产矿井，证载产能合计为660万吨/年，地质储量合计为44715万吨；在非煤产业上，有煤层气发电、张壁古堡旅游、凯德能源、和实房地产、小额贷款、介休市第二人民医院等6个非煤子公司和成员单位。集团资产总额88.4亿元，员工7383名。2016年，集团公司生产原煤410万吨，生产精煤169万吨，实现营业收入18.63亿元，上缴税费2.8亿元。先后荣膺“山西省五一劳动奖状”“山西省社会责任优秀企业”“山西省功勋企业”“山西省百强企业”“全国企业文化优秀成果”“山西省‘创新驱动型’十佳企业”“山西省两化融合示范企业”等荣誉。

【凯嘉员工学院】 凯嘉员工学院是凯嘉集团公司

自主成立的一所综合型企业大学。学院成立于2015年5月13日，主要担负集团内部员工素质提升、安全技术培训、学历教育以及职业技能鉴定等任务。可满足企业文化、法律法规、安全技术及煤矿各类主体专业的培训需求。2016年，共举办资质类培训、素质提升班培训、特有工种培训73期，课程涉及煤矿安全生产、各工种技能提升、企业管理等，共培训2757人次。

【煤销分公司】 煤销分公司主要负责凯嘉集团公司电煤、精煤及副产品的销售。在万安站和张兰站设有两个铁路发运点，产品主要销往北京、山东、河南等地。2009年1月20日被铁道部运输局批准为铁路大客户企业，中国（太原）煤炭交易中心同意公司入户交易。自此，公司可以自行提报计划，直接与用户进行交易结算，实现自主交易。2016年，公司共销售原煤258万吨，精煤174万吨。

【张壁古堡旅游区】 凯嘉集团公司于2009年6月正式接管张壁古堡旅游区。古堡占地约0.1平方千米，是一处保存完好的古代军事设防村落。张壁古堡是“中国十大魅力名镇”“国家级文物保护单位”“中国历史文化名村”“中国特色旅游景观名村”，2015年荣膺“国家4A级旅游景区”。2016年，张壁旅游公司持续推进景区院落改造及新村二期搬迁，全年营业收入492.55万元，接待游客8.31万人，并荣膺晋中市“十佳文化旅游景区”称号。

【煤层气发电公司】 煤层气发电是国家重点支持的新能源节能环保项目，煤层气发电公司成立于2013年，经过一系列的基础建设、设备选型、人员培训、证照手续办理等，2014年12月，煤层气发电公司一次性受电成功，二期开始启动。2016年12月，二期工程正式并网发电。

【和实地产公司】 和实地产公司成立于2009年6月，具有房地产叁级开发资质，开发总面积13万余平方米。嘉欣园一期项目自面世以来，吸引了大批介休市民的青睐和市场的广泛关注，2016年底，嘉欣园住宅小区一期工程完工。

【同盛小贷公司】 同盛小贷公司成立于2011年11月，是晋中市首家完全由企业法人出资发起设立的小额贷款公司。面向“三农”、服务中小企业和个体工商户，专营贷款、票据贴现业务。2016年，公司发挥优势，抢抓机遇，挤钻市场，拓展业务，发放贷款10500万元。

【介休市第二人民医院】 介休市第二人民医院是由介休市卫校附属医院与山西义棠煤业公司合作创办的，是经介休市人民政府和晋中市卫生局批准设立的一所综合性医院。在义棠煤业、倡源煤业、城峰煤业设有卫生所，在西南社区设有服务中心和医院体检中心。

（张　蔷　　赵　京）

农林 水利 | NONGLIN SHUILI

农林　水利

NONGLIN SHUILI

农　业

【概述】　2016年,介休农村常住居民人均可支配收入为12333元;粮食总面积32.4万亩,总产量1.22亿公斤,较2015年增产609.08万公斤,增幅5.3%;蔬菜播种面积3万亩,总产量14850万公斤,总产值18099万元;规模以上加工流通龙头企业完成销售收入24.68亿元,其中"513"龙头企业实现销售收入13.7亿元;水果总面积1.07万亩,总产量为300万公斤,总产值760万元;中药材种植面积累计达到5000亩;农产品抽检合格率100%,无农产品质量安全事故发生。

【种植业】　粮食　2016年,粮食总面积为32.40万亩,总产量为12214.45万公斤。7月份降水量290.3毫米,玉米遭受涝灾,面积达2万亩。7月15日张兰镇遭受风灾和雹灾,玉米受灾面积2万亩。受涝灾、雹灾、风灾、洪灾、泥石流等灾害影响,玉米产量减少,收获面积26.14万亩,较2015年减少0.8万亩,减幅达3.0%;产量为10847.56万公斤,较2015年增产840.89万公斤,增幅8.0%;亩产415公斤,较2015年增产42公斤,增幅11.3%。小麦收获面积2.95万亩,较2015年减少0.43万亩,减幅12.7%;产量为863.07万公斤,较2015年减产167.48万公斤,减幅16.3%;亩产292.7公斤,较2015年减产11.8公斤,减幅3.9%。杂粮面积为3.31万亩,产量为503.82万公斤,亩产151.75公斤。

蔬菜　2016年,蔬菜播种面积3万亩。新发展设施蔬菜面积100亩,改造设施蔬菜面积0.12万亩。有1个部级标准设施园和2个省级标准园,2016年重点培育1个市级标准园——惠剑食用菌专业合作社,菌棚14个,建筑面积2.5万平方米,配套冷库80平方米。设施蔬菜:对原有30个园区巩固建设,引进新品种、新技术,创新种植模式。如连福镇张良村、张兰镇张村等,采用种植草莓、甜瓜、西红柿的模式,采用优质品种、测土配方、膜下滴灌、病虫害综合防治等集成技术。设施食用菌:重点是双孢菇,建成龙頔、天保、连福、张村等园区。2016年发展设施食用菌园区11个,总面积10万平方米,总产量0.81万吨。露地特色蔬菜:种植芦笋、长山药、银条菜。芦笋规模种植基地主要分布在义安镇田李村及周边南官地、任家堡、孔家堡等村,面积1500亩,涉及农户105户。宋古乡南桥头村种植200亩长山药,2016年,山西相里相亲农业有限公司、山西乡情种植专业合作社在义棠镇田村示范种植长山药5亩获得成功。银条菜作为特色蔬菜,面积100亩,重点分布在宋古乡下站村,亩产3000斤,平均3元/斤以上,亩效益近万元。

中药材　2016年中药材发展迅速，除2015年留床700亩外，新增4000亩，全市种植面积达到4700亩，涌现出公司加农户、以工补农的新模式。传统药材种植：传统中药材种植面积1300亩。主要分布在上西埜村的杜仲300亩、陶庄的牡丹50亩，其余中药材主要分布于东河底村高新种植园区，由介休市中药材种植协会牵头指导种植，涉及5个乡镇8个村，品种有黄芩、柴胡、桔梗、黄芪、连翘等。道地药材绵黄芪：海能公司牵头联营发展绵黄芪，采用公司加农户发展模式，以"洪山泉"为核心区，2016年定植500亩。含香油用牡丹种植：牡丹作为一种新兴的木本原料作物，牡丹籽油于2011年正式列入中国新资源食品目录，它具备突出的高产出、高品质、高出油率、低成本等特点。为加快农业转型步伐，2015年含香油用牡丹种植有限公司在连福镇、义棠镇、龙凤镇陆续推广油用牡丹种植，到2016年底发展种植基地2000亩，订购合同4000亩。7月23日，介休市含香油用牡丹种植基地举办奠基仪式，正式成为中国牡丹文化旅游景区暨深加工基地。铁皮石斛种植：铁皮石斛是中华九大仙草之首，山西凌云现代农业生态园区在北方地区首家引进并种植成功。陆续投资8500余万元，新建20个全钢架智能控制日光温室、5个阴阳温室等。铁皮石斛深加工生产线以及农业高新科技研究院和年产100万瓶的大型组培车间完成规划，并开工建设，形成产品研发、品种引进、组培育苗、标准化种植、加工销售为一体的产业链。

水果　2016年，介休市水果总面积1.07万亩，新发展面积0.08万亩，总产量0.3万吨，总产值760万元，2016年果价和2015年持平，品种主要是葡萄、樱桃等小杂果。

病虫发生与防治　2016年，受全年气温略偏高，夏季降雨偏多气候条件的影响，主要农作物病虫总体态势属中度发生年份，蔬菜害虫为中度、病害为中度偏重，果树病虫为轻度发生，草害为严重发生。2016年，农作物病虫草鼠发生总面积98.01万亩次，防治面积53.00万亩次，挽回粮食损失3.81万吨，实际损失粮食2.633万吨。其中病虫害发生59.64万亩次，防治33.50万亩次。

秸秆还田　玉米秸秆除部分用于秸秆沼气和饲料外大部分秸秆还田，还田面积为19万亩，占到总播种面积的74%；小麦收秸秆还田面积达2.9万亩，占小麦收获面积的100%。总计秸秆还田面积为21.9万亩。

【农产品企业】　龙头企业　2016年，规模以上加工流通龙头企业完成销售收入24.68亿元，其中以"513"为重点的农产品加工企业实现销售收入13.7亿元，酿造业实现销售收入3亿元。较大带动作用的龙头企业30户，其中省级龙头企业5户，晋中市级龙头企业14户，县级龙头企业11户。重点培育"山西国庆面业有限公司、介休市忠平食品有限公司、山西凌云生态农业开发有限公司"备选省级龙头企业；培育"山西凌云生态农业开发有限公司、山西国庆面业有限公司、山西绿健农业开发有限公司"进入晋中市龙头企业方阵。介休市含香油用牡丹种植有限公司、介休市绿兴农业专业合作社、介休众生原种猪繁育有限公司、介休市恒大翌诚网络技术有限公司等一批企业顺利入选介休市级龙头企业。

第一、第二、第三产业融合工程　铁巩园区、凌云园区集育苗、种植、加工、销售为一体，第一、第二、第三产业有机融合。凌云园区铁皮石斛实现网络营销。铁巩园区3000立方米恒温制冷库建设及便民蔬菜店进社区活动，实现种植采摘—冷链储存—净菜加工一体化。紫丁香园区以农业为依托，将农业生产与餐饮、休闲旅游及其他服务业有机结合。在阿里巴巴旗下淘宝网建立"特色中国——介休馆"，由介休市恒大翌诚网络技术有限公司代运营，通过互联网对介休特色产品进行推广、营销、运营以及其他电子商务等相关事项运作，截至2016年底入馆企业32家，合作农业合作社40余家，上线农业特色产品260余个品类，长寿湾小米成功上线华北地区首个阿里巴巴"乡甜农场"，实现72小时线上销售

12900笔(20余吨)的业绩。

【农业技术】 *新品种、新技术* 筛选种植玉米品种51个,其中,适宜介休种植推广玉米品种17个,在涝灾和雹灾、风灾、洪灾等不利气候条件影响下,亩产依然达到600公斤。铁巩循环农业园区成功示范种植5亩富硒大豆。实施西红柿新品种的试验示范和双孢菇试验示范。西红柿试验新品种迪达,产量大,品质好、耐低温、抗病性强,适合春秋栽培,亩产达1万公斤。

项目建设 基层农技推广体系改革与建设项目。积极聘请省级专家、组建专家团队、遴选技术指导员和科技示范户、建立健全农技推广体系,力争打通农业科技服务"最后一千米"。10个乡镇90名技术指导员,为900户科技示范户包村联户进行技术指导,农业新品种新技术应用覆盖率达到98%。改善乡镇农技推广站。投资90余万元,修缮办公场所2000平方米,购置一批仪器设备,提升乡镇农技推广的服务能力和水平。小麦重大病虫疫情防控项目。2016年5月5日召开小麦统防统治服务组织邀标会,确定介休益田农技植保专业合作社作为项目实施主体,承担小麦蚜虫的统防统治,主要在8个乡镇45个村实施,实施面积为3.3万亩。

【农村发展】 *人居环境改善* 2016年是改善农村人居环境全面深入推进年。一是完善提质工程。农村公路提质工程完成3.5千米,投资140万元;实施农村公路安全生命防护工程,投资110万元;饮水安全巩固提升工程5处,投资104万元;林业生态建设投资178万元;改扩建幼儿园2所;医疗卫生服务,改善17所乡镇卫生院、社区卫生服务中心中医诊疗环境,投资10万元;建设农村社区老年日间照料中心8个,投资80万元。二是农民安居工程。采煤沉陷区治理方面,2016年涉及张兰、连福、义棠、绵山4个乡镇10个自然村、1650户、3647人,购置存量住房搬迁1190户,货币补偿搬迁460户;连福镇后山庄、关子岭、船窟3个村治理搬迁731户、1620人,购置存量住房方式,迁入介休市保障性住房;义棠镇后庄、沟南(沟南、野庄)治理搬迁459户、1002人,迁入义棠镇西堡村鸿荣小区;张兰镇沟底村治理搬迁275户、723人,货币补偿方式搬迁;绵山镇西靳屯村(樊家湾、大朗神、小山头)治理搬迁185户、302人,货币补偿方式搬迁;配合采煤沉陷区治理工作,投资6000万元对1000户农村困难家庭危房改造。三是环境整治工程。污水治理方面,投资515.89万元,铺设污水收集管网4295米,建成污水处理设施1个;乡村清洁工程方面,投资184万元建成2座移动式垃圾压缩中转站;完成3个规模养殖场(小区)畜禽粪污处理工作,建成4个规模养殖场病死畜禽无害化处理设施设备。四是宜居示范工程。创建宜居示范村11个,其中晋中市级2个,省级3个。2016年示范村申报工程项目12项,总投资662万元。

新型职业农民 依托介休市种子管理站、兴海农业科技有限公司等7个培训机构,多形式、多渠道开展新型职业农民培训。培训内容包括:农产品质量安全、农业政策法律法规、小麦、玉米种植关键技术及品种观摩、设施蔬菜栽培技术、育苗技术、病虫害防治、职业农民创新创业指导、农村电商等。共培训新型职业农民900人,其中新型农业经营主体带头人300人、专业技能型410人,专业服务型80人,电子商务专题班110人。

精准扶贫 实施精准扶贫,是市委、市政府推进全面小康社会建设,带领农民脱贫致富的重要战略举措。通过宣传发动—初选对象—乡镇审核—市扶贫办抽样核查—市相关部门对贫困户名单联合审查—介休报公示等严格流程,共确认贫困人口4447户、7595人,并建立信息档案。通过分类汇总,对低保、五保贫困户由民政、教育、残联、卫生等部门全面落实兜底政策;对非低保、五保贫困户由副科级以上干部一人一户结对帮扶。

【惠农政策】 *农业支持保护补贴* 2016年开始,农业"三项补贴"合并为农业支持保护补贴。补贴标准:小麦80元/亩(其中直补10元/亩,农资综合补贴60元/亩,良种补贴10元/亩);玉米59元/亩(其中直补5元/亩,农资综合补贴44元/亩,良种补贴10元/亩);杂粮79元/亩(其中直补25元/亩,农资综合补贴44元/亩,良种补贴10元);薯类49元/亩(其中直补5元/亩,综合补贴44元/亩)。补贴面积:粮食种植补贴面积为32.37万亩;其中小麦面积32.54万亩;玉米面积25.83万亩,杂粮面积2.84万亩,薯类面积4438.06亩。补贴金额:总计应发放中央财政农业支持保护补贴资金2030.64万元。其中小麦260.35万元;玉米1524.02万元;杂粮224.52万元;薯类21.75万元。资金发放:严格按照“一折(卡)通”管理办法对户进行发放,确保补贴资金封闭运行,直达农户个人账户。

农业保险　农业保险是指专为农业生产者在从事种植业和养殖业生产过程中,对遭受自然灾害和意外事故所造成的经济损失提供保障的一种保险。2016年小麦入保面积2.86万亩,保费金额为15元/亩,最高赔付金额为300元/亩。玉米入保面积10.51万亩,保费金额18.2元/亩,最高赔付金额为260元/亩。马铃薯入保面积142亩,保费金额24元/亩,最高赔付金额为400元/亩。

新型职业农民　新型职业农民培育资金由中央资金和省级资金两部分构成,中央资金用于实施新型农业经营主体带头人培育,省级资金用于培育专业技能型和专业服务型职业农民(包括电子商务专题班)。培训采取学时制,要进行集中、分散学习,分散学习学时计入总学时。新型农业经营主体带头人培育累计集中培训时间不少于56学时(不少于7天),按人均1425元标准进行补助;专业技能型和专业服务型(电子商务专题班)累计集中培训时间不少于40学时(不少于五天),按人均760元标准进行补助。

【农产品质量安全监管】　2016年4月7日,农委执法大队联合公安局食药侦大队首次行刑衔接开展农资打假专项治理行动,重点是对农药、化肥、种子的检查。检查工商注册的农资经营户28户,无证经营农资户1户,出动执法人员364人次,执法车辆7车次。农产品质量安全监管企业139个,其中农资经营户82个,种植基地和农民合作社57个。累计日常监管履职1668人次,417车次。全年开展“农药经营资质审查专项行动”“春季农药打假专项治理行动”“夏季农药百日行动”和“秋冬季农资打假专项行动”四次专项行动,共计出动执法人员984人次,执法车辆197车次。规范农资经营门店82个,农资产品备案180余个。检查中发现问题产品20个,立案查处4起,配合晋中执法支队抽检农药产品5个。

(李　艳)

农村经济

【概述】　介休市农村经济经营管理办公室是市委、市政府管理下主管介休农村经济经营管理工作的管理、指导、服务的职能单位。

2016年,以党的十八大精神和十八届三中、四中、五中、六中全会精神为指针,围绕市委、市政府的重大战略部署和工作安排,以农村土地承包经营确权登记颁证工作为重点,大力构建新型农业经营主体,突出农村集体“三资”管理工作,加强农民负担监督管理,全面提升管理水平,为实现振兴崛起,城乡美丽,生活富足,人民幸福做出了一定贡献。

【农村土地确权】　自2014年,在全市10个乡镇开展农村土地承包经营确权登记颁证工作,涉及农户8万余户,耕地面积39.31万亩(其中:已退耕还林3万亩,已征用土地0.71万亩,实际应确权耕地面积35.6万亩)。截至2016年底,231个村已全面铺开清查摸底工作,219个村基本完成清查摸底,涉及家庭承包户79076户,承包183007块,国土二调面积36.8万亩,审核公示207个村,公示面积33.82万亩,占总任务的95%,基本完成确权工作任务。下发了《农村土地确权调查自查自检工作方案》,对各村摸底调查成果进行核对检查,测绘公司对承包地块调查中形成的表册、图纸进行复查。对《发包方调查表》《承包方调查表》《承包地块调查表》和《承包经营权调查结果核实表》的内容提交村委会核实。8月10日，组织召开了农村土地承包经营权调查工作推进会，乡镇分管领导，各乡镇农经管理员、乡镇土地确权工作人员参加了会议。推进会进行了再部署，再强调、再安排。对尚未开展土地确权工作的村进行了排队、进行了强调和要求。对进度缓慢的村提出了倒排工期安排，确定时间表，限期完成任务。

【农村“三资”管理】　2016年，致力于巩固完善农村集体“三资”管理专项清理整治工作成果，建立长期机制，着力推动农村集体“三资”管理制度化、规范化。制定出台了《关于推进乡村“六权治本”规范农村集体“三资”管理工作的实施方案》。至年底，全市“六权治本”工作出了28项职权清单、责任清单、运行流程图、风险防控图，健全农村便民代办点和社会治理服务站两个机构，修订完善16项制度。针对乡镇换届以后，分管农经领导、农经站人员变化大的情况，进行了集中培训，印发了《农村集体“三资”管理文件制度汇编》300余册，做到了每村一册。同时，规范和完善村级资金收支管理以及会计电算化工作，要求其严格按照“先理财、后审批、再记账”的账务流程。

【农民负担监督管理】　2016年，在农民负担监督管理上，主要抓了规范“一事一议”筹资筹劳工作。出台了《介休市2016年村级公益事业“一事一议”财政奖补项目奖补办法》，加强了对一事一议的工作程序、方法和有关规定等方面的指导，促进“一事一议”工作合法、有序、规范运行，严格按照筹资筹劳具体数额，经村民会议或村民代表会议民主讨论决定，并严格实行上限控制即年人均筹资不超15元，农村居民年酬劳不超5个。2016年，共有32个村开展了一事一议项目筹资筹劳，项目总投资达658万元，内容包括村内小型水利设施、村内道路、环卫设施、村容美化亮化、村内公共活动场所等。

【农村产权交易中心】　产权交易中心占地面积310平方米，配备了LED信息显示屏及电脑、打印机等必要的办公设施；制订了《介休市农村产权流转交易中心流程》《介休市农村土地承包经营权流转交易流程》《办理农村产权流转交易项目告知书》等一系列制度办法；全市10个乡镇均成立了农村产权交易所，村级设有信息员。全市新增土地流转1000亩，典型的为介休市绵山镇宋庄村宋远彪以100—300元价格租赁村民400余亩土地，另托管400余亩，总经营面积为910亩。主要种植药材，效益明显。

【农村土地经营权流转】　随着全市农村产业结构的调整，农村务工人员的大幅增加，全市农村土地流转面积逐年增加。截至2016年底，全市农村土地流转面积为9.3万亩，占总耕地面积27.3%。全市农村土地流转面积主要有五种形式：转包、出租、互换、转让、其他形式。为确保农村土地流转程序规范，健康发展，采取了以下措施：①依法运行，规范市场。②加强宣传，主体带动。③积极引导，示范推广。到目前，全市培育规模经营主体30余个，经营土地面积在1000亩以上的5个，涌现出仙台农业发展园区、介休市仙人聚农家乐合作社、乡情农业专业合作社、立福林果农业产品专业合作社、垚鑫农产品发展有限公司、义棠镇昌盛蔬菜合作社等一批高效农业主体，产生了明显的规模效益和社会效益。

【农村土地承包经营纠纷调解仲裁】　为加强市、乡、村三级土地承包经营纠纷调解仲裁体系建设，组织开展了调解仲裁人员培训工作。在农村土地承包经营权确权过程中，依法规范开展纠纷仲裁工作，及时有效化解了农村土地承包经营纠纷，农村土地承包经营纠纷定期限结案率达100%，调解率达95%以上。依法健全全市规范市、乡、村调解仲裁体系，市级仲裁委员会制订了章程及仲裁工作规范，建有标准化的“一庭三室”即仲裁庭、案件受理室、合议调解室、档案会商室，并配备了必要的办案设备，日常办事机构至少有5名工作人员，同时聘任20名以上仲裁员；所辖全部乡(镇)成立了调解委员会；村成立了调解小组。

【新型农民经营主体】 为推动农民合作社和家庭农场规范化发展，进一步提高农民组织化程度，促进农民增收，开展了2016年市级农民合作社示范社和市级家庭农场推荐申报工作。2016年，评定了1个省级农民专业合作社示范社、1个晋中市级家庭农场、2个晋中市级农民专业合作社示范社、5个市级农民专业合作社示范社。评选中严格标准，规范程序，乡镇初选，市级推荐。省级示范社则需要合作社注册3年以上，社员人数不低于50人。晋中市市级示范社在介休市级示范社的基础上需要合作社注册1年以上，社员人数不低于30人。市级示范社的要求要有一定的带动能力，有具体的产业，财务制度健全，能够带动农民增收。同时，为了鼓励和支持农民专业合作社和家庭农场的发展，有效提高财政扶持资金的使用效益，根据《山西省省级农民专业合作社项目资金管理暂行办法》和《晋中市农民专业合作组织示范项目专项资金使用管理办法（暂行）》，结合介休市的实际，制定出台了《介休市农民专业合作社、家庭农场项目资金管理办法》，规范了项目资金的管理、使用。

【会计培训】 2016年，为提高全市农村财会人员的素质，农经办同市财政局联合组织农村财会人员培训班。聘请市监察局副局长宋毅峰、寿阳县任守义老师等专家专门授课，发放资料400份。培训内容包括农村财务管理、农民专业合作社建设、农村集体土地承包纠纷调解、农村合同管理、农村集体土地承包经营权确权登记颁证工作档案管理内容。提升了农村财会人员的“三资”管理水平。

（王嫣琼）

农业机械管理

【概述】 2016年，全市加大农机购置补贴力度，加强农机化新机具、新技术推广，提升农机化水平，确保农机生产安全。农机总动力达到33.66万千瓦，玉米收获机械达到256台，综合机械化水平达到90.71%，玉米机收面积达到18万亩，秸秆还田面积18万亩，秸秆饲料化、燃料化利用面积1.5万亩。农机经营总收入达到2.58亿元。

2016年，一共争取到省、地市项目资金245余万元。全年实施了1万亩保护性耕作，1万亩玉米丰产方项目，补贴农机具209台套件，建成1000亩谷子全程机械化示范区。农业机械生产安全无重大事故。2016年共争取农机推广项目任务2万亩，其中玉米丰产方机收秸秆还田项目1万亩，农机深松整地作业补贴项目1万亩。介休市保护性耕作工程建设项目总投资532万元，实际完成投资464万元，其中中央资金272万元，省级配套68万元，农民自筹124万元。农机专业合作社建设工程项目改建项目区农机专业合作社的机库、机具棚和停机坪。共完成改扩建面积5366.46平方米，其中改建机库1912.71平方米，改建机具棚713.74平方米，改建停机坪2740.01平方米。完成投资2989776元，其中中央财政资金2092843.2元、农民自筹896932.8元。共组织新技术、新机具培训等100人、召开现场会1次。完成玉米机耕机播面积18万亩，秸秆饲料化、燃料化利用1万吨。2016年新增农机大户2户，培育农机示范大户3个。全年农业机械生产安全无重大事故。

【农机购置补贴】 农机购置补贴是国家支农惠农促进农民增收的“民心工程”，是促进农机快速发展的重要举措，根据上级要求，进一步完善了管理制度，规范了操作程序，充分发挥专项资金的导向作用，切实把支农惠农政策落实到农民身上。2016年，共申请国家农机购置补贴资金180万元，完成国家补贴资金175.21万元，完成比例97%，补贴各种型号的农机具185台（件），其中轮式拖拉机51台，玉米收获机械3台，受益农户达110户。“三夏”期间，参加作业收割机达200余台（其中引进外地联合收割机50台），机收率达100%，确保小麦的丰产丰收和最大限度的复播。

【农机社会服务体系建设】 2016年，全市农机专业合作社（农机大院）已经达到16个，农机大户114个，农机维修网点51个。新增农机大户2户，培育农机示范大户3个。根据介休市政府关于以工商注册备案名录倒逼安全生产全覆盖工作的安排，对所涉88家涉农机企业进行摸底、核实。对正常营业企业进行了挂牌。抽调专人负责，落实安全责任。

【农机安全生产】 制定《关于切实抓好“两节”“两会”期间农机安全生产工作的通知》，印发《全市农机安全生产“冬季行动”实施方案》，开展农机安全生产执法行动，严厉打击农机安全生产非法违法行为。重点查处了拖拉机、联合收割机无牌、无年检记录行驶、驾驶员无证驾驶、疲劳驾驶和酒后驾驶等非法违法行为，预防和遏制农机安全生产事故发生，保障了人民群众生命财产安全。拖拉机新机落户49台，收割机3台。驾驶员换证45人。张贴宣传标语及通告200张，印发宣传材料2000份。开展隐患排查活动22次，出动监理员153人次，检查拖拉机400台，查处违法违章行为22起，现场组织农机手学习15次，参加农机手150余人。

【农机质量监管】 在“3·15”活动期间，组织开展了农机质量宣传活动和打假专项治理行动。一是加大宣传。宣传相关农机质量法律法规和惠农政策，展示优质农机产品，曝光假冒伪劣农机产品，开展现场农机质量投诉接待和技术咨询服务，向社会发布农机质量投诉监督电话。农机工作人员通过散发宣传单、送科技服务下乡等多种形式，广泛宣传“农机打假”的重要性、必要性和紧迫性。二是重点排查。重点排查了介休市农机市场和农机经销网点，涉及经销企业8家，重点检查机具种类10种，检查机具数量20台，通过排查检查暂未发现不合格农机具以及假冒伪劣农机和配件。三是有力打击。通过排查检查，假冒伪劣产品坚决没收、销毁，情节严重的移交司法部门处理。“3·15”活动期间，共出动人员10人，散发宣传资料1000余份，接受群众咨询100余人。

【农机手培训】 利用冬闲和春忙时机，组织相关人员对主要项目区的乡、镇、村领导和收割机驾驶员进行了培训，让广大农机手、农民群众了解法律条文，提高安全意识和守法自觉性，营造一个全社会重视农机安全生产、农机驾驶员个个遵法守纪的良好氛围。通过培训宣传，引导广大农机手自觉地办理农机车辆登记入户手续和驾驶执照，提高农机操作人员安全意识和农机安全运行能力。充分发挥农机管理、农机推广和农机监理各部门的主体作用，加强与有关部门的密切配合，针对全市农业机械化重点推广项目，创造培训机会，搞活培训形式，提高培训效率。在项目验收期间，对农机驾驶人员及农民采取了分散培训方式，受益农户达到200余户。

【农机宣传】 开展农机“安全生产”培训咨询活动，活动紧紧围绕“加强安全法治、保障安全生产”为主题，深入乡镇为广大农民群众讲解和指导收割机、拖拉机等农业机械的安全操作规程、安全使用注意事项，借助年度检验、冬季行动、安全生产月等活动大力开展农机安全宣传工作，利用一切可以利用的宣传手段进行安全宣传。6月16日，介休市农机局开展农机“安全生产月”宣传咨询活动，活动紧紧围绕“强化安全发展观念，提升农机手安全素质”为主题，当天由范荣河局长带队在世纪广场宣传点为广大农民群众讲解和指导收割机、拖拉机等农业机械的安全操作规程、安全使用注意事项，充分利用展板、横幅、散发各种农机安全宣传资料等形式，大力宣传《安全生产法》《农业机械安全监督管理条例》等法律法规及农机事故案例，并现场解答了部分群众在操作使用中遇到的难题。活动当天，共发放各类农机安全宣传资料500余份，受教群众达200多人。2016年4月5日至8日，开展了2016年度农机检审验工作，审验机车300余台，对农机操作人员发放各类培训资料，进行农机安全宣传，签订《农机安全生产承诺书》。充分利用介休市农机信息网等各类媒体广泛宣传“冬季行动”，对局机关及各乡镇“冬季行动”重点工作、亮点工作以及在“两学一做”行动过程中涌现出来的先进事例进行宣传，营造全市农机系统真干、苦干、实干的浓厚氛围。

（李秀华）

畜牧业

【概述】 2016年介休市畜牧兽医中心坚持以党的十八大、十八届五中、六中全会精神为指引，以促进农业增效、农民增收和农村发展为目的。建设现代畜牧业，全面提升畜牧兽医服务能力与水平，确保不发生重大动物疫病和畜产品质量安全事故，全力打造以布局区域化、养殖规模化、生产标准化、经营产业化、服务社会化、产品安全化为基本特征的现代畜牧业体系。

【畜牧业发展情况】 2016年，介休市畜牧局发放能繁母猪补贴资金21120元，涉及3个养殖企业352头。新建、改扩建标准化规模养殖小区有23个；全市发展形成了绿健、帅达、绿兴、宝源、绿兴源、益丰等标准化规模养殖龙头企业和养殖园区70多个，规模养殖占饲养量的比重达到70%以上。2016年底，全市畜禽规模饲养总量达859.35万头（只），其中：猪饲养量30.5万头；牛饲养量0.55万头（奶牛饲养量0.18万头）；羊饲养量19.8万只；家禽饲养量808.5万只。全市肉、蛋、奶总产量5.2万吨，其中肉类总产量2.87万吨，禽蛋总产量1.68万吨，奶类总产量0.64万吨。2016年累计完成社会固定资产投资3.5亿元，完成年度投资目标任务的100%。其中规模养殖项目投资累计完成2亿元，占全部总投资的57.14%，其他养殖类投资为：禽类规模养殖扩建项目、生猪规模养殖扩建项目、肉牛养殖项目等累计1.5亿元。截至2016年建成各类养殖合作社和养殖协会109个。

【重大动物疫病防控】 2016年介休市畜牧兽医中心扎实开展并完成了重大动物疫病强制免疫、动物疫病净化场创建、人畜共患病防治、免疫效果评价检测、流行病学排查巡查、消毒灭源和突发动物疫病处置等各项防控任务。全年共免疫：牛口蹄疫0.26万头，奶牛A型口蹄疫0.1万头，羊口蹄疫17.76万只、羊小反刍兽疫14.6万只，猪口蹄疫、猪瘟、蓝耳病16.46万头，鸡禽流感、新城疫405.75万只，免疫密度均达到100%，保障了全市畜牧业健康平稳持续发展。为确保免疫质量效果，每月15—25日定期开展免疫效果监测，当年累计采样检测8700余份血样，其中猪3250份、鸡4500份、牛250份、羊700份，监测覆盖面涉及全市360多个规模养殖场（户）。监测动物疫病抗体平均合格率90%以上，为全市疫病防控提供了重要科学依据。

根据介休市重大动物疫病防控工作目标和中长期动物疫病防治规划，制定了《介休市突发动物疫情应急预案》《介休市小反刍兽疫防控应急预案》，明确了指挥部成员单位和职责分工，建立健全突发疫情应急处置队伍，并实行24小时双人应急值班制度，确保人员到位，信息畅通。为有效预防和及时处置突发动物疫情，全年投入防疫、检测经费共27.4万元，储备30余种价值12万元的应急物资，由专人负责管理，进行定期清查和日常卫生清洁，对有保质期的物品及时进行更换补充。中心定期组织相关科室和基层中心站开展了多种形式的应急演练，提升了全系统的应急反应能力处置各种突发事件的水平。

【畜产品质量安全监管】 2016年介休市畜牧中心积极开展产地检疫法律法规宣传。与养殖企业、屠宰企业签订责任书、承诺书3000份，发放动物检疫工作记录规范300余份，发放报检通知书、告知书共1500余份，发放动物产地检疫监管手册600本，促使畜禽产地检疫申报开展面达到90%，规模化饲养场产地检疫率达90%。强化生猪定点屠宰检疫工作，对进入定点屠宰场的生猪实行严格入场验证制度，确保进入屠宰环节的生猪检疫率达到100%，共检疫畜禽663.65万头（只），发放动物检疫合格证明3627份,检疫肉类1108107公斤,发放动物产品检疫合格证明9791份,有力保障了人民群众食肉安全。

【行政执法】 全年依法查处了4起违反《中华人民共和国动物防疫法》的违法行为,共立案4起,结案4起。下乡入户排查生猪私屠滥宰行为50余次,排查150余户,对其重点户依法实行了常态化监督管理。同年检查饲料生产企业、饲料经销户共计近60余次,出动执法人数500人次,发放宣传资料1200余份,有力地保证了投入品安全。监管涉牧生产经营单位353家,已全部实行两个台账管理,其中193家正常经营台账管理,每月一次的常态化监管;160家为非正常经营台账管理,每季度一次的动态化监管;2016年出动2000多人次,共排查养殖企业(户)400余个,排查出各类隐患101条,已整改83条,整改率达82%。

【惠农政策】 市畜牧中心积极创新强农惠农资金管理工作机制,规范了惠农项目申报、竣工验收、资金拨付的程序及流程,完善了各项制度,如《介休市畜牧兽医中心建设项目和专项资金使用管理制度》《项目申报管理制度》等5个,做到有章可循,依法理财,不断提高强农惠农资金的使用效益。2016年,中心对各个项目单位进行项目监督检查达10余次,接受上级部门的项目检查4次,并进行整改汇报。争取了畜禽粪污资源化利用建设、畜牧产业提升工程等项目,资金为460万元;实施了介休市2016年度奶牛、肉牛良种补贴项目,改良奶牛1420头,免费发放冻精3408剂;改良肉牛380头,免费发放冻精532剂。提高了全市养殖规模化、标准化生产水平,加快了奶牛、肉牛良种化进行,促进了农业增效增收。同年,进行了2013年—2015年涉农项目资金回头看,重点检查2013年—2015年惠农补贴资金的分配、拨付、管理、使用情况。对发现的问题,加以整改落实,督促项目实施单位做好项目后续维护和专账财务管理。

2016年积极开展了政策性能繁母猪保险工作,入保能繁母猪达到500多头,为推动介休市生猪产业发展起到了积极作用。

【市、乡、村形成三级立体防疫监测网络】 介休市建成市级动物疫病预防控制中心,形成乡镇级、基层畜牧兽医中心站、村级动物防疫员三级重大动物疫病防控监测体系。2016年从乡镇村干部中补充6名基层兽医,形成了市、乡、村三级立体防疫监测网络。

(郭小玲)

农业综合开发

【农田建设】 2016年,建设完成绵山镇高标准农田建设项目0.7万亩,项目总投资1055万元,其中财政资金1050万元,自筹资金5万元。绵山镇兴地、长寿2个村的生产条件得到明显改善,新增灌溉面积0.05万亩,改善灌溉面积0.37万亩,年节水17.1万方,增加粮食生产能力91万公斤,农民增加收入110万元,人均增加290元。降低了农业生产成本,促进了种植结构调整,增加作物产量,增加农民收入。对区域内的路渠进行植树,新增林网防护面积0.1万亩,改善区域内的农业生态环境。

【产业项目】 扶持产业化发展项目两个:一是介休市东晟养殖有限公司年出栏2000头优质商品猪养殖基地生产设施改造项目;改造面积3313平方米。引进大白、长白、杜洛克和山西黑猪等优质种猪,采用三元杂交技术和现代育肥技术,实现年出栏优质商品猪2000头。实现增量销售收入139万元,利润总额45.86万元。辐射周边地区150户农户从事生猪养殖,带动农户增收90万元。解决当地农村富余劳动力12人。二是介休市昌盛蔬菜专业合作社45栋拱棚蔬菜种植基地项目。将现有的200栋小规格的老旧拱棚全部拆除,按照实际地形统一规划,新建拱棚45栋。实现年生产蔬菜146.1万公斤,增产6.1万公斤。年销售收入342.86万元,年增加销售收入12万元,利润总额47.73万元,解决当地农村富余劳动力30人。

（董炎飞）

农业广播学校

【概述】 山西省农业广播电视学校介休市分校，简称介休市农广校，成立于1981年，是集教育培训、技术推广、科技普及、信息传播等功能为一体的综合性农民教育培训机构。2002年增挂介休市农民职业技能培训中心的牌子（一套人马，两个牌子），办公和教学地点设在农业委员会。农广校具体职能工作为新型职业农民培训工作、新型职业农民认定工作、学历教育工作、相关专业培训及社会服务。2016年根据实际情况，重新调整内设机构，成立农广校办公室、培训与认定科、学历与教育科、财务科等科室，专人专项负责相关事宜。市农广校始终坚持“三个面向，四个服务”的宗旨，围绕政府中心工作，贴近农民增收办学，以提高农民的科技文化素质为己任，以服务社会主义新农村建设为目标，大规模、多层次、多形式地开展农民正规化学历教育培训、新型职业农民认定与培训，为全市农业和农村经济的。

【新型职业农民培训】 2016年，首次承担新型职业农民培育任务100人，精心筹划、充分准备的基础上，采取理论培训与生产实践相结合、封闭式管理与开放式学习相结合的方式，公共课1天、专业课1天、实训5天，11月10日—16日举行了为期7天的新型农业经营主体带头人培训。此次培训立足促进介休市农业产业，提档升级，让农民对比先进，找到差距，激发其调整结构的主动性和积极性，组织100名农民前往运城盐湖区、闻喜、永济三地，参观了冬枣种植、杏鲍菇生产、中草药种植、薰衣草种植、设施蔬菜种植、热带水果种植和苹果种植的基地，并由山西省农业科学院园艺研究所副研究员吴国林、山西农之声农业开发有限公司高级农艺师、农业技术指导员及乡土专家进行现场授课、答疑。11月15日，在张兰镇、义安镇、义棠镇及绵山镇农业园区进行实训，着重对核桃、红薯套种、芦笋种植及特色小米种植、万果醋生产等特色农业项目进行参观，并由农委高级农艺师对具体农业情况进行现场详细讲解。通过集中培训、现场指导、技术服务三位一体，使受训农民开阔眼界、拓展思路，更新了从事主导产业所需的生产技术及其相关知识，不断提高生产技能，提档升级。

【新型职业农民认定】 介休市农广校作为承办单位，本着规范科学、公开公平、宁缺毋滥的原则，对2015年度参加生产经营型新型职业农民培训的300位农民进行了认定。经校委会充分研究讨论，形成《介休市新型职业农民认定实施方案》，按照自愿申报的原则，农户填写表格后，由村、镇、培训机构逐级审核并加注推荐意见，前后组织八批农民到现场问答，专家提问、农户回答，专家根据评分标准逐项打分。在此基础上，利用近两个月的时间共20余次深入田间地头、农户企业，进行实地核查，看规模、问效益，最后通过专家组成员认真而细致的审核，提出评审意见。在专家评分并出具评审意见的基础上，评审委员会召开会议，对符合条件的农民全面评估进行认定，并且确定级次标准，对被认定的新型职业农民划分等级。认定名单通过介休市报和介休市电视台两大主流媒体进行公示，接受社会各界的监督。经过申报、初审、核查、评审、公示和发证等环节的工作，认定72位农民为新型职业农民。

【学历教育】 2016年市农广校继续与中国农业大学网络教育学院联合办学，共计招生26人，毕业186人，在籍254人。为方便学员，增强认同度，增强学员的积极性，全校上下力争加强学习支持服务，在学员入学测试、交费、统考、做作业、撰写论文等教学环节进一步改进工作，做好指导管理与服务的各项工作。严格按照合作高校的考场规则、监考制度，在认真做好网上考试预约报名、试场安排、试卷保管、组织监考等各项工作的基础上，精心组织每一次考试，全校上下放弃双休日时间全身心投入到每次考试组织中，确保了3月、6月及11月共计1406人次考试工作的顺利完成，通过规范办学、优秀服务，树立了市农广校良好的社会形象。

（任海花）

林　业

【概述】　介休市林业局以发展现代林业、建设生态介休为目标，以创建省级林业生态县为抓手，在市委、市政府的正确领导下，2016年，林业局取得山西省档案工作目标管理证书省三级荣誉，介休市安全生产先进集体荣誉称号。

【造林绿化】　2016年，人工造林7850亩，占晋中市下达任务的100%。其中，巩固退耕还林成果专项规划干果经济林项目2300亩、巩固退耕还林成果专项规划薪炭林项目3550亩、县级造林2000亩。省级村庄绿化5个，投资33万元，绿化村道6000米，栽植国槐、香花槐、油松等3500株，街巷绿篱500平方米，公共绿地6000平方米。四旁植树101万株，新育苗1500亩。108国道绿化提档升级项目，投资27.5万元，绿化长度4.3千米，栽植国槐、红叶碧桃、速生杨等苗木3466株。投资10万元对20株一级古树进行整枝及病防、树洞及枯木面处理、支撑及拉纤、地面透气换土、铁艺围栏、立碑等。投资160万元对8000亩核桃林采取加强土壤管理、扩穴放苗、嫁接换优、整形修剪、病虫害防治、防冻、合理间作等综合管理技术措施，使新发展的核桃林都进入了产果期。

【森林防火】　2016年，介休市多举措开展森林防火。在原有市森林防火应急分队的基础上，新招聘5名森林防火应急分队队员，从市公安局特警大队抽调45人充实队伍。各防火重点乡镇建立半专业化的扑火队伍，并进行专业培训。在财政极其紧张的情况下依然投入大量森林防火工作经费，购买20万元的森林防火物资，并且做好灭火器等森林防火物资的日常维修、保养；6个防火重点乡镇分别拨付5万元的防火工作经费；为抽调过来的45名公安局特警队员拨付伙食费用6万元；给绵山风景区购置风力灭火机、灭火水枪等防火物资；4月下旬，市防火办工作人员到连福镇赵家庄村天峻山安装中继台，扩大车载台、手持对讲机的呼叫范围和通讯能力。加大隐患排查力度，13辆森林防火巡查车不间断地进行巡查，全市护林防火巡查员、守卡员不间断巡查和守卡，每天的针对检查发现的问题，及时给有关乡镇下发火灾隐患整改通知书，要求限期整改，并将督查结果及时通报。市防火办通过市政府下发《关于市四套班子领导及市直单位包村包卡督查森林防火工作的通知》，重点督查6个乡镇中的25个重点村。

【打击犯罪】　加强林业执法日常监督，通过与森林公安派出所配合协作开展专项行动，查处12起涉林行政案件，其中：滥伐林木案件4起、擅自改变林地用途案3起、违规野外用火案3起、毁林案2起，共处罚金1.47万元。

【林地保护】　2016年，市林业局对所有征占用林地项目在报批前进行预审，主要审查所占林地的地类及权属情况，并如实填写现场查验报告，对照建设项目征占用林地的地类不同、面积大小、征占用时限长短，在严格依法的前提下，能占用宜林荒山荒地的不占用有林地，能占用劣质林地的不占用优质林地，最大限度地保护好现有的生态环境。审核办理了青云通用航空产业基地项目使用林地和山西压缩天然气集团晋中介休有限公司介休北辛武液化天然气加气站建设项目使用林地手续。林木采伐审批工作按照“采伐申请、初步审核、伐前设计、伐中监督、伐后验收”的林木采伐要求办理采伐许可证。全年共办理林木采伐业务53件，木材经营加工许可证核发（年审）9件。

【林业生物防疫】　2016年，介休市林地面积24.2

万亩，全市林业有害生物发生面积9520亩，由于受到气候条件影响，春季林木病虫同比往年危害较轻。其中，枣尺蛾发生1100亩，金龟子2600亩，杨树腐烂病1800亩，青杨天牛1150亩，春尺蠖1470亩，槐尺蠖1000亩，鼠害400亩，共计实施防治面积9520亩。林业有害生物普查工作制作完整有害昆虫生活史一套。全市范围内开展美国白蛾的普查防治工作。全市应施产地检疫面积4500亩，实施产地检疫种苗面积4500亩，种苗产地检疫率100%，复补检重点工程造林用苗7.6万余株。

【古树名木保护】 根据晋中市林业局《关于提前下达2016年第一批“双保”管护工程森林资源管理专项转移支付资金计划的通知》要求，2016年完成一级古树保护20株，实施内容包括整枝及病防、树洞及枯木面处理、支撑及拉纤、地面透气换土、铁艺围栏、立碑等，总投资10万元。为进一步做好古树名木普查工作，根据晋绿办发〔2016〕第4号文件《山西省绿化委员会办公室关于开展全省古树名木资源普查的通知》，结合介休市实际，开展普查工作。已收集整理古树名木314株，其中，一级古树89株，二级古树111株，三级古树114株，并将所有普查古树整理建档、拍照存档。

【退耕还林】 完成2015年度巩固退耕还林工程营造林项目5850亩，包括2300亩干果经济林和3550亩薪炭林，分布在连福镇、龙凤镇、张兰镇的10个行政村。对2002—2003年度实施的退耕还林工程资金进行兑现，共兑现资金313.67万元。本次兑现是针对退耕还林工程验收合格的部分，2014和2015年的完善退耕还林补助资金。

【村庄绿化】 2016年，介休市村庄绿化项目省级5个，分别是绵山镇东内封村、西内封村、连福镇柳沟村、洪山镇堡上村、义安镇义安村。项目通过以植树造林为主的生态建设，种树、种花、种草，结合整饰村容村貌，增加村庄绿量，提高绿化质量，改善村庄生态面貌，5个项目村共绿化村道6000米，栽植国槐、香花槐、油松、条桧、白皮松3500株，街巷绿篱500平方米，公共绿地6000平方米，项目投资33万元。

【汾河湿地公园】 2016年是山西介休汾河国家湿地公园验收准备冲刺年，为加快推进湿地公园项目建设，市政府成立由李克虎副市长为组长的介休汾河国家湿地公园管理委员会，办公室设在市林业局，负责牵头定期召开专题会、协调会，跟踪掌握工作进度，解决工作推进中遇到的各种问题。根据《国家湿地公园管理办法（试行）》的有关规定，结合实际，介休市人民政府出台了《山西介休汾河国家湿地公园管理办法》。

在湿地公园管理委员会的牵头下，通过集中整治，湿地范围内的放牧、私种庄稼、乱倒垃圾、私挖乱采等问题得到了根本改善。

（乔慧宇）

水　务

【概述】 介休市水务局是介休市水行政主管部门，担负着全市水资源统一管理、防汛抗旱、水利工程建设与管理、水土保持、水政执法、城乡供水等主要职责，是市政府主要组成部门之一。

【水资源管理保护与水资源费征收】 依法强化取水许可管理　2016年，全市审批水井2眼，其中农村生活井1眼，农业灌溉井1眼。为依法强化水资源保护，对洪山泉域保护区、地下水超采区冻结开发利用地下水审批方面重点是关井压采。对到期的市瑞兴能源发展有限公司4户洗煤企业取水许可证进行换发。开展取水许可清理，成立取水许可清理领导组，编制《介休市取水许可清理工作方案》并以介水字〔2016〕64号文件上报市政府及有关部门，下发相关取用水单位，安排部署取水许可清理工作。进行建设项目水资源论证，完成山西义棠青云煤业90万吨/年及山西介休鑫峪沟左则沟煤业90万吨/年《建设项目水资源论证报告》及《建设项目水环境影响评价报告》，并通过山西省水利厅组织审查和批复。在全市开展重点泉域内违法违规生产建设煤矿情况调查，对3个主体17个煤矿进行了调查。

关井压采，保护地下水资源　2016年5月编制《介休市“十三五”关井压采计划方案》并报市政府行文执行。根据编制方案，2015年—2020年关闭涉及10个乡镇160眼自备井，地下水压采量1450万立方米，平均每年32眼，平均地下水压采量290万立方米。

加大管理，依法征收水资源费　介休市委、市政府非常重视水资源费征收工作，副市长张卫东主持召开供水用水单位规范管理协调会议，印发《关于依法强化水资源费征收管理的通知》《介休市水资源费征收管理实施细则》，同时出台关于依法规范水资源费征收的意见，进一步规范水资源费征收工作、加强水资源费征收。2016年水资源费征收554.82万元，完成任务470万元的118.05%。

【节水灌溉工程】　兴地灌区渠道维修养护工程项目由晋中市水利局市水农函〔2015〕263号文件批复，涉及绵山镇兴地、长寿两个村，主要建设内容为渠道清淤维修2988米，对1#蓄水池清淤处理，对2#蓄水池进行维修加固，池顶采用玻璃钢瓦封闭，工程总投资75.24万元，其中省级投资75万元，兴地灌区自筹0.24万元。

连福镇西狐村抗旱灌溉工程　项目位于连福镇西狐村，由市介水字〔2016〕39号文件批复，工程投资45万元，其中省级资金40万元，村自筹5万元，主要建设内容为新建D60U型渠道4000米，埋设混凝土管240米，新建防冲池10座、农口370座、跌水20座。

宋古乡西段屯节水灌溉工程　项目位于宋古乡西段屯村，由市介水字〔2016〕39号文件批复，工程投资74.89万元，其中省级资金70万元，村自筹4.89万元，主要建设内容为新建D60U型渠道5千米，出水口100座。

介休市汾河流域生态修复工程核心段堤外节水灌溉工程　项目由晋中市水利局在8月初下文批复设计实施方案，于9月份完成招投标，工程项目包括义安镇白家堡村、中堡村、南堡村、北堡村、孔家堡村、田李村、任家堡村7个村，总面积1.252万亩，建设内容为新建引水暗渠150米，汾河堤外综合泵站1座，安装总干管两条，25.8千米，田间管道56.5千米，总投资2135.32万元，截至年底完成引汾钢砼渠道，泵房、吸水池修建、两条输水主管道、7个村田间管道等主体工程。

【饮水安全工程】　农村饮水安全巩固提升工程建设　2016年农村饮水安全巩固提升项目涉及张兰、绵山、义安3个乡镇，兴建各类农村饮水安全巩固提升工程5处，分别是强南农村饮水安全巩固提升工程、绵山集中供水改造工程、史村农村饮水安全巩固提升工程、下梁农村饮水安全巩固提升工程和桑柳树农村饮水安全巩固提升工程，资金由介休市财政投资104万元，可解决5个村、4705人、125头大畜的饮水不安全问题。

农村饮水安全维修养护项目　介休市2016年农村饮水安全工程维修养护项目35处工程，总投资98.5万元，涉及35个自然村，58226人的饮水安全问题。

介休市供水输水管道改造工程　介休市水利供水公司管道改造工程是一项更新输水管道，提高供水质量和数量的节水工程，主要建设内容为安装公称压力6公斤的PE塑管5.5千米，改善4万余居民和20多个企业的饮水质量和用水量。工程总投资210万元，其中，国补资金160万元，介休市财政投资50万元。

【水保生态治理工程】　城堡河小流域坝工程　工程系2013年淤地坝工程，属介休市黄土高原淤地坝项目城堡河流域片坝系续建工程，涉及渠池、下李侯两座中坝。总工程量10.92万方，占计划工程量(9.78万方)的112%。其中：土方10.78万方，石方1306方，混凝土70方。投工8.71万工时,总投资158万元,其中:中央投资96万元,省级配套28万元、市县配套34万元。共完成工程措施费147.95万元,独立费10.05万元。工程于2014年10月31日完工,2016年10月12日通过晋中市水利局组织的竣工验收。

介休市义棠西山小流域水土保持综合治理工程　工程水土保持综合治理面积5平方千米,其中水保林128.73公顷(油松72.6公顷,杨柳树14.03公顷,刺槐37.44公顷,侧柏4.66公顷),经济林23.7公顷(核桃),封禁治理347.70公顷。项目总投资200万元。其中植物措施费160.45万元,封禁措施费14.15万元,其他费用19.58万元,基本预备费5.83万元。工程于2015年11月30日完工,2016年11月17日通过介休市财政局、发改局和水务局联合组织的竣工自验。

【河道治理与山洪灾害防御】　河道治理　1.龙凤河　介休市龙凤河是汾河一级支流,是介休市境内最大的一条内陆河流,2013年4月13日,山西省水利厅以晋水规计〔2013〕128号《山西省水利厅关于介休市龙凤河河道治理工程初步设计报告的批复》对项目进行批复。治理长度共计5.52千米,主要进行浆砌石、跌水改造、护岸工程、河道疏浚等工程;项目批复总投资2181万元。中央投资1309万元,省级配套资金523万元,市级配套资金349万元。资金到位情况:中央资金1309万元、省级配套资金523万元全部到位;市级配套资金349万元未到位。

工程于2014年5月20日开工建设,在工程实施过程中,由于城市段拓宽占用基本农田无措施办理手续及拆迁任务较大等诸多因素,难以实施,山西省水利厅于2015年8月27日以晋水规计〔2015〕630号文件对介休市龙凤河河道治理变更设计报告进行批复,变更内容:取消原城区段治理项目长1.58千米,新增治理范围龙凤村1#跌水至河东村漫水桥下游350米,长3.1千米。10月复工建设,截至2016年底,工程投资1370万元,其中:中央资金1309万元，省级资金61万元。治理长度3.5千米,其中浆砌石堤防2.3千米、疏浚及土堤整理1.2千米。

2.兴地河　投资20万元对兴地河兴地村段进行90米的浆砌石堤防建设,45米的河道疏浚。

3.龙凤河园则段　投资11万元进行700米的清淤清障、边坡整理。

4.侯堡河　投资10万余元进行候堡泉段浆砌石堤防、河道疏浚100余米。

山洪灾害防御　在山洪灾害防御补充完善项目中,根据批复及汛前山洪灾害的要求,组织举办山洪灾害防御乡镇、村相关人员的培训2期,为期6天,200余人。组织完成10个乡镇119个村三级预案的修编。刷制宣传标语1330平方米、制作宣传栏112块、发放《山洪灾害宣传手册》2000册、明白卡2500张。

【世行贷款节水灌溉二期项目】　汾河橡胶坝引水工程　该工程是介休市争取世界银行贷款节水灌溉二期项目投资的汾河干流蓄水工程,主要拦蓄汾河地表水用于农田灌溉,总投资3902.76万元。大坝建成,库区蓄水,橡胶坝充排水泵站等附属工程配套完善,改善汾河两岸节水灌溉面积2万亩。

兴地引水工程　该工程是介休市争取世界银行贷款节水灌溉二期项目投资新建的兴地引水工程之一,总投资4291.26万元。兴地引水工程安装直径350毫米、400毫米PE主干管线27.07千米,建成两座100立方米调压池,改造旧井5眼,修建1000立方米蓄水池1座,发展管灌节水灌溉面积1180公顷。

（尹有源）

建设　环保 | JIANSHE HUANBAO

建设 环保

JIANSHE HUANBAO

城乡建设

【概述】 介休市住房保障和城乡建设局是市政府主管住房保障和城乡建设工作的行政职能部门，主要工作职能可概括为三建（城市建设、村镇建设、工程建设）、四业（建筑业、房地产业、市政工程事业、勘察设计咨询业）的管理。2016年，作为“十三五”规划的开局之年，介休市住建局在市委、市政府的领导下，紧紧围绕年初制定的工作目标，针对新常态下的经济发展方向，积极探索新思路，求新求变，攻坚克难，针对老百姓关注的、事关长远的建设任务，抓住重点、突破难点、服务民生。一年中，介休市城市基础设施建设进展顺利，村镇建设稳步推进，住房保障逐步完备，房地产市场监管有序，工程质量安全监督进一步加强。

【市政工程】 塔西巷、经五路、经十路北、经十路南及林宗路工程建设，道路总长约4.3千米，投资额约8267万元；西南排干改造工程（大众路至北坛西路）全长5441米，总投资11289.9万元，2016年3月开工建设，一标段毛石混凝土挡墙完成2300米，箱涵完成60米，完成投资900万元；二标段毛石混凝土挡墙完成520米，箱涵完成50米，完成投资380万元。介休市城市电网改造完成8千米，分为三个标段（纬二路、石河站出线走廊、定阳路等11条路）。绵上大道，正在进行土地指标400余亩的报审工作，并完成方案2.85千米施工图设计，剩余8千米施工图设计完成80%。车站广场、烈士陵园、政府广场改造工程、东大街、南水门两处停车场、朝阳路便民市场等小微工程全部完工。编制和修订城市防汛应急预案，排洪干渠、清淤清障1700米，清淤泥3200立方米，对泵站所有设备全部维修、保养，制订2016年城市防汛工作，成立5支抢险应急队伍，并储备了充足的防汛物资，实现城区安全度汛。

【城市亮化】 2016年，根据城区主干道与支干道的分布特点，合理划分维护管理片区，认真研究检修路线，针对部分片区因线路复杂、道路施工、迁拆等特殊情况所导致的路灯设施故障率、损坏率较高的地方采取重点巡查。积极主动与社区联系，并向社区留存路灯报修报障电话，方便社区居民及时反馈情况，保证小街小巷亮灯率。对高架桥、史公塔等进行亮化。

公共服务事业

【城市供气】 2016年，全年新安装煤气用户508

户,总户数达49238户,新建供气管网7.1千米,改造网6.35千米,全年投资345.14万元;全年新安装天然气1669户,总户数达4473户,天然气新建供气管网15.7千米,全年投资867万元。

【城市供热】 2016年,全市新建供热管网2.5千米,换热站4个,新建1台150吨锅炉及全封闭煤仓,新增供热面积50.1万平方米,供热面积约达802.9万平方米,全年总投资8785.22万元。

【城市供水】 2016年,全年售水量达484万吨,其中:集体户131万吨,居民户有表户331万吨,居民户无表户21万吨,特种行业1万吨。全年新建、改造管网1380米,投资32万元。其中:汾秀公园DN(直径)110PE(聚乙烯塑料)管155米,纬四路DN160PE管165米,绵山一中DN110PE管565米,经十一路DN200PE管70米。全年更换水表328块,新增卡表(市政公司)47块。

【保障性住房】 为避免增加新的保障性住房闲置,按照保障性住房建设与城中村改造相结合的思路,对宋古乡宋古村北区一期工程17170.76平方米、170套;宋安村城中村改造14224平方米、138套;城关乡郭家村拆迁安置项目5534平方米、54套;罗王庄城中村改造6600平方米、60套;城关乡下庄村村民住宅8987.52平方米、92套纳入城市棚户区改造2016年计划。市影视广场片区棚户区改造171户,拆迁面积20450平方米,朝阳路棚户区改造103户,拆迁面积10209.8平方米,积极推进货币化安置,有127户实现货币化安置。对建成的经适房通过城市棚户区改造、采煤沉陷区治理、地质灾害沉陷区治理和工业园区卫生防护距离不够的安置房搬迁四种方式进行消化去库存。确定永康采煤沉陷区784套、安康采煤沉陷区852套,分别安置赵家窑、红崖湾713户和义棠镇郭壁村774户。

【村镇建设】 2016年,组织10个乡镇对1000户进行申报、改造、验收工作,同时协同乡镇用两个月时间对市"十三五"期间计划改造的2467户贫困户进行网上标注。争取中央资金300万元对张壁、南庄两个村落进行保护并列入全国传统村落保护范围,完成配套资金208.3万元的基础设施建设。积极推进绿色村庄创建活动,坚持因地制宜,统筹推进,将绿色村庄创建与环境整治、村庄美化和农民增收相结合,坚持尊重自然、突出本土特色,充分利用村庄闲置空地,结合废弃棚圈和旱厕等级改造整治,运用乡土树种和生态方法营造乡村景观。申报连福镇船窑村、绵山镇陶家庄村为省级绿色村庄。张兰镇区域集中排水工程建设起止年限为2016年1月—2017年12月,总投资700万元。20个村污水处理项目建设起止年限为2016年6月—2019年6月,总投资4亿元。石场坊迁村移民建设起止年限为2015年3月—2016年12月,总投资8000万元。义安镇建设重点是东大期村至霍宋线连接段改善提质,工程建设总投资47万元。

【建筑市场管理】 打击违法分包转包检查9个项目、治理拖欠工程款和农民工工资专项检查37个企业,共接访31次,接市信访案件20余起,人员988人,涉及拖欠工资约2000余万元,到信访局接访50余起,人员436人,涉及金额约1500余万元。全年核发施工许可证24个,其中补办11个;监理合同备案18份,其中补办4份;投标担保合同备案19份,履约担保合同备案2份,业主支付担保2份;上报省厅换发新版资质证10个。受理建筑工程招标项目13项(含监理项目),面积7.18万平方米;办理自主发包工程6项,面积3.03万平方米。按照招标投标法律法规的要求,公开招标的工程招标率达100%,杜绝规避招标和场外交易的现象。受理50万元以下国有投资零星项目3项。

【建筑节能】 2016年,全市新增节能建筑面积19.6万平方米,累计节能建筑面积176.5万平方米;工程勘察、设计合同备案共计19项,备案率100%;办理

《民用建筑节能规划设计方案意见书》21份，共计17.61万平方米；房屋建筑施工图审合格备案项目12项，合格率100%；工业建筑施工图审查备案2项；办理《建筑节能设计认定书》12份，共计13.14万平方米；新建居住建筑65%，节能标准施工阶段执行率达100%，新建公共建筑65%，节能标准施工阶段执行率达100%；办理《建筑节能专项验收备案证书》12份，共计19.61万平方米。全市可再生能源建筑应用主要形式是太阳能和土壤源热泵。2016年，太阳能光热建筑一体化项目共计建设34.37平方米，其中信合苑东区19.37万平方米、盛华丽园C区8.74万平方米、宏顺东苑3.02万平方米、交通花园3.24万平方米；土壤源热泵项目共计建设36.88平方米，其中宏顺综合楼4.33万平方米、益金商务大楼1.4万平方米、介休市人防1301工程2.1万平方米、介休市人民医院7.4万平方米、山西介休文化中心8.65万平方米、绵山墅13万平方米。

【房地产市场管理】 2016年，共办理商品房预售许可证3件，批准预售面积29261.53平方米，其中住宅面积20484.54平方米，商业用房面积8776.99平方米；办理预售许可延期18件，核发商品房现售备案证4件，准现售面积41855.976平方米，其中，住宅15579.32平方米，商业用房面积22807.456平方米。商品房买卖合同备案1922户，合同备案率达到100%。产权发证，全年度共办理各类房产交易手续804户，成交建筑面积8.2万平方米，成交额2.07亿元，收取交易手续费30.52万元，其中：存量房612户，建筑面积6.1万平方米，成交额1.36亿元，交易费25.75万元；新建商品房192户，建筑面积2.07万平方米，成交额0.71亿元，交易费4.77万元。抵押登记全年办结1833件，其中：预抵押登记952件，他项权利抵押登记390件，注销登记396件，查档案622件，整理档案1607件。受理物业服务投诉14起，建立物业服务投诉接待记录及调处台账，由专人负责投诉受理工作。配合消防队对全市17家物业服务公司所辖的21个高层住宅小区进行消防安全检查，组织23家物业公司开展消防安全培训。归集维修资金1380.3万元；维修拨付42.97万元。办理物业服务资质延期6家（凌云、安泰、城建、锦程、鸿达、亚泰苑），变更企业名称和法人1家（裕华），注销物业服务资质1家（汾矿），办理暂定资质3家（蓉和园、裕康、洪益）。

【质量安全监管】 2016年，介休市住房保障和城乡建设局办理建筑工程质量监督申报注册手续18项，共计约10.3万平方米，交验工程合格率100%；办理建筑工程竣工验收23项，共计约13.1万平方米；受监项目共计33项目；全年继续推行工程质量终身责任承诺书、质量责任信息公示牌和竣工后永久性标牌制度，建立项目负责人质量终身责任信息档案。严格执行见证、取样、送检制度和伴随送检制度，检测各项工作均严格按照国家有关试验规范实施检测，确保不合格建筑材料不进现场。全年办理安全备案手续18家，三类人员初审、延期共187人，安全生产许可证延期、变更6家，特种设备登记备案塔吊11台，施工电梯8台。对全市办理施工许可证的在建工程进行安全生产大检查，出动120余人次，共查30个项目，查出隐患218条，无重大隐患，下发隐患整改通知单20份，整改率100%。通过远程视频监控信息平台，在重大节日、重要会议、特殊季节、恶劣天气到来和施工高峰期之前及时以信息方式提醒各施工企业做好安全生产工作部署，全年共发布信息15条。2016年质监安全监管工作荣获“山西省优质结构工程”“晋中市优质结构工程”各1项。

（闫 丽）

介休市供水有限责任公司

介休市供水有限责任公司于2004年11月由原介休市自来水公司改制组建而成，是一个集城市供水、供水工程安装为一体的新型股份制供水企业。2016年，公司有在册职工158人，其中在岗146人，非在岗12人。内设业务科、监察科、计量科、供水调度科、工程技术科、计划财务科、综合办公室、安装队，六科一室一队，下设龙头水厂、谢峪水厂两个大型水厂，两水厂占地面积为11000平方米，其中2000立方米调节池4个，加氯消毒设备2套、深井6眼。

公司始终以“安全供水、优质服务”为工作宗旨，不断加大供水设施资金投入，逐步形成90余千米的城市供水主管网。为使水质达标，公司投资100余万元，成立水质检测中心，更新了化验场地，购买了省内最先进的水质化验设备。为保证供水，公司还投资80万元，上马“三遥”供水监控系统，不仅对供水系统进行合理调度，而且还对供水管网进行监控，杜绝了跑、冒、滴、漏现象的发生。投资1500万元对全市老、旧管网彻底更新，累计达24千米。水表检定中心和收费大厅的先后启用让公司更优质的服务于群众提供了新的平台。公司还对供水办事流程、供水价格及类别、供水服务承诺进行公布，出台首问责任制，限时办结制等各种管理制度。公司改制以来，多次被评为“城市建设先进单位”“行风优良单位”等。

2016年，总售水量达4842888吨。其中：集体户1314664吨，居民有表户3305808吨，居民无表户209813吨，特种行业12603吨。全年投资32万元，新建、改造管网1380米。其中：汾秀公园DN110PE管155米，纬四路DN160PE管165米，绵山一中DN110PE管565米，经十一路DN200PE管70米。此外还对维群新都、国新能源煤化公司、残联大楼、妇幼保健站、中石化加油站、绵山一中、韩屯村委、监察大队朝阳路便民市场、汾矿工贸新建加油站等9处新建用水户进行接水。全年共完成水表抄见量4926830吨。更换水表328块，新增卡表（市政公司）47块。编制预决算27份，编制西南排干上水改造工程，介纺社区、电杆厂、铁路小区、交警一中队一户一表改造工程的施工方案。

水质监测管理 9月28日至29日省专家评审组通过听汇报、盲样测试、资料调阅等方式对公司化验室11个方面进行全面测评，并于11月15日被评定为“山西省供水企业Ⅲ级水质检测实验室”。10月10日，根据国家有关要求和相关规定，公司水质监测中心在工商局和税务局办理了相关登记手续，并成立“介休市鑫源水质检测有限公司”。为提升化验室水质检测能力，建成功能齐全、设施完备、安全环保的水质检测实验室，公司投资25.46万元购买了两台大型精密仪器以及玻璃仪器和化学试剂，其中15万元购买了离子色谱仪用于实现硫酸盐、磷酸盐、氯酸盐、亚氯酸盐、硝酸盐、亚硝酸盐、溴酸盐、溴离子、氟化物、氯化物等10个项目的检测；以旧换新购买的气相色谱仪，用于检测四氯化碳、三氯甲烷两个项目。12月，普析通用公司的工程师针对原子荧光光度计和原子吸收分光光度计的石墨炉法进行了调试培训。12月27日，通过晋中质监局技术人员来公司实地检定，公司14台仪器仪表全部合格。自此，2016年新增的10个项目全部可以开展检测。在检测水样日检中公司化验人员每日对水源水、出厂水、城区管网水、管网末梢水进行常规10项抽样检测；月检中共28份水样送晋中天湖水质检测有限公司进行42个项目的检测；在12月28日的年检中，采样人员分别对两个水厂的出厂水进行采样，并送国家城市供水水质监测网太原监测站进行106个项目的检测。通过以上检测，水质合格率均达到98%以上。全年对35个小区二次供水水池进行采样检测，合格率达到100%。

（任姝楠）

城市管理综合行政执法

【概述】 2016年，介休市城市管理综合行政执法局围绕“为人民管理城市”的工作理念和“构建大城管、实现大治理”的工作目标，通过深化执法体制改革，重树了公正、高效、文明的城管执法形象；通过开展环境综合整治，取缔了市区范围的占道摆摊和店外经营；通过制止违法建设，实现了违法建设的“零容忍、负增长”；通过推进数字化城管，建立城市管理快速反应机制，开启了城市管理工作全新局面。

【执法体制改革】 综合执法局认真贯彻落实党的十八大和十八届三中、四中、五中、六中全会精神，发挥先行先试的引领示范作用，从队伍管理、法制保障、指挥调度、监督考核等方面适应模式、创新举措，把涉及住建（市政）、规划、园林、环卫等方面的“专业执法”模式调整为“条块结合、以块为主”的“综合执法”模式，革除了推诿扯皮、多头执法等执法之“弊”，实现整体优化、效能提升等执法之“利”，进一步理顺了执法体制。内部选拔3名工作能力强、责任心强的事业编制干部担任副大队长，协助大队长负责大队日常事务管理及城管执法工作。在中队原有大部门制执法构架的基础上，整合为9个中队（4个综合执法中队、1个规划巡查中队、3个巡逻中队、1个机动中队）。

【开展环境综合整治】 综合执法局日常负责街道两侧及公共场所市容市貌管理，全体执法人员放弃双休日、节假日，并且延长工作时间，从每天早7点到晚22点通过轮班作业、蹲守监控等措施，填补空白时段，消除管理盲区，加强市容管理。基本取缔市区主要街道的乱贴乱画、乱挂乱晒、乱堆乱摆、乱停乱放非机动车、乱设摊点、店外经营和损坏绿化设施等违法违规行为，逐街道、逐门店 、逐摊位下发《关于进一步加强城市管理的通知》（介城管发〔2016〕14号）4700余份，取缔摆摊设点2500余起，取缔店外经营3000余起，取缔汽修、门窗加工等占道经营700余起，撤除违规挂设牌匾灯箱1419个，撤除随意挂设条幅电线466处，取缔人行道摆放墩布、晾物架、货物等违规行为3822起，纠正在公共设施、树木上钉钉、牵挂绳索等违规行为3189处，取缔违规设置音箱535个，拆除占道停车墩架1418个，劝阻违规停放行为20000余起，摆放非机动车7140辆；查处违规举办庆典活动14起，倾倒建筑垃圾86处、700余方；办理一般程序行政处罚案件514件，罚款137.29万元。

【数字化城市管理】 介休市数字化城市管理平台共采集市区规划区（59平方千米）内的5大类70项部件和6大类58项事件信息，连接着270多路视频监控资源和60个移动终端，并链接网络举报界面和投诉热线，形成了数字化城市管理“大数据”中心，实现了30个城市管理部门和20个责任网格的实时联动，信息采集员每天在辖区至少巡查4次，及时发现、快速通报、动态处置各类城市问题（特别是噪音扰民、占道经营等多发性违法违规行为，查办过程压缩在1分钟内）。2016年共采集上报案件16363件，结案率达90.6%，构架起了“指挥在机关、执法在中队、服务在网格”的长效管理机制，实现了城市管理的信息化、精细化、动态化。

【制止违法建设】 按照“违章建设重在预防”的思路，通过逐户发放宣传资料，出动宣传车进行流动宣传，设立举报电话7222801，扩大群众知晓率和参与面，增强市民依法守法的意识。执法中队在日常工作中，加强巡查、控制力度，特别是在夜间采取轮流值班、蹲守监控的方式，实现了24小时全天候监管。在查处过程中积极推行“谈心式+说理式”的执法模式，本着“自拆、助拆为主，个别强拆为辅”的原则，2016年共制止违法建设58户，下发停工通知书106份，协调函26份，组拆除违章建筑1400余平方米。

（杨国庆）

城乡规划

【概述】 2015年4月，介休市规划和城市管理局成立，2016年，紧紧围绕市委、市政府的工作大局，坚持“科学决策、阳光规划、规范管理、文明执法”的工作理念，加快规划编制步伐，强化城市管理力度，提升服务水平，扎实推进城乡规划和城市管理各项工作。

【规划编制】 2016年3月，由上海同济城市规划设计研究院编制的总规修编通过专家评审，在介休市政府门户网站和介休报进行公示，规划最终方案进入院审阶段。北部新城和旧城区控制性详细规划，电力专项规划、通信专项规划进行文本编制中,并批复宋古村、三道河、西靳屯、绵山公园东四个片区规划,金融路铁四处南和亿联国际片区规划进行初审。编制完成道路专项规划修编与城市地下管线综合规划成果,待总规批复后评审。采煤沉陷区治理规划通过专家评审。历史文化名城名村规划完成,张壁待评审,南庄待批复。

【规划审批】 2016年,全局共组织召开建设项目专家评审会8次、选址论证会3次、片区规划评审会4次,编制划拨、出让土地规划条件20件、规划设计要求7件;审批城区内门头牌匾广告71项,并对2项外立面整体装修和1项外墙粉刷做出规划许可;核发《建设项目选址意见书》8件、《建设用地规划许可证》21件、《建设工程规划许可证》9件、《建设项目规划竣工认可证》7件。

【市政工程】 2016年规划地下管线普查,累计长度1500千米,开展数据入库前的审定工作并建立地下管线信息系统平台;完成供热公司150吨锅炉建设、换热站4个、新建集中供热管网2.45千米,新增供热能力200万平方米、供热面积50万平方米;规划污泥资源化利用项目,完成项目备案、污泥资源化利用工程项目可行性研究报告,完成投资677.9万元;完成规划污水厂提升改造工程项目备案、污水处理厂提升改造工程项目可行性研究报告,建设规模3万吨/日,增加变频器、增高出水堰,投资总额5404.18万元,完成投资385万元;规划中水回用工程管网建设项目(污水处理厂配套工程,中水主要用于城市景观用水和工业用水),管网全长41280米,总投资5116.20万元,完成建设37580米,投资4000万元。

全力做好"供气、供水、供热"安全监管工作。根据《介休市加气站布点专项规划》,截至"十三五"末,全市规划加气站24家,2016年建成加气站5家,其中投入正常运营3家(山西国化朝阳路加气站、介休市畅通路桥公司畅通加气站、介休市毅腾加气站),建成完善手续2家(天标、宏锐、永兴加气站现准备申请燃气经营许可证);全年共计打击非法经营、销售、运输液化气案件9起,查封处理非法加气站1起,行政处罚立案4起,移送相关部门处理5起,现场教育1起,回收超期液化气瓶、报废气瓶共计5000多个,置换新型智能液化气瓶9000余个;开展安全生产大检查50余次,发现安全生产不规范行为及隐患30余处,查处非法储存、运输、销售液化气行为两起,移交相关部门处理;对LNG/CNG加气站累计检查20余次,对手续不全存在非法运营的加气站进行现场贴封处理。对供水公司进行常态化安全检查10次,配合市局检查组巡查1次,下达有关安全通知4份,整改率100%;为进一步提升水质检测能力,根据供水企业实际监测能力,验收通过供水公司三级水质实验室标准申报;针对居民用户在供热期所反映的供热不暖等问题,与供热公司及相关社区及时进行有效的协调解决,安排专人每天对供热公司一次网、二次网进出水温度进行实时监测,并组织专人做好入户检查温度工作,共计协调解决供热不暖等问题100多处。

根据《介休市城乡环境综合整治攻坚行动实施意见》(介办发〔2016〕28号)、《介休市环境卫生整治标准》(介办发〔2016〕29号)文件要求,积极开展城区环境综合整治攻坚行动,制定广告整治标准《关于开展城市户外广告和门头牌匾整治的公告》(介规管字〔2016〕16号),拟定10条公益广告内容。局领导带队对体育路、裕华路等进行环境卫生整治,下发整治通知单450份,并全部整改;督促完成免费停车场所2处,拆除破损及隐患广告牌匾200余块。在开展城区环境综合整治的同时积极帮助连福镇关子岭村、沙堡庄和绵山镇万果村开展环境整治,全局抽调党员干部入村清理路边杂草、煤泥、垃圾,联系乡政府、企业投入资金15000余元,栽植冬青400余颗。

配合交通局做好公共交通规划编制及公共自行车系统规划建设;配合教科局做好城镇中小学校幼儿园建设专项规划编制;会同住建局拟定《介休市城区雨污分流改造实施方案》。

【测绘工作】　2016年共完成测绘任务约100余项，其中包括21处用地规划图的测量，13项地形图测绘，20项工程放、验线，26项实测，19项土地出让和报地前的测绘工作。

（张　晓）

城乡投资建设

【概述】　介休市城投公司紧紧围绕“建设美丽介休、创造美好生活”的目标，依托市委、市政府赋予公司的主要任务，推崇“创新、专业、诚信、负责”的发展理念，在城市建设中担负起了主力军、主载体的重要作用。2016年，公司加强廉政建设、全面推进项目建设和文明建设。

【廉政建设】　2016年，城投公司认真贯彻落实中共中央《关于在全体党员中开展“学党章党规、学系列讲话，做合格党员”学习教育方案》的精神要求，按照市委、市政府统一部署，公司立即认真组织传达学习，结合公司实际情况，精心部署，认真抓好发动动员、组织安排学习等各项工作，确保学习教育有力、有序、有效推进，完成了阶段性目标任务，学习贯彻党风廉政建设会议精神，最根本的是把以人为本、执政为民的理念贯彻落实到我们国有企业党风廉政建设和反腐败斗争之中，贯彻落实到城投安全生产工作之中。

【项目建设】　介休市电子商务产业园总投资280万元，共有50家企业201人入驻。其中8人以上企业17家139人；8人以下企业、团队33家62人。有72名会员的介休市移动电子商务协会也入驻该园区。

【文明建设】　根据市政府有关文件要求，采取“镇指导、村实施、村企联动、群众参与”的方式，公司领导高度重视此次专项环境整治行动，立即成立以总经理宋建兵为组长的扬尘治理专项行动领导小组，领导小组下设梁志伟负责领导小组，通过加强组织领导，确保扬尘污染集中专项整治行动有序、高效地进行。

通过城投公司和中街村不断加大村环卫人力、物力和相关配套设施的投入，形成人人动手、户户参与的局面，把建设项目工地扬尘整治工作落到实处。经过一段时期的高效治理，建设项目工地周边大气环境得到明显好转，改变了过去漫天扬尘的污染局面，扬尘整治工作取得显著成效。为深入推进生态文明的美好乡村建设奠定坚实的基础。

（郭启利）

园林绿化

【概述】　2016年，介休市园林局坚持科学规划、品质建设、精细管理的原则，围绕全年重点工作目标，不断提升园林绿化品质，全年共新增绿地面积15.1万平方米。全市建成区面积20.5平方千米、建成区人口18.6万人、园林绿地总面积676.8万平方米、公园绿地169.1万平方米、绿化覆盖面积771.5万平方米、绿地率33.01%、绿化覆盖率37.6%、人均公园绿地9.09平方米。

【增绿扩量】　公园广场小游园绿化　2016年园林局对湿地公园继续进行提档升级建设，改造亲水平台1座；新增1所五星级公共卫生间；铺设1200米木栈道1条；修建100平方米的小木屋1座，供游客观赏、休憩；为保证公园安全管理工作，沿湿地公园边界安装护栏网3630米，在公园内湖面周围设仿木围栏2003米。9月，对政府广场绿化进行立体绿化，栽植金枝槐、金叶榆、云杉等乔木116株，丁香球等灌木52株，绿化面积达900多平方米。政府广场绿化工程在美化环境的同时，成为市民休闲娱乐的活动场所之一。10月下旬，对南门桥引道两侧裸露在外的挡墙进行立体护坡升级改造，护坡栽种白皮松、云杉、法桐等树种620株，胶东卫矛、金叶女贞等绿篱、色带植物1.77万株，宿根花卉八宝景天1900株，草坪1743平方米。

道路绿化　经一路栽植胸径8—10厘米国槐285株，绿化1.1万平方米。经十路补栽国槐、紫叶李、碧桃等乔木9种346株，灌木榆叶梅、丁香、女贞球120株，绿化0.23万平方米。

单位庭院绿化　武装部办公楼绿化0.42万平方米，华都村镇银行楼前绿化0.27万平方米。祥和家园绿化1.78万平方米，信和苑二期绿化1.17万平方米，盛华丽园C区绿化1.93万平方米，绵山别墅绿化2.9万平方米，宏顺东苑绿化0.28万平方米，兴方舍0.9万平方米，中鑫东苑0.2万平方米，绵铁小区0.23万平方米，嘉和苑南绿化0.2万平方米。

【加强管养】　2016年，根据绿地墒情年内补水3次，补水量近5万立方米。草坪修剪7次，累计过剪面积300多万平方米。色块修剪7次，累计过剪面积150万平方米。绿地树木抹芽除萌5次，灌木造型两万多株，人工除杂草6次，累计除草面积100万平方米。积极做好病虫害监测和防治工作，针对病虫害进行防治，出动打药车30余趟，共计用农药原液150公斤。同时通过清理积存的树叶、翻晒树穴消灭虫卵，挂防虫贴诱捕害虫。针对部分低温不耐受的树种如法桐等采用无纺布进行缠绕主干、包裹全株等措施保护过冬。针对杨柳树春季飞絮问题，采取打孔、针注“植缘”7000支，促进树体营养生长、打破花芽分化，控制飞絮。

【环境整治工作】　公共卫生　2016年介休市园林局对公园、广场每天进行大扫除，清理绿地内枯枝叶、杂草、杂物。及时发现并挖除死树(北坛公园、世纪广场全年清理存在安全隐患、生长不良及死树58株)。清除水面漂浮杂物并撒石灰消毒，对地面口香糖、水泥块进行了清理。清理树上乱挂牌3块，加强厕所卫生保洁，规范自行车摆放。树干涂白，共涂白树木近3万株。共处理遮挡路灯和交通指示牌的树木40余处。连接线清理死树6株，下垂枝58棵。

公共设施维护　及时移除存在安全隐患的健身设施。油漆座椅、广告牌、护栏。安装配备垃圾箱18只、条椅10支，更新宣传栏，高速口广场悬挂公益性广告牌4块。安排施工队伍对妙应塔周围、史公塔平台下沉路面、破损园路、脱落的大理石板进行修补，共计修补160余平方米。为政府广场安装门栏、八仙广场延伸大门护栏3.5米。对新城公园景观墙进行粉刷，破损井盖、取水阀、健身器材、厕所管道、次入口大门进行更换维修。琉璃大道水系电路共计检修11处，喷灌设施更换电磁阀1个，维修喷头5处，更换立方灯箱2个。部分公园广场安装维修配电箱并更换老化线路，维修园路灯80余盏。改造园路灯64盏。

补植补种　2016年，公园广场补栽白皮松等乔木1556株、绿篱灌木22000余株、花灌木18株、月季136平方米、草花近80平方米、草坪近500平方米，主要有：八仙广场补植白皮松6株。高速口广场补栽白皮松9株、侧柏1500株、女贞500株、卫矛500株。东城公园补栽冬青9000株。湿地公园补栽绿篱共计600余平方米，栽植龙爪槐12株、国槐8株。北坛公园绿地改造507平方米，其中，规整草坪、补种草坪381平方米，移栽月季106平方米，移栽麦冬20平方米。新城公园对园内长势不好的草坪进行补植补种，并增加了50余平方米草花，补栽白皮松20株、白蜡1株、连翘5株、榆叶梅11株、贴梗海棠1株、小叶黄杨球1株，月季30余平方米。纬二路、三贤大道等15条道路，东站广场等游园广场，进行了补植补种工作，栽植白皮松、油松、碧桃等21种苗木。

草花摆放　在全市各主要街道、公园广场、交通节点摆放盆花40万盆。增添大型榕树盆景4盆，设计摆放3组立体组合花柱及孔雀造型花坛，摆放玻璃钢花盆89个，引入立体花坛“草雕”。

树穴覆盖　9月23日，介休市城区树穴覆盖工程开工，11月中旬完工。共铺设东西南北大街、东站、北坛公园、世纪广场等15条街道4个公园、5个广场合计共计3536个，其中草坪砖铺设树穴369个，卵石树穴覆盖3167个。

【安全管理】 2016年，介休市园林局始终坚持“安全第一、预防为主、综合治理”的方针，针对不同季节、时期的特点，制订了安全生产工作计划、消防安全预案以及防涝抗灾抢险预案，实行日常安全防火考核及突击检查相结合的方式，对公园、广场、道路绿化、施工工地等进行安全考核和检查，并组织开展安全生产大检查，尤其重视园林工程安全、文明施工管理。

加强各公园、广场设施及用电、用火、水域安全，特别是加强湿地公园湖面安全的宣传、检查力度，消除安全隐患。7月29日组织职工在湿地公园开展游人落水急救演练，以增强各部门应对紧急情况的处置能力和协调能力。

（宋碧绿）

环境卫生

【概述】 介休市环境卫生管理局是主管市容环境卫生管理工作的政府所属部门，为正科级自收自支事业单位，有职工共计1000余人，其中正式职工219人，临时工800余人，下设10个部室：党群工作部、政务工作部、纪检监察部、清费监察部、后勤保障部、城市设施管理部、农村环境卫生综合整治部、清扫公司、清运公司、特种垃圾焚烧厂。环卫局承担着城市规划区范围内8.2万吨生活垃圾清扫、收集、运输工作，担负着全市主次干道、小街小巷共计640余万平方米的道路清扫保洁任务，肩负着介休市火车站广场、介休市东站广场、介休市三贤广场的监督管理和全市市容环卫监察工作。

市环卫局积极响应介休市委、市政府的建设目标，以“强化管理、优化服务、美化市容、净化环境”为宗旨，大力推进环卫作业科技化、高效化改革，使全市环卫服务的运行管理水平、科学技术含量、整体服务能力有了大幅度的突破。

【道路清扫保洁】 随着城市建设速度的加快，城市规划区面积不断扩大，2016年城市清扫保洁面积增加到640余万平方米。配置清扫保洁作业人员516人、管理人员23人。配置大型专业作业车辆13台，其中：洒水车3辆、洗扫车3辆、干扫车4辆、吸尘车1辆、公路干扫机2台。市区道路机扫率达到了67.4%，洒水率达到了59.2%，在全晋中地区处于领先水平，“以机扫为龙头、人机配合、全方位、立体化”的道路清扫保洁作业模式已基本成熟，并在省、地两级评审中取得了优异成绩。其中金融西路成功创建省级保洁示范街道、新华北街成功创建省级街景容貌示范街。

【城市垃圾收运】 “上门收集、流动收集、桶装收集”相结合、“压缩转运、密闭运输”为主线的作业模式已全面成熟，2016年全市产8.2万吨生活垃圾中，清运率达到了100%，无害化处理率达到了100%，作业指标和科技化、专业化程度在全晋中地区处于领先位置。配置司机80人、装卸工86人、基层管理员34人。配置作业车辆79台，其中：装载机3台、压缩式垃圾收集车6辆、大摆臂式垃圾收集车9辆、小摆臂式垃圾收集车9辆、力帆车11辆、农用收集车11辆、垃圾转运车2辆、上门收集车28辆。

【生活垃圾处理费征收】 为了有效缓解环卫经费不足的矛盾，按照国家有关垃圾处理产业化的政策，环卫局于2005年经晋中市物价局批准，在全省率先开征了生活垃圾处理费。开征10余年来，“委托代收、代扣代缴、自行收缴”相结合的征收模式已日臻完善。2016年实现收费920万元。

（左　鹏）

环境保护

【概述】 2016年，环保工作在市委、市政府的正确领导下，在上级环保部门的支持指导下，全面实施监督管理，把环保工作融入社会发展大局，坚持在发展中保护、在保护中发展，为经济平稳较快发展固本强基，为人民群众提供干净的宜居安康环境。

【空气监测】 介休市城区设大气环境质量监测2个点位、共监测6个主要项目，即：PM10、SO_2、NO_2、CO、PM2.5、O_3。2016年1—12月全市环境空气质量综合指数8.37，环境空气质量日报（2016年1月至12月31日，共366天，其中14天故障）有效天数352天，其中一级天数23天，二级天数177天，三级天数107天，四级天数17天，五级天数17天，六级天数11天，优良率为57.0%。较去年同期优良天数下降原因分析：上半年有14天因停电等故障导致无监测结果，系统默认为无效天数，纳入二级以下天数计算；因监测设备故障、仪器带病工作、操作人员操作不规范、SO_2，NO_2，CO样气（标准气体）过期等原因，导致2016年1—5月环境空气质量监测结果失真，此问题已经晋中市环境保护监测站于2016年3月15日检查发现，介休环保局监测站已于2016年5月底整改完成，并以介环函〔2016〕168号文上报晋中市环境保护监测站整改结果。经2016年6月监测结果显示，整改后6月份有效天数为30天，二级以上优良天数达25天。六项主要污染物中SO_2平均排放浓度值为88.4微克每立方米，NO_2平均排放浓度值为26.8微克每立方米，PM10平均排放浓度值为105.5微克每立方米，CO平均排放浓度值为2.9毫克每立方米，PM2.5平均排放浓度值为72.8微克每立方米，$O_3$8小时值超标个数38个，年超标率为17.3%。

【水监测】 2016年1—6月介休市汾河断面水样由省站进行采集并分析。根据上级通知，2016年7月开始由介休市环境保护监测站采集分析并上报，采集点位为两个入境水质：南姚村文峪河断面、孝义排洪渠；一个出境水质：桑平原。监测项目为化学需氧量、氨氮。2016年7—12月汾河断面入境水质南姚村文峪河断面化学需氧量平均值63.6毫克每升，氨氮平均值为4.5毫克每升；入境水质孝义排洪渠一直处于断流状态，无法监测；汾河断面出境水质桑平原化学需氧量平均值为42.3毫克每升，氨氮平均值为7.8毫克每升。2016年1—10月扣缴生态补偿金780万元，主要原因：①介休市开展汾河治理工程，属省级重点水利工程，一期工程于2012年12月开工，二期工程正在建设，工程内容为清障、防洪、清淤、筑堤同时建设三个湿地项目。建设施工导致水质发生较大变化。②汾河介休段有三条河流汇入（文峪河、磁窑河、龙凤河），文峪河和磁窑河位于介休市地表水跨界断面水质考核取样点上游，由吕梁市进入介休市。

介休市环境保护监测站对2个城市饮用水站（龙凤水站、兴地水站，每月一次）和10个乡镇饮用水站（每半年一次）进行监督监测。自2016年9月份开始，监测项目由23项增为24项，新增项目为溶解性总固体。从数据分析可知，城市和乡镇饮用水均达到《生活饮用水卫生标准》（GB5749—2006）标准要求，且均符合《地下水质量标准》（GB/T14848—93）中的Ⅲ类水质标准。

【污染减排】 全年二氧化硫削减1490吨，完成削减比例7.2%；氮氧化物削减1646吨，完成削减比例14.1%；化学需氧量削减412.58吨，完成削减比例6.67%；氨氮削减55.895吨，完成削减比例7.13%。四项污染物减排任务全部完成。

【农村与生态环境保护】 农村生活污水治理试点县建设　2016年介休市被确定为山西省农村生活污水治理试点县，按照省厅要求，《介休市农村生活污水综合利用实施方案（2016）》修订完成，介休市人民政府予以批复并报备省厅，正在编制《介休市农村生活污水综合利用项目施工设计》。

农村生活污水防治项目建设　介休市2014年农村生活污水防治项目共4个，2015年底已建设完成，2016年进入竣工验收、完善资料、待批复阶段；2015年农村生活污水防治项目共3个，张兰镇穆家堡村项目建设完成，龙凤镇南庄村项目完成任务的60%，城关乡罗王庄村在进行前期准备，未开工建设。

传统村落环境保护项目建设　介休市龙凤镇张壁古堡传统村落环境保护项目完成任务的70%，介休市龙凤镇南庄村传统村落保护项目正在编制实施方案。

矿山生态环境恢复治理工作 矿山生态环境详细调查资金省厅已拨付，按照省厅要求，开展前期工作。

【大气污染防治】 2016年，介休市印发《介休市人民政府办公室关于印发介休市大气污染防治2016年实施方案的通知》《介休市人民政府关于印发介休市2016年环境综合整治实施方案的通知》。

焦化行业脱硫提标改造 山西安泰集团股份有限公司、山西宏安焦化科技有限公司脱硫提标改造工程完工验收监测准备验收；山西介休三盛焦化有限公司脱硫提标改造工程完工准备验收监测；山西茂胜煤化集团有限公司脱硫提标改造工程正在实施；山西省焦炭集团益隆焦化股份有限公司、山西省焦炭集团益兴焦化股份有限公司脱硫提标改造完成招标并签订合同，开工建设；山西路鑫能源集团有限公司、山西介休大佛寺煤业有限公司脱硫提标改造签订合同并开始实施改造。

机动车检测线治理 介休市两条机动车检测线于6月与资质公司签订《废气抽排系统购销合同》，并投入运行。

VOCs治理 介休市鑫红旗汽车销售服务有限公司等9家完成烤漆房VOCs(挥发性有机物)治理，并通过环保备案。

燃煤锅炉整治 淘汰3家4台14蒸吨。因供热管网未全部覆盖，距全部淘汰建成区10蒸吨以下燃煤锅炉任务要求，差距很大。

扬尘污染综合整治 要求储煤焦、储砂石企业进一步完善污染防治设施，减少扬尘污染，同时加强日常监管，巩固整改成果。

【水和土壤污染防治】 *水污染防治* 2016年，介休市印发《介休市人民政府办公室关于印发介休市水污染防治2016年实施方案的通知》。①介休市昌盛煤气化有限公司焦化废水处理提标改造项目，完成项目招投标，正在实施。②介休帅达污水处理有限公司配套建设污泥集中处置设施项目(处理规模5吨/天)完成验收。③畜禽养殖业污染防治工程：介休市绿兴源农业开发有限公司、介休市惠民养殖有限公司配套建设污染防治设施完成，介休市昌泰养牛合作社除污粪池未建外其余已完工。④加油站更换双层罐或建设防渗池工作：中石化张兰加油站、中石化南外环加油站、中石化龙凤加油站、介休市康师傅加油站完成防渗池建设；介休岩兴加油站完成双层罐建设，其余加油站正在前期准备阶段。⑤介休市昌盛煤气化有限公司、山西安泰集团股份有限公司(含宏安焦化科技有限公司)：水环境风险防控设施及预警系统完成建设。

土壤污染防治 9月20日，介休市环保局成立土壤污染防治股，同时开展介休市土壤污染防治工作方案的前期准备工作。

【环境安全监管】 2016年，在开展污染源日常监管、网格化环境监管的同时，开展了深化环境保护大检查活动、深入推进环境保护"铁腕斩污"专项行动、保障环境空气质量冬季严查行动、取缔"十小"企业、重点行业环保专项执法检查、钢铁行业环境执法等专项行动41项和30余项环境安全和隐患排查整治工作。深入开展化工(含煤化工)医药行业企业和工业园区水环境风险防控体系建设工作、2个城市集中式饮用水水源地和8个乡镇集中式饮用水水源地环境风险源执法检查。对介休市境内国控、省控等重点工业企业污染防治设施运行情况、污染物排放情况，涉重金属企业固体废弃物、危险废物处置、运行情况，群众投诉案件落实及突出环境问题整改情况进行排查。对全市115家企业(涉及化工、焦化、选矿、洗煤等行业)编制应急预案，并进行备案登记。组织3家企业进行企业突发环境事故应急演练。全年出动执法人员9000人次，检查企业3000家次，行政处罚案件68件，罚款468.76万元，其中实施按日计罚4件，环境信访案件共计40件，全部结案归档，下达企业违法行为责令改正通知书21份、违法行为限期改正通知书67份，上报企业违法行为函9份、移送乡镇查处企业违法行为函36份、移送相关部门协助查处企业违法行为函3份、下达企业违法行为整改函34份。全年未发生重特大环境污染事件，未发生赴京访、越级访等环境信访事件。

对辖区内放射源同位素使用单位的使用安全和防护工作开展执法检查。2016年介休市辖区内辐射单位33家，其中：放射源同位素使用单位11家计57枚放射源，均办理了环评和竣工手续，领取了《辐射安全许可证》；射线装置使用单位20户医疗机构和2户使用X射线装置安保，有18户办理了环评审批手续，17户领取了辐射安全许可证。为消除辐射安全隐患，截至11月底，介休市共送贮放射源27枚，其中实施一次性处置5枚，临时性送贮22枚，全年有51人分两批参加省厅组织的辐射安全与防护人员培训及复训，实现持证上岗。

强化危险废物规范化管理，介休市环保局按照《晋中市2016年危险废物规范化管理工作实施方案》要求，2016年对全市57户危废产生企业（28户汽修厂、7户焦化，11户碳素、2户化工，6户医疗单位、1户钢铁、2户电力）、1户医疗废物收集点、1户危废经营单位进行核查及整改工作，加强危险废物转移、运输的监督管理，督促企业积极开展危险废物合法处置工作，坚决查处非法转移和倾倒危险废物等违法行为。对金昌煤气化公司、益隆焦化公司的清洁生产进行强制审核。

【项目建设环保审批】 环境影响评估审批关系到项目落地和经济的发展，也关系到环保事业的发展，既要严格把关，又要搞好环评审批服务，介休市环保局按“事前介入，事中指导，事后跟踪”的全程服务标准，推动项目审批。

2016年重点工程项目环评审批：省重点工程项目4项，办理环评手续的3项，1项（介休亿联国际商贸城）未申报；晋中市提质项目5项，办理环评手续的4项，1项（介休亿联国际商贸城）未申报；重点工程项目73项：办理环评手续的47项，未申报项目26个；重点监测项目17项，已办理环评手续的13项，4项未申报；晋中市文化产业重点项目3项，2项已办理环评手续（后土庙广场及配套设施项目、琉璃烧造研发推广项目），1项（百集纪录片《影像介休》）未申报；介休市新建保障性住房项目5项全部办理环评手续。

建设项目日常管理工作：介休市日常审批项目37项，晋中市审批项目2项、介休市审批35项（其中环保备案项目13项）。

清理整顿违法违规“未批先建”项目：“未批先建”项目晋中市控项目36项、介休市控项目44项全部完成。

【建设项目验收】 2016年，介休市环保局全面推进违法违规建设项目清理整治任务，“久试不验”违法违规建设项目共246个，剔除8个不符项目，实际238个（其中部级1个，省级17个，晋中市级37个，介休市级184个），于2016年底全部完成（其中已验收182个，停产56个，剔除8个）。

【监测服务】 2016年，介休市环保局污染源总量监测53家（次）；建设项目“环评”基础监测3家（次）；建设项目环保设施竣工验收监测94家；完成全市11家非国控重点污染源在线监控设施比对监测工作（每季度一次）。

【在线监控和排污费征缴】 2016年，对21户企业（国控企业7户、非国控企业14户）共安装58套在线监控设施，主要涉及电力、焦化、污水处理厂、化工、水泥等行业，包含了全市的重点污染企业，其中，安装废气监控设施34套，废水监控设施24套，并与省市环保部门联网实时监控。介休市环保局在线监控平台建设完成，待与省、市环保部门联网后投入运行。开展了非国控重点污染源在线监控设施比对监测工作和国控企业自行监测工作。严格运用《排污费全程信息化征收管理系统》软件进行申报、核定、征缴，对正常生产的170户企业进行核定，共下达排污费2038万元，其中一般企业（160户）排污费990

万元，焦化企业（10户）排污费1048万元。2016年共征收排污费1904.21万元，其中一般排污费1027.69万元，焦化排污费876.53万元。

【排污许可证核发】 按照山西省环境保护厅《关于进一步加强排污许可证管理工作的通知》要求，2016年共办理排污许可证171户，其中，新领排污许可证34户，延续排污许可证137户。总量审批方面：2016年总量审批14家，其中批复总量12家，核定需进行总量交易2家。车辆检测：2016年共检机动车26166辆。

（张 威）

交通　邮电 | JIAOTONG YOUDIAN

交通　邮电

JIAOTONG YOUDIAN

交　通

【概述】　2016年，介休市交通运输局在市委、市政府的领导下紧紧围绕“四个交通”建设重点工作任务分解要求，以构建大交通网络、完善运输综合服务设施、建设和谐交通为目标，以工程建设、养护、管理为重点，以加强管理为突破，服务全市经济发展。全年全市公路开工建设里程12.56千米，完成8.65千米，投资20825万元。

【项目建设】　介休市大西高铁东站站前广场与市内道路连接线铁路高架桥工程　铁路高架桥是政府投资规模最大、桥梁技术等级最高的标杆项目，总投资2.77亿元。桥梁全长828.1米，桥宽30.5米，其余为两侧引道工程，路面宽30.5米，高架桥由铁道第三勘察设计院集团有限公司负责设计，由中铁十八局集团有限公司中标承建，中标价2.16亿元，由北京中铁诚业监理公司负责监理，由山西星硕工程项目管理有限公司负责跟踪审计。工程于2014年6月1日开工，2016年工程主体转体合拢，投资8000万元，累计投资1.86亿元。

万关线至孔家堡（平遥界）续建公路　项目起点位于礼世村与万关线连接处，终点至平遥南官地。全长1.65千米，2016年，投资310万元，累计投资520万元，项目已完工。

乡公路三佳至张良　项目全长2.5千米，三级公路标准，总投资500万元，享受中央车购税和省成品油补助300万元。2016年，工程完成1.5千米路基，投资450万元。

介休东站铁路高架桥附属（引道北延伸连接纬二路）工程　项目全长0.41千米，总投资1500万元。2016年，完成路基和部分排水沟、涵洞施工，投资700万元。

旅游公路工程　天峻山风景区旅游公路（樊王桥—天峻山），拟建规模21千米，拟建技术等级为三、四级，计划投资1.2亿元；历史文化名村旅游公路（东夏线—旧新堡），建设规模6千米，拟建技术等级为二、三级，计划投资0.2亿元。2016年，两项工程在科研、申请立项阶段。

窄路面（曹麻至圪垛）改造工程　项目全长3千米，四级公路标准，总投资240万元。享受中央车购税和省成品油补助63万元。2016年，完成0.5千米路面。

建制村通（连福至夏庄头）工程　项目全长1.5千米，四级公路标准，总投资60万元，享受中央车购税38万元。2016年工程完工。

村通水泥（油）路完善提质工程　总里程3.5千

米，2016年工程完工，总投资175万元。①东大期至霍宋线，全长0.8千米，总投资45万元。②东段屯至大东线，全长1.2千米，总投资65万元。③连下线至上岭后至烈士陵园，全长1.5千米，总投资65万元。

【道路养护】 2016年公路养护以“保障安全畅通、提升服务品质”为主题，不断加大农村公路“畅、安、舒、美”工作力度。截至10月，全市养护投资1248万元（其中：日常养护投资330万元，水毁恢复工程投资630万元，生命防护工程投资120万元，城乡清洁工程投资168万元），全市、县公路平均好路率达88%以上，乡村公路路面完好率达到78%以上。

日常养护 对损坏的防护、排水等设施及时进行修复。对路肩、边坡整修515千米，修复排水、防护矮墙设施612米；对县乡公路修补路面坑槽6400平方米，处治翻浆1800平方米，灌缝4万余米。累计完成日常养护投资330余万元。

水毁恢复工程 3月份提前对部分易发生积水灾害的义安、南外环、西关三座下穿桥进行预防性维修改造；进入汛期后，对介出线西狐村、张壁旅游路南庄村段排水进行彻底改造，新改建排水系统1400米；对万关线地质灾害路段投资110万元进行全封闭施工处理，基本达到通行要求；对水毁工程抢修，累计处理路面下沉1900平方米，处理地质灾害路段27处6500平方米，处理山体滑坡7100方土石方，修复挡墙、排水渠等防护设施666方。累计完成水毁抢修投资630余万元。

桥梁养护管理 2016年，根据晋中市局的安排介休市交通运输局开展养护在册的大中桥普检工作。建立桥梁的健康档案，为桥梁养护管理工作的数据化或桥梁信息管理系统提供可靠的基础资料；根据检测情况，掌握桥梁的完好状态和退化程度。委托省公路局有相关资质的山西省公路工程质量检测中心进行检测。每座桥出具了权威的检测报告；了解桥梁各构件的材料质量及存在的缺陷；分析桥梁病害产生的原因，提出合理的养护维修或加固措施；揭示桥梁的安全隐患，对难以判断其损坏程度和原因的桥梁构件，提出进一步试验或监控意见，确保运营安全。

生命防护工程 2016年，着重实施生命防护建设里程5.5千米，即县公路绵山、张壁古堡旅游路3.3千米、乡公路南外环至遐壁公路1.2千米，村公路旅游路至南槐志1千米，累计完成安保投资120万元。

城乡清洁工程建设 按照农村公路沿线干净整洁，无乱堆垃圾，路面平整完好，干净整洁，无坑槽、无塌方，排水渠道畅通，雨后积水排除，道路沿线指示标牌规范、醒目，保持完好状态。全年累计清理公路沿线垃圾7760方，整理路肩、边坡沿线环境170千米，清理排水渠137千米，划设标线60千米，涂涮路沿80千米，涂涮防撞墙、防护矮墙等45千米。累计投资168万元。

【交通运输综合执法】 2016年介休市交通运输局共治理抛洒路面，乱堆杂物违章行为4处，清理面积约800余平方米；取缔非法占道经营加水点1处；共发现标志牌倾斜、路面翻浆、塌方、桥板严重损坏等安全隐患22处，全部及时上报市局，并得到有效处理；共发现查处各类损坏公路案件简易2起、一般10起，公路损害案件发现率达95%以上，处理和结案率为100%；检测站半年检测车辆99985辆，查处外廓尺寸超限案件16起，非法超限超载案件36起，扰乱检测秩序案件3起，收缴行政处罚罚款11.31万元，收取公路赔(补)偿费5.6142万元，农村公路完好率达90%以上。

【安全生产】 2016年，介休市交通运输局安全生产工作坚持以“预防为主、标本兼治、安全发展”的方针，将“平安交通”建设活动与“冬季行动”专项行动安全生产大检查、“打非治违”行动紧密地结合起来，积极开展安全生产管理年创建活动。工商登记监管责任落实973家企业。在交通运输系统深入开展安全生产大检查，对全市范围内的9条160千米县公路和8条60千米乡公路及所有桥梁、危险路段进行安全隐患排查整治，累计投资340万元处置道路安全隐患；对所监管的39家道路运输企业和3家出租车企业进行“打非治违”和“反三违”专项行动，查处非法违法客运车辆132台，其中严厉打击非法违法车辆43台，处罚46台，安排继续教育35人次；对4家道路客运企业、1家汽车站和2家道路危险品运输企业进行重点隐患排查，共查出安全隐患86条，并全部整改；在安全月活动期间，根据市局安排进行“安全在我心中”演讲活动，参与了市局组织的“平安交通”创建示范活动展示和“安全杯”知识竞赛活动，对2家危险品运输企业和4家道路客运企业进行应急演练；对所监管企业的74名安全生产管理人员进行了安全生产教育培训。

【运政管理】　2016年介休市交通运输局大力推进道路运输结构调整和运输市场秩序整顿，努力提升道路运输公共服务能力、安全保障能力和持续发展能力，进一步开创运管工作新局面。共巡查源头企业4664家次，出动执法人员2904人次，执法车辆726辆次，纠正违法苗头12次，查处非政府公示非法源头企业3家。按照市局要求对辖区内营运车辆进行等级评定和黄标车淘汰工作，全市共检测评定车辆数3464辆，其中技术等级一级车辆2896辆，二级车辆568辆。共淘汰营运黄标车1507辆，其中营运客车22辆，圆满完成营运类黄标车淘汰工作任务。全年共计受理行政处罚案17件、罚款2.15万元。

【城市汽车客运管理】　城内1元公交及公共交通枢纽　介休市于2016年9月15日开通城市免费公交线路2条。根据市政府要求，拟再开通4条1元公交线路，配置32辆车，年底确定运行线路并开始试行。

城市公共自行车　根据市政府的安排，介休市按照PPP模式实施城区公共自行车建设项目。设置43个站点，投放1000辆自行车，概算投资1000万元。公共自行车PPP项目方案、招标文件于2016年10月13日由市财政局采购中心发布公告，10月25日就有关事项进行竞争性磋商并确定合作公司，年末，城市公共自行车项目开始建设。

（孙晓萍）

邮　政

【概述】　中国邮政集团公司山西省介休市分公司设一部一室（综合办公室、市场业务部）；4个班组（金融业务组、综合营销组、投递部、安保组）；9个营业网点（裕华路营业所、车站邮政所、南街邮政所、水门北街邮政所、邮营组、张兰支局、义安支局、连福支局、义棠支局）；6个代办所（龙凤乡、洪山乡、绵山风景区、绵山镇、宋古乡、三佳乡）。

【业务收入】　2016年累计实现业务收入2661.63万元；其中储汇业务实现收入1588.47万元，占总收入的59.68%；保险业务实现收入379.98万元；函件业务实现收入46.73万元；集邮业务实现收入143.36万元；电子商务业务实现收入191.96万元；报刊业务实现172.13万元；分销业务实现收入36.01万元；寄递业务实现71.6万元。

【金融业务】　开展客户节活动及网点“一点一策”活动，营造厅堂氛围，广泛邀约客户。组织开展积分回馈、优惠购、达标有礼等活动，回馈新老客户。城市网点在月初代发工资高峰日，为用户免费提供视力、听力检查、体测、理发等服务，利用每月1日、18日会员日，销售米、面、油等日用品。组织客户参加“周周游”感恩回馈活动，增加客户黏合度。每月开展“平价购”主题营销活动，加大商户POS（销售点）、MPOS（移动支付）推广力度，为商户提供资金存取的便利，安装POS机384部、MPOS机55部。

【寄递业务】　突出重点市场，加快标快业务发展。针对介休知名土特产枣核恋特色寄递市场，做好寄递项目全过程运作，实施品牌经营策略和项目制运作模式。把握发展变化趋势，组织揽投人员通过朋友圈搜集和“扫街”“洗楼”发掘微店，并主动为其提供寄递以及仓配解决方案,大力拓展微商寄递市场。

【文化传媒业务】 组织开展第十届青少年书信大赛活动,开发张壁古堡景区明信片册。组织开展"全民阅读图书巡展",实现流转额3.5万元,开展2017年度报刊大收订竞赛活动,实现流转额623.8万元。每月一次的集邮品鉴会活动已形成常态化,宣好集邮产品,做好客户服务。举办"中国邮政开办120周年暨介休集邮沙龙成立三周年"邮展,发行纪念封。

【安全生产】 健全资金安全责任体系,层层落实安全生产责任制,签订安全生产责任书。组织开展安全生产隐患排查治理工作,严防资金案件的发生。重点抓好日常邮件、车辆、资金、防火等安全工作的检查、预防工作。组织开展"安全生产月"系列活动,进一步强化员工安全意识、合规经营意识。

【企业文化】 加强职工队伍建设,对省公司近年来制定出台相关人才的办法、制度做好基层宣传贯彻。鼓励员工参加各种考试,做到一岗多证提高员工综合素质。推进和谐企业建设,努力构建温暖工程,提升"职工小家"和"投递员之家"建设水平。通过开展各类文体活动,丰富职工文化生活,增强职工队伍的凝聚力、向心力和战斗力。

【党建工作】 认真开展"亮身份、树标杆、做表率"活动,发挥基层党组织调动作用,党员工作时间佩戴党徽,在窗口部门设立党员示范岗,以点带面充分起到党员模范带头作用。开展"两学一做"专题活动,制订实施方案、各专题学习计划,支部书记带头讲党课。对党员身份信息进行摸排核实,理顺党员组织关系,健全完善党员档案。

每月党员活动日,组织党员深入网点、班组、社区、乡村开展宣传帮扶活动,深入住宅小区开展环境卫生整治活动。"双十一"期间,组织党员深入投递一线加班加点确保邮件按规定时限投递。开展主题实践活动,携手《意林》杂志社深入介休十中开展校园公益讲座,邀请《幼儿画报》杂志社走进介休第五幼儿园、义安中心幼儿园开展公益讲座。

组织开展"党风廉政宣传教育月"活动。组织全体党员观看《坍塌》《永远在路上》等反腐警示教育片6次。

【能力建设】 加强便民站点建设现共运营111个,同时做好便民站业务的叠加,为服务区域居民提供足不出户办理代缴话费、电费,购买火车票、机票、彩票等服务。加强金融服务站点建设,为村民提供助农取款服务。对投递网资源进行整合,根据服务区域、投递时限要求,优化投递网,增加投递道段3条,增配投递车辆3辆,电动三轮车9辆,摩托三轮6辆,电动车16辆,增加投递人员13名。实现统一调度,彻底解决农村"最后一千米"投递问题。

【提升服务水平】 抓好网点服务提升,进一步规范营业窗口服务,切实抓好现场管理工作,真正树立邮政服务的良好形象。投递人员充分利用配发的PDA和智能手机,确保邮件投递信息实时接收和反馈水平。严格执行"次日递"时限要求,杜绝虚假信息和延误邮件情况的发生。严格执行电话预约、按址上门投递的服务标准,不随意降低投递标准。

【业务宣传】 组织党员、网点人员深入乡村、社区,践行"两学一做"便民利民主题实践活动。进行邮政业务宣传,同时对反假币、反非法集资项目进行宣传,手把手教居民如何认识假币。为居民讲解家庭理财配置小常识以及网点平价购、会员优惠购等系列增值服务。举办3场老年人广场舞大赛,共有1000余人参加,在丰富老年人业余文化生活的同时,让他们对邮政业务有了全新的认识。

(何 俊)

介休车务段

【概述】 介休车务段管辖27个中间站,在介休市辖区内有张兰站、义安站、介休站、介休东站、义棠站、万安站六个站，主要发送货物为煤炭、焦炭、石膏、铝钒土、生铁等散堆装货物，是南同蒲线运量最大的运输单位。

【安全管理】 紧盯安全意识疲劳，开展安全大反思2次，安全专项整治5次，修建补废规章52项，修订《站台细则》22站次246条，录入电子规章113个、技术文件108个；以安全日分析为切入点，围绕高铁客车、调车防溜、隔离开关操作等9大安全风险，建立典型问题、重点隐患、惯性违反和季节、设备、人员变化等多维度的预警卡控，在全段呈现出层层研判风险、环环卡控风险、全员防控风险的发展态势，胜利夺取了第9个安全年。

【主要生产指标完成情况】 按照“稳黑增白”的运输战略，实施“一图、一卡、一表”的营销策略，用好承兑汇票、实重计费、物流总包、量价捆绑等营销政策，介休辖区六站2016年共发送旅客1960895人，发送货物17084239吨。

【经营管理】 经营理念朝着走向市场的方向转变。推行全员工效挂钩，实施“一对一”营销奖励，举办“转观念、闯市场、增效益”主题教育巡回演讲9场，推广特色做法12件，介绍营销案例26件，组织“营销体验”活动82次，成立专业营销攻关小组6个，开办市区客票代售、开设三晋快运揽货点，在全段呈现出面向市场、参与竞争的发展态势。

客货服务朝着品牌引领的方向转变。按照“路有多远，服务就有多远”的品牌理念，持续打造“普速+高铁”“5+5”模式的客运品牌10个、着手规划货运品牌16个、积极创建经营品牌1个，在全段呈现出靠品质引领服务、用品牌吸引客户的发展态势。

多种经营朝着依铁非铁的方向转变。开展“我为太铁创效益”合理化建议征集，打造“铁臂匠心”装载机4S店项目品牌，开拓站车广告业务，改装流动售票车，促成“张壁古堡号”列车冠名。

【标准化建设】 2016年上半年合理化建议和技术改进成果介休车务段“安全管理职责、工作标准及流程管理系统”被评为三等奖，“提高焦炭装车质量，研制焦炭装载专用检查装置”被评为四等奖。

【职工教育】 开展视频培训22次，召开应急处置研讨会8次，举办各类培训班12期，开展了“全员大背规”2次、冷门非正常非标演练6次、技能竞赛2次，取得了路局车务系统技能竞赛货装团体第2名、车务团体第3名、客运团体第3名的历史最好成绩。

广大干部职工投身安全生产的主战场，唱响创新创效的主旋律，涌现出介休站甲班甲调等安全标杆班组，赵国栋、魏俊奇等防止事故能手，刘成林、王晓君等营销状元，在全段呈现出全员干事创业、勇创一流的发展态势。

【科研成果】 实现了“公文流转、规章查询、施工登记、台账填记、合同送审”的电子管理，发明了集装箱防脱限载装置，接入了助理岗位TDCS(覆盖全路的调度指挥管理系统)显示终端，发挥了监控设备的“天眼”功能。

【干部管理】 明确机关服务的10条措施、车站自立的10项职责，提升自我管理的10种能力，形成自主自立的典型做法18个，展示自我管理成果12次，创建最美车站2个，一流岗位19个，开展班子成员“一日体验”36人次，中层干部跟班写实386人次，发现解决各类突出安全隐患问题1286件，经受住了大雪、水害、施工、调图等压力测试，做到了在职一方、守土有责。

【职工生活】 改善信号楼、单身楼、伙食团等职工生产生活环境8处，安排职工健康体检1665人、健康休养341人，举办全段性文体活动8次，落实了带薪休假，完成了年初职代会10件好事，在全段凝聚了“为太原局好、为车务段好”的正能量。

【工程建设】 对介休站候车室、售票厅进行了扩建,对介休东站候车室、售票厅进行了布局改造,使以上车站均按照路局要求实现了先安检后买票进入候车室。

【党建工作】 车务段党委中心组集中学习23次,网络在线学习760多个小时,撰写心得体会36篇,人均学习笔记5万余字,领导干部政治理论素质明显提升。开展“班子成员当一天站长(书记)”一日工作体验活动,9名领导班子成员跟班体验24人次,体验干部艰辛,查找管理漏洞,传授管理经验,解决实际问题;同时,27次深入联系点党支部上党课37场次,受教党员378人次,与职工群众谈心236人次,不断提升班子成员相信群众、依靠群众、关心群众、服务群众的思想自觉。

举办“两学一做”培训班,267名党员骨干接受培训。支部书记、党员讲党课208场次。组织365名党员参观武乡革命纪念馆、刘胡兰纪念馆、大寨等红色革命教育基地,邀请40余名离退休老党员重温入党誓词。详细制订阶段安排,集中解读重要任务,4次全覆盖检查督导30个党支部,下发专题检查通报,紧盯问题整改。206名党员因表现出色受到表彰。

【大事记载】

1.介休车务段2016年10月12日18时,实现安全生产3400天。

2.介休车务段2016年12月31日,实现了第9个安全年。

(赵　莉)

介休汽车站

【概述】 介休汽车站隶属于山西汽运集团汾阳运业公司,是从事道路旅客运输站场经营的国有企业,是山西省二级(AA)客运汽车站,经营范围涵盖旅客运输、翔鸽快运业务。占地面积6786.72平方米,停车场面积达3800平方米,候车室售票厅面积360平方米,发车位24个,进站客车100部,北通太原、榆次,东至长治、晋城,南通临汾、郑州、河南新蔡,西通吕梁,是省运管局核定的二级客运站,有职工34名。

【客运生产】 介休汽车站有先进的安检报班、调度、售票、检票微机管理系统,候车厅内安装有电子显示屏幕、全方位电子监控系统,并设有小件寄存、翔鸽快运、晋宝源超市等各种配套服务区,增加自助售票机、自助检票机,满足旅客出行需求。进站口并配有先进的旅客行包安检仪,确保了行车安全,汽车站共有客运线路22条,其中:省际线路3条,省内线路21条,平均日发班次110个,日平均输送旅客1200余人次,营运客车112辆,总计3020座位。

【运营指标】 全年完成售票总额410.43万元,收入97.05万元,发送运营班次2.7万个,输送旅客29.86万人次。

【管理制度】 车站的管理根本在于对人员的管理,而其中站班组人员更是起到了核心的作用,带头的作用,充分发挥班组成员的积极性、代表性、示范性,以点带面,全面落实各项管理措施,根据工作特点,对班组成员进行了专门的分工,各人有各项的具体部署和分管内容,彻底纠正了过去那种班组成员分工不明、思想不统一、人心涣散的现象。同时在此基础上建立健全了岗位责任制,包括劳动纪律制度、安全管理制度、财务管理制度、工作交接班制度等10多项规章制度,并分发各职工组织学习。另外针对个别工作不扎实,无责任心,不能胜任工作的班组成员,毫不心软,按“能者上,庸者下”的原则,进行了调换,这样做极大地提高了职工的积极性,人人有了动力和压力,工作起来更加努力。成立了劳动纪律督查小组,由站长任组长,副站长及各班组成员为组员,由站长亲自领导,每天对车站各岗位的劳动生产情况做不定期的检查,发现问题,按有关规章制度予以相应处罚。

【安全管理】 2016年的安全管理工作采取长效监管和日常岗位监管相结合的办法，季节性的培训、演练和社会安全形势的教育相结合，举一反三，时刻保持着安全第一警惕性，时刻唱响“安全第一、以人为本”的理念，使员工明确运输企业做不到安全就是徒劳，效益再好也是负数。使安全意识深入人心，特别注重在管理每一个环节，每一个过程上保障安全落实到位，做到全车场、各岗位、候车室安全标识醒目，用健全的制度支撑汽车站的安全工作，坚持每日一次安全生产检查，每周一次消防安全检查，认真做好每次检查记录，重点时段重点检查、全面检查。十一黄金周、春运期间、两会期间、五一假期、中秋等重要节假日，检查内容有安全运行、安全操作、职责、制度、规定、落实情况、消防、治安、设施、设备运行等，对检查中发现的隐患上册登记进行认真整改，一般隐患当场整改，较大隐患按“三落实”的原则尽快整改。通过安全检查，消除了不少隐患，真正做到了全年安全无事故。

【整治非法营运】 汽车站配合驻站运管、交警加大对黑车的打击力度，整治汽车站候车室门口及大门口外的交通秩序，重点整治大门口、候车室外，改善站内外乱揽客、拉客的混乱局面，采取有效措施，使问题得到有效的遏制。候车室门口设立咨询台，每天必须有两人在门口值班，做好宣传工作，提高乘车旅客拒绝乘坐黑车的思想意识。

（张晓丽）

中国联通介休分公司

【概述】 中国联合网络通信有限公司介休市分公司（以下简称介休联通）是根据国家关于电信业重组的相关政策，由原介休联通和介休网通合并组成，是介休市境内具有电信全业务经营资质的宽带通信与综合信息服务主导运营企业。拥有市内最大的固定电话网络和完善的移动电话网络，覆盖介休城乡、通达世界各地。

公司主要经营移动电话、固定电话、小灵通、宽带和信息应用等通信信息服务产品。可以向用户提供丰富多彩、优质高效的信息通信服务，包括固定电话、移动电话业务、IPTV（交换式网络电视）互联网接入及应用、数据通信、视讯服务、国际及港澳台通信等多种类综合信息服务，能够满足客户的各种通信及信息服务需求。公司拥有智慧沃家、流量王卡、冰激凌、腾讯王卡、梦想E卡等移动网业务品牌、沃家庭、沃自由、亲情1+、大众电话等固网业务品牌。

截至2016年底，介休联通拥有2G/3G/4G移动网基站619个（其中：2G基站141个，3G基站256个，4G基站222个），移动电话用户达71527户（其中：2G到达数21114户，3G到达数9427户，4G到达数40986户）。

固定电话用户达44510户，全光网建设共完成FTTH（光纤）建设7656线，一二级皮线更换光缆共完成97个区域，共计261.774皮长千米，减少一二级皮线障碍，大幅提升网络质量；电缆退铜共完成9013皮长千米；新增城乡主干共计82皮长千米，新增光交12个。普通宽带用户达56117户，FTTH用户数达56117户，光纤已全部覆盖介休全部城乡地区，城区覆盖区域达到235个住宅小区。

【推进创新发展】 公司坚持业务创新，建立完善了以“内容+应用+接入+服务”为主的综合信息服务产品体系，提供全业务一揽子解决方案。坚持技术创新，已拥有国际通信技术水准的联通全球、覆盖全市的大容量和高速率的固定网络、移动网络和宽带网络。坚持服务创新，以客户为中心，以《首问负责制》为纽带，以流程控制和渠道建设为支撑，以行风评议为突破，不断创新服务模式，面向个人、家庭客户实行标准化服务，面向商务客户实行差异化服务，面向政企客户实行“一站式”服务。

【提高支撑能力】 公司全面整合了无线及固网业务，进一步加大固网、宽带建设力度，不断加快完善

3G、4G移动通信网络建设步伐，积极推进固定和移动网络的宽带化，使得无论在网络结构，还是在技术层面和提供的业务品种上，都实现了质的提升。

【打造精品网络】 以4G精品网络建设为契机，做好城区的优质覆盖和深度覆盖，做好乡镇和重点公路、景点及热点区域的良好覆盖；共完成23个4G分布式基站建设，完成241栋楼宇的4G深度覆盖建设入网，3G升级4G基站48个。

（王俊瑞）

中国移动介休分公司

【概述】 2016年，中国移动通信集团山西有限公司介休分公司有员工81名，其中合同制员工68名，派遣制员工13名。公司下设综合部、市场中心、集客中心、网络中心4个职能部室，共有200余个实体渠道，全部覆盖所有乡镇，全面实现客户服务能力。公司拥有两个“青年文明号集体”，其中西立交营业厅为省级青年文明号，裕华路营业厅为市级青年文明号。2016年，公司在原有网络规模的基础上又新建了50余个4G基站。到2016年年底，4G基站数量高达400余个，介休移动网络规模实现乡镇及城市全覆盖。

【市场经营】 2016年，介休移动分公司全体员工上下同心、共同努力，紧紧围绕公司421战略，以“五个能力”跃升为主线、以“十三个场景”为抓手，聚焦4G、渠道、宽带、管理、执行力等关键要素，认真贯彻“大连接”战略，服务百姓、造福社会，倾力打造智慧城市，将4G发展作为各项工作的重中之重，量质并重，持续关注4G发展机遇，以网络先行、以终端为基础、以资费为保障，发扬团队协作、攻坚克难、在各个节点抓细节，最终实现4G服务能力全面提升。截至2016年底，介休移动分公司移动用户达27万余户，其中4G客户达到16万余户，移动宽带用户达1.5万户。

（秦　晶）

财政　金融 | CAIZHENG JINRONG

财政　金融

CAIZHENG JINRONG

财　政

【概述】　2016年，财政工作在坚持统筹介休财政实际，结合财政改革主题的基础上，着力提高财政干部的向心力和凝聚力，突出改革创新，求真务实，特别是在财政改革政策接轨上和为介休各项事业发展集聚财力上改变中规中矩的做法，敢于出招，敢于革新，力求实效，各项工作取得不错成绩。财政收入扎实稳增：2016年，全市一般公共财政收入完成107077万元，同比增长6.85%，增收6869万元；占预期目标的100.06%，超收额60万元。财政改革稳步推进：在深化财税体制改革的基础上，继续推进预算制度、国库集中支付、投资评审、政府集中采购等常规性改革；财政职能有效发挥：继续夯实财源基础、加大依法治财水平、提升民生保障能力、强化财政监管力度。

【财政收入】　收入情况：2016年，全市一般公共财政收入完成107077万元，同比增长6.85%，增收6869万元；占预期目标的100.06%，超收额60万元。分部门为：国税部门完成18265万元，占预算的72.73%，短收6847万元，同比增收4921万元，增长36.88%。地税部门完成36734万元，短收7304万元，占预算的83.41%，同比减收10939万元，减少22.95%。财政部门完成52078万元，占预算的137.53%，超收14211万元，同比增收12887万元，增长32.88%。分项目看，税收完成54999万元，同比下降9.86%，减收6018万元，占公共财政预算收入的51.36%，非税收入完成52078万元，同比增长32.88%，增收12887万元。

【社会保障】　2016年，对企业离休人员及移交地方教师企业养老保险统筹外代发部分，每月财政挤出资金60余万元按时发放，保证这些人群待遇不降低。新型农村合作医疗除对五保、低保等弱势群体个人参合资金由财政资助外，还对符合国家计生奖励政策的独女户、双女户家庭的个人参合资金也由财政买单。增加了大额慢性病报销病种。降低起付线，提高住院补偿比例。2016年参加新型农村合作医疗人数为277771人，参合率达99%。新农合资金支出9913万元。加大医疗卫生事业投入：2016年本级财政配套新型农村合作医疗资金1250万元，城镇居民医疗保险179万元；促进基本公共卫生服务均等化，累计投入1860万元；建立国家基本药物制度，基层医疗卫生机构实施基本药物零差率财政补偿，财政按45%比率补偿，市直公立医院取消药品加成，实行零差率销售，基本药物按销售额的20%

比率的55%予以补偿，非基本药物按销售额的15%比率的55%予以补偿。积极推进城乡居民养老保险工作，城乡居民养老保险基础养老金每人每月85元，共发放城乡居民养老金4072万元。

【农业支出】 2016年，财政支农支出达7905万元。集中支持农村生态环境建设、农村饮水安全、农村水利设施、农村道路建设、农村综合开发以及各项补贴发放等农村公益事业建设。同时，为确保强农惠农政策资金的安全、高效，市财政建立“一卡通”补贴资金发放制度，在中国农业银行介休支行、介休农村商业银行开设“一卡通”专户，资金实行封闭化管理，杜绝资金截留、挪用的渠道，确保资金直接发放到农户手中。

【绩效评价】 2016年，介休市财政局安排部门预算编制，要求各预算单位对20万元以上的支出项目报送项目资金绩效目标，对绩效目标未申报及填报不合格的，要求预算部门进一步修改补充，审核未通过的，不予安排2016年部门预算。还印发《介休市预算绩效评价管理办法》和《介休市财政支出绩效评价指标体系》，规范绩效评价行为，完善绩效评价制度，推进预算绩效管理。

【PPP项目】 在基础设施和公用事业建设等领域，引进社会资本参与建设，缓解全市资金支出压力。推进PPP模式，增强融资能力。介休市财政局充分发挥部门职能，积极推动政府与社会资本合作（PPP）模式的成功运作。目前，已成立PPP办公室，加紧与PPP综合信息平台的对接，尽快建立PPP项目库和PPP专家库。同时，在总结首个PPP项目——介休市第三中学实验校区及第十二幼儿园工程项目运作经验的基础上，逐步建立包括物有所值评价、财政承受能力论证、政府采购等环节的固定模式，为推动西南排干改造、供热管网等项目的实施奠定基础。

【预算制度改革】 预算制度改革做到“四化一覆盖”。预算编制精细化，将政府全部收支纳入预算，初步建立涵盖一般公共预算、政府性基金预算、国有资本经营预算、社会保险基金预算在内的全口径预算体系。预算执行刚性化，坚持无预算不支出，严控预算追加及调整，不断加快预算执行进度，努力提高年初预算的到位率。预算监督常态化，强化预算指标的日常管理，有效运用集中支付、投资评审、专项检查等手段，确保预算监督落到实处。预算公开机制化，预算公开率达到100%，预算支出公开到项级科目，预算信息公开力度和细化程度明显加大。预算绩效全覆盖，建立财政支出与绩效挂钩机制，开展财政支出绩效评价试点和部门整体绩效评价试点，实现“预算编制有目标、预算执行有监控、预算完成有评价、评价结果有反馈、反馈结果有应用”的预算绩效评价全覆盖。

【国库集中支付】 2016年国库集中支付制度改革按照“先起步、后规范，先试点、后推广，边筹备、边完善”的基本思路在全市预算单位中实行稳步推进。所有预算单位和使用财政资金的非预算单位全部纳入国库集中支付范畴，并把乡镇作为县级预算单位进行管理，选择建行作为代理银行，实现了国库集中支付改革的全面推进。截至2016年底，共直接支付19596笔，涉及金额210000万元，财政统发工资25800万元。乡镇代管资金支付1898笔，涉及金额10500万元；拒付各种不合理开支33笔，涉及金额70万元。

【投资评审】 2016年度，评审中心对101项工程项目展开投资评审，涉及交通、园林、国土、电力、土建、装饰安装、文物保护、污水处理等8个领域。保障性住房安康嘉苑和裕康嘉苑部分工程结算评审项目、教育局2015年度改扩建和维修工程结算项目、西南排干改造工程编制招标控制价项目、介休市城市电网改造配套一、二、三标段编制招标控制价项目等68项工程评审结束，送审金额为131098万元，审定金额为109920万元，核减金额为21178万元，核减率为16.15%。

【政府集中采购】 继续深化政府采购改革。政府采购工作恪守公开透明、公平竞争、公正诚信的采购原则，不断健全采购制度，规范采购程序，努力推进采购工作制度化、规范化。截至2016年底，实际采购合同金额4734.7万元，同比增加84.16万元，增长1.8%，节约资金634.86万元，节资率11.4%。

【深化国有资产管理改革】 做好资产清查和产权登记工作，提高国有资产资源的配置使用效率。一方面完成事业单位产权登记。为规范国有资产占有、使用，巩固事业单位资产管理体制，理顺产权关系，明晰产权主体，有效引导各事业单位加强资产产权管理、明晰资产产权关系、规范资产占有使用，介休市财政局制定《介休市事业单位及事业单位所办企业国有资产产权登记工作指南》并下发《关于进一步加快推进全市事业单位及事业单位所办企业国有资产产权登记工作》的通知。在本次产权登记工作中，符合产权登记且发放事业单位国有资产产权证的单位86家，截至2016年底，完成86家事业单位产权登记工作。另一方面，完成行政事业单位资产清查工作。为全面摸清全市行政事业单位资产“家底”，根据上级安排，2016年在全市范围内开展行政事业单位资产清查工作，市财政局制定《2016年介休市行政事业单位国有资产清查工作实施方案》《行政事业单位国有资产清查核实工作指南》，并召开全市行政事业单位国有资产清查工作会议的业务培训会 。为保证对清查结果的核实和审核认定，由介休市投资评审中心以公开招投标的方式选取了三户审计机构。介入资产清查全过程，保证资产清查工作质量。规范审计行为，以介财建字〔2016〕37号文件形式制定《介休市行政事业单位资产清查工作审计方案》。资产清查专项审计费用按照“谁委托，谁付费”的原则，全市行政事业单位资产清查工作所需经费，列入2016年财政预算。

（薛晓明）

国家税务

【概述】 介休市国家税务局担负着全介休市6500户纳税人的国税征收任务。2016年，在省局、晋中市局和介休市委、市政府的正确领导下，介休市国税局深入贯彻落实党的十八届五中、六中全会精神，紧紧围绕“服务科学发展，共建和谐税收”的主题，始终坚持“聚财为国，执法为民”的办税宗旨，以组织收入为中心，提升征管质效、优化纳税服务、推进依法行政、强化绩效考核、融洽税企关系，以开拓创新的工作精神和勤奋务实的工作作风全力推进新常态下介休国税事业新发展。

【组织收入】 2016年，全市经济平稳运行，随着煤炭“去产能”政策不断发力，下半年煤炭价格也持续回升。对于以煤焦行业中为主导税源的介休国税来说，理论上煤炭市场行情的向好发展有利于充实税收，但由于受地方经济结构单一的局限，加之近年来资金运转困难，企业欠税难清，同时重点企业巨额留抵难以消化等因素制约，介休国税税收形势依旧严峻。对此介休市国税局始终严格遵守组织收入原则，坚持以绩效管理为载体，立足税源实际，因地制宜，挖潜堵漏，全力保障全年组织收入工作的圆满完成。

2016年全年累计完成全口径收入76345万元，同比增长10.1%，完成任务比为115.2%。其中地方级完成32504万元，同比增加34%，完成新任务比为114.7%；市公共财政预算收入完成22753万元，同比增加34%，完成新任务比为126.4%；县级收入完成17877万元，同比增长34%，完成新任务比为71.2%。

分税种看，2016年全年增值税入库63103万元，同比增长15.8%，其中“营改增”入库14270万元，同比增加48%；个人所得税入库0.4万元，同比减少43.3%；企业所得税入库6985万元，同比减少16.4%；车辆购置税入库5933万元，同比减少3.8%；消费税入库23.3万元，同比减少40.1%。

【纳税服务】 介休市国税局坚持以“服务科学发展、共建和谐税收”为主题，以纳税人合理需求为导向，以提高纳税人满意度和遵从度为目标，充分利用“纳税人之家”活动，深入开展便民办税春风行动，全面提升纳税服务的质效，各项工作稳步扎实开展。

积极开展国税、地税联合办税，不断探索合作办税的新模式，共同为纳税人提供更加优质的服务，节省纳税人的时间，减轻纳税人的负担，使资源的配置更加科学合理，进而实现“进一家门，办两家事”的目标。

做好车辆购置税委托代征4S店跟踪管理工作，通过委托代征的形式征收车辆购置税，既方便了纳税人，又减轻了办税服务厅的工作压力。

完善自助办税服务区，在原有自助办税区的基础上，增设自助购票终端机、自助代开发票终端机等各类设施，实行轮流导税制度，极大地方便了纳税人。

合理简并小规模纳税人申报缴纳次数共计4151户，对原有的非营改增定期定额户在6月底全部推行按季申报，对小规模纳税人分类逐步推进，同时还加大纳税人使用“e税客”的推行力度，让按季申报的纳税人真正实现了足不出户办理涉税事项，既减少了纳税人的办税成本，也从根本上缓解了办税服务厅窗口压力。

大力推行网上申报，纳税人“多走网路，少走马路”，实现网上申报、税款缴纳和发票查询等自助办税，将办税时效无限延伸。

加强税收信用体系建设，促进纳税人依法纳税，维护纳税人的合法权益，提高税法遵从度，本着公开、公正、公平的原则，有计划、按步骤、分阶段对全市范围内符合评定条件的1027户纳税人进行了纳税信用等级评定，其中评出A级纳税人46户，占参评总户数的4.13%；B级纳税人868户，占参评总户数的77.99%；C级纳税人139户，占参评总户数的12.49%；D级纳税人60户，占参评总户数的5.39%。

【税收征管】 介休市国税局依托综合征管软件准确地掌握欠税底数，确保企业核算欠税、税务机关综合征管软件欠税和会统报表欠税数据的一致。日常工作中做到动态监控，对当月新增欠税，逐户核实，及时督促清缴。同时，对于历年来形成的陈欠及呆账税款，通过发布公告、以票控税、增值税留抵抵欠、企业破产清算清理债权收欠以及冻结银行账户等税收保全的有效措施，积极清理。特别是对于有清欠能力的企业制定清欠计划，对于企业有疑问数据，通过翻找会计档案提供原始凭证；对历史遗留问题，通过查找文件、请示上级、协调企业，及时进行清缴。

2016年，面对清欠困难，介休市国税局在认真组织全市税源摸底，正确分析当前形势的基础上，更加有效地运用征管手段，强化落实税收政策，细化责任目标体系，采取一系列非常举措和有力措施，竭尽全力打好组织收入攻坚战，经积极催缴，全年累计清理新欠4700万元、清理陈欠210万元、清理呆账11万元。

【政策落实】 不折不扣执行税收优惠政策作为全局重点工作之一，尤其是对转型产业、新兴产业、支柱产业的政策辅导与扶持，介休市国税局在宣传、辅导、受理、审批、核查五个方面做了大量工作，多次下便函，要求管理单位和纳税服务科做好各自职责的工作，确保政策落实到位。

小微企业优惠政策落实方面，2016年3月受理3户小微企业退税申请，退还或抵缴多缴税额4.41万元，2016年1—3季度享受小微企业所得税优惠政策104户，减免所得税额36.83万元。

企业所得税税收优惠政策落实方面，2016年度，全市享受资源综合利用减计收入税收优惠1户，减计收入516.07万元；享受农、林、牧、渔业免税优惠9户，减免所得247.85万元。

增值税税收优惠政策落实方面，2016年度，安置残疾人就业企业增值税即征即退税收优惠政策享受户数7户，减免税额582万元；资源综合利用即征即退税收优惠政策享受户数4户，减免税额1640万元；从事肉禽蛋以及蔬菜批发、零售的纳税人销售的货物免征增值税税收优惠政策享受户数5户，减免税额9885万元；供热企业向居民个人供热而取得的采暖费收入免征增值税税收优惠政策享受户数1户，减免税额46万元；国有粮食购销企业免征增值税税收优惠政策享受户数3户，减免税额2927万元；农业生产者销售的自产农业产品免征增值税（包括农民专业合作社）税收优惠政策享受户数54户，减免税额219万元；农业生产资料免征增值税税收优惠政策享受户数1户，减免税额135万元；小微企业暂免征收增值税（不包括个体双定户）税收优惠政策享受户数7909户，减免税额440万元；不达起征点的个体双定户免征增值税税收优惠政策享受户数21379户，减免税额1087万元；宣传文化事业增值税优惠税收优惠政策享受户数1户，减免税额276万元；固定资产抵扣税收优惠政策享受户数268户，减免税额3284万元；车购税减免税收优惠政策减免台数4354台，减免税额1843万元。

加快出口退税进度，确保及时足额退税，2016年度累计退税金额1719.5万元。

【“营改增”推广】 “营改增”（营业税收改增值税）工作开展以后，根据省、晋中市局要求，介休市国税局积极应战。全局人员发扬不怕苦、不怕累、顽强拼搏的精神，加班加点，做到了管户迁移平稳有序、所辖纳税人税负普遍下降，基本实现了营改增工作目标。4月至5月累计组织纳税人培训9次、72个课时，涉及纳税人4700余户次。4月28日前全部完成了试点纳税人交接、应用系统及数据准备、税控系统使用、发票管理、税务系统培训、纳税人培训等工作。介休市国税局顺利接收营改增纳税人1421户，其中单位纳税人737户，个体户684户；完成了397户营改增纳税人408072份地税发票的缴销工作。

截至2016年底，介休市国税局共有营改增纳税人1475户，其中单位纳税人751户，个体户724户；一般纳税人174户（房地产17户、建筑业55户、生活服务业90户、金融业12户），小规模纳税人1301户，营改增纳税人税负普遍下降。

【税务稽查】 以行业税收专项检查、区域税收专项整治、重点企业检查、专案检查等工作为切入点，介休市国税局重点对煤炭行业企业、商业批发与零售、餐饮娱乐等行业的发票使用情况进行全面检查，做到“查账必查票、查案必查票、查税必查票”，确保打击发票违法犯罪工作取得实效。2016年1—10月份，共查处违法企业23户，涉及非法发票619份，涉及金额11512.23万元，追缴税款1642.6万元，加收滞纳金74.10万元，加处罚款124.31万元。

同时，为保证金税工程发票协查系统高质量运行，介休市国税局对协查工作认真进行审批、检查、复函，2016年金税工程协查系统整体运行状况正常，网络传输良好，累计按期回复率达到了100%。

【队伍建设】 按照“有所侧重、全面推进、整体提高”的路子，扎实抓好干部队伍建设，不断增强队伍的战斗力和凝聚力。

班子建设在民主平等中合力推进。成员间坚持大事讲原则，小事讲风格，自觉加强协调、沟通和交流，自觉维护班子整体的团结，形成了一个讲原则、重感情、各司其职、团结和谐、有凝聚力、有战斗力的坚强领导集体。

日常管理在严抓落实中日趋稳健。为不断增强干部队伍素质，介休市国税局从思想政治、业务技能、绩效考核、国税文化建设等方面采取了一系列措施，保障干部队伍永葆清廉纯洁的工作作风，永葆昂扬向上的工作活力。

大力加强思想政治工作。召开思想政治工作交流会，狠抓思想政治工作的研究、推进和落实；制定党组中心组理论学习方案和计划，组织干部认真学习政治理论知识，扎实推进学党章党规、学系列讲话、做合格党员“两学一做”学习教育，认真做好学习笔记，及时完成心得体会；认真开好党组民主生活会，通过专题讲座和讨论交流等多种方式，全面提升班子执政能力。通过不懈努力，政治建设在全局队伍中初见成效，队伍整体政治意识不断增强，政治素养逐步提升。

大力加强业务技能培训。组织全局干部积极参加总局、省局视频培训、专题讲座；组织老同志与青年干部结对，实行传、帮、带；组织干部加强对营改增等税收热点、难点问题研究，保障了干部队伍整体业务能力和业务水平的不断提升。

【文明创建】 介休市国税局以培育和践行社会主义核心价值观为根本，以提升职工文明素质和全局文明程度为目标，紧密结合实际，文化建设工作取得了全面发展，国税工作水平得到了不断提高。

通过社区活动、青年志愿者活动和学雷锋活动等平台，开展丰富多彩的文化活动，丰富干部职工的业务文化生活。积极组织广大干部职工参加省局、晋中市局摄影书法大赛，并取得优异成绩。干部职工们充分感受到了国税文化昂扬向上的朝气，激发了队伍活力，营造了团结、文明、向上的税务文化氛围，提升了国税干部的思想境界、道德修养、体能体魄、综合素质。

延伸奉献社会的爱心义举。引导和发动干部职工参加贫困结对、爱心捐赠、无偿献血等公益活动，树立国税干部“文明使者”的公众形象。2016年五一假期期间，单位全体人员放弃休息，齐上街头为纳税人宣传讲解。

积极开展“道德大讲堂”活动，为国税文化建设的发展做出自己的贡献。在日常道德讲堂活动以外，2016年4月20日在介休市政府报告厅举办了一堂由介休市文明办主办介休市国税局承办的以“孝老爱亲”为主题的市级道德讲堂活动，经典吟诵、《感恩的心》合唱、“最美孝心少年”视频观看，活动现场大家热泪盈眶。

积极开展文明创建工作。通过加强组织领导，创新文明创建载体，多措并举，扎实开展创建工作，2016年10月荣获2014—2015年度省级文明单位称号，有力地促进了介休市国税局精神文明创建工作再上新台阶，促进了精神文明与税收收入“双丰收”。

【下乡扶贫】 介休市国税局党组对脱贫攻坚下乡工作高度重视。年初召开专门会议安排部署下乡扶贫工作，督促指导、统筹协调，定期听取工作汇报，及时准确了解下乡工作情况，做到下乡驻村有目标、有计划、有措施，确保完成每个节点工作任务。

认真开展摸底调查工作。深入调研扶贫工作，了解社情民意。详细走访调研了小褚屯和邬城店村的自然条件、生产生活、新农村建设、村民收入和社保医保等情况，全面核实贫困户、贫困人口，了解致贫原因、发展条件、发展意愿、资金项目需求等情况，积极出谋划策。

建立一对一帮扶责任制。按照干部到村到户的思路，对贫困户进行一对一帮扶，实施精准扶贫、分户帮扶，确保收到实效。同时，积极开展支部共建，帮助包扶村加强和健全基层组织，完善规章制度，改善村支部的办公条件。

注重办实事转作风。以下乡驻村活动为契机，将其作为深入开展“三严三实”“两学一做”专题教育的重要抓手，协助基层贯彻落实党和政府各项强农惠农富农政策，为“两村”的经济社会发展和人民安居乐业做出了应有的贡献。

（刘圆萍）

地方税务

【概述】 介休市地方税务局担负着介休市辖区地方税收和基金规费的征收管理工作。围绕“安全地税、文明地税、品牌地税”奋斗目标，以组织收入为中心，以管理强税为重点，以人才兴税为保障，加强党风廉政建设，开展“两学一做”学习教育，全面提升税收管理质效和队伍履职能力。2016年先后获得“山西省文明和谐单位”“山西省爱国卫生先进单位”“年度绩效管理和目标责任制考核优秀单位”“年度稽查工作考核优秀单位”“全市地税系统先进基层党组织”等多项集体荣誉。

【税收收入】 2016年，介休市地税局紧扣介休市委、市政府和晋中市局的工作部署，宏观谋划，微观剖析,主动作为,尤其是清缴欠税"七管齐下",采取制定清欠计划、进行欠税公告、开展欠税约谈、税务稽查推动、绩效管理考评、税收保全和强制执行、欠税滞纳金同比例返还等措施,避免了收入的震荡滑坡。全年累计入库各项收入70458万元,受经济下行及"营改增"税制改革影响,同比减收22511万元,减幅为24.21%。其中税收收入为63218万元,同比减收21957万元,减幅为25.78%。各项规费收入完成7436万元,其中采矿排水水资源补偿费完成1441万元、河道工程维护管理费完成355万元,残疾人就业保证金完成114万元,工会经费1165万元,教育费附加完成2658万元,地方教育费附加完成1702万元,文化事业费1万元。

【税收征管】 5月1日,"营改增"政策在介休按时落地。介休市地税局为了应对"营改增"后的增值税发票管理工作,提前制定《增值税发票管理办法》,开辟24小时监控的发票库房,实现"专人专车专柜"管理。加强国地税合作,开展联合办税、联合稽查,共办纳税人学堂,共评纳税人信誉等级。在国税局办税服务厅设置1个导税咨询岗和4个综合服务窗口,派驻5名工作人员。全年共办理税务登记686户,其中办理"三证合一"户数440户;联合办税窗口共接受纳税人咨询2000余人次,代开增值税发票500余份,征收增值税55万元,征收地方税482万元。

全面规范税收征管。强化"两个风险"监督,局风控中心下发管理类疑点数据11批次,810个疑点,涉及企业所得税预缴、印花税征收、资源税管理等方面,经核实排查810个,排查完结率100%,补缴税款647.15万元,加收滞纳金8.42万元,罚款0.14万元。督察内审下发执法类疑点数据3批次,9029个疑点,涉及程序类和征收管理类两个方面,经核实排查疑点排除8487个、疑点确认542个,补缴税款26.13万元,加收滞纳金0.5万元。10月优化版上线,运行平稳顺利,各项业务办理无缝对接,纳税人办税顺畅便利。加强管户核实工作,与国税部门实现数据交换3次,核对管户2547户;与工商部门联合对满两年未进行年报拟吊销营业执照428户进行核实比对。加强部门间信息共享,定期开展与国土局、住建局等部门信息沟通,保障税款及时入库及纳税人及时享受国家税收优惠政策。

【纳税服务】 通过提升纳税服务水平,提高办税效率,满足纳税人培训需求,普及税收知识、提高纳税人满意度和税法遵从度。制定《介休市地方税务局纳税人学堂管理办法》,成立校务会,由"一把手"任主任,分管局长为常务副主任,各业务股(室)为教务人员,全年共集中对纳税人培训3次,培训人数共2300余人次。4月,以全国第25个税收宣传月为契机,介休市国税局、地税局围绕"聚焦营改增试点,助力供给侧改革"的主题,联合开展税收宣传活动。大力宣传税收法律、法规,解读营改增相关政策和试点内容;主动深入企业,近距离为企业财务人员进行营改增政策的宣传,提高纳税人的税法遵从度。严格落实国家税务总局下发的各项税收管理工作规范,取消行政许可审批事项,减少行政审批中间环节,提升办税服务质效。为落实好国家结构性减税政策,召开税企座谈会,面对面、零距离与纳税人进行沟通,广开言路,答疑解难,把尊重纳税人、理解纳税人,关心纳税人的宗旨始终贯穿于税收服务之中。积极扶持小微企业、残疾人员和下岗人员等弱势群体的发展,让他们真正享受到税收优惠政策。

【两个责任】 运用"五责工作法",全面落实"两个责任",将明责、记责、述责、考责、问责环环相扣,形成了严丝合缝的闭环管理。明责"厘清责任"。为每个部门、每个人"量身定制"责任清单,细化到事、具体到岗、责任到人。记责"留痕管理"。如实记录日常工作中执行党风廉政建设责任制的情况,强化跟踪管理,定期抽查核实。述责"唤醒责任心"。内容上包括述纪、述廉、述作风、述主体责任,程序上包括述前调查、述中评议、述后整改,要求干部严以律己、勇于担责、敢于管理。考责"结果运用"。考责与当前税务系统的绩效管理相结合。将落实“两个责任”与干部绩效考核、选拔任用、评优评先相挂钩。问责“戳到痛处”，在督察内审、严禁酒驾、清理欠税、案件调查等方面进行了5次集体约谈，约谈150余人次。

【队伍建设】 全面推进干部教育培训工作。树立“抓住年轻人就是抓住地税未来”的战略思想，储备培养“好苗子”。42名45周岁以下干部有针对性地进行系统学习培训，每月在山西省财政税务专科学校封闭培训一周，培训内容涵盖税收业务、经济管理、“互联网+”、国学文化等。在2016年晋中地税系统“岗位大练兵 业务大比武”活动中，3名年轻干部入选国家税务总局“115”工程岗位能手项目。树立了选人用人的“风向标”，优化了基层班子队伍结构，将10名80后、90后业务能手提拔到正、副股岗位上，干部队伍活力、战斗力不断增强。

【文明建设】 通过加强党建、团建、工会建设，不断提升文明创建工作水平。开展丰富多彩的主题实践活动，开设瑜伽健身班，搭建“两学一做”大讲堂，举办文化联谊活动、趣味体育运动会、“党章讲话”书法展、迎“七一”知识竞赛等。

【税收执法】 加强对非正常户认定、风险应对质量、企业所得税核定征收方式、税收优惠政策、税务稽查执法程序及行政处罚规定进行专项执法督察。开展欠税清理工作、重点税源企业随机抽查工作、发票专项检查工作、举报案件查处工作，累计入库3716.46万元。

【下乡扶贫】 选派得力干部担任介休市东宋丁村“第一书记”，针对村里存在的问题，做到了“看真贫、扶真贫、真扶贫”。多种渠道筹集资金30多万元，将全村的年久失修、跑冒滴漏的上下水管道全部更换。动工解决了10户村民的房屋裂缝问题。涂墙粉刷约9000平方米，修建围墙300余米。被晋中市政府评为卫生先进村。解决了1户特困家庭3个儿童上户口、上学问题。

（梁　良）

中国人民银行介休市支行

【概述】 2016年，中国人民银行介休市支行继续深化金融服务与管理工作，制定出台了《2016年全市金融工作指导意见》，积极推动金融支持地方经济发展，各项业务大大提高。

【内设机构】 为全面行使央行工作职能，介休支行内设机构为四部二室，即：综合业务部、金融管理部、货币金银部、保卫部、综合办公室、纪检监察室。2016年，全行在职职工共计34人，其中：行长1名，副行长2人，纪检组长1人，副主任科员2人，部室主要负责人5人（正股），部室副主任6人（副股），一般人员17人。2016年支行退休职工3人，新入行员工2人（行员1人、聘用制1人）。

【荣誉成果】 2016年，上级行考核中，有四项工作进入中心支行考核前三名，金融管理部（调统）金融研究工作第一、综合业务部（会计）支付结算工作第一、货币金银部货币金银工作第一、金融管理部（金管）金融稳定工作第二名。介休支行荣获2016年度晋中中心支行先进基层党组织，介休支行女工委荣获2016年人行晋中中心支行“树品牌·展风采”女职工电子相册制作竞赛活动优秀奖。

【经济数据统计】 2016年，介休市地区生产总值143.92亿元，同比增加8.52亿元，增长6.29%。其中：第一产业6.39亿元，第二产业76.60亿元，第三产业60.93亿元，三产比重为：4.44∶53.22∶42.34。全市规模以上工业总产值完成223.04亿元，同比增加0.54亿元，增长0.24%；农业总产值12.45亿元，同比增加0.85亿元，增长7.33%。市全年完成固定资产投资149.58亿元，比去年同期增加7.88亿元，增长5.56%。全市城镇、农村人均居民可支配收入分别为30650元、12333元,同比分别增长5.79%、5.20%。全市社会消费品零售总额完成90.05亿元,同比增加5.95亿元,增长7.07%。

【金融服务与管理】 2016年,中国人民银行介休市支行继续深化金融服务与管理工作,制定出台了《2016年全市金融工作指导意见》积极推动金融支持地方经济发展。

2016年末,全市金融机构人民币各项存款余额为268.85亿元,较年初增加25.94亿元,增长10.68%,同比上涨7.5个百分点,全市金融机构各项贷款余额为243.16亿元,比年初增加51.20亿元,增长26.67%,同比上涨8.94个百分点。全市银行机构不良贷款率为4.7%,同比下降0.73%,证券公司证券交易额103.32亿元,同比减少111.34亿元,下降51.86%,11家保险公司全年保费收入3.55亿元,同比减少1.53亿元,下降30.21%,保险理赔额9489万元,同比增加3109万元,增长48.73%,8家小额贷款公司注册资本金14.11亿元,年底贷款余额12.50亿元,与去年同期持平,有力地支持中小微企业和"三农"经济的发展。

加强支付结算与银行账户管理。2016年,中国人民银行介休市支行共办理新开户1313个,其中基本账户829个,一般账户424个,专用账户48个,临时账户12个;销户621个,其中基本账户313个,一般账户257个,专用账户32个,临时账户19个;变更账户1211个,其中基本账户1127个,一般账户70个,专用账户14个,临时存款账户无。2016年,全市共有存量账户总数为7889个,其中基本账户5277个,一般账户2280个,专用账户299个,临时账户33个,继续呈上涨趋势。

2016年,全市财政总收入为198980万元。其中:上划中央收入51808万元,上划省级收入24977万元,上划地级8277万元,地方一般预算收入113918万元,全市一般预算支出335505万元,共付国库存款利息51.9万元;核算业务收纳预算收入凭证136397笔,实拨资金支出业务109笔,集中支付业务22323笔,退库业务321笔,更正(调库)业务82笔;财税库银横向联网系统办理扣税业务131136笔,金额145835万元。

强化信用征信与管理。2016年4月6日,组织辖内中国邮政储蓄银行介休支行和介休农村商业银行(以下简称"介休农商行")两家金融机构征信人员参加了全区征信知识应知应会测试,参加测试人员69人全部顺利通过;4月14日,就中征应收账款融资服务平台相关知识邀请中国人民银行晋中市支行的李靖欣做了专题讲座;对两大征信系统和机构信用代码系统管理员、查询员、操作员身份进行重新确认和备案;4月,配合中心支行征信管理科对辖内这两家银行的征信业务工作进行了现场检查;8月,对华都村镇银行和浦发银行的征信业务进行了综合执法检查,规范企业和个人查询系统日常运作。到2016年末,共办理征信业务查询9883户,其中个人9755户、企业128户。

继续加强"两综合、两管理、一保护"工作建设。2016年,完成了辖内介休农商行、华都村镇银行新设网点的开业管理工作,并对新设机构介休晋商银行的开业工作进行现场指导。根据上级行的要求分别对浦发银行介休支行、农业发展银行介休支行、介休华都村镇银行进行了综合执法检查,其间共查出问题100多个,经现场整改后仍然存在71个问题,根据问题的性质、原因、历史背景等提出相应的整改建议,并根据各金融机构的实际情况划定相应的整改时间,被查金融机构积极配合,均在规定的时间内完成了整改,一定程度上达到了综合执法检查的目的,规范了金融机构的经营行为。积极做好存款保险制度实施的各项基础工作。

强化辖内货币发行业务与人民币管理工作。截至2016年末,介休市累计投放现金617585.2万元,同比增加49514.9万元,增幅为8.7%;回笼现金193024万元,同比减少31183.5万元,减幅13.9%;净投放现金424561.2元,同比增加80698.4万元,增幅19%,保证了全市经济发展对现金的需求。截至2016年末,支库共回收残损人民币34224万元,同比减少2783.5万元，减幅7.5%；累计收缴假人民币1170张(枚)，金额81880元；累计收兑“法轮功”票币1626张(枚)，合计金额5920元。

【设备升级】 2016年，继续扩大财税库银横向联网面。在辖内已将TCBS(国库会计数据集中系统)系统联网面扩展到全市银行的各个分支网点。介休市国税局三方协议签约率达98%以上；介休市地税局三方协议签约率达95%以上。

(阮荣锟)

中国工商银行介休市支行

【概述】 中国工商银行介休市支行是晋中市分行中规模最大的一级支行，内设机构有营销部、营业部、管理部3个部室，共有营业部及4个二级支行对外机构，共有员工132人，其中在岗员工91名，离退休人员41名，在岗党员人数占支行在岗员工数的44.2%，大专以上学历的占73.5%。2016年，中国工商银行介休市支行深化经营转型的推进年，也是全行保持发展质量的攻坚年。面对复杂的经营环境和激烈的市场竞争，全面坚持大零售带动业务推进的发展战略，以客户数和交易量增加为发展方向，以拓户增存和业务创收为发展重点，以党建和廉政文化创建为推手，以稳定资产质量不劣变和压降清收不良贷款为保障，全行干部员工紧紧围绕省、晋中市分行党委战略部署，坚持以“提质增效”为中心，牢固树立“攻坚克难、争先进位”两大理念，深入实施“客户拓展、创新驱动、精益管理”三大战略，持续推进“信贷文化重塑、合规文化深植、团队文化打造”三大工程，对内夯实管理基础，对外拓展客户市场，奋力开创介休支行全新工作局面。

【经营管理】 2016年初，支行就明确基调，把零售业务作为推进全行转型发展、常抓不懈的重点工作来抓，全行上下积极转变工作理念和经营思路，零售业务稳步推进。为了保障本行各项存款稳健发展与增长，改变了以前等客户上门、靠大户维持、要政策支持的做法，适应同业竞争的需要，采取了坚持定期走访重点公司、机构客户制度，加强高层营销；及时捕捉信息，积极抢占多头开户客户在他行的存款资源；加强重点客户的资金监控，充分利用大额资金监控平台；认真梳理市场，做好项目对接等措施，加大营销力度，在客户资源方面做到“捷足先登”“提早介入”，把握市场先机，占据市场竞争优势。针对法人信贷业务：受经济大环境影响，本行在大力发展业务的同时，加大风险防范等级，提高本行保全资产的能力，不断从制度上创新，从培训上强化客户经理的工作能力，严格按制度规定做好贷前调查工作和贷后管理工作。对不良逸贷成立了由营销部经理、个人客户经理为成员的上门清收小组，详细制定清收计划，并逐户开展上门清收工作，取得了很大成效，对借款人有了更深入的了解。

【经营业绩】 2016年，储蓄存款余额225168万元，较年初增加757万元；对公业务存款余额20512万元，其中：公司客户存款余额7048万元，较年初减少7012万元;机构客户存款余额11178万元，较年初减少419万元。对公业务存款日均余额2469万元，较年初减少4709万元。其中：公司客户存款日均11516万元，较年初减少2544万元;机构客户存款日均10787万元，较年初减少810万元；各项贷款余额395772万元，较年初增加141635万元，其中：公司贷款余额316313万元，较年初增加108957万元；个人贷款余额31394万元，较年初减少101万元，其中：个人住房贷款29628万元，个人消费贷款1394万元，个人经营贷款372万元；票据累计贴现92380万元，完成市分行下达任务61.6%。

(李琴玲)

中国建设银行介休市支行

【概述】 2016年，中国建设银行介休支行(以下简称“建行介休支行”)在晋中分行“以提质增效为核心，巩固传统优势，推动转型发展，加大创新力度，提升补齐短板，守牢风险底线，努力打造好银行”的总体工作目标下，具体以存款抓份额、贷款抓投向、中收抓产品、客户调结构、不良压存量为主要抓手，认真落实“大资产、大负债、大同业、大数据”的经营思想，积极推进轻资产业务的发展，圆满完成各项任务和指标。

【存款业务】 2016年，建行介休支行存款稳定增长。一般性存款余额272778万元，其中对公存款余额48708万元，较年初新增8322万元，同业四行排名第一；个人存款余额224070万元，时点新增10779万元，当地四大行排名第二；日均余额221497万元，日均新增15695万元，系统排名第二 。

【信贷投放】 2016年，建行介休支行各项贷款余额324458万元，比年初新增70439万元。其中对公贷款余额303485万元，新增72262万元，系统排名第一，当地四大行第三；个人贷款余额20973万元，较年初负1823万元。对介休市博创纳米材料科技有限公司10万吨纳米项目进行评估，并发放9500万元的固定资产贷款。

【资产质量】 2016年，建行介休支行不良贷款和不良率比年初均有下降。年末不良贷款余额397万元，其中对公不良贷款340万元，较年初减少3330万元；个人不良贷款57万元，不良贷款率0.27%，个人贷款不良率和逾期率实现了市分行双控目标。

【转型发展】 2016年，建行介休支行在转型发展上多措并举。大力发展机构、社保账户。启动机关事业单位养老基金收支账户，将新产品应用于机构、社保账户，弥补了客户单一的局面。个人业务向多产品、多渠道转变。在持续推出大额存单的同时，加强高柜对个人存款的转存和挽留力度。实施社保卡拳头工程，以激活社保卡为主要抓手，实现社保卡客户对网上银行、手机银行、微信银行产品的覆盖。利用大数据产品“五贷一透”发展助保贷、税易贷等创新产品，不断夯实客户基础。

【金融服务】 2016年，建行介休支行票据贴现余额64250万元，全年累计贴现167035万元，完成计划任务的167%，主要贴现业务指标本月贴现、累计贴现、预收利息排列晋中分行第一。资金销售总量80298万元，专项分期交易额达到788万元，移动替代率达到60.68%。

（杨俊婕）

中国农业银行介休市支行

【概述】 2016年，该行认真贯彻落实省、晋中市分行及政府工作会议精神，牢固树立和坚持科学发展观，围绕总行和省分行强县弱行加快发展战略，积极应对经济下行的巨大压力，以综合营销活动为载体，以客户建设、产品营销、渠道建设为抓手，以激励约束机制为导向，以基础管理和风险防控为保障，扎实推进业务发展，取得了一定成效。

【经营效益】 全年实现拨备前经营利润-586万元；实现中间业务收入926万元，其中公司业务收入408万元，个金业务收入220万元，电子银行业务收入146万元，机构业务收入55万元，信用卡业务收入43万元。

【存款业务】 截至年末，该行各项存款余额195875万元，较年初净增26163万元，同比多增20012万元；其中个人存款余额153268万元，较年初净增18772万元，同比多增9654万元；对公存款余额42606万元，较年初净增7390万元，同比多增10386万元。

【信贷业务】 截至年末，该行各项贷款余额285396万元，较年初净增133289万元。稳步拓展个人贷款业务，扎实推进信贷业务品种多元化，年内发放个人贷款5275.4万元，其中个人住房贷款3703万元，存单质押贷款1438万元，房抵贷75万元，个人住房贷款增量四大行占比第一。

【个金业务】 截至年末，贵宾客户较年初增加286户；贵宾客户年日均金融资产较年初增加11119万元；私人银行客户签约13户；代发工资增量560万元；个人理财产品日均余额7022万元；销售黄金1369克，白银926克。

【电子银行业务】 截至年末，电子银行个人有效客户新增12600户；电子银行企业客户新增73户，其中企业网银新增73户；信用卡有效客户新增1709户；有效收单商户净增31户。

【“三农”业务】 一方面继续做好涉农代理业务，拓展代理范围。加强了同当地民政、财政、社保、新农合等部门的联系沟通协调，新增3项涉农资金代理业务，开通了新农业保险、新农业合作医疗代缴费业务。全年通过惠农卡代理发放涉农资金2717万元。另一方面在做好电费、联通、移动话费的基础上扎实推进各项代缴费业务，通过联系沟通新开办新农合、新农保代缴业务。全年累计代收电费426861笔、金额2785万元，代收农保6352笔、金额72.7万元，代收新农合16863笔、金额756元；同时，加强了转账电话的营销和维护，组织“三农”客户经理开展转账电话机主的现场培训和指导，及时解决机主的各种问题，有效提升了惠农卡用卡环境。

（刘 谦）

中国银行介休市支行

【概述】 2016年，中国银行介休支行（以下简称“中行介休支行”）按照晋中市分行各阶段的工作部署和要求，以效益提升为目标，以改革创新为主题，以结构调整为主线，以机制落地、项目带动、网点转型、风险管控、队伍建设为抓手，突破核心存款、客户建设两大瓶颈，提高中间业务收入，改善资产质量，提升服务水平，实现轻资本、低成本、高质量、高效益的快速发展。大力支持介休地方经济发展，服务广大人民群众、企事业机关各部门、各单位、各组织、各团体。

【存款业务】 2016年，本行人民币存款余额285882.46万元，各项存款净增额为12376.86万元。其中，公司存款12月31日余额54277.89万元，净增额为1072.8万元。人民币储蓄存款12月31日余额为231604.57万元，较年初净增11304.06万元，完成目标任务13000万元的86.95%。截至12月31日，本行个人中间业务收入完成254.55万元；公司中间业务收入完成542.84万元，尤其是公司业务中的利率掉期全年实现收入479.58万元。授信结构有所调整，资产质量亟待改善。截至2016年12月31日，各项授信余额为186463.3万元，较年初减少25811.22万元；其中敞口银承无余额，较年初减少1800万元；公司贷款173710万元，较年初流动资金贷款增加660万元，当年累计发放贷款119920万元；票据融资3150万元，较年初票据融资减少24107.94万元；不良贷款贸易融资核销2499.73万元，2016年9月1日新增流动资金不良贷款6000万元；居民消费贷款余额为9603.3万元，较年初增加136.46万元。居民消费贷款全年共发放958.68万元，其中发放住房贷款868.68万元，发放质押贷款90万元。

【授信五级管控】 本行公司授信企业以煤焦行业为主，属于产能过剩授信限制行业，为此，积极联系晋中市行领导、公司业务部及介休市委、市政府求得帮助，同时和授信压缩的担保企业进行多次沟通，获得认可。于2016年9月30日核销贸易融资不良贷款2499.73万元，切实提高本行授信资产的质量。清贷收息的重大突破，为晋中市分行在全省绩效考核的排名提升起到了至关重要的作用。

【金融服务】 2016年，本行为加快推进“业务转型与结构调整”战略，紧紧围绕“以价值创造为导向，以质量效益为核心”的指导思想，更好地传导上级行业务发展导向，扩大业务规模，抢占市场份额，提升市场竞争力，开展“绩效进步年”活动，实现各项业务快速、稳定、健康发展，做区域性最好银行。

夯实基础，促进业务发展。认真落实省市分行加快授信业务发展的战略部署，在上级行领导及有关条线部门的有力指导和大力支持下，积极营销大项目、大企业，有针对性地制定营销方案，加大对重点领域和龙头企业的营销力度。一年来，针对授信规模紧缩的政策，积极与上级行沟通、申请，抢抓业务发展机遇，用足规模，及时办理票据贴现业务、结构性理财业务、大票换小票业务等。

在多方共同努力下，本行累计为一些黄金客户办理了订单融资、票据置换、银承质押等新型业务，为资产业务的扩张奠定了基础。

【网点转型】 网点转型是全行的生命工程，关系全行未来的可持续发展。把网点定位为个金业务的主渠道、标准化产品销售的主渠道、公私联动的主渠道、中小客户拓展的主渠道。各层级转变观念，强力推进，有效落实，不换思想就换人。网点转型的各项规定动作做到不折不扣地落实到位，不得选择性执行。

通过对“四大流程、六大关键点”晨会的演练、“七步曲九句话”的现场情景演示和辅导等一系列环节，极大地提高了员工的营销意识，在导入的过程中大家的一句话营销术有了很大进步，掌握了产品促成交易方法，为网点营造了很好的营销氛围，营销业绩也有了质的提高。

【队伍建设】 介休支行从班子建设和绩效考核两个方面，不断加强管理团队的建设，从加强培训和岗位轮换入手，不断提高一线员工的战斗力，为全行的经营发展奠定良好的基础。一是抓好班子建设，按照“五好、五带头”的要求，加强政治理论和业务知识学习，努力提高自身素质；坚持民主集中制的原则，带头搞好班子团结，以党支部会议、行长办公会、行务会、“一对一”座谈会等形式，集思广益，民主决策。二是加强业务培训，提高一线员工的整体素质，强化各类业务培训，为培养复合型金融人才创造条件。三是强化队伍建设，号召员工积极参加晋中市分行组织开展的各类管理岗位、专业技术职位的竞聘活动，以及各类业务知识、服务礼仪的培训，为发掘优秀人才创造条件，成为自身业务发展和支持介休市地方经济建设夯实发展基础。

（郝剑飞）

晋中银行介休市支行

【概述】 2016年，晋中银行介休市支行在晋中银行党委的正确领导下，在介休市委、市政府及监管部门的大力支持下，紧紧围绕总行的工作中心和整体规划，持续调整业务结构、推进业务创新、提升综合竞争力，立足介休，服务地方经济，各项经营指标均持续良好，对地方经济的支持力度日益增强，特色优势不断彰显，成为介休具有较大影响力的银行业金融机构。2016年，支行围绕改革发展规划，强化自身建设与发展。在原有管理机制的基础上，按照条线管理规划，重新调整梳理支行团队架构，确定运营、理财、客户经理三条业务主线。支行形成运营部、业务部、理财中心三个业务条线，义安支行、张兰支行两个二级支行、电子政务中心综合服务窗口、商城医院等布设自助机具的中等管理型支行规模。建立了管理、营销、服务配套，工作条线清晰、岗位细化分明、前后台相互支撑的科学合理运营模式。支行业务达到为公、私业务全覆盖，中间业务齐全，理财产品丰富，面向企业、个体工商户、个人的多种类、差异化的信贷支持新型金融服务体系。各项经营指标健康、持续发展，取得了良好的经营业绩。截至2016年末，各项存款余额达到75551.32万元，较年初增加8572万元；本年度理财销售24500万元；贷款余额183460.79万元，2016年累计发放贷款487735.60万元；办理承兑汇票业务152200万元；累计办理业务358646笔。

【助力地方经济发展】 2016年，晋中银行介休市支行以"扎根本土，奉献地方"的经营理念，坚持立足"地方经济、中小企业和广大市民"的市场定位，充分发挥自身的机制优势，立足本土市场，对地方经济发展及各项事业倾力支持。重点扶持可持续发展资源型、能源型煤化龙头企业及符合地方转型发展，具有区域经济特点的地方支柱企业，有力支持企业做大做强。对转型发展企业及涉及民生、关系百姓利益的惠民工程和项目给予倾斜。对第三产业、服务业、小微企业予以关注，提供流动资金支持。为有发展潜力和空间的加工制造、建筑安装、物资销售、汽贸服务等小微企业发放贷款，实现差别利率，给予授信利率优惠，在确保安全的前提下提高资金流动性、效益性。加大个人贷款、小微信贷的营销扶持力度，探索与保险公司合作车险贷的项目，推出更多有市场潜力的信贷产品，为小微企业、商户追寻更好的市场发展创造机遇和空间，推动地方服务业发展，做出积极的贡献。2016年，支行累计为地方各类企业及商户发放贷款487735.60万元，办理承兑汇票业务152200万元，累计销售理财24500万元，所发放的贷款及签发的承兑汇票，都投向了当地的实体经济。

【关注民生惠及百姓】 作为地方性银行，为政府解忧，为百姓谋事是支行的立行之本，支行与地方税务、医保部门合作，提供优质服务。2016年累计为客户办理业务358646笔，办理缴税业务、医保报销、代理业务等工作，服务客户数量达到对公客户687户，个人客户37305户。在人流密集的家家利购物广场、银益购物中心、介休妇幼医院安装ATM（自动取款机）自助设备，拓宽支行服务范围，方便群众就近办理业务。围绕统筹城乡发展，积极在乡镇设立分支机构，将原支行在义安镇、张兰镇设立的便民服务点升级为二级支行，使经营范围、服务能力有了质的提升，为更好地服务农村经济和农民打下了坚实基础。在市电子政务中心设立服务窗口，安装两台ATM自助设备，为进驻电子政务中心的政府机构、职能部门、为前来办理业务的企业和群众提供优质高效金融服务，满足了市政府、部门工作的需求，也能更好地方便企业和群众，受到了地方政府和社会各界的肯定。另外，支行还积极规划推进在市西城区设立网点，布设自助服务设备，扩大服务范围。2016年，支行积极响应介休当地政府的号召，履行社会责任，开展"送金融知识下乡"活动，走进农村、社区开展金融宣传，普及民众金融意识和金融知识水平。积极投入下乡扶贫、赞助公益活动等各项社会事业中，树立了支行良好的形象，赢得了社会各界的一致好评。

【特色服务树形象】 作为地方金融机构，支行积极倡导和实践以客户为中心的经营理念，努力为客户提供"安全、诚信、高效、快捷"的现代化金融服务。以"服务他人就是发展自己"的服务理念真正给客户营造一个温馨、精致和专注的优良银行形象。支行突出大堂服务，注重对大堂经理的配置和要求，设置多名大堂，实行一对一服务，想客户之所想，急客户所急，解难释疑，使客户真正感受到"晋中银行，晋中人民自己的银行"；优化服务环境，营业大厅设置有序，环境优雅，放松客户身心；提升服务技能，确保营业窗口全部开放，实行限时办理制，用规范的流程为客户提供快捷、高效的服务；打造特色服务，形成大堂引导、首问负责、有问必答的便利服务，代理税费收付、医保报销、民政补贴等，方便群众；延伸服务内涵，强化细微环节，开通绿色通道，方便老幼病残，对特殊客户上门服务，方便客户需要放置茶水、配备雨伞、饮水机、应急物品、废旧回收箱等便民措施，站立迎客，举手示客，微笑送客，彰显现代金融服务特色。通过支行的诚心服务，赢得了客户的信任和赞誉。

【内控建设】 2016年，支行进一步强化内部管控建设。年初支行领导、网点负责人、员工层层签订内控案防目标责任书，将内控案防工作责任落实到具体员工。支行从"规范化、制度化、标准化"入手，夯实内控水平。梳理完善了内控管理措施，涵盖日常管理、业务流程、安全防范等内容，定期开展业务差错分析、案例剖析，确保每个员工都能明确各项规章制度和业务操作流程。通过对人民币管理、反洗钱、支付结算、营销技巧、消防常识、反抢知识等方面的测评，检验员工对支行各项制度及专业技能的掌握程度。支行加强案防、案例学习。每月组织对员工进行案防教育，召开案件风险分析会，通过对案例进行分析、总结，从中汲取经验和教训，提高员工风险防范意识。支行不定期对易发案件业务环节进行检查，每半年对员工进行一次行为失范排查，同时重要岗位人员严格执行轮岗、休假制度。支行严格执行《晋中银行介休支行内控制度执行情况考核相关办法》，做好检查监督，提高内控的有效性，牢固树立全面风险管理理念，以确保支行业务的有序发展。强化安全保卫工作，制定相关工作预案，明确职责，做到责任到人，落实好各层次人员的日常安全检查、值班制度，每月组织全行员工进行防抢演练，每季进行消防演练，提高员工应急能力，加强安防设施检查、维护，确保了全年安全稳定有序经营。

（王庆文）

中国农业发展银行介休市支行

【概述】 中国农业发展银行介休市支行（以下简称“农发行介休支行”）作为介休市唯一的一家农业政策性银行，成立于1996年12月，位于介休市金融路225号，营业场所面积1609平方米。支行内设会计结算部、信贷业务部、办公室3个职能部门，截至2016年底，员工人数为15人，其中女职工7名，男职工8名，本科以上学历占比达64.71%，持证上岗人员占比达100%。

2016年是“十三五”开局之年，也是农发行介休支行改革实施总体方案落实之年，认真贯彻落实介休市政府决策部署，紧紧围绕“强发展、防风险、夯基础、两从严”四项重点工作，全面落实各项工作部署，在服务全市经济社会建设和“三农“事业中实现发展的新突破。截至年底，主要经营指标完成账面利润684万元，贷款余额为68799万元，存款日均余额为15135万元，综合利息收回率99.73%。

【经营管理】 农发行介休支行始终坚持依法合规立行、合规治行，不断强化风险管控，筑牢风险防线。抓好评级授信审查，加强贷前法律审查，贷前法律审查方面，突出审查重点，加强对信贷资料完整性、合规性、风险性的审查。强化担保法律审查，出具明确清晰的法律审查意见；强化利率审查，合理确定价格。2016年，农发行介休支行按照国家有关部门启动的粮棉油去库存工作的要求，针对去库存粮油贷款管理采取了以下有关措施：一是摸清库存底数。二是监测粮油出库。①掌握销售计划。②是落实出库通报制度。③协调出库。④做好出库记录。此次国家一次性储备的国家临储玉米轮出销售，一共销售玉米18990.81万斤，收回贷款14623.06万元。最低收购价小麦入库1987.67万斤，发放贷款2527.56万元。2016年，农发行介休支行认真履行政策性信贷支农职能，把支持农业农村基础设施建设作为信贷支持重点，特别是加大支持农村路网建设力度，积极助推介休市经济社会的发展。2016年，发放了1亿元的中长期农村路网项目贷款（即介休东站高架桥建设工程项目贷款），介休东站高架桥是孝义、汾阳通往高铁介休东站的主要通道，也是介休市规格最高、最漂亮的景观路。

【内控管理】 2016年，农发行介休支行严格按照上级行案防工作要求，坚持将案防内控管理与业务工作同部署、同安排、同考核。特别是在廉政建设、安全技术防范、安全教育，实战演练方面取得了一定的进步。一是多方签订责任书，形成廉政建设工作合力。支行要求所有在岗人员与支行签订安全保卫暨综合治理工作责任书，在岗位人员保密承诺书，加强党风廉政建设、反腐败工作责任书。并结合支行违规积分管理办法和绩效考核要求，抓好落实，严格考核。做好《案防工作日志》的记录，把安全共管落实到各部门各岗位和每一名员工，形成全员参与，各负其责，共担风险的案防工作局面。二是采取措施，狠抓落实，提高安全保障能力。①完善各项处置预案，狠抓演练，提高实际防范能力。坚持每季进行一次防火防抢演练，不定期开展防爆假设突袭，把各种学习培训教育引向深入，提高了全体员工的实际防范能力。②严格日常风险排查，及时消灭安全隐患。支行领导和分管安全保卫人员每周不间断检查五管要害部门，重点是各类安全设施是否处于正常使用状态。③严格执行带值班制度。要求带值班人员必须按时到岗，认真做好值班记录。对有工作出差和请假人员不能按时值班的，办公室协调及时做好人员安排，确保24小时值班守库，不失控。

【企业文化】 企业文化是企业生存和发展的灵魂，对企业的发展具有导向、凝聚、激励作用。农发行介休支行作为政策性银行，本质上是金融企业，在全面支持社会主义新农村建设、发挥对经济发展逆周期调节作用的关键时期，突出企业文化引领作用无疑是增强经营发展动能的重要支撑。作为经营行，主要是在具体工作中落实好上级行确定的企业文化理念精神，并付诸工作实践中，保证落地开花。2016年，农发行介休支行进行了办公楼维修改造的基建工程，严格按照总行《营业窗口视觉形象建设标准》手册设计营业柜台窗口，制作门楣、门牌、LED显示屏、标语牌等，对营业大厅、楼道、各办公室摆设绿色植物美化环境，使社会各界、各类客户对农发行有了更为清晰的印象和认识，进一步树立了农发行的社会形象。职工宿舍、公共洗澡间、职工食堂设立和装修为每一位员工提供了生活和工作上的便利，职工活动室设有读书阅览区、乒乓球案台、跑步机、放置各种活动器材，这些为丰富职工的业余生活提供了非常好的条件，使员工能够更好地投入到工作中去。2016年，介休支行组织开展会计点钞录入比武大赛两次，信贷客户经理尽职尽责记录展评活动一次，参加系统内各类竞赛活动三次。农发行介休支行通过开展丰富多样的劳动竞赛来弘扬企业文化精神，汇集团队力量，统一行动方向，实现发展目标。将各项竞赛活动制度化，以业务经营发展为中心，形成“以竞赛带队伍，以竞赛强素质，以竞赛促发展”的局面，同时对取得好的比赛成绩的员工实行奖励机制，对工作表现突出的员工优先提拔，树立正确的用人导向，调动全行员工的工作积极性和创造性。

（侯雪娇）

山西介休农村商业银行

【概述】 2016年，山西介休农村商业银行在介休市委、市政府的正确领导下，认真贯彻落实2016年度工作会议精神，正视经济下行压力，直面利率市场化、互联网金融挑战，紧紧围绕“一个主题”，坚持“五个全面”，推动“十项工程”，各项工作稳中有进、稳中有为，全力推进各项业务提质增效。2016年，全行资产总额达144.92亿元，各项存款余额110.06亿元，各项贷款余额79.51亿元，存、贷款市场份额分别为40.94%和32.70%；各项收入突破10亿元；实现经营利润3.76亿元。被评为2015—2016年度全国“送金融知识下乡”工作先进单位、“‘十二五’全国企业文化优秀传媒组织”“互联网+时代”企业文化创新优秀单位，连续多年荣获山西省文明单位等荣誉称号。

【经营业绩】 2016年，介休农村商业银行通过及时调整重点，大胆布局转型，不断提升服务质量等方式，在复杂的环境中实现了各项业务的稳定发展。一是在存款业务上。通过各项活动营造了良好的营销氛围，抓住了客户；通过密集的服务网络，拢住了市场，实现了存款业务的不断发展。至2016年末，全行各项存款余额达到110.06亿元，净增9.04亿元；其中储蓄存款净增8.61亿元，余额达到91.54亿元。二是在贷款业务上。面对经济下行的客观宏观发展环境，介休农村商业银行以从紧的信贷政策为指引，以控制和化解信贷风险为手段，以提高存量贷款质量为目标，实现全年信贷业务整体运行健康、平稳。至2016年末，全行贷款余额达到79.51亿元，净投放3.15亿元；其中：涉农贷款余额达到79.48亿元，占各项贷款的99.96%。三是在业务收入上。2016年，介休农村商业银行提前布局金融市场业务的优势得以显现，通过同业、债券、理财、票据业务的协同发展，全行实现收入10.44亿元，同比增长7857万元，增幅达到8.14%；其中金融机构往来收入4876万元，投资收益1.86亿元。同时，实现经营利润3.76亿元。四是在银行卡业务上。通过强化营销、合理布放机具，逐步提高了卡业务质效。至2016年末，全行信合通卡活卡率达到了94.22%；发展特约商户352户，安装POS机具381台；发展助农取款服务点113户，改造升级农村金融服务站107处，银行卡手续费收入达253.26万元。五是在监管指标上。按照提足准备、留足后劲的原则，合理地规划监管指标。至2016年末，资本充足率为11.78%，核心一级资本充足率为10.69%，拨备覆盖率为278.85%，拨贷比为6.53%，不良率为2.34%。

【业务转型】 随着金融业的不断发展，介休农村商业银行2016年适时地对于负债、资产、收入这三大业务进行了转型。一是在负债业务上。一方面，在坚持发展新客户的同时，从存量客户中发展新业务及新增存款，通过存款业务宣传、金融知识万里行等活动，回馈新老客户，着力做好存款的营销、拓展与维护工作，带动全行存款稳步增长。另一方面，通过推出"鑫融"系列保本型理财产品、发行同业存单等对负债业务起到促进作用。二是在资产业务上。将主要的精力放在了信贷风险防控和贷款结构调整上。从省、晋中市经济发展的重点和介休市的实际出发，逐步调整贷款投向，进一步加大涉农和小微企业贷款。三是在收入结构上。在不利局势下，发挥了金融市场的优势，持续调整资产配置，强化杠杆效应；及时转变操作思路，提升债券业务收益；同时采取全面发展的思路，在票据业务、理财业务、同业业务上齐头并进，使资金业务收入占到全行收入的22.76%。

【内部管理】 2016年，为了进一步提升管理水平，提高运营效率，激发内部活力，介休农村商业银行着力在内部管理上下功夫。一是在法人治理上。针对改制以来发现的问题进行了修正和完善，进一步强化了董事会在重大事项上的决策作用，进一步明确了各专业委员会的职能，进一步发挥了监事会的监督职能，使经营层可以在更加明确的战略和有效的监督下开展经营管理工作。二是在信贷管理上。①审慎发放新增贷款。坚持"主动排查、深入纠改、全面整治、规避风险"的原则，以季对新发放贷款就合规性、合法性、风险预警等情况进行检查，有针对性地采取风险防控措施，提升内部控制能力和风险管理水平。②抓实存量贷款质量。动员存量客户将保证担保贷款置换为抵质押贷款，并提供实质性、有效性的抵质押物，减少企业陷入"担保圈"情况的发生。③开展了3次信贷合同文本评比活动，进一步推进信贷档案达标升级工作，促进了涉贷人员合规意识的增强和信贷操作行为的规范，有效提高了风险防控能力。三是在案件防控上。①牢固树立"管业务必须管条线，管条线必须管案防"理念，明确防案控险第一责任。②紧盯重点业务、重点岗位、重要制度、重要时段，持续保持了防案控险的高压态势。③，配合正向激励的方式，促进全员合规、持续合规，实现了全年零案件、零风险、零重大责任事故的"三零"目标。

【队伍建设】 一是在人员培训上，通过外拓业务学习、知识竞赛、外出培训等方式，增强了员工适应新形势的工作能力。二是在人员的选用上，坚持德才兼备，对于各个岗位人员的任用都从岗位职责和要求出发，力求将合适的人用在合适的位置。三是在潜能调动上，通过开展"迎五一　庆五四　彰显员工风采"职工竞赛；冠名山西省健美、健身锦标赛；组织"三进两访一提升"外拓营销；举行赛账、演讲、知识竞赛等活动，进一步增强团队凝聚力和战斗力，激发了大家群情激昂、英姿勃发的活力。

【企业文化】 企业文化是一个企业的精气神，为了不断提振精气神,介休农村商业银行通过内外合力,使全行的企业形象不断优化。从内部讲,严格贯彻落实上级党组织的党建工作要点,深入开展“两学一做”学习教育和学习型机关创建活动,持续加强党风廉政建设,营造了良好的风气。从外部讲,积极履行社会责任,开展博爱一日捐、扶危助困、志愿者服务等系列活动,得到了介休百姓的一致好评。而且通过官网、微信公众平台、电视媒体等手段不断宣传介休农村商业银行的服务、产品等,打开了社会认知的绿色通道,加强了与广大客户的有机互动与和谐融合。

(温　娜)

中国邮政储蓄银行介休市支行

【概述】 中国邮政储蓄银行介休市支行于2008年5月29日正式挂牌成立,内设3个部门(综合管理部、三农金融部、公司业务部)、3个一类网点(支行营业部、新华支行、定阳支行)。现有职工53人,其中合同工49人,劳务工4人;信贷从业人员10人,网点从业人员33人,后台管理人员10人。本科及以上学历占88.8%,专科学历占9.4%,专科以下学历占1.8%。

2016年,金融业务总收入2425.51万元,完成年计划2321万元的104.5%,比上年增长7%,位列全市第三。利润总额累计完成1386.14万元,比去年同期净增386.35万元同比增幅38.67%,收入利润率为57.15%,位列全市第三。2016年12月末,各项贷款余额11478.41万元,较上年增加1044.65万元,全市排名第十(市场占有率0.47%,全市贷款余额243亿)。其中:小额贷款余额1764万元,较上年增加572.32万元;个商贷款余额6444万元,较上年增加386.52万元;消费贷款余额3270万元,较上年增加85.4万元;小企业贷款余额2500万元,较上年增加1200万元。

【内控管理】 一年来,认真执行内控、案防的各项规章制度,落实业务发展,始终坚持内控先行的经营理念,将内控工作落实到支行经营的各个方面。通过开展警示教育的学习,增强员工的风险防范意识,提高员工的职业道德水平。

强化稽核检查力度。在做好日常检查的同时,加大对重点问题、重点区域的检查力度。一是加强对“五十个严禁”的检查力度。二是加强各级管理人员履职情况检查。三是加强屡查屡犯问题的检查。

强化问题的整改力度。对内外部检查发现的问题进行逐一落实,认真分析发生问题的原因,及时整改。

强化人员排查和轮岗工作力度。认真执行人员排查制度,做到不走过场、不留死角,把控每一位员工的思想动态。同时认真做好轮岗工作,有效地防范了风险。

强化安保和消防工作力度。每月组织全行员工进行安全学习,每季组织各网点进行一次案防演练,并与邮政联合开展了安全消防知识讲座和消防演练。对发现的安全和消防隐患及时进行了整改,确保了全年无案件发生。

强化邮银联系会和案防会的实效性。每月和邮政局召开资金安全例会,切实将案件防范工作落实到日常的工作中,从源头上防范操作风险。同时支行定期召开专题案件防范分析会,发现问题及时反映及时解决,杜绝业务操作中的随意性,切实防范了风险隐患。

【党风廉政建设】 2016年,在系统上级党委的领导下,加强党的基层组织工作,发挥党支部的领导核心作用,年初与每位党员签订了党风廉政建设目标责任书,进一步增强了党员的党性修养,坚持“三会一课”制度,每月组织党支部及全体党员进行学习,将上级的相关制度及要求及时贯传到每个党员中。按照上级要求,认真开展了“两学一做”教育活动,组织党员学党章党规、学系列讲话,要求每个党员严格要求自己,争取人人争做合格党员,并且针对两学一做活动的深入开展,全体党员人人对照检查自己撰写了心得体会,进行了批评与自我批评,进一步提升党员的政治素养,为完成各项工作目标奠定了基础。

充分发挥党支部的战斗堡垒作用，针对支行人员变动情况，结合介休实际情况及时对党支部成员进行了改选调整，建立健全了党支部职能，开展了党员过政治生日活动和迎“七一”党员人人做贡献揽储劳动竞赛，党员人人重温入党誓词，撰写政治生日感言，发挥模范带头作用，积极响应，圆满完成了竞赛目标。

贯彻落实党风廉政建设，坚持三重一大制度，认真执行中央八项规定。构造风清气正的工作氛围。开展“文明和谐”企业创建活动；培养有特色的企业文化，为发展转型提供了有力保障。同时在工作中以人为本，关心员工疾苦，倾听员工心声，为员工排忧解难，用情感人，用爱动人，始终与员工站在一线，将员工团结到一起，凝聚人气，共谋支行发展。

（王小玲）

上海浦发银行介休市支行

【概述】 2016年，上海浦发银行介休支行（以下简称“介休支行”）遵照《中国银行业文明服务公约》及实施细则等各项规定，及太原分行关于稳健经营的各项制度要求，注重合规体系建设，在支行体系内全面推行标准化管理模式，各条线序列经理严格按照业务规定及操作流程执行。支行设综合柜台4个，自助设备6台。全行G序列员工11人，其中行长1人，对公客户经理2人，理财经理3人，高柜员工5人；外包大堂经理4人，信用卡专员1人。支行具体架构分别为公司业务营销团队、理财团队、运营团队、大堂团队、信用卡专员。

【经营业绩】 2016年，介休支行业务实现营业净收入630万元；零售业务中间收入120万元，财富中收100万元，基础性存款余额合计4.51亿元，其中存款2.51亿元、较年初增加9288万元，零售存款1.78亿元，较年初增加4141万元；储蓄存款时点1.93亿元，较年初新增3836万元，个人金融资产时点5.23亿元，较年初新增5777万元，保险销售1050万元，办理O2O共计136户，国债销售276万元，代发薪资卡新增800户，基础客户提升185户。对公核心客户数28户、优质客户38户；个人优质客户数1770户，较年初新增335户；个人白金贵宾客户数692户，较年初增147户，钻石客户230户，较年初新增22户，私银客户数4户，与年初持平。至6月末零售贷款户新增47户，累计零售贷款户237户，贷款金额1720万元；电子银行客户共计增加3243户。

【管理工作】 2016年，介休支行坚守风险底线，大胆转型创新，树立员工正确的三观文化，保持良好的道德操守；在风险案例学习上支行继续加大员工的培训，打造健康、积极奋进的正能量团队；同时随着金融市场竞争压力的白热化和介休地域实效环境的适应性，在不断总结发展过程中失败的基础上，大胆转型创新，把增收创效放在首位，侧重适合发展的项目。强化全员执行力、打造科学管理团队，坚持领导带头、身先士卒，敢于担当；用习惯和制度营造一个“有规矩、重执行”的体系氛围。同时利用浦发的家园文化凝聚人心，时刻关注和关心员工的发展和生活，多采取多样化的释压方式，丰富员工业余生活，营造家园文化，灌输“快乐工作”的理念。努力营造团结友爱、奋发向上的良好氛围；介休支行根据员工的性格特点、能力特长制定有效可行的轮岗责任包干制，采取“岗位轮换适应制”“责任压力下沉制”“向上积极推荐制”来提升员工的主观能动性。

【创新发展】 介休支行坚持以零售财富管理，扩展高端客户为核心的业务发展策略，提出“以为客户提供卓越的金融服务为基础，提高市场竞争力为核心，打造介休市股份制商业银行标杆为目标”的发展思路，在管理实践中，不仅注重抓创新理念的宣导、推广，更将理念付诸实践。力争做到“三个关注”，即关注客户需求，关注厅堂阵地营销，关注发挥团队合力，从而实现客户满意度和忠诚度的提升，员工队伍的稳定成长和提升，业绩增长和市场形象的提升。认真践行分行“厅堂一体化”改革，以达到强化支行平台作用的目的,以提高客户满意度为目标,服务触角遍及支行各个部位,随时随地多方位、多角度地为客户提供优质服务,服务过程中内外联动,无缝衔接,贵宾客户零等待,各类节日推出特色活动等举措,使得支行成为商业银行优秀代表,金融标杆。一改往日"客户是上帝"的服务理念,视每一位前来办理业务的客户为自己的家人、亲人,给予其"体温式"关怀。

【零售团队活动】 2016年,介休支行为扩大地域知名度同时增强客户体验感,组织开展一系列营销宣传活动:1月1日—3月31日举办浦发惠民存款提升活动;3月8日举办"魅力女人,金彩人生"贵宾客户五项绑定提升观影;4月中旬进行代发上门激活薪资卡;5月25日举办"粽情浦发,贴心于行"走进代发企业活动,为企业员工送去金融知识的同时发放粽子;6月12、13日支行举办黄金特卖活动;7月份利用每周六、日举办保险流沙;8月24日举办银企共赢O2O商户座谈,8月28日开展"浪漫七夕,浦发有您"理财讲座;9月初走进介休老年大学,为学员讲解理财,普及金融知识;9月15日"浦发邀您一起看电影";9月25日"金秋九月,浦发户外采摘"活动:10月1日—12月31日"冬季惠民,豪礼相送"存款活动,10月28日,举办"寿比南山不老松"重阳节集赞活动;11月15日与实验小学举办"金融知识进学校"联谊活动,共举办23场回馈活动。同时介休支行坚持每日对各大社区、商圈进行形象和产品宣传,期间,员工克服困难每日抽一个小时去商户拓客。介休支行每周组织员工进行本周营销技巧的培训和总结。

(马红桃)

中国人民人寿保险股份有限公司介休市支公司

【概述】 2016年,中国人民人寿保险股份有限公司介休市支公司(以下简称"介休支公司")在上级公司的正确领导下,围绕"稳增长、重价值、强基础"九字方针,以提高公司创费能力为核心,加强队伍建设,加快转型发展的步伐,明确责任目标,责任到人,层层压实责任。全年保费收入2104.86万元,全市排名第三,其中新单期交保费384.79万元,新单趸交1176.53万元。

【业务发展】 2016年,介休支公司借助省公司基本法和城市项目政策,拓宽增员渠道,注重增员选材,实行"一人一策",实现资源统筹共享和匹配和政策效用的最大化。完善培训制度,健全培训体系,培训课程将技能与实用有效结合。共举办培训班3次,推行育树成林项目,增员50人。12月,在明乐山庄举办大型产酒会,产生保费120万。

【内部管理】 2016年,介休支公司践行总公司"靠制度管人、用制度管权、按制度办事"的精神,严肃工作作风,坚持召开早夕会、司务会、月度经营分析会,加强日常经营管理。完善公司制度,强化内部管理。为保证公司经营利益最大化,确保任务目标的完成,找出管理过程存在的薄弱项进行整改。8月,出台员工管理办法,规范内部管理。把控风险,合规经营,将日常工作置于制度的约束和管理之下,杜绝以口令代替工作指令的弊端,既减少人为的管理风险又提高了工作效率。9月进行财务基础工作自查,12月进行财务税务自查,防范税务风险,完善财务管理。

【宣传活动】 2016年3月,介休支公司在市区进行3·15保险活动宣传,并开展经理接待日,有效解答客户问题。7月进行保险宣传日活动,经理带领保险业务人员在时代广场悬挂条幅,发放传单,进行保险宣传,答疑解惑,提升保险在公众心中的形象。

【强化服务】 以客户为导向建立工作流程和制度是公司客服服务工作的一大特色。坚持一手抓管理一手抓服务,建立客服服务手册,确定标准,明确职责,在所有与客户接触的工作环节提出具体要求,建立快速服务机制，及时解决客户存在的问题和困难，提高服务效率和质量。2016年一如既往做好学平险的服务工作。业务员每月两次到学校回访，有问题及时与学校经办人沟通，做好及时有效理赔，充分履行诚信服务工作。在学校即将放假前期，对学校进行走访，将《致学生家长的一封信和就医服务指南》及时送到学校，发至全体学生，做好学平险工作。

（李超杰）

中国人寿财产保险股份有限公司介休市支公司

【概述】 2016年，中国人寿财产保险股份有限公司介休市支公司（以下简称“介休支公司”）成立第9年。全年介休支公司实现保费收入1314.7万元，较去年同期增长8.34%，其中车险保费收入1231.72万元，非车险保费收入（不含农险）32.63万元，农险保费收入（玉米种植险）30.66万元，林险保费收入19.69万元。赔款支出732.42万元，其中车险赔款695.52万元，非车险赔款支出（不含农险）7.19万元，农险赔款支出（玉米种植险）29.71万元。处理各类赔案2189件，简单赔付率55.71%，件数结案率95.13%，金额结案率66%。

【业务发展】 2016年，介休支公司全体干部职工紧紧围绕“改革年”“发力年”“提升年”的工作定位，积极应对市场竞争、持续深化改革创新，根据公司的总体战略目标，将任务目标分解到各个团队，各团队以季、以月进行考核。公司于2015年11月5日成功与介休晋能汽车运输有限公司和晋中商业银行合作，实现全省第一笔小额贷款保证保险在介休支公司成功出单，经过2016年的试行，保险无一笔逾期，并直接带动车险保费近80万元，没有产生一笔赔款，适时推出保证保险是适应形势的需求，以极低的风险保障，解决了运输公司和广大车主办保险资金紧张的问题。2016年5月，保险业营业税改增值税。6月上旬，商业车险费改。9月公司推出利用“国寿天财”这一展业利器，确定把“安心玩、安心驾、学平乐”等险种作为当年零散性险种突击。年终介休支公司荣获晋中支公司“承保利润贡献奖”。

【理赔监管】 2016年，介休支公司在贯彻省公司“降赔增效”方针的同时，坚持主动、迅速、准确、合理的原则，保证案件处理的简化、便捷、快速，突出国寿财险特色，在平时工作中不断深挖管控盲点、夯实管控根基，全面实现精细管控、效益经营、助力发展的工作目标。在继续巩固深化各项工作的基础上，使赔付成本管控能力得以持续提升，综合赔付率良性可控，建立降赔长远机制。

【宣传活动】 介休支公司在市委、市政府、市金融办的支持下，大力发展农险工作，加大宣传力度，做到农险惠农政策进村入户。2016年，投入4辆车12人，多次进入乡村进行险种宣传，动员投保，并张贴宣传海报，散发宣传材料共计3000余份，深入细致地宣传与报道政策性农业保险知识，使农户真正体会到政策性农业保险是一项稳定农民收入、分担农业风险的惠农政策。全年农林险保费收入共计50.35万元，较去年增长15.52万元，并于11月30前将本年度农险案件全部处理完毕，使老百姓切身享受到国家的惠农政策。

（胡海燕）

中国人民财产保险股份有限公司介休市支公司

【概述】 2016年，中国人民财产保险股份有限公司介休支公司保费收入3029.61万元，其中：车险保费收入2644.42万元，非车险保费收入385.19万元，全市19家经营机构排名第13位。赔款支出2574万元，其中：车险赔款2309万元，非车险赔款265万元。处理各类赔案4848件，已发生已报告赔付率68.75%，简单赔付率85%，其中：车险简单赔付率87.33%，非车险简单赔付率68.83%。处理率100.5%，其中：车险处理率100.36%，非车险处理率

103.89%，农业险处理率100%。

【业务发展】 围绕上级分公司经营目标和总体发展思路，将上级公司下达的各项业务指标科学分解，切实落实到人、落实到月、落实到险种，把年计划分解成月计划、周计划，月月盘点、周周安排，并作为激励机制的重要依据，逐月考核、绩效挂钩，最大极限地调动全体员工的工作热情。讲求实效、抓早抢先，坚持两手抓，一手抓集中型业务，一手抓分散性业务，采取“冬瓜芝麻”一起抓的战术，不遗漏任何客户。高度重视存量资源和基础客户，提升续保率和综合保全保足率；把稳固企业财产保险和车险（重点是家自车业务）作为立足点，整体布局商车费改，有效应对车险费率市场化改革。抢占车险市场，加大新工程、新项目的拓展力度。2016年，通过不懈的努力，成功与山西凯嘉能源集团公司建立长期的合作关系，承保该集团公司隶属煤矿企业财产保险，收取保费87余万元。1月，介休支公司邀请汽车4S店经销商及有关二网店、合作汽修厂领导40余人，召开了保险合作洽谈会，共同探讨业务发展、合作双赢之路。通过不懈努力，与各大4S店、二网店、合作汽修厂及汽贸公司合作，收取车险保费800余万元，其中：自家车保费300余万元，进一步加强了公司在大型业务及企财险业务领域的主导地位。积极开办政策性业务，重点关注种植业和养殖业保险，与各乡镇提前沟通，及早介入，在市农业局和乡镇党委、政府的支持配合下，3月，开办了种植业小麦保险，收取保费43万元；6月，开办了玉米保险，收取保费66万元。在市畜牧局和乡镇党委、政府的支持配合下，2016年开办了能繁母猪保险，收取保费2.1万元。提升了公司在当地经济发展运行中的保障地位。

【理赔监管】 讲求实效，加强理赔精细化管理。效益是企业追求的永恒主题，也是必须时刻牢记的基本原则。对公司所有赔案，自发案到结案，实施精细化管理，严格执行理赔权限，提高第一现场查勘速度和查勘率，坚持做到双人办案，严格控制通融赔案，定期清理未决赔案，做到对未决赔案情况心中有数，彻底扭转理赔滞后的被动局面。通过“查四风”活动，细化理赔监管。全年理赔各项指标和考核在全区名列前茅。对每一个理赔环节，坚持理赔刚性考核原则，严肃理赔纪律，从接案查勘，到送修定损，直至理赔结案，环环紧扣，强化监管。强化对4S店的资源整合、送修资源的管控等，促进理赔质量有了明显改善。杜绝个别员工以理赔资源换取承保资源的不良行为，严防员工误入歧途。同时，正确引导员工对虚假案件仔细斟酌、认真识别，树立人保财险的品牌形象。

【宣传活动】 2016年3月，介休支公司在张兰古镇、馨园小区等地，开展“扫街扫村”及3·15保险宣传活动。经理室成员带领团队长及承保、理赔工作人员，在古镇的繁华路段设立咨询台，宣传保险产品和诚信理念；十一黄金周期间，公司积极参加市委、市政府组织的老城宣传（后土庙金秋房博会参展）活动，精心布置了宣传版面，通过图片展示、现场答疑、散发宣传单等形式，近距离加强与消费者的沟通，扩大社会影响，提升人保品牌。

【公益事业】 积极参与地方扶贫解困活动。积极响应市委、市政府的号召，扎实推进帮扶助困计划的实施，在公司财务日益紧张的前提下，给中堡村委制作了两学一做、党建制度、村规民约等多块活动版面，六一儿童节给中堡小学送去了学习用具等慰问品，公司号召全体员工开展 爱心日捐款活动，大家的社会意识、爱国意识不断增强。

（李丽芳）

贸 易 | MAOYI

贸　易

MAOYI

商　务

【概述】　2016年,介休市限额以上社会消费品零售总额为90.5亿元,比上年同期的84.11亿元增长7.1%。外贸出口额完成2547万美元,同比下降5.3%。全年对4户企业进行破产改制。共受理办结行政审批事项236件。

【商业】　企业帮扶　组织6家企业参加山西品牌丝路行(韩国站)和2016年南非国际食品展。组织3户企业(介休市银益超市网上商城、恒大翌诚网络科技有限公司、电商园区)申报2016年度晋中市电子商务发展专项资金支持。

经济开发区建设　在原有资料的基础上,完善结构编排,新加介休市经济技术开发区基本信息,按要求目录顺序进行重新编排。经省政府同意,设立介休经济技术开发区,纳入省级经济技术开发区管理。

电子商务　介休市圆融信息技术公司、介休市宜家网络科技有限公司、介休市博海信息技术服务有限公司3户网络零售企业,均为刚成立的小型网络零售企业,经营成本主要是房租和人员工资,经营过程中面临的困难有竞争激烈、费用高、缺乏宣传。全市105户电子商务企业有3户企业已经销户,83家企业中大部分企业集中在介休市电商产业园区。

单用途商业预付卡　对3户单用途商业预付卡发卡企业进行了督导检查,就资金存管方面加大了督导检查的力度。

商务综合执法　编制商务领域权力清单、流程图、风险防控图以及责任清单。按要求上报了执法证件年审注册统计表、执法证件年审注册花名表、换发行政执法证件人员花名册,收回需换发的行政执法证件并上交。此外,对21名执法工作人员进行了行政执法培训。

【企业改制】　概述　2016年,主要对4户企业(药业公司、铝矾土厂、物资系统、玻璃纤维厂)进行破产改制。对企业改制基本情况数据进行统计更新,对企业改制资料进行修改汇编。第一本法律政策汇编出版。

信访接待　认真开展信访矛盾纠纷排查化解工作,做好矛盾纠纷排查化解台账。做好全国“两会”期间信访稳控工作,向信访局报送“两会”期间重点人员“四包一”稳控责任分解表并坚持逐日零报告制度。对“冬季行动”及“一交办三治理”两项活动中的交办案件和自己排查出的重点案件共21项进行分类推进。

档案管理　对档案室所存放的破产改制企业

职工身份档案以及破产企业财务档案进行编号整理、分类存放，对要求办理退休及连续工龄的破产改制企业职工提供档案查阅复印等。

【安全监管指导】 *电力企业安全监督管理* 对所监管的电力企业安全生产资料是否规范，资质材料是否齐全，现场管理及隐患排查情况进行检查，现场下达检查卡，并将查出的隐患建立台账。

成品油经营企业安全监督管理 对应检加油站年检资料进行初审，并进行现场查验（购油合同、进油发票）。督促经营企业控制成品油购进量，为油品全面升级国Ⅴ做好前期准备工作。会同执法部门针对“黑柴油”名单进行实地检查，对非法存储、使用柴油的企业采取清除油罐余油、取缔加油点的措施。

酒类经营企业安全监督管理 严格落实酒类批发登记的办理和年检工作，全年新办户3户、年检批发户72户。严格推进酒类流通随附单溯源制度。对酒类批发企业进行严格的执法检查。对散白酒经营户进行备案，现场考察并对已备案散酒户进行抽查，对不完善的散酒经营户提出整改意见。邀请晋中商务粮食局相关人员对全市87户酒类批发企业负责人和业务人员进行安全生产经营综合培训。

【行政审批】 *概述* 深化行政审批制度改革，是介休市经济和商务粮食局简政放权、转变职能的突破口和重要抓手。全年共受理行政审批事项236件，实际办结236件，平均办理时限为7个工作日，提前办结率100%。此外，为贯彻落实“六权治本”决策部署，结合工作实际，特制定相关方案。

业务办结 全年审批办理酒类批发许可证5件、酒类流通备案登记173件、技改项目备案54件、粮食收购许可证4件、打印发证173份、发文594份、业务咨询340余次。

六权治本工作方案 编制权力运行流程图和健全完善事中事后监管制度、绘制权力运行风险点防控图。建立机关内部重大决策合法性审查机制、重大决策终身责任追究制度及责任倒查机制、“三重一大”事项规范化制度，重点岗位规范化管理制度。

（田通寰）

供销合作

【概述】 2016年，全市供销系统在加快推进综合改革、基层基础夯实、为农服务提质、创新经营服务体系等方面扎实开展工作，发挥了供销社服务农民生产生活、促进农民增收致富的独特作用，实现了“十三五”良好开局。

【购销工作】 2016年，全系统完成商品总购进46003万元，同比增长35.6%；农副产品收购完成1237万元，同比增长17.3%；总销售完成50874万元，同比增长40%；生产资料销售完成5654万元，同比增长11.8%；生活资料销售38043万元，同比增长45%，各项指标稳步增长。

【项目建设】 按照“重建有标准、经营有机制、实施分步骤、注重搞服务”的总体要求，恢复重建了绵山镇供销合作社。由介休市惠信农贸中心承办，注册资本50万元。项目总投资120万元，建筑面积800平方米，年底全部完工并投入运营。

【惠农服务体系建设】 采取土地托管、农资供应、农机服务、代耕代种等多种方式，新建改造了一批给农民提供一站式服务的惠农服务中心（站），为农民和各类经营主体提供系列化服务。投资50万元，建成张兰惠农服务中心，服务农户3000户，农资销售260吨，覆盖16个行政村；建成了东段屯、张村、义棠村、张壁村4个惠农服务站；新建介休市农牧实体服务中心张兰服务站庄稼医院，配备庄稼医生一名，开展集农资销售、测土配方、信息咨询、良种引进推广、病虫害防治等为农服务项目。依托焦家堡农机服务专业合作社半托管焦家堡、堡和、马堡等村土地3000亩，提供耕、种、收等一条龙服务，服务2万亩次以上。

【领办专业合作社】 指导领办了龙熥农业服务专业合作社，主要从事双孢菇种植及产品初加工等。投资200万元，建成9米×30米菇棚8座，种植面积约1.5万平方米，提供就业岗位60余个，年产双孢菇可达50万斤，实现年销售收入100万元。合作社采用“合作社+农户”模式，将菇棚租给周边农民。合作社聘请专业技术人员，统一管理、统一培育、统一销售，让农户不承担任何风险赚到钱，达到双赢的目的。

【农民经纪人培训】 组织全市100余名农资经销商和专业合作社社长召开供销系统农资供应和农资知识培训会，聘请农资专家讲解有关农资营销和农资科学使用方面的有关知识。

【安全工作】 配合公安部门整顿全市烟花爆竹市场，查处没收无证经营、违法储存烟花爆竹1200余件。市盐业公司先后共出动检查车辆97车次，出动检查人员148人次，检查经营网点675家，入户调查282家。市供销联社安全督查组深入所属企业检查12次，在安全工作检查过程中，先后发出5份的隐患整改通知书，并督促企业全部整改落实到位。

（韩维宾）

粮油购销

【概述】 2016年，介休市粮食局在介休市委、市政府的领导下，粮食工作以党的十八大精神和习近平总书记系列重要讲话精神为指导，坚持以“两学一做”学习教育活动为主线，以贯彻落实粮食安全责任制考核工作为重点，坚持抓教育、促工作、保安全，奋力拼搏、攻坚克难，完成了各项经济目标任务和各项工作任务。

【粮食购销】 2016年，全市完成粮食总收购量10778万斤，完成年计划9000万斤的119.75%。粮食总销量22697万斤，完成年计划1.3亿斤的174.59%。省外调入粮食3790万斤，完成年计划3500万斤的108.28%。落实县级小麦储备2000万斤，落实县级面粉应急储备80万斤，完成年计划的100%。粮食企业统算当年盈利8.9万元，完成年计划5万元的178%。

【粮食储备】 2016年，介休市粮食局制定了《介休市粮食应急安全工作预案》，从应急响应，组织机构、队伍人员、应急措施等方面建立完善粮食应急机制。落实了粮食应急储备，小麦粮食应急储备2000万斤，以满足全市人口30天的粮食供应量。成品粮面粉应急储备80万斤，能够满足全市居民人口10天的粮食供应量。做到粮食储备存得住、用得上、调得出，粮食应急供应及时有序。建立了粮食应急加工和供应网点，粮食应急加工点（企业）2户，并与企业签订了《粮食应急加工承诺书》；粮食应急供应网点（门店）15户。

【危仓老库改造】 根据晋中市商务粮食局，〔2015〕225号《关于印发晋中市粮安工程危仓老库改造工作实施方案的通知》精神，介休市粮食局积极申报改造项目和争取资金。通过努力与晋中市粮食局签订了《危仓老库改造工作责任书》，申报批准维修总仓容8476万斤。其中：地坪7501平方米，墙体7185.49平方米，门窗168个，防潮漏雨维修3048平方米，粮情检测2项，机械通风7项，输送设备1项，共计14项。申报批准维修资金184.46万元。其中：中央财政资金110万元，市政府配套资金20万元，企业自筹资金54.46万元。维修工程项目于9月底竣工验收。

【粮食清仓查库】 3月份按照省粮食局、省财政厅、省农发行联合文件，晋粮市字〔2016〕47号文件精神。按照“在地原则，有库必进，有粮必查”的原则。介休市粮食局组织专业人员，对4户国有粮食企业进行逐一检查（即：晋绵山库、中储粮介休直属库、介休直属储备公司、义安粮食购销公司）。局领导陪同省粮食局、省财政厅、省农发行部门领导6

人,历时5天。累计进库检查达70个,清查粮食总计23316万斤。

【放心粮油工程建设】 介休市粮食局于2010年成立金禾源放心粮油配送中心一个,正式挂牌营业。2016年末,全市建立了120家放心粮油经销点,辐射10个乡镇,103个自然村,遍布全市乡镇和主要街道,形成了城乡一体的放心粮油供应网络,总投资已达100余万元,确保了粮油质量安全和日常供应,老百姓买的称心,吃得放心。

【安全监管】 2016年,全市有粮食市场价格监测网点2个(市区1个,乡镇企1个),能够及时了解和掌握粮食市场价格态势。全年对全市35户粮食加工企业完善了统计报告制度,建立了企业生产加工经营台账,并做到逐月按季上报信息和分析材料。组织人员对50户住户进行了粮食供需入户调查,并依据调查编制了《介休市2016年粮食供需平衡调查表》。建立粮食安全质量准入制度,凡不符合质量安全标准的粮食一律不准收购入库,不准加工生产;凡是未取得国家质量认定的产品,一律不准经营和销售,不准流入口粮市场。根据《粮食流通管理条例》规定,对2016年已领取《粮食收购经营许可证》的16户企业,进行资质审核和年检,对不符合规定的2户企业注销了收购资质。根据晋中市政府公布的粮食食品安全职能和职责要求,坚持每月一次集中排查,由局领导带队深入企业进行食品安全隐患排查,全年累计下乡检查8次,排查企业达20户。同时积极配合市工商、质检等部门开展节日期间食品安全隐患大排查,确保食品安全无事故。

【解决企业改制遗留问题】 2008年粮食企业改制时,按照《介休市粮食企业改革实施方案》,由企业一次性为其预缴10年的医疗保险金。但由于基数逐年提高,导致改制企业医保金从2014年10月出现严重不足,但粮食局千方百计筹集资金,从2014年至2016年共计自筹资金续交医保金968594.48元。其中:2016年续缴605397.97万元。2016年11月经与市政府、市财政协调申请拨付2017年医保金14.8万元,保证2017年改制人员医保正常运转。局领导积极面对,不推不拖,一个月接待上访15人次,并做好耐心、细致的思想教育和沟通工作,通过讲政策、做思想工作,基本达成一致共识,本人表示不再上访。针对粮食企业2008年改制人员李彩凤等3人,多年来一直越级上访告状的老大难问题。经与劳动部门协调沟通,于2015年12月底李彩凤等3人与企业签订解除劳动关系协议,于2016年6月按照政策规定办理补偿金和失业等相关手续。

(田通寰)

烟草专卖

【概述】 介休市烟草专卖局(营销部)位于绵山北街与金融路交叉口,下设综合办、专卖股、内管股、客服股、三个稽查中队和一个物流配送中转站,共有在岗职工67人,退休职工17人。共有持证卷烟零售客户1796户,客户占比达晋中市14%。

【卷烟营销】 卷烟销量实现16283.03箱,实现销售额43735.54万元,实现毛利10963.39万元,实现条均价107.44元,消费结构以三类烟为主导。开展品牌培育、提供基础服务、帮扶弱势群体、办理贷记业务,为客户提供专业化、亲情式服务。成立介休市卷烟零售客户互帮互助联盟小组,保障零售客户经营收益,构建了零售客户“自我教育、自我监管、自我管理、规范经营”的自律系统。

【专卖管理】 查扣卷烟案件115起,查扣卷烟139.42万支,案值67.51万元,罚没款6.34万元。协同公安查处一起网络案件,刑事拘留3人、取保候审2人,涉案假烟金额过百万。开展各类专项行动,打击真品卷烟非法流通、打击互联网涉烟犯罪、定期召开零售客户法律法规教育培训会,与客户签订《守法经营承诺书》,对客户定期开展证前培训,开展“3·

15”“6·29”“12·4”法治宣传活动，建立“微信群”及时互通信息，提升监管效率。

【物流配送】 物流配送中转站，配送人员29人，配送车辆15辆，负责介休、平遥、灵石、祁县东观以南4个县、市的物流配送工作，总配送户数5128户，占晋中市卷烟零售客户的39%，月均送货量为4300箱左右，占总配送量43%左右。

【党建工作】 2016年，被晋中市直工委授予“五星级基层党组织”称号，被晋中市局（公司）评为先进党支部。制作学习专栏，撰写学习体会，组织理论测试，深入开展“七一”活动，并提出了“一个党员一杆旗”的口号，签订廉政建设目标责任书，组织全体党员干部开展“送温暖、献爱心”“慈善一日捐”“学雷锋志愿服务”等公益性帮扶捐助活动，累计为帮扶点群众理发70余人次，测量血压达100余人次，捐助衣物200余件。

【综合管理】 班子成员每人每月包点服务10名客户，每月站柜1天，了解销售走势、价格趋势等市场状态，为营销决策的制定提供参考和依据。利用职代会等形式收集广大干部职工对企业管理的意见，组织开展了全员集中学习、党支部学习、抓典型树标杆、消防安全演练等活动。严格落实市局财务管理制度，坚决执行财务管理各项规定，严肃月度预算执行过程管控和现金流量管理，加强办公费、福利费、维修费、燃油费等重点费用的支出管理。

（孟淑贞）

科学技术 | KEXUE JISHU

科学技术
KEXUE JISHU

科学技术

【概述】 2016年，介休市加大了对科学技术发展企业，尤其是民营企业的帮扶力度和知识产权与专利的保护力度；推动传统优势产业升级，促进地方经济转型发展。

【传统产业升级】 2016年，介休市专利申请量88件，专利授权量39件。介休市帅帅养殖服务专业合作社被认定为山西省民营科技企业。安泰集团企业技术中心被认定为省级企业技术研中心；西姆东海碳素公司、博创纳米公司、凌云生态农业开发有限公司、山西安晟科技发展有限公司被认定为晋中市级研发中心，标志着主导产业钢铁、碳素、新材料、建材都具备自主研发的能力。山西三佳新能源科技发展有限公司、山西丰矿物流有限责任公司、山西全安新技术开发有限公司、山西安晟科技发展有限公司被认定为国家高新技术企业，享受国家、省规定的税收优惠政策。

（李　峰）

科学技术协会

【概述】 2016年，介休市科学技术协会按照《中华人民共和国科学技术普及法》和《全民科学素质行动计划纲要》的要求，继续坚持科学技术是第一生产力的思想，实施科教兴国战略、人才强国战略。结合介休实际，不断改进工作方法，提高工作效率，促进科学技术人才的成长，提高全民科学素质，发挥人才优势，围绕增强自主创新能力，通过创新驱动助力工程的示范带动，促进科学技术与经济的结合，带动地区经济发展。

【农村科普】 2016年，积极探索农业科学协会组织创新发展规律，开展科普惠农服务站提档升级工作，组织市优秀农科协、科普示范基地和农村村带头人开展互联网e购的服务和销售。做好“科技下乡工作”，为乡镇街道发放科普惠农挂图，每个100套，下发《关于在全市农村开展科技三下乡活动的实施方案》文件，印制春耕备耕施肥技术资料，陪同介休市委书记到农村开展春耕备耕调研，开展科普培训10次，推广新品种6个，同时与介休电视台共同举办“科普大篷车”，在科协网页上及时发布春耕备耕宣传资料。进行农村科技人员职称评审，完善农村科普人员建设机制。继续搞好凌云生态农业铁皮石斛种植加工科普示范基地服务，并成功申请项目资金3万元。

【基层科普】 2016年，开展科普示范社区申报工作,评选推荐市优秀科普示范社区申报,其中东南社区街道办事处、段家屯科普示范社区获省科协10万元,西南办事处设备修造厂科普示范社区获晋中市科协2万元资金奖励。组织建立介休市东南街道办事处桥东科普示范社区。举办全市科普日活动,科普进社区,以社区为单位进行科普宣传,开展群团工作调研。

【校园科普】 2016年,市科协大力推进校园科普进程,广泛开展主题科普活动,旨在提高青少年的创新意识和能力。1月举办的介休市青少年创新大赛以"体验、创新、成长"为主题,参赛学校30各,收集作品907件。在介休市北坛小学开展"体验科学""科学大篷车"宣教活动,分为"探索、生活、实践"三部分,吸引了全校800名师生参加。在张兰小学举办"晋中市青少年科技活动组织工作者与骨干教师"培训,完善校园科普师资建设,并积极推荐评选"晋中市科普教育示范学校"的申报工作,其中共3所学校参评。

【部门联动】 2016年3月20日"国际气象日",与市气象局在北坛小学联合科普进校园暨"崇尚科学,破除迷信"主题活动,将北坛小学确定为"介休市气象科普示范基地"。关注儿童心理健康,连同教育局开展"儿童心理学巡讲活动"。配合省委开展文化、科技、卫生"三下乡"活动和科技馆巡展。举办"科技政策服务创新驱动助力工程研讨交流",充分发挥科技作为第一生产力的作用,围绕增强自主创新能力,通过创新驱动助力工程的示范带动,促进经济发展。

(孙 慧)

气 象

【概述】 介休市气象局(原名介休县气象站)成立于1953年,台站历经三次搬迁,现位于宋古乡南张家庄村村北,属国家基本气象观测站、农气一级站,是山西省最早建立的气象台站之一,是科技型、基础性社会公益事业单位。实行上级气象部门与地方政府双重领导,以部门领导为主的管理体制,在上级气象主管机构和本级人民政府的领导下,根据授权承担本行政区域内气象工作的政府行政管理职能,依法履行气象主管机构的各项职责,主要承担地面气象观测、天气预报服务、农业气象观测、人工影响天气、防雷安全监管、气象防灾减灾、气象科技服务等工作任务。2016年有在职职工13人,退休职工7人,党员15人。

【气象服务】 介休市气象局全年发布重要气象报告卡12期,决策气象服务信息6期,专题预报50期,暴雨、雷电、高温、寒潮、大风、大雾等气象灾害预警信号55条;召开新闻发布会6次;市委、市政府部门、各单位、乡镇、村、气象信息员、涉农企业等重点服务对象接收各类气象信息达42万余条。通过国家突发事件预警信息发布系统以及手机短信、电子显示屏、农村大喇叭、政府网站、气象信息员、微博、贴吧、电视、报纸等宣传途径及时发布最新天气预测信息和各类气象灾害预警,加强与农业、林业、水利、国土、住建、旅游、交通等多部门联动和信息共享,主动开展春节、五一、国庆节等节日及中、高考期间气象服务保障,为市委、市政府部门领导科学决策提供可靠依据。

全市建成1个温室小气候观测仪、20个区域自动站、3门高炮、1套移动火箭发射装置、1套碘化银地面增雨系统(烟炉)、2套自动土壤水分仪、2套手机短信息发布平台、1套《介休市气象综合信息服务平台》、1套《介休市气象资料综合处理系统》;建成乡镇综合信息工作站15个、农村综合信息服务站197个、制作气象科普版面200余个、安装户外气象电子显示屏20个、农村气象预警直播系统197套;聘任农村气象信息员254名,覆盖率100%。

农业气象科技人员深入田间地头进行冬小麦苗情、玉米农作物和土壤墒情调查,开展季节性自然灾害调查,抓好春耕春播、夏收夏种、秋收秋种等农事关键期专业气象服务,及时制定《介休市特色农业气象服务周年方案》,编发《介休气象》12期,发布气候影响评价12期,使涉农部门及时了解雨情、墒情信息,为地方农业生产提供了第一手资料。

【人工影响天气】 介休市气象局2016年制订并印发了《介休市人工影响天气工作计划》,配合山西省、晋中市气象局人降办,抓住天气有利时机,落实人工科学防御,全年共实施地面高炮人工增雨防雹作业4次,共发射炮弹306发,作业影响区域面积约75平方千米。

【防雷社会监管】 介休市气象局对全市范围内煤矿,企业、金融、学校、医院等110家单位进行了防雷安全专项检查,对不符合规范要求的单位提出整改意见,下达整改通知书,对存在安全隐患的单位给出措施建议,要求限期进行整改。同时结合汛期安全生产大检查认真开展防雷安全隐患排查,依法履行防雷社会监管职责,全社会防雷安全意识逐步增强。

(韩雪盈)

地　震

【概述】 2016年,全市防震减灾工作以提高全市震害综合防御能力为目标,全力推进地震监测预报、震灾预防、应急救援三大工作体系建设,全面提升全市防震减灾能力和水平。

【地震活动】 根据全国地震编目系统山西地震快报目录:2016年1月1日—12月31日,介休(北纬36°50′01—37°11′04、东经111°44′10—112°10′14)共发生0.0级以上地震9次。其中0.0级—1.0级4次,1.0级—1.9级4次,2.0级—2.9级1次;山西省发生最大的一次是2016年3月12日11时14分10秒发生在山西盐湖的ML4.8级地震。2016年8月6日12时37分00秒在山西介休的发生M2.9级地震。

【地震监测预报】 强化监测台站建设,认真做好晋8-1井观测站的监测管理工作。晋8-1井是汾矿集团洗煤厂地震观测站,是我省地下水位变化的重要台站,其数据已纳入国家地震观测台网。但该站属于企业台站,为了保护好这个企业台站,针对晋8-1井监测工作困难,地震局和汾矿集团洗煤厂及时进行沟通,对晋8-1井工作环境进行改造,改造后既方便晋8-1井监测工作又不影响洗煤厂多经公司业务工作。在此基础上2016年地震局还对该台站的观测环境进行了改造,新上了气温传感器、雨量筒、气压传感器气象三要素,使晋8-1井达到国家地震台网要求。

异常情况跟踪落实　在异常情况跟踪落实上坚持异常考察落实不过夜,发现异常情况及时跟踪落实。按时进行周、月、季会商以及有异常及时会商。按照省地震局的要求严格执行每日异常零报告制度,加强宏观异常的收集、核实、整理、上报工作,对全市及周边的地震形势做出了较好的判断。

【宏观异常调查】 介休晋8-1井水位在2016年6月23日12.651米到7月8号12.903米下降0.252米,根据异常发展情况,省预报中心组织、监测信息中心、太原基准地震台与介休市地震局参加,组成异常核实工作组,相关工作人员于当日赴现场对介休井水位此次下降变化进行了核实。协助省局技术人员走访水利局、水资办、汾西矿务局、洗煤厂等行业主管和工矿企业用水大户等,经过落实调查,工农业用水量没有明显的增加和减少,没有找到明显的干扰源。

根据调查结果认为,介休井水位突降期间,观测系统运行正常,地下水无大量开采情况发生,也无新打井投入使用与旧井重新启用现象,且受降雨与气压影响较小。因此,介休井水位2016年06月23日出现的突将变化受外界干扰的可能性较小。介休井水位2016年6月23日出现的突降变化,通过现场水位校测、观测系统检查、观测环境调查、pH值及电导率测量以及与区域小震活动的分析,认为此次水位突降变化反映了区域构造活动的变化,为前兆异常,需密切关注其变化。

【地震灾害预防】 加强抗震设防管理 2016年全市先后建立“建设工程监督管理办法”和“两随机一公开实施细则”，并建立了“随机抽查数据库”和“执法检查人员数据库”，保证我市抗震设防依法依规进行。全年组织抗震设防联席会议2次，并通过会议解决了抗震设防审批及管理中的难点工作。全市抗震设防要求审批已进入审批大厅，并开展联合审批，按月上网公示，按季上报审批项目，介休市六七月份联合规管局、发改局等部门对抗震设防工作进行执法检查，我市抗震设防等行政行为没有违反法律法规规定的行为。

认真排查农村民居危房、城市老旧房屋 2016年7月，全市对农村民居危房进行了一次认真排查，检查范围包括房屋、河道、电力设施、通信设施、重点工程等。对发现的隐患及时上报，提出整改措施，落实责任人，并积极组织排险除患；对城市老旧房屋进行抗震性能普查和除险加固，共查出不抗震房屋11824.99平方米，计划采用置换的方式结合危房改造政策进行除险、加固。并继续开展农村民居地震安全示范工程建设。新建赵家庄和上西埜农村民居地震安全示范工程，共595户，建筑面积20856平方米。

在新、改扩建工程中推广减隔震技术 介休市地震局和介休市建筑设计院于2016年9月20日上午举办了“建筑减隔震技术讲座”，邀请省土木建筑学会减隔震专业委员会主任张文芳、省土木建筑学会减隔震专业委员会秘书长李国胜两位专家就建筑减隔震技术，为全院设计人员进行了认真详细讲解，并与课后进行了技术交流。今年我市建筑设计院为平遥宁固中学设计使用了减隔震技术。扎实推进防震减灾示范社区创建工作。目前全市34社区中，创建10个市级地震安全示范社区，5所晋中市级安全示范社区，3个山西省级科普示范社区，创建率占到全市社区总数的29%。

【地震应急与紧急救援】 扎实开展地震应急准备检查工作 市防震减灾领导组组织地震局、安监局、规管局、国土局、住建局、交通局等相关单位组成检查组，开展地震应急准备监督检查工作，并重点对地震地质次生灾害、化工、易燃易爆、水库、输油气管线、公路桥梁等各种灾害隐患点开展排查与治理。

开展不同类型地震应急综合联动演练 组织介休市武装部应急救援队、消防队、蓝天救援队进行了地震应急综合演练。利用“5·12”全国防灾减灾日活动组织光明小学等部分学校开展了“5·12”防灾减灾日宣传教育应急疏散演练活动。积极参加地震应急演练，我局于5月11日参加了晋中市地震局开展的2016年第一期地震应急演练，全局参演人员按要求准时到岗，各小组按预定计划展开了紧张有序的演练活动，及时开通传真、邮箱、电话、手机等联系通道，展开媒体接待、热线电话答复、网上信息发布等工作。各职能组反应快速，职责分工明确，此次演练活动着力提高了自身的应急能力。

加强专业地震救援队伍建设 2016年5月12日、9月26日分两次对介休市蓝天救援队进行地震应急培训，通过培训明确自己的职责，提高了队员们对地震应急的认识和能力。地震局多次对防震减灾领导组办公室的无线电台、车载电话、对讲机及手机电话进行测试通话，保障应急通讯畅通。新建政府广场、绵山公园两处应急避难场所，并完善其他已有应急避难场所管理维护。

【防震减灾科普宣传】 介休市地震局充分利用《中华人民共和国防震减灾法》颁布纪念日、“5·12”防灾减灾日、科普宣传周、“7·28”唐山地震纪念日等时机，开展了多种形式的防震减灾宣传活动，广泛开展《防震减灾法》和防震减灾科普知识“进机关、进学校、进社区、进企业、进农村”宣传活动，强化防震减灾宣传教育，提高全民防震减灾意识。

利用各种纪念日、宣传日开展宣传活动 5月11日，市地震局联合西南办事处在光明小学开展防震减灾知识进校园活动；12日联合民政局等减灾委员成员单位20余家在世纪广场设立宣传点开展防震减灾宣传活动，发放地震科普知识手册、宣传书共计5000余本。7月28日，市开展“铭记历史　吸取教训　纪念7·28唐山大地震40周年”宣传活动。活动中共展出展板40余块，发放地震科普知识宣传资料5000余份。此外在7·28宣传活动周期间地震局还组织进社区、进企业、进农村展出展板发放资料宣传。12月4日，法制宣传日期间市地震局通过悬挂横幅、放置宣传展板、发放宣传手册、提供咨询服务等多种形式，向市民宣传防震减灾等法律法规和便民知识。活动当天，共发放宣传手册300余份，接受群众咨询50人次。

强化阵地建设，广开教育渠道　依托防震减灾科普示范学校、地震安全示范社区等阵地，通过“进社区、进学校、进农村、进企业、进机关、进家庭”的“六进”宣传形式，大力加强防震减灾宣传力度。宣传活动累计展出以防震自救为主要内容的展板共计30张；发放《防震避震常识》《农村民居地震安全常识》《地震知识100问》《家庭防震》等4个类型读本共计5100余册；地震局在市民喜闻乐见的杂志《城市资讯》上制作地震科普专栏，刊登地震法律法规防震避险知识，拓展防震减灾科普宣传渠道，全年刊登24期。大力宣传贯彻《山西省建设工程抗震设防条例》。利用5·12防灾减灾日活动上街头，采用发放资料、进学校授课讲解等形式，进一步宣传抗震设防的法律、法规和区划图的基本知识，让群众和学生更多了解和掌握建设工程抗震设防的重要意义。9月20日介休市地震局联合介休市建筑设计院开展新一代区划图培训工作。定期开展科普教育轮训。市防震减灾科普教育基地位于原职业中学，现运行良好，每年市地震局和教育局联合组织全市六年级和初一学生进行一周科普教育轮训。

（任晓华）

军 事 | JUNSHI

军　事
JUNSHI

人民武装部

【概述】　2016年，介休市人民武装部按照“巩固基础，重点突破，持续创新，安全稳定”的工作思路，打牢政治基础，狠抓单位建设，加强战备训练，提升打赢能力，圆满完成各项任务，人武部整体建设水平大幅提升，部长李宏被军分区树为全面建设个人典型。

【搬迁新营区】　2016年1月25日，办公地点搬迁入新营区。新营区配套设施逐渐完善，投资7万余元完成作战值班室配套设施建设。水电和日常维护由市政府统一保障，着重推进荣誉室、国防教育展厅及军营政治文化氛围建设。

【学习教育】　坚持把“两学一做”作为重大政治任务贯穿全年，从5月起，通过集中学习、个人自学和学习讨论相结合，认真抓习主席系列重要讲话精神的学习，搞好跟进学习领会。坚持环环相扣，持续推进手抄党章、党课辅导、党费清缴、网上答题和承诺践诺等教育内容落实。召开党小组、党支部组织生活会，重点围绕“五查五看”开展批评与自我批评。结合军队调整改革，人员思想波动大的实际，结合改革强军教育，开展“作风纪律整顿”活动，把作风纪律建设与经常性管理工作结合起来，每名党员干部从理想信念、党性原则、组织纪律、思想作风等方面进行对照检查，加强思想交流，查找自身不足，从履职尽责的基本素质抓起，从条令法规的基本要求严起，在根源上杜绝热衷打探和听信传播小道消息等问题的发生，牢固树立走留服从大局、在位干好本职的基本观念，增强官兵干事创业的积极性和主动性。重视做好敏感时期、热点问题和意识形态领域的思想引导工作，开展形势政策、政治纪律等经常性教育，强化大局意识、纪律规矩意识，官兵听党指挥的思想根基更加牢固。

【整租验收】　介休市共有基层武装部15个，普通民兵18500人。2016年，根据“编为用”“编为战”的要求，介休市将1500名基干民兵，编为应急、支援、储备三类队伍。3月，民兵整组工作在整组宣传、整组方案、人员潜力调查、动态管理等四方面下功夫，创新编组方法，优化力量结构，调整编组布局，突出建设重点，夯实组织基础，实现整体跃升。3月5日—3月25日，组织125人的民兵应急分队，在同文学院操场进行以5千米长跑、体能训练、三大步伐、拳术、警棍盾牌术、防暴队形和各项应急演练为内容的集训，集训实行封闭的连队式管理、加强训练思想工作、采取灵活有效的训练方法，部队秩序正规、官兵训练热情高、训练效果明显。3月20日,市四大班子成员到训练场慰问指导,激励分队队员严格要求、刻苦训练。5月5日,军分区政委许杰真、省军区作训处长肖继带工作组一行8人,对介休市民兵整组工作进行验收。共出动民兵450人,动用各类应急车辆20台。检查组采取听、看、查、问、考的方式,对民兵阵地建设、应急力量建设、非现役警卫执勤等科目全面考核评估。在市人武部训练场观摩民兵应急分队训练科目展示,国动委静态力量展示,到义安镇检查预备役连部建设,随机抽查宋古乡和三佳乡及所属辖区南张家庄村和下曹麻村民兵营连部建设情况,实地点验拉动乡镇30人应急独立排。介休市人武部在省军区、军分区民兵整组和应急连比武考核验收中名列前茅。

【兵员征集】 5月,全市采取网上方式进行兵役登记,6200余人参加兵役登记,确定预征对象2700人。5月,市征兵办两次召开工作会议,安排部署征兵工作,明确相关责任人,采取领导包干责任制,将征兵领导组分成三个小组,保证行政村走遍、家庭访遍、人员谈遍,深入基层,入户见人,发生任何问题都要追究责任。市征兵领导组7名成员遍及232个行政村,走访家庭500余户。6月,利用大中专院校放假前和高考结束的时机,在5个院校设立咨询站集中宣讲,动员青年报名参军,征兵办在征兵宣传发动中向社会明确"四个公开"(兵员征集标准条件公开、征兵工作程序公开、征兵工作人员联系方式公开、征兵纪律公开)。7月,3次在市中心广场开展征兵宣传活动,发放宣传资料2000余份,近千名适龄青年及家长领取资料并现场咨询有关政策规定,20余名适龄青年现场登记报名。7月中下旬,征兵领导组采取领导包片、征兵办成员单位包乡镇、乡镇干部包村、民兵干部包户的方式,利用社区活动丰富、乡村庙会居多的特点,大力宣传兵役制度,宣讲优惠政策,扩大影响范围;征兵过程中,印发《廉洁征兵监督卡》,制定《廉洁征兵十不准公约》,设立举报电话、举报信箱、咨询热线和接待室,专人负责,强化社会监督,确保征兵工作顺利圆满完成。8月10—18日,人武部会同公安局、教育局等单位对应征青年展开政审。坚持"区域联审""三级政审",着重从其思想品质、社会关系、现实表现、是否参加非法组织方面进行"四个严审",确保兵员政治思想可靠,历史背景清白,个人资料真实。8月26—30日,征兵办坚持"三不定""五优先"(不自愿的不定、父母不支持的不定、选择去向的不定,学历高的优先、身体素质好的优先、入伍动机纯的优先、家庭条件困难的优先、历年报名合格的优先)的原则,采取填写《应征青年推荐卡》的办法,由各乡镇(街办)将体检、政审"双合格"人员综合衡量,择优打分,按序排名,加盖政府公章后推荐上报,集中组织定兵,确保将优质兵员送到部队。体检政审结束后,对"双合格"人员进行公示。2016年,为部队输送合格兵员165人,无一例退兵。全年征兵工作,市人武部"五率"排名分区第一。

【民兵应急分队】 3月12日植树节期间,组织民兵应急分队30余人,为绵山镇集体荒地栽种各类树苗500余株。3月20日,组织森林民兵应急分队50名民兵,参加汾河湿地生态园百亩民兵林建设,挖坑栽树500余株。7月,出动民兵3次,共计400余人次,先后对义棠、宋古等防汛任务严重的乡镇加固堤坝,修缮坍塌道路,保证人民生命财产安全。年内,市民兵应急分队出动60人次,车辆6辆次,配合地方社会维稳6次、治安巡逻23次。出动7支应急力量、600余人次,完成地方森林灭火10次,灭火90000平方米,扑灭火线8000米。

【共建活动】 3月至10月,依托农委协调组建的两支"科技支农小分队",在人武部帮建对子洪山镇洪山村扶持创业致富示范户6户、协调专家举办信息支农讲座17次,提供致富信息136条,转移剩余劳动力875人次,60户农民走上致富道路。8月,筹资1万余元,为该村送去办公桌椅20余套、各类图书100余套,帮助建起村党支部活动室。10月16日,全国扶贫日到来之际,以"扶贫帮困、你我同行"为主题开展为扶贫联系点募捐活动,机关干部职工和民兵骨干募捐资金8500元。人武部通过建桥修路、村庄整治建设、建立农民书屋文化站、推进绿化、美化、亮化工程,先后帮建义安、洪山、曹麻3个新农村示范点,共建5个文明行业和社区。2016年,人武部完成植树造林2000余株,军训学生2000余人,组织民兵应急分队先后完成扑灭山火、加固宋古乡和义棠镇堤坝任务。积极开展精准扶贫工作,捐资助学中小学生9名,清理修复灌溉水井1口;重点帮扶洪山镇洪山村,投入17万元,解决工程尾款和下水管道等问题。

【民兵规范化建设】　3月,制定下发《介休市基层民兵营(连)规范化建设实施方案》,部领导带队下基层,现场协调办公,解决难题,对全市民兵营(连)部2000多块各类职责牌匾、1000多种图表卡册,从形状大小、填写内容格式进行统一规范,统一民兵连例会、流动民兵管理等制度,进一步规范民兵营(连)部管理秩序。基层民兵营(连)部全部达到有固定的办公室、有青年民兵之家、有营(连)部标志、有营(连)队旗、有基本办公设施、有各类资料、有干部职责的"七有"标准。基层民兵营(连)部民兵器械库统一配置甩棍、盾牌、铁秋、应急灯、灭火专用拖把、砍刀等,并与乡村消防、治安装备进行混合编组,形成民兵装备在应急行动中战斗力的扩张,达到应急应战需求。

【首长机关军事训练】　2016年,参加首长机关军事训练,市人武部完善训练调控机制、合理设置训练内容、创新训练方法手段,开展岗位练兵,落实日跑三千、周标一图、月考一次,强化军事素质,确保"时间、人员、内容、质量"四落实,做到安全措施到位、责任明确到位、训练方法到位,采取"军事训练日"促训法,统一组织、按年龄段分组、逐项实施,主要对器械、俯卧撑、仰卧起坐、3000米跑和手枪射击等内容进行重点训练,有针对性地找准薄弱环节、补齐训练短板,对体能不合格的干部,利用每日下午体能训练时间进行补课赶队。年终考核中,市人武部7名干部4人优秀2人良好1人及格,总评优秀。

【开展群众性岗位练兵比武】　介休市人武部按照"全员参与、逐级摆擂、分类选拔"的思路,分层次、分专业、分项目依次组织比武竞赛,分别确定各级、各单位、各专业训练尖子和骨干,逐级建立完善业务人才数据库。义安镇人武部长刘建峰参加2016年群众性岗位练兵比武获军分区第一、省军区第十一的优异成绩。

(马志宏)

政 法 | ZHENGFA

政 法
ZHENGFA

政 法

【概述】 2016年，在晋中市委政法委及介休市委、市政府的领导下，全市政法工作围绕中心、服务大局，立足超前防范、源头治理、公正执法、维护稳定，扎实推进各项举措，确保了全市社会治安大局的总体平稳。

【国家安全工作】 2016年，积极应对国家安全问题，有效保证社会大局稳定。将国家安全问题作为首要任务来抓，纳入"平安介休"建设统一安排部署。强化责任意识、忧患意识，统筹国安办、610办、国保大队资源力量，充分发挥政法及社会各单位职能作用，有力开展情报信息搜集，扎实推进国家安全人民防线建设，广泛开展了国家安全宣传工作。对全市3个二级反恐重点目标、153个三级反恐重点目标重新建档管理。举行了反恐实战演练，提高反恐应急处突能力，增强全民防恐意识。创造条件落实基层反邪教的阵地、组织和工作机制。国家安全和政治安全方面，全年未发生暴恐袭击、企业泄密、邪教宣传、非法出境等事件，有效维护了介休形象。

【打击犯罪】 2016年，严厉打击违法犯罪活动，全力维护社会公平正义。政法各部门统一执法思想、突出查处重点、加强沟通协调、密切协作配合，以"打黑除恶"专项斗争为龙头，严厉打击各类违法犯罪活动，有力地维护了法律权威，促进社会公平正义。截至10月底，共立刑事案件528起，同比下降10.36%，破239起，破案率45.27%，抓获犯罪嫌疑人162人，同比下降2.99%；共立治安案件1019起，同比上升5.38%，查处1008起，同查处率98.92%，查处违法人员331人，同比上升30.31%。法院共受理各类案件2737件，审结2156件。检察院共批准逮捕77件93人，不批捕30件36人；共受理审查起诉案件142件187人，提起公诉126件170人；反贪共立案9件12人；反渎共立案3件3人。突出对社会影响大、群众反映强烈的民生类案件的打击力度，严厉查处了一批严重暴力犯罪、两抢一盗、电信网络诈骗、拦路设卡和非法集资等违法犯罪活动。对大案要案全力攻坚，八类刑事案件发案率大幅下降，命案全部侦破，有力地打击了违法犯罪分子的嚣张气焰，群众的安全感和满意度得到有效提升。

【防控体系建设】 2016年，积极推进防控体系建设，严密织就平安天罗地网。按照上级关于防控体系建设的要求，坚持社会部门自控的精细化、准确化、定点化发展，全市视频防控体系向社会延伸、重点行业延伸，全市共有视频监控点12000余个。同时，加强了社会面巡逻防控。坚持“最重要部位必须巡、最关键时刻必须巡”两必巡的要求，围绕全市党政机关、繁华街区、车站、医院、学校、公园等多个重点区域和路段组织开展全天候震慑性巡逻，认真对重点区域部位进行严密巡防，共盘查人员288人、车辆356辆，抓获各类违法犯罪人员27人。此外，坚持防控向重点人员延伸。积极探索社区矫正工作“七人一中心”，从组织、人员、场所、设备、制度等方面进行了全面系统的配套建设。全市共接收社区服刑人员1291人，累计解除社区矫正人员1067人，近年来在矫人员人数保持在220人左右，无一人重新违法犯罪。介休市社区矫正工作在6月29日的《山西法制报》上进行了全面的介绍。

【涉法涉诉信访工作】 2016年，充分运用救助手段，扎实化解涉法涉诉信访案件。市政法委2016年受理涉法涉诉信访案件共35件，转办26件，答复9件，对24件信访积案全部实行集中交办。同时，积极申请拨付涉法涉诉救助资金，共救助12人79万余元，妥善化解了任安玲、李更生、李虎英等一批涉法涉诉重点难点案件，有效维护了法律的权威和当事人的合法权益。深入推进涉法涉诉信访改革工作，成立了介休市律师参与化解和代理涉法涉诉信访案件工作领导组，由市委常委、政法委书记董建伟任组长，政法系统各部门分管信访工作的领导担任副组长，明确责任分工和具体职责，为推动工作开展提供了有力的组织保障。制定出台了《介休市律师参与化解和代理涉法涉诉信访案件工作方案》（介政法〔2016〕19号），对充分发挥律师作为第三方参与化解和代理涉法涉诉信访案件的重要作用提出了具体明确的要求和工作思路、部署。建立了律师参与化解和代理涉法涉诉信访案件人才库。从全市律师队伍中确定44名服务意识和大局意识强、业务素质高、有责任心的注册执业律师，建立律师参与化解和代理涉法涉诉信访案件人才库。市司法局制定《介休市律师参与和代理涉法涉诉信访案件工作规程》，明确律师工作职责、工作纪律等具体实施细则，为进一步推动律师参与化解和代理涉法涉诉信访案件工作明确了目标方向和具体要求。对全市律师参与接访（值班）进行统一安排。确定每天值班律师事务所，由律师事务所根据律师情况，自行调整和安排一名律师参与接访（值班）。

【队伍建设】 2016年，大力加强政法队伍建设，夯实工作基层基础。在全市政法系统认真贯彻落实十八届六中全会，省、晋中市、介休市重要会议精神，以“苦干实干、勇争第一”为指引，深入推进“两学一做”学习教育、扎实开展“把纪律挺在前面”专项活动。政法各部门积极推进落实司法改革的相关措施，有序稳妥开展了底数统计上报、考试考核等工作。全市政法干警教育培训工作以“建设‘五硬’队伍、树立为民形象”为目标，搭建各种学习平台，创新教育培训方式方法，对全市广大政法干警分类分批广泛开展教育培训，大力推进全市政法队伍正规化、专业化、职业化建设。广大干警能力素质进一步提升，执法司法行为进一步规范，案件质效得到明显提升。

【项目护航】 2016年，根据晋中市委政法委安排部署，介休市“项目护航”专项行动以“排干扰、解纠纷、化风险、保平安”为着力点，围绕“四建四保障”的总体工作目标，即：“建组织、建队伍、建机制、建平台”“法律保障、治安保障、安全保障、环境保障”，确保“重点项目建设推进到哪里、政法机关就服务保障到哪里”，扎实开展“项目护航”专项行动。2016年介休市人民政府共确定各类重点工程项目102个，涉及基础设施建设、产业项目建设、城镇化建设、民生社会项目等各个方面，市项目护航领导组充分结合介休实际，制定下发了《介休市政法机关2016年“项目护航”专项行动实施方案》（介政法〔2016〕11号），以全市重大项目为着力点，做到与职能工作、与现有管理体制相统一，共确定24个项目为重点，分解到对接服务小组，对其他项目全部按照“属地管理”的原则，由辖区综治办、派出所、司法所共同负责护航任务，做到了无缝衔接，无隙覆盖，全程跟踪，全力保障。

【政法宣传】 2016年，把宣传报道和舆论引导作为政法工作的重要内容，充分借助报纸、电视、广播、网络等传统媒体，积极开辟网站、微信公众号等新媒体，采取多种形式，宣传政法工作中涌现出来的先进单位和优秀干警，宣传好的经验和做法，积极主动对网络热点开展正面引导和应对，优化网络环境，有效提高社会对政法工作的知晓率、满意度，营造浓厚的舆论氛围。

【司法体制改革】 2016年，根据省委、晋中市委关于司法体制改革的要求部署，按照司法体制改革步骤，逐步推开司法体制改革各项工作。11月15日，市委常委、政法委书记董建伟组织召开深入推进司法体制改革专题会议，市司法体制改革领导小组各成员单位参加会议，并就各自工作情况进行了汇报。会上，下发了介休市司法体制改革领导小组《关于在全市全面推开司法体制改革工作的实施方案》（介司改〔2016〕1号），明确了目标任务和时间节点，为进一步推动司法体制改革各项任务的完成和落实提出了具体要求。2016年，共完成以下工作任务：法院、检察院统一完成人员机构编制及上划方案统一上报。组织完成入额法官、检察官遴选报名、笔试工作。完成入额法官、检察官的各项考核测评工作，每项考核测评结果公示后汇总报省司改办审核。市委组织部积极与法检两院沟通配合，完成了法官、检察官职务序列套改工作，相关表格上报省委组织部审批备案。市财政局积极做好法检两院债务统计及化解工作，主动完成债务摸底统计，并清理化解法检两院存量债务226万元；同时，全面摸清法检两院国有资产情况，为人财物省级统管打好基础。市编办、市人社局、市发改局根据司法体制改革工作的任务，积极配合法检两院完成部门工作。

（宋晓亮）

综 治

【概述】 2016年，介休市坚持以严格强化责任制为切入点，强化社会治安工作的落实。将社会治安综合治理工作列入党政领导班子任期目标和考察考核的重要内容。组织、人事部门在对考核对象进行任职提拔、晋职晋级时，将其履行社会治安综合治理领导责任制的情况作为考察内容一并考察，并书面征求市综治部门对考核对象的意见。严格奖惩兑现。2016年3月，市委、市政府对全市25个社会治安综合治理考核先进集体、85名综治工作先进个人进行表彰，激励广大干部群众积极投身综治和平安建设工作。

【社会治安风险隐患大排查大整治】 2016在全市开展社会治安风险隐患大排查大整治工作，制定下发介综治〔2016〕7号文件《关于在全市开展社会治安风险隐患大排查大整治活动的实施方案》。全市所有综治成员单位和19个驻市单位的排查任务也纳入乡镇街道辖区，确保排查不缺不漏。尤其是可能引发群体性事件的苗头和事端，进行地毯式、拉网式、滚动式排查。全市各基层单位严格按照统一要求的时间节点开展排查。按照“属地管理、分级负责”和“谁主管谁负责”的原则和晋中会议的要求，介休市坚持排整结合，同步明责，清单式化解。做到边排查、边整治，在排查掌握情况以后，同步开展整治化解工作。以分流交办的方式通知到责任单位、主要责任人头上，及时开展消化、化解、整治措施。按照国家安全、矛盾纠纷、公共安全、内部安全四类风险隐患，梳理清楚，全部纳入工作范围。截至2016年11月中旬，介休市共排查出社会治安风险隐患台账1728条，已整治1362条，未整治366条，整治率78.8%。

【社会治安六项整治工作】 根据上级安排部署，2016年，介休市继续深入推进社会治安“六项整治”

专项行动，出台了《关于深入推进以"城中村"为重点的社会治安"六项整治"工作的通知》，各乡镇、街道认真围绕"六项整治"隐患排查到位、打击整治到位、治安稳控到位、基层创建到位的要求，对各类治安隐患和突出治安问题做到底数清、情况明，形成整体联动的排查工作格局。全市共确定排查整治重点34个，已全部整治完毕。在整治过程中，坚持边排查、边整治，真正做到隐患排查到位、打击整治到位、治安稳控到位、基层创建到位。

【矛盾纠纷化解工作】 2016年，市矛排办共汇总上报较大矛盾纠纷327起，已化解280起，化解率85.6%。矛排工作始终坚持三个一，即一月一排查、一月一研判、一月一例会，全面掌握全市矛盾纠纷整体情况，及时有效研究化解突出社会矛盾，对具体案件进行推动化解和集中解决。同时，全盘统筹推进"大调解"体系建设。介休市矛盾纠纷调解中心规范运行，申请启动资金10万元，聘请4名原政法系统退休的老干部担任专职调解员，采用工作补助加办案补贴的办法给予报酬，每天两人值班，当日值班人员负责调解中心接收的矛盾纠纷的调解接待；不值班的两人根据各基层调委会的要求，深入乡镇协助调解疑难复杂纠纷，指导帮助基层调委会工作。2016年1—12月市调解中心工作人员共接待群众来访60余人次，调解案件4件。介休市已建立乡镇（街道）矛盾纠纷调解中心15个，人民调解员45名，村（社区）调委会265个，人民调解员795名，运行状况良好，发挥作用明显。全市共建立行业性、专业性调解组织10个，包括工商、交通、住建、国土、环保、民政、卫生、劳动、煤炭、旅游等部门和领域，共聘请专、兼职调解员70名。各行业性调委会办公场所基本上达到50平方米左右，并配备了调解工作所需的桌椅、文件柜、电脑等办公用品。严格按照晋中市《关于在全市行业性调解组织中实行"四统一"的通知》文件要求，将各调委会标识标牌、调解文书制作等方面进行规范，工作制度和流程全部上墙公示。

【网格工作】 2016年，充分运用三级平台，发挥网格积极作用。介休市三级网格平台共受理各类事（部）件214898件，处置211576件，结案率为98.45%，综合排名位列全省各县、市第二，全晋中市第一；中心热线电话受理事部件210件，结案203件，结案率97%，真正做到了社情民意在"格"中掌握，社会治理在"格"中到位，矛盾纠纷在"格"中化解，平安创建在"格"中开展，便民服务在"格"中落实。

【综治宣传】 2016年，积极开展社会治安综合治理宣传工作。广泛开展三大活动。一是以各乡镇（街道）及综治成员单位为主，在本辖区、本部门组织开展政法综治宣传活动。充分利用庙会、集会等活动和主要路段的大型标语、广告牌，提升宣传效果，营造浓厚的宣传氛围。二是组织公安、司法、交警等部门出动宣传车赴各乡镇（街道），对政法综治工作进行大力宣传，为平安介休、法治介休建设造势升温。三是在介休电视台、《介休报》等媒体刊登播出宣传标语，同时开辟专栏或栏目，宣传政法综治工作，创造良好社会舆论环境。2016年3月18日，围绕"推进五大体系建设，着力打造平安介休"的主题，由综治办、护路办牵头，组织法院、检察院、公安局、司法局、教科局、煤炭局、安监局、介休车务段、介休火车站等20多个单位走上街头，开展了政法综治工作集中宣传活动。本次集中宣传活动采取悬挂条幅，搭设宣传台、咨询台，发放各种宣传资料2万余份，发放宣传画册等3000余本，解答群众咨询1000余次，有力地宣传了政法综治及护路知识等内容，形成了浓厚的宣传氛围。

（翟晶晶）

公　安

【概述】 2016年，介休市公安局在市委、市政府和上级公安机关的坚强领导下，以深入开展"两学一做"教育实践活动为契机，紧紧围绕"打造全晋中、全省最安全城市"这一目标，抓住"公安业务和队伍建设”这两条主线，认真落实“三大战役”“安全风险隐患排查整治”“四项建设”等重点工作，充分履行公安职责，为建设“平安介休、法治介休”创造安全稳定的社会环境、公平正义的法治环境、优质高效的服务环境。

2016年，介休市公安局内设：指挥中心、国内安全保卫大队、刑事侦查大队、经济侦查大队、治安管理大队、特警大队、巡警大队、食品药品犯罪侦查大队、公共信息网络安全监察大队、禁毒大队、民爆大队、政治处、纪检监察室、法制大队、警务保障室、出入境管理大队、行政审批科、看守所、拘留所、交通管理大队、消防大队及东南、西南、北关、西关、北坛、城关、义棠、绵山、义安、张兰、连福、三佳、洪山、龙凤、宋古15个派出所，共设36个机构。行政编制297名，全局共有民警272人；行政工勤人员37人；各类事业人员414人；暂住人口协管员（参照事业的合同制人员）30人；辅助警力426人（其中公益性岗位人员5人、合同制各类人员421人）。在职民警（公务员）从年龄结构看：35岁以下77人，36—45岁42人，46—55岁112人，55岁以上41人，45岁以下民警占到总数的43.8%；从文化结构看：本科学历137人，大专学历109人，大专以上学历的民警占到总数的90.4%；从政治结构上看：共产党员240人，占到总数的88.2%；从性别结构上看：男性民警230人，女性民警42人。

【打击刑事犯罪】 2016年，共立刑事案件640起，同比下降17.42%，破264起；其中立8类案件17起，同比下降37.04%，破获11起，破案率64.7%；共抓获犯罪嫌疑人228人，其中：刑拘147人，刑拘转逮捕110人，移送起诉260人。发生现行命案6起，100%全部破获。共抓获网上逃犯110人，其中命案逃犯4名，外省逃犯6名，历年逃犯9名，本地逃犯抓获率97.9%。2016年共发生盗窃、抢劫、抢夺和诈骗等侵财类案件513起，同比减少103起，发案率下降16.7%；共破获侵财类案件157起，破获系列案7串，打掉7个犯罪团伙，抓获犯罪嫌疑人91人，缴获赃款、赃物1273.9万元。共打掉恶势力团伙3个，抓获犯罪成员20人，破获刑事案件11起。受理经济案46起，立案28起，查破案件21起、抓获犯罪嫌疑40人，涉案金额6600余万元，挽回经济损失3900余万元。其中，成功发起涉税跨省集群战役1起，作为发起地，破获虚开增值税发票案件3起，抓获犯罪嫌疑人6人，挽回税款损失116万余元；参战地公安机关共破案3起，抓获犯罪嫌疑人16人，挽回税款损失200余万元。破获省督销售假冒卷烟案件1起，抓获犯罪嫌疑人5人，缴获假冒伪劣卷烟40多种1300余条，价值20余万元。查破非法集资类案件1起，抓获犯罪嫌疑人1人，挽回经济损失3800余万元。

【社会治安管理】 2016年，共查处治安案件1331起。同比上升15.69%，查处率99%，查处违法人员427人，同比上升19.27%。一是严厉打击整治黄赌毒。开展六次查禁“黄赌毒”集中清查定点清剿行动，对治安相对复杂，尤其是黄、赌、毒丑恶现象相对突出的地方进行定点清除，集中优势警力予以打击。共检查宾馆、桑拿洗浴、快捷酒店、KTV歌舞厅、美容美发、足疗、会所等场所853家，查处不按规定登记旅店7家，停业整顿棋牌室22家、网吧2家，取缔旅店3家。共查处涉黄案件13起，查获违法人员26人，其中行政拘留13人，罚款13人；查处涉赌案件17起，取缔赌博窝点2个，其中刑事案件2起、治安案件15起，查处违法犯罪嫌疑人86人，其中刑事拘留2人，治安拘留42人，罚款42人，捣毁窝点5个，没收赌资2.2万余元；共破获涉毒刑事案件10起，刑事拘留11人，取保候审1人，查获吸毒案件42起，收缴毒品144克，行政拘留56人，罚款4人，社区戒毒11人，强制隔离戒毒6人。二是严厉打击整治“枪爆”。检查涉爆、涉枪、涉危从业单位248家（次），测爆42次，收缴手榴弹5枚，销毁电雷管826发，销毁过期炸药3082公斤，空炮弹1发，枪支9支。办理涉危涉爆涉枪案件11起，行政拘留14人。三是深入开展安全稳定风险隐患整治工作。制定科学有效的排查整治方案和责任分解意见，确保排查整治工作有重点、有措施、有目标、有要求，稳步扎实推进。以各派出所、各警种为单位，对全市重点部位、重点单位、重点区域以及人员密集场所等地进行逐个大检查，共排查发现风险隐患980处，已督促整治774处，整治率80%；列重点任务整治清单11条，全部整改，整治率100%。针对排查出来问题，实行包案领导主要负责，辖区单位全力实施，明确整治措施以及整治时限，全程跟踪督促，确保整改到位。

【治安防控体系建设】 社会面巡逻防控 2016年，共投入巡逻防范警力2000余人次，协助破获现行案件50余起，现场调处矛盾纠纷30余起，两抢一盗案件同比分别下降33.33%、44.83%、22.91%。网上巡侦工作积极发挥作用，共提供侦查线索177条，其中130条为直接证据。

视频监控系统建设 共安装接回420路监控点、19个高清卡口；建设完成二级监控平台1个，三级平台16个。基本实现对全市主要街面、交通要道、复杂场所、重点单位要害部位和出入介休市路口全覆盖，同时420路高清探头全部接入晋中市公安局平台，完成视频对接工作。根据晋中市公安局关于社会视频监控的相关要求，摸底统计企事业单位、个体商铺安装的视频监控探头7000余个，同时社会部分接入局平台1000余个。

虚拟社会防控 加强互联网监控，全面搜集互联网情报信息，共编辑《网警摘报》15期，向上级网安部门报送互联网信息393条。开展网评工作，对33起重要案事件进行正面宣传，以“警方发言人”的身份在“百度介休贴吧”发帖61条，使用微信公众号“介休网警”发帖119条，对网上负面舆情信息积极开展舆情引导工作，对虚假消息和带有恶意炒作的贴文及时删除，共处置引导“百度介休贴吧”本地网站的有害信息80余条。加强案件侦办，共处置网络案件6起，其中刑事拘留1人，行政拘留1人，调解案件3起，行政罚款1人。

【户政人口管理】 2016年，介休市公安局大力推进户籍制度改革工作，大幅降低城镇落户门槛，建立居民身份证异地受理、挂失申报和丢失招领“三项制度”，着力解决无户口人员登记户口问题。同时，采取有效工作措施，认真落实稳控目标，全面做好出租房屋和流动人口和重点人口管理工作。2016年，全市总人口为434606人，其中出生上户4807人，死亡3279人，迁入2629人，迁出2195人；共受理和发放身份证36968个，临时身份证1250个；受理省外异地身份证换领69个，丢失补领32个，受理挂失申报2267个，解除挂失25个，签发省内市外证件171个，发放省外身份证80个；摸排各类无户口人员135人；共登记流动人口3848人，发放居住证2693本，登记出租房屋945户，累计列管重点人口1104人。

【出入境管理】 办理出入境申请业务时，严格执行面见申请人制度，认真审验申请材料，保证个人材料真实完整，严格做好人像和信息库人员比对工作。2016年共受理全市中国公民出入境证件申请8557人次。省内异地申请出入境证件10人次。境外人员临时住宿方面：深入15个派出所就外国人服务管理和打击“三非”外国人工作进行为期半个月的全面检查、指导、培训，不断增强宾馆做好境外人员信息登记工作的自觉性。全年临时来介境外人员9822人（外国人9678人，香港25人，澳门2人，台湾117人）；共检查涉外宾馆、单位30余次，培训宾馆负责人及前台接待人员200余人，登记信息纠错20余次。查控重点人员方面：及时解决法定不准出境人员的通报备案、撤控、延期等方面的问题；及时、准确地更新国家工作人员信息。全年共清理、核对、增录国家工作人员报备信息1001条，新增法定不准出境人员备案信息343条。出入境民警在办理证件中，阻止法定不准出境人员企图出境2人次，发现隐瞒国家人员真实身份、企图骗取证件人员3人次。便民服务方面：为群众就近领取出国（境）证件358本，为群众加急办理证件15人次，提供“快递到家”服务3000余人次，发布微博28条，答复群众疑问20条。服务企业方面：根据《中共中央组织部公安部关于开展违规办理和持有因私出国(境)证件专项治理工作的通知》为市组织部及驻介企业共14家副科级以上干部提供出入境证件和出入境信息查询2500余人次。

【执法规范化建设】 开展受立案制度改革和刑事案件"统一审核、统一出口"机制改革工作,在法制大队成立案件管理中心1个,民警4名。案管中心共核查警情2034起,发现并纠正执法问题10个,统一审核提请批准逮捕案件22起、移送审查起诉案件36起,统一出口案件58起。针对局机关办案场所多单位使用、不易管理的特点,成立办案区管理中心,负责日常管理、设备维修保养、音视频数据的拷贝等工作,规范了执法办案场所的管理和使用。开展执法质量考评,推行"一案一审核,每季一考评,一季一通报"的基础上,加大案件日常考评的力度,共组织执法质量考评3次,考评各类行政、刑事案件100余起,下达法制建议书12份,共发现并纠正执法质量考评中的问题40余个。

【队伍建设】 2016年,介休市公安局扎实开展"两学一做"学习教育活动。共召开动员部署会4次,集中学习10余次,召开专题研讨会4次,开展主题实践活动4次,先进典型教育2次,警示教育2次,志愿服务2次,发放学习资料564份,完成学习笔记513本,撰写学习心得2012篇。累计开展党日活动47次,转发编发党建、服务群众信息457条。夯实党的基层组织建设。研究制定《2016年度党建目标管理实施方案》。开展党费自查工作,建立健全党务信息系统,吸收6名新党员,7名预备党员转正,20余名入党积极分子培训,组织党支部改选。全年开展廉政谈话400余人次。利用公安网、微信平台、手机短信等方式,发布、发送廉政提醒短信400余条。加大明察暗访工作力度,共检查20余次,编发通报20余期,查纠各类问题30余个,提出督察建议10余条。全年收到各类举报民警违纪违规线索8条,查实3起。因民警违纪或其他行为等对相关责任人进行约谈6人次,诫勉谈话8人次,写检查4人次。加强对外宣传,全年共编发信息344期,简报6期,晋中市公安局采用信息84条,在全晋中市公安机关名列第三。通过"介休公安在线""新浪微博""腾讯微博"等网络交流平台对外发布警方提示、公安要闻等各类信息、宣传材料400余条。

2016年度,公安局被介休市综治委评为平安建设先进集体,4个基层单位被评为政法工作先进集体;4名民警荣立三等功,5名民警被介休市综治委评为2016年度平安建设先进工作者,4名民警被评为政法工作先进个人。

(王灵秀)

道路交通管理

【概述】 介休市地处晋中西南部,距省会太原市139千米,南通临汾,西接吕梁,东临长治,是山西省中南部的重要交通枢纽。

截至2016年底,境内有国道108线,总里程39.8千米,省道汾张线、东夏线,总里程60.9千米,县乡公路207条,总里程679.2千米,城区主干道总里程150千米。全市在册机动车74222辆、机动车驾驶人137548人。介休市公安局交通警察大队共有警力590人,其中正式民警42人,协勤民警548人。

【道路交通秩序管理】 全面加强城区交通秩序管理。沿用"以组定岗、以人定点、以老带新、以新促老"的措施,用手势指挥和灯控相结合的模式,全面加强管理整治,城区交通管理成效显著;成立秩序稽查中队,对城区机动车乱停乱放现象进行整治,积极与电视台协调沟通,开辟"交通违法曝光台"栏目,邀请记者随警参战,对交通违法行为进行曝光,对乱停乱放等交通违法行为形成震慑。深入开展专项整治行动,严查严处重点交通违法行为。相继开展全市"道路运输平安年"专项行动、第二季度预防重特大道路交通事故专项整治行动、整治城市工程运输车、农村学生接送车辆违法行为专项行动、"三大战役"道路交通秩序整治行动、"打非治违"集中整治交通违法统一行动、暑期交通安全隐患集中整治行动、涉牌涉证违法行为整治行动、集中整治酒驾醉驾违法犯罪行为统一行动、冬季道路交通安全大检查行动等一系列专项行动，共处罚各类违法行为85723起，其中超速13127起，酒后驾驶391起，疲劳驾驶798起，涉牌涉证1385起。现场执法共开具简易程序103582例，一般程序1270例，非现场执法共处理66980例。在第二季度预防重特大道路交通事故专项整治行动中，大队荣获“一类大队”的荣誉称号。

【机动车与驾驶人管理】 不断完善客运车辆、危险化学品运输车辆和校车车辆信息档案，督促企业及学校落实安全责任制，加强对驾驶人的交通安全教育，联合运管所、安监局深入运输企业、客运场站、学校排查交通安全隐患，对排查出的车辆及驾驶人全部以书面形式下达整改通知书，有效预防和减少涉及客运车辆、危化品运输车辆和校车的道路交通事故。2016年，累计办理机动车车辆年检12074辆，注册登记6937辆、补牌补证828辆、补检验合格标志139个、补证换证14841人、驾驶人3个小时的安全警示教育及审验5820人、满分考试1548人、注销可恢复考试142人、注销34人、面签1316人。加快黄标车及老旧车淘汰工作。在重点路段对高污染排放机动车开展系列专项整治行动，率先淘汰公务黄标车，治理营运黄标车，强化机动车排气检测，提前优质完成淘汰任务。

【道路交通安全宣传教育】 紧密结合各类专项行动，进一步强化交通安全宣传工作。全年累计悬挂各类宣传横幅175余条，印制各类宣传资料20余万份，制作宣传版面186块，开展各类安全座谈42次，制作交警在线栏目12期，在各类报刊媒体刊登稿件信息118条，在介休贴吧、介休交警新浪官方微博发布各类安全提示帖198条，处置各类涉警舆情45条，利用企信通短信平台发送各类温馨提示短信80500条，走访辖区企业21家、学校18所、社区15个、村镇18个，在介休市光明小学、实验二小两所学校普及推广小交警手势操活动，在辖区营造出“遵守交通法规、文明安全出行”的良好氛围。在景区专线沿线设置固定宣传阵地220块，墙体标语11条，把旅游专线打造成交通安全宣传教育的一条样板路。2016年3月，大队的微电影作品《开车请勿打电话》荣获第十二届全国法治动漫微电影作品征集展播活动“公益广告类三等奖”。

【道路交通事故预防与处理】 2016年，共接处警4929起，其中受伤414人，死亡66人，直接经济损失180.698万元，与去年同期相比，分别下降1.7%、5%、15.3%、13.4%。共刑事立案32起，拘留24人，逮捕15人，移送起诉36人。

交通事故预防工作　扎实开展道路交通社会网格化管理工作。2016年，全市农村道路交通社会化管理工作全面铺开，农村道路交通安全社会化管理模式初具规模，建立1个道路交通社会化网格管理中心、15个乡镇（办事处）交通安全管理站、8个业务指导站、266个道路交通安全劝导站，组建一支由266名网格长、1294名交通安全管理网格员组成的党政村一体化立体道路交通安全管理网格化队伍，真正把交通安全管理的触角伸向农村。建立“中队以辖区，监管部门以系统，交警大队为中心”的隐患排查治理联动机制。全共排查出道路事故多发点、段6处，全部以道路交通安全领导小组的名义向相关职能部门下达隐患整改督办通知。

接处警与交通事故处理工作　加大硬件设施投入，强化事故处理工作。2016年初，建立交通事故“六合一”平台，交通事故处理真正进入了无纸化办公阶段。简化、提速事故处理工作，最大限度方便群众。同年10月，介休市道路交通事故处理综合服务（快处快赔）中心揭牌成立并正式运行，真正做到集“事故定责、车辆定损、保险理赔”等功能于一体的“一站式”服务。

【道路交通管理科技建设】 完善城区交通设施。全年共对城区23条主干道路施划了道路标线，共计

103000平方米，对51个路口施划了路口标线，计18144.92平方米，同时施划机动车停车位3512个、出租车停车位95个、非机动车停车位207个、公交车专用停车位55个。新增停车场标志1套、停车位标志3套、散煤销售点指示标志1块，清洗道路交通护栏近24千米。继续加强科技强警建设，努力提升信息化服务水平。2016年，新建1套电子卡口监控系统和2套固定测速系统，加上原有的12套卡口系统和12套测速系统，对各路段进行24小时监控及对过往车辆进行自动抓拍测速。完善指挥中心大厅建设，新建由12台单元显示系统组成的大屏幕，对交通秩序实时监控、交通违法信息采集进行分析、审核和处理，全面提升信息化服务及应用水平，对侦破逃逸案件、打击违法犯罪、提升道路交通管理服务质量起到重要的促进作用。

（赵　华）

检　察

【概述】　2016年，介休市人民检察院在介休市委和上级检察机关的正确领导下，主动接受人大、政协和社会各界的监督，紧紧围绕市委和上级检察机关的决策部署，充分有效发挥检察职能，扎实开展各项检察工作，全院上下始终保持争创一流、追求卓越的昂扬精神状态，检察业务、队伍建设、党风廉政建设等工作实现了新的飞跃，被评为2015—2016年度山西省先进基层检察院，并再次成功创建了“晋中市文明和谐单位标兵”，突出彰显了检察工作成效。

2016年，介休市人民检察院内设侦查监督科、公诉科、反贪污贿赂局、反渎职侵权局、未成年人刑事检察科、控告申诉科、民事行政检察局、监所科、政治处、司法警察大队、办公室、案管中心、监察科13个职能科室，共有干警63名，包括政法专项编制57名，事业编制6名。

【侦查监督工作】　2016年，共受理晋中市公安局介西公安分局、介休市公安局提请批准逮捕的各类刑事犯罪案件126件149人。经审查，批准逮捕93件110人，不批捕33件39人。在受理案件中，故意杀人案2件2人，故意伤害案24件26人，强奸案2件2人，抢劫案2件2人，盗窃案26件30人，交通肇事案18件18人，诈骗案14件14人，其他类案件38件55人。侦监部门突出立案监督重点，着力解决人民群众反映强烈的执法不严、司法不公问题。2016年，共监督公安机关立案2件、撤案3件，率先在介休市公安局、晋中市公安局介西分局设立了侦查监督检察室，努力实现对公安机关立案和侦查活动的同步动态监督。自检察室成立以来，共查询行政案件12件，刑事案件50件，召开联席会议12次，提前介入侦查案件5次，纠正违法次数14次。为保障人民安居乐业、社会大局稳定做出了积极贡献。

【公诉工作】　2016年，共受理各类刑事案件208件288人，其中故意伤害案42件52人，盗窃案41件56人，交通肇事案30件30人，诈骗案17件18人；自侦部门移送13件16人（本院反贪污贿赂局移送9件12人，本院反渎职侵权局移送4件4人），其他类案件65件116人。经审查，共向介休市人民法院提起公诉184件255人，报送晋中市院4件7人，不起诉4件6人，由侦查机关撤回移送审查起诉14件17人。共提出纠正违法24件30人（侦查纠违14件19人，审判纠违10件11人），追诉漏罪5件8人、漏犯5件11人，提出抗诉案件5件5人，量刑建议采纳77件86人。无职务犯罪不起诉案件，无无罪判决案件。

【反贪污贿赂工作】　始终保持打击腐败的高压态势，2016年,共立查贪污贿赂案件9件12人。其中，严肃查办了2名司法人员利用审判职权收受贿赂、民事枉法裁判犯罪案件；同时，突出查办了一批农村两委班子成员贪污受贿案件，特别是查处了一起竞选村委主任过程中拉票贿选破坏农村民主政治建设的典型案件。对上级检察机关交办的3起民营企业涉嫌行贿犯罪线索，秉持审慎态度分析研判，深入了解企业经营状况，对在追诉前主动交代的，根据法律和事实准确把握，避免因查办案件影响民营企业的正常生产经营活动，取得了良好的政治效果、法律效果和社会效果。

【反渎职侵权工作】 2016年，共立查渎职侵权案件3件3人，这些案件的查处，有力地推动了全市反腐败斗争的深入开展。

【职务犯罪预防工作】 2016年，共进行警示教育7次，预防宣传9次，案例分析5件，预防调查2件，发出检察建议2件，受理行贿犯罪档案查询700件，开展廉政警示教育活动30余次。深入分析职务犯罪人员走上犯罪道路的原因和规律，有针对性地查找发案单位在制度和管理上的漏洞及薄弱环节，向涉案单位及其主管部门提出明确的防控风险、完善制度的建议，取得了积极效果。围绕市政重点工程建设、涉农惠农专项资金分配等重点领域和关键环节，制定了具体的服务保障意见，努力推动责任主体和主管部门预防措施的有效落实。本年，共对2件拟不起诉案件启动监督程序，人民监督员意见被采纳。

【未成年人刑事检察工作】 未检工作始终遵循“挽救、感化、教育”的方针，坚持教育为主、惩罚为辅的原则，按照“捕诉监防一体化”的工作模式，即承办人对未成年人案件一盯到底，负责案件的审查逮捕、审查起诉、出庭公诉、诉讼监督、犯罪预防及教育挽救工作。2016年，共受理提请批准逮捕案件12件16人，批准逮捕9件11人，不予批准逮捕3件5人。其中批准逮捕强奸案2件2人，盗窃案4件6人，交通肇事案3件3人。受理审查起诉案件20件28人，其中故意伤害案5件5人，强奸案3件4人，盗窃案6件8人，交通肇事案3件3人，其他类案件3件8人。提起公诉17件24人，报送1件1人，附条件不起诉2件3人。提请抗诉1件1人，追诉漏罪1起。进校园法制宣传教育4次，以案释法开观摩庭3次。一年来，所办的各类案件无捕后轻刑、无无罪判决、无撤回起诉。

【控告申诉检察工作】 2016年，共受理信访案件72件，其中受理控告21件（控申科直接办理7件；分流侦监科8件；移送其他机关4件，存查2件）；受理举报线索32件，属于本院管辖的22件（分流反贪局14件、反渎局5件、举报中心初核3件），不属于本院管辖的9件（直接答复5件、转其他单位4件），存查1件；受理民事申诉15件、刑事申诉1件；受理刑事赔偿案件3件。全力创建“全国文明接待室”，在完善硬件设施、规范办案流程等方面做了大量工作。

【民事行政检察工作】 2016年，共受理审查各类民事行政申请监督案件101件。其中对民事、行政生效裁判监督案件12件，提请抗诉1件；对民事、行政执行活动监督案件34件；办理审判人员违法行为监督案件9件，经提出检察建议，对3名法官做出了纪律处分；督促行政机关依法履行职责案件9件；办理支持起诉案件37件。积极保障申请执行人合法权益，依法监督法院清理执行暂存案款135笔计7.76万元。2016年，检察院作为全省唯一基层院在全省民行检察电视电话会议上作经验交流，并率先在晋中地区设立派驻法院“民事行政检察室”，民事行政监督效果逐渐凸现。

【监所检察工作】 监所科不断加强和规范派驻监管场所检察室建设，2016年，共进行看守所安全大检查3次；提出书面纠正违法99件；通过羁押必要性审查变更强制措施4人；纠正指定居所监视居住违法1件。同时积极开展社区矫正法律监督工作，在交付执行、监管矫治、变更执行等环节做了大量工作。在“全市社会治安风险隐患大排查、大整治活动”中，依法及时监督公安机关将一名在逃社区矫正人员收监执行。

【司法警察工作】 2016年，法警队依据反贪局、反渎局等科室用警申请，共出警430余人次，协助刑侦部门立案15件15人。在办案中，全体法警认真履职、尽职尽责，为案件的顺利查处提供了可靠保障。

【案件管理工作】 2016年，案管中心共受理提请批准逮捕案件148件172人，分配侦监部门审查后，决定逮捕109件127人，不批准逮捕39件45人。受理移送审查起诉案件208件288人，分配公诉部门审查后，提起公诉184件255人，不诉4件6人，报送晋中市院4件7人。反贪局立案9件12人，移送起诉9件12人。反渎局立案3件3人，侦结4件4人(含2015年1件1人)，移送起诉4件4人。依托统一业务应用系统，对移送法院起诉的案件做到了严格把关。

【检察信息化建设】 2016年，介休市人民检察院不断完善检察信息化建设。控告申诉科相继配齐远程视频接待室、律师接待室、心理疏导室、听证室等硬件设施，功能不断完善。案管中心统一业务应用系统上线运行，是检察工作信息化的重大举措。此外，案件管理中心运用案件信息公开系统，将各部门提供的案件信息进行网上公开(不宜公开的信息除外)，相关人员只需提供身份证明即可通过本院提供的网上查询账号查询案件的相关信息，并实现律师阅卷网上预约、网上办理，全年共接待律师阅卷31次。该系统的运行既提高了案件信息的透明度和公信力，又保障了广大群众的知情权、参与权和监督权。

2016年，介休市人民检察院在介休市门户网站发布信息33条，在“今日头条”发布信息23条，通过微信公众平台发布信息22条，微博平台发布信息213条。

【司法改革工作】 2016年，介休市人民检察院严格落实司法体制改革的总体要求，成立司改工作领导小组，按照《山西省检察机关全面推开司法体制改革试点检察官首批遴选工作实施方案》及《晋中检察院检察官遴选工作实施方案》，制定遴选工作实施方案，并按照方案要求顺利完成首批员额制检察官遴选工作，为检察人员分类管理、落实司法责任制打下了坚实的基础。

(霍凯雯)

审 判

【概述】 2016年，介休市人民法院在市人大及其常委会的有力监督和上级法院指导下，依靠介休市委的坚强领导，得到介休市政府、市政协及社会各界的大力支持，深入贯彻落实党的十八大和十八届历次全会精神，以“努力让人民群众在每一个司法案件中都感受到公平正义”为目标，以“立足新起点、作为新常态、回应新期待、创造新业绩”为工作思路，践行司法为民、聚焦司法政策，坚持从严治党，各项工作都取得了新突破、新成绩。2016年，法院在案件审理上稳中求进，积极应对立案登记制度后案件数创历史最高的压力，优化审判资源，整合审判力量，狠抓执法办案第一要务。2016年，共受理各类案件3325件，审执结3309件，结案率为86.10%，为介休市经济社会转型发展，提供了良好的司法环境。

【刑事审判】 2016年，介休市人民法院的刑事审判工作，一是对严重刑事犯罪从重从快严厉打击，充分运用刑罚手段，重点打击群众反映强烈，对社会治安影响较大的抢劫、故意伤害、寻衅滋事等暴力犯罪和盗窃、抢夺、诈骗等多发性侵财犯罪；二是贯彻宽严相济的刑事政策，使青年犯罪的帮教上有新突破；三是树立“铁案”意识，努力提升刑事审判质效，积极向有关机关发送司法建议，有效和协力弥补工作漏洞。2016年，共受理各类刑事案件193件，审结190件，判处罪犯241人，为国家和个人挽回经济损失576.28万元。其中；判处七年以上不满十年1人；判处五年以上不满七年1人；判处超过三年不满五年7人；判处3年以下18人；判处拘役3人；并处罚金16人；判处有期徒刑、拘役、缓刑64人。

【民商事审判】 2016年，介休市人民法院在民商事审判工作中，始终坚持“调解优先、调判结合”原则，健全诉调对接机制，促进社会和谐稳定。统筹诉前调解、立案调解、诉讼调解等多种方式，抓好全程、全面、全员调解，努力从根本上平息止争，案结事了。着眼于保障和改善民生，一是妥善审理婚姻家庭及继承、赡养等案件，促家庭和睦，增邻里团结；二是依法妥善审理涉农纠纷、劳动争议、医疗纠纷、住房消费等与民生关系密切的案件，促进社会和谐稳定；三是依法审理涉及借款合同、金融保险、股东权益等案件，维护了公平竞争的市场交易秩序；四是妥善审理交通事故赔偿案件，注重提高自动履行率，努力使受害人得到及时补偿。

2016年共受理各类民商事案件2025件，审结2077件（含旧存），诉讼标的总额为1.97亿元。

【行政审判】 2016年，介休市人民法院的行政审判工作，注重协调处理，努力化解行政争议，推进依法行政，促进官民和谐。采取审前沟通、审中协调、审后疏导的工作模式，积极探索行政案件协调处理新途径，努力化解行政争议，健全当事人诉权保护、非诉案件审查等长效机制，统筹兼顾保障当事人的合法权益，监督和支持行政机关依法行政。

2016年，共受理行政案件19件，审结18件（含旧存）；进一步加大行政非诉执行案件的审查和执行力度，共受理非诉行政执行案件188件，执结195件（含旧存）。

【案件执行】 2016年共受理各类申请执行案件898件，执结828件（含旧存），执结率为86.79%。介休市人民法院的案件执行工作，一是狠抓“案款清查”促民生，全力以赴做好执行款清查工作，建台账，录系统，保民生，促和谐，彰显司法权威；二是形成合力解难题，依法穷尽执行措施，建立执行联动机制，构建社会配合执行大格局；三是利用“失信被执行人黑名单”制度，对“老赖”形成高压态势，增强执行的威慑力度，维护司法权威，更好地保护当事人（申请执行人）的合法权益。

【获得荣誉】 2016年，介休市人民法院基建办主任温树亮被晋中市中级人民法院荣记“个人三等功”一次。介休市人民法院被介休市社会治安综合治理委员会评为“2016综合工作先进集体”。介休市人民法院办公室、司法警察大队被介休市社会治安综合治理委员会评为“2016年度政法工作先进集体”。

（苏卫民）

司法行政

【概述】 2016年，介休市司法局坚持以落实基层基础工作为主线，以构筑和谐稳定社会为重点，以营造良好的法治氛围为保障，健全机制、规范管理、狠抓落实，特别是在特殊人群管理、律师参与信访化解、矛盾纠纷排查化解等方面走在了晋中前列，在全年司法行政工作目标责任考核工作中位列全晋中市第一。9月中旬，市委依法治市办公室（设立于司法局）被评为全省先进普法依法治理办公室。

【普法依法治理】 2016年，介休市司法局结合“三下乡”“美丽乡村”活动，以“法润晋中”为行动指引，扎实开展全市普法依法治理工作。借“3·5”学习雷锋宣传日、“3·8”妇女节、“3·15”消费者维权、“4·15”国家安全教育日、“12·4”国家宪法日等宣传节点，利用农村、社区、广场、公园、庙会、集市等平台，举办“法律六进”、法律大讲堂、“以案说法”“普法基层行”等活动，进行宪法、妇女维权、消费者权益保护、国家安全法、青少年权益保护、老年人权益保护等相关法律法规的宣传。组织全市各单位开展“谁执法谁普法”工作，通过街头普法、法治讲座、“以案释法”等活动，促进依法行政、规范执法、公正司法。对各乡镇、街道办事处及市直各单位进行“六五”普法的考核验收。市场和质量监督管理局、义安镇、实验小学被评为晋中市“法律六进”示范单位。12月2日，召开第七个全市法治宣传教育工作会，下发市委、市政府批转的《关于在全市开展法治宣传教育的第七个五年规划（2016—2020年）》。市人大常委会于12月9日在专门听取和审议“七五”普法规划报告后，做出《关于开展第七个五年法治宣传教育的决议》。12月上旬,全市表彰"六五"普法考核优秀单位25个、"法律六进"示范单位24个。

【司法所规范化建设】 全年规范化司法所建设14个,完成率93.33%。截至年底,共有11个司法所被命名为省级规范化司法所,其中1个司法所(东南司法所)被省司法厅命名为第一批省级示范化司法所。对基层司法所工作队伍进行充实,将新招录的公务员充实到基层司法所,对15位司法所所长进行重新任命,把一批年富力强的干部提拔到所长岗位上,配齐配强人员力量。

【人民调解】 2016年,全市共建立各级各类人民调解组织288个,共有人民调解员820名。其中:市级人民调解中心1个,聘请专职调解员4名;乡镇(街道)调委会15个,含人民调解员45名;村(社区)调委会266个,含人民调解员721名;行业性专业性调委会6个(市工商、住建、国土、环保、民政、卫生),共聘请专、兼职调解员50名,形成市、乡镇(街道)、村(社区)三级调解组织网络。全年共调解各类纠纷案件3417件,调解成功3136件,调解成功率达91.77%,共涉及调解金额115.14万元,排查矛盾纠纷686件,预防矛盾纠纷515件。推进调解员业务培训常态化,3月25日组织全市各级人民调解员共计300余人进行业务培训。4月下旬,组织全市乡镇(街道)司法所所长(法律援助工作站长)参加省司法厅组织的业务培训。开展志愿者招募工作,以下乡宣传为契机,向基层群众宣传人民调解志愿者招募方案,共招募到符合条件的人民调解志愿者23名。8月至11月,根据市委政法委的安排,开展社会治安风险隐患大排查大整治活动,各司法所工作人员深入村、社区进行全方位排查摸底,对矛盾纠纷进行集中化解,共排查矛盾纠纷104件,化解矛盾纠纷36件。

【社区矫正】 2016年,新增社区服刑人员144人,解除社区矫正人员140人。办理审前调查案件154件。在晋中市司法局具体指导和市委政法委的协调下,3月组建社区矫正中心,中心占地300平方米,设接待室、档案室、宣告室、训诫室、集中教育室、安置帮教室、电子监控室、图书阅览室、心理矫正室、审检警务室等,社区矫正的综合执法功能要素全部到位。人员组成上,建立以司法局为主,公安局、检察院、法院为辅的社区矫正"七人一中心"专业工作模式。对各所历年上交的社区矫正档案统一整装、统一编号、统一封存,完善档案建设。12月,晋中市社区矫正中心建设现场会在介休社区矫正中心召开,以介休市中心建设为模式,向晋中各县(区、市)做出工作安排。

【安置帮教】 2016年,累计管理刑释解矫人员982人,其中刑释人员524人,解矫458人。通过召开司法所工作会议和省级安置帮教操作系统业务培训,提升专业工作能力,最大限度地消除等待核实、核实失败人数等问题。逐一完善安置帮教档案,建立并及时更新电子信息库。扎实开展安置帮教"除隐患、强基础、保稳定"专项攻坚行动。在接收到监狱等部门传回的刑释解教人员信息资料后,及时分发到司法所,由司法所及时进行信息核查,形成从监所到原住地之间无缝隙的刑释解教人员基本信息沟通机制,从源头上杜绝"三假"人员现象发生。认真开展对服刑在教人员未成年子女情况调查摸底工作,对照服刑人员基本信息,通过与当地派出所联系、到各村进行了解、到服刑人员家中走访等方式,详细了解服刑人员子女的生活状况、就学就业情况,切实解决服刑人员未成年子女的实际困难。

【法律援助】 介休市法律援助中心把维护困难群众合法权益作为工作的根本出发点和落脚点,以提高办案质量为重点,优化案件结构,规范服务行为,深化便民服务,推动法律援助工作持续健康发展。对部分困难群众不再审查当事人经济困难条件,对孤寡老人、外地群众、农民工等申请的法律援助案件优先接待、优先审查、优先办理,对特殊情况的可事后补办有关手续；对公安局、检察院、法院指定辩护的案件当天审批、当天指派。全年共受理援助案件324件，其中：民事案件81件，刑事案件31件，非讼诉业务案件210件，受援人总数达331人。接待来电来访咨询2400余人次。

【司法鉴定】 介休市司法鉴定中心被核准的鉴定业务有四项，包括法医临床（人身伤害）鉴定、道路交通事故受伤人员伤残鉴定、建筑工程司法鉴定、道路交通事故机动车安全技术与车损司法鉴定。2016年全年受理鉴定案件共163件，其中道路交通事故受伤人员伤残鉴定100件、建筑工程司法鉴定13件，道路交通事故机动车安全技术与车损司法鉴定50件。

【律师工作】 截至年底，全市共建立8个律师事务所，其中5个合伙所（安吉律师事务所、旭日明律师事务所、人子律师事务所、鼎阳律师事务所、国鉴律师事务所），3个个人所（浩顺律师事务所、恩锦律师事务所、润瑾律师事务所），执业律师49名，担任政府法律顾问的有34家，担任企业法律顾问的有69家。各律所律师积极参与律师“三进”和“项目护航”活动，组织结对律师深入乡村、社区等地开展法律宣传、提供法律服务、参与纠纷调解、协助基层治理等工作，加大法律服务向基层延伸的力度。全年各律师事务所共受理案件815件，其中民事类522件，占比64.05%。

【公证服务】 介休市公证处以金融贷款公证为重点，抓大不放小，为全市农商银行股份公司、各类小额贷款公司等金融部门办理赋予债权文书强制执行效力等金融公证事项。10月开展“公证敬老公益服务月”活动，共受理遗嘱公证5件，办结3件，对经济困难符合法律援助条件的老人提供服务1人次，减免费用500余元；对80岁以上老年人免费服务1人次，减免费用1000余元；对70岁以上行动不便老人提供上门服务1人次，减免各项费用2000余元。全年共办理公证案件2266件，其中：经济类1980件，民事类178件，执行类108件，法律援助类4件，无错证、假证的发生，无公证投诉。

（李　腾）

消　防

【概述】 2016年，介休市公安消防大队下辖一个中队，共有执勤车辆8辆，担负着全市93家消防安全重点单位和10个乡镇、5个街道的防火灭火、抢险救援、消防监督检查等任务。全年，消防大队共接警出动307次，出动警力3684人次，出动车辆614车次，抢救被困人员426人，疏散被困人员1900余人次，抢救财产2700余万元；监督检查单位1131家，排查火灾隐患1392处。全年内未发生一起有重大影响的火灾事故，分别被山西省公安消防总队评为“先进大队”“安全工作先进大队”，被晋中消防支队评为“先进大队”“先进基层党组织”，被晋中市精神文明建设指导委员会评为“文明单位”。

【部队管理与队伍建设】 按照“抓教育上质量、抓班子强素质、抓队伍树形象、抓服务尽职责”的思路，消防大队通过开展“两学一做”主题教育、“改革强警”专题教育、执法领域突出问题专项整治、阳光专项活动等为突破口，大力实施“文化促廉”工程。邀请辖区社会单位153名代表参加大队两次执法干部述职述廉活动。每月组织官兵观看廉政警示教育片，书写心得体会；开展纪念建党95周年和红军长征胜利80周年系列活动。10月，大队全体官兵对连福镇东武屯村环境卫生进行帮扶，共铲除陈年垃圾30余吨。与学校、企业、敬老院等单位结成精神文明共建单位，每逢重大节日都要进行大走访活动，为学校、企业、敬老院的百姓们排忧解难。开展灭火演练，尤其是加大对辖区消防安全重点单位中高层、地下、人员密集场所、文物古建筑及辖区石化企业场所的基本情况、灾害事故的处置对策及扑救的了解和演练力度。全年大队共修订完善灭火救援预案93

个，开展“六熟悉”训练185次，开展实地、实战灭火救援演练157次，并成功处置11·26鑫峪沟煤业厂区坍塌事故。

【基础建设】 全年共争取经费195万元，主要用于营区多处设施、设备及室外装修的维护维修，并购置了2吨B类泡沫，根据上级要求将消防二中队建设任务作为一项重中之重的任务来抓，年底该项工作已完成图纸设计、选址测绘工作。

【消防执法】 围绕“平安介休”建设，在全市范围内集中开展夏季消防安全检查专项治理工作，全市大型批发市场、仓储物流场所消防安全专项整治，煤化工企业、易燃易爆危险品场所消防安全专项整治，夏季电气火灾防范专项整治，文物古建筑专项整治，全市高层住宅小区专项整治，“3·15”“11·9”消防产品专项整治行动，共检查单位1131家，发现火灾隐患1392处，督促整改火灾隐患1378处，下发《责令改正通知书》651份，下发《行政处罚决定书》82份，依法临时查封单位14家，责令“三停”单位20家，罚款70万元；其中，受理消防产品行政处罚4起，罚款2.2万元。在夏季消防检查中发现中国银行介休支行营业部存在重大火灾隐患，并于5月19日挂牌督办，督促单位落实整改责任、资金、方案和防范措施，该单位于8月20日整改完毕并摘牌销案。在推动微型消防站建设和区域联防工作中，明确站房选址、人员组成、器材配备等标准，全年共推动59%的重点单位、60%的街道办、42%的社区完成微型消防站建设。为推动全市消防公共设施建设，协调市政府加快市政消火栓建设，全年共新增20个市政消火栓、2个消防水鹤；安装独立式感烟火灾报警器380个，16处简易喷淋。

【消防宣传及培训】 协调市规划管理局、执法大队、广告公司，在全市主要街道内设置消防公益广告牌49处，其中擎天柱广告牌4块，灯箱广告牌45块。制作消防宣传主题桌面应用于36家网吧、8家KTV、2家电影院。协调市政府在绵山公园西侧建成占地7500平方米的消防主题公园，主题公园内配置消防文化长廊、消防宣传版面32块、消防员雕塑3组等设施。全年共组织消防监督员、消防文员进行集中培训6次，对派出所消防民警培训8次，组织行业部门、街道乡镇负责人培训3次，网格员培训2次，重点单位消防安全责任人、管理人培训6次，消控室人员培训5次，微型消防站人员培训12次，保安培训1次，易燃易爆场所责任人、管理人培训1次，受训1500人。开放消防站8次，接受社会人员5000人次参观消防器材、执勤车辆等。

（邓丽琼）

网格化管理

【概述】 介休市网格中心在晋中市网格办和介休市委、市政法委的正确领导和大力支持下，紧紧依托山西省基层社会服务管理信息系统平台，坚持“源头治理、标本兼治”的工作方针，通过构建四大工作机制、落实五个到位、实施六大服务、突出六项亮点，进一步夯实基层基础、创新治理方式、严格工作流程、提升服务水平，有力地促进了介休市四级网格化管理体系建设上台阶、上水平。

【资金保障机制】 市委、市政府高度重视，将市、乡、村三级社会服务管理中心工作经费纳入财政预算，为介休市基层网格长（员）配备省平台手机上报终端，保证了基层网格员采集的各类信息第一时间上报省平台并得到有效处置。同时，在市委、市政府的重视下，市委常委、政法委书记董建伟亲自把脉问诊，积极向市政府申请，在市长张弛的批示下，落实了全市网格长（员）的补助和公务车一辆，为推进全市综治网格工作提供了强有力的保证。

【长效管理机制】 为进一步强化网格化管理的组织队伍、工作机制，网格中心通过规范网格设置、健全工作机构，逐步构建了四级网格化管理体系。一级网格为介休市级管理中心；二级网格为15个乡镇（街道）管理中心；三级网格为266个村（社区）管理中心；四级网格是按照城市200户、农村100户的标准再细划为1291个基本单元格，并分别配备266名兼职网格长、1291名兼职网格员，关联职能部门50个，构建起了一支由乡镇（街道）、村（社区）网格长（员）和主要职能部门共同参与的网格化管理团队。2016年，介休市加强夯实阵地和队伍建设，完善长效管理机制，确保介休市网格工作不断取得新突破，迈出新步伐。同时要求各乡镇（街道）进一步完善网格工作领导机制，对网格工作承办人、网格长（员）“缺位、错位、失位”现象，及时进行了人员的补充更换。

【预测预警机制】 网格中心通过进一步细化网格单元及责任，实现网格排查预警全覆盖，市、乡镇（街道）、村（社区）三级网格管理中心坚持日常例行排查与集中专项排查调处相结合，及时了解掌握各类社会治安安全隐患和平安建设类事件信息，提高对重大疑难复杂事件分析研判的准确性、预见性，切实掌控重点区域、重点人员、重点领域的不稳定因素和群体性事件苗头，为第一时间发现上报、第一现场化解处置赢得先机。

【协调联动机制】 按照属地管理和条块结合的原则，网格中心与各乡镇（街道）以及职能部门建立了衔接有序的协调联动机制、联席会议机制和工作例会制度，形成统一协调、责任明确、运转高效、服务到位的工作格局。中心对网格员上报的事（部）件坚持做到第一时间分流指派、第一时间协调处置；对上报的重大疑难复杂事件，第一时间召开联席会议，综合各方力量对事件信息展开分析研判，及早做出科学决策，制定处置方案，联合部署实施，并由上报网格员进行核查验收，实现全程参与跟踪、事件处置到位；中心每月定期召开网格工作例会，对一些重大疑难复杂事（部）件处置结果进行反馈通报以及总结上一个月网格工作和对下一步工作的安排部署。

【深入调研】 2016年1月上旬，网格中心针对网格工作薄弱，按照晋中市网格办的统一部署，认真研究落实社会管理网格化工作新思路，深入乡镇、社区开展深入广泛的走访、调研活动，向基层网格长（员）、居民代表发放调查问卷1000余份，虚心听取各方意见建议，面向基层问需、问怨、问策、问效，切实做到问计于民，同时了解掌握群众心中所思所想，积极探索搞好介休市网格工作的新思路和新方法，确保全年工作能够切中要害、对症下药，共征求回意见建议200多条。

【考核奖惩】 网格中心积极建立健全权责分明、导向清晰、标准科学的三级综治网格工作考核体系，中心日常工作通过“一周一讲评、一周一通报、一月一分析、一月一考核”的形式，查漏补缺、改进工作、扩大成果；制定下发《2016年介休市网格管理便民、利民、惠民工作百分制考核细则》，出台《介休市网格长（员）考核评价和补助发放工作实施意见》，实施了以奖代补、以案定补及大额补助，出台《网格长选任考核实施办法》，进一步完善了全市基层网格长（员）的考核奖惩体系和绩效激励机制，同时将省平台信息上报质量、事件结案情况、综治信息录入情况、民情日记记录情况、平安网格居民微信群运行情况纳入网格长（员）考核，确保考核科学有据，同时将考核结果以每周简讯的形式进行通报，实现了考核的公开化。

【业务培训】 网格中心根据介休市综治网格工作开展实践和省、晋中市综治办安排部署的工作重点展开层次分明、针对性强的业务培训。全年共组织各乡镇（街道）网格长（员）集中培训42期，15个乡镇（街道）包片负责人分赴村（社区）培训240余次，参训网格长（员）3600余人次，极大提升了网格员熟练掌握利用省平台发现上报问题的能力。

【宣传交流】 坚持每周定期编撰网格工作简讯，主要汇总整理网格中心每周的工作动态、典型案例和基层动态，并呈送市委、市政府主要领导审阅，为市领导提供辅助决策。全年编辑印发简讯50期,刊登各类综治网格工作信息和典型案例465篇。每日更新“介休网格中心”微信公众号,将政策法规、网格工作动态、气象预警信息、时政热点、便民服务等内容发布共享,进一步加强学习交流,加强舆论引导,宣传先进典型,营造浓厚氛围。

【信息录入】 2016年,介休市人房基础信息实有人口录入率达95%,街道录入率均达100%,乡镇录入率也均达到了90%以上。对省平台组织信息模块和年初上线的综合治理模块数据清查摸底,积极开展相关数据收集、录入工作,确保两大模块项目和数据录入率均达到95%以上。对全市网格长(员)队伍和市住建局、交警大队、环保局等职能部门的50名网格承办人进行了关联注册,确保综治网格与职能部门联动“全覆盖”。

【网格+平安服务】 中心紧紧围绕“平安介休”建设重点做好平安服务工作。一是法制宣传到位。先后组织基层网格员开展对辖区居民有关法律、法规的宣传活动245次。二是治安巡防到位。以基层网格为单位,围绕社会防控点位、多发易发区域及重点场所、重点人员、重点领域等落实巡逻防控任务,目前各网格内随时可以看到网格员的巡逻防控踪影。三是隐患排查到位。根据晋中市网格办的部署,通过日常排查和集中排查整治各类安全稳定风险隐患,着力健全源头预防机制和完善基层防控风险机制,有效防控各类影响社会稳定大局的安全风险隐患。介休市1291名网格员承担了一线安全稳定风险隐患排查的重要职责,网格员每日例行安全巡查,将排查发现的各类安全隐患及时上报处置,2016年全年共排查处置各类安全隐患18979件。四是应急处置到位。在工作中,对突发、紧急的事件,建立书面报告制度,并经市委、市政府有关领导批示特事特办,进一步提升对案件处理速度和社会治安防控能力。例如:介休市朝阳桥东社区综治网格中心处置的一起因小区物业管理方对住户限时强制断电而一触即发的群体性矛盾事件,就是网格员早发现、早上报,中心通过召开联席协调会并将该事件的研判结果书面上报市委、市政府分管领导得到批示后,予以妥善解决。

【网格+矛调服务】 网格中心按照“预防为主、教育疏导、依法处理、防止激化”的工作思路,紧紧围绕基层排查矛盾、分析原因、妥善处理、化解纠纷、消除隐患等环节,进行流程再造提高效率,建立社会矛盾化解长效机制,充分发挥综治网格矛盾调解员的作用,积极稳妥地处理排查的各类矛盾纠纷,做到统一受理、集中梳理、归口管理、依法处理、限时办理,把影响安全稳定的风险隐患真正化解在了基层。如:北坛街道盛华丽园网格员在辖区例行巡查时发现,定阳高中宿舍区业主聚众围堵在小区大门,见事态紧急遂电话上报市网格中心。中心工作人员接到电话立即赶赴现场。经了解,该小区业主因水表分离改造不合理导致居民家中长时间无法正常用水,且物业公司在违反规定的情况下擅自向业主收取水表及安装费400元。此次矛盾将业主与物业之间日积月累的矛盾纠纷引爆,于是发生业主堵门的一幕。中心迅速指派自来水公司负责人到现场,与北坛街道一同召开现场协调会,在多方见证下,业主和物业公司负责人握手言和,一起治安隐患消除萌芽。2016年,介休市各级网格管理中心加强重点领域的矛盾排查调解工作,共排查化解处置各类矛盾纠纷584起。

【网格+交通服务】 2016年,介休市网格员切实履行辖区道路交通安全巡查职责,及时排查、上报城乡道路交通安全隐患,同时建立安全隐患排查台账,确保对发现的问题巡查到位、上报到位、处置到位,真正把道路交通安全各项措施落到实处。2016年,介休市通过巡查发现、上报、处置损坏护栏、信号灯设置等各类道路交通安全隐患194件,有力保障了城乡居民的安全出行。

【网格+消防服务】 消防网格是介休市全面推进

网格部门联动的又一重要举措。2016年将“网格”逐级细化到单位场所、庭院楼栋，建立责任明晰、机制健全、运行高效的消防安全网络，把消防安全责任落实到最基层、最末端，通过建立微型消防站，积极开展防火巡查和初起火灾扑救等火灾防控工作；通过消防网格及时排查九小场所火灾隐患，消除了以往鞭长莫及的隐患盲点和死角。介休市已建成社区网格微型消防站36个，全面实现了以点带面、攻防联勤的火灾防控体系，为处置初期火灾提供了强有力保障。

【网格+环保服务】 为发挥网格员的第一道防线作用，介休市通过开展环保网格实施各类环境污染隐患排查、全面掌握各类环境监测对象信息动态、配合调查处理环境污染纠纷。自开展网格化环境监管工作以来，通过网格化环境监管平台上报各类环境问题30件，处理30件，处理率达100%。

【网格+气象预警】 随着气象预警网格联动工作的深入推进，介休市通过社会管理省平台、“介休网格中心”微信公众号及气象预警APP软件发布各类气象预警信息50余条，提高了群众气象灾害防范意识和自救能力，最大限度地降低了气象灾害损失。

【开创受理新渠道】 为进一步拓宽群众诉求渠道，便于群众便捷、主动参与社会服务管理，持续提升网格化管理服务水平，介休市以微信微博平台为依托，建立了全民参与网格化管理的新模式。一是拓宽受理渠道、满足服务需求。介休市网格中心微信上报系统是参照省平台手机终端上报软件自主开发的一项面向公众的开放式上报系统。针对省平台服务器、终端不稳定等突发问题，中心在第一时间启动微信上报系统从而保证了网格员将辖区问题和隐患及时反映上报至中心；同时发动社区居民关注中心微信公众号，并通过微信上报软件，以文字、图片，视频等多种形式随时随地将生活中的大小民生问题上报到中心。让每一名群众都成为网格员、信息上报员的同时也将网格化管理和居民零距离、无缝隙地联系在一起，为居民参与网格化管理和快速反应问题开辟了一条绿色通道。此外中心微博作为另一大受理窗口关注着介休市各个职能部门官方账号与贴吧等社会舆论，做到随时发现问题、随时反映问题、随时解决问题。截至2016年12月底“介休网格中心”微信公众平台粉丝数已达上万人，微博粉丝数达四千余人，微信微博为群众答疑解惑、处理各类民生事件上千余次，在全市获得了广泛赞誉和好评。

【组建平安网格微信群】 2016年，全市三级网格管理中心组建运行平安网格居民微信群728个，吸纳网格内群众共计6万余人，发布各类惠民政策、信息8000余条次，采集上报处置各类群众需求1万余件，得到群众的一致好评。同时在全市三级综治网格中心掀起了“学党章党规、学系列讲话”的新高潮和营造了“倡导崇尚科学、反对邪教”的新风尚，通过微信群分别动员知识竞答党员群众日均2.4万人，动员网上签名人数累计3.8万人。

【网格示范村（社区）创建】 为进一步探索网格化管理新模式，更好地发挥基层村（社区）在维护群众利益、提供优质服务、落实矛盾化解、维护社会和谐稳定方面的积极作用。介休市网格中心不断地探索工作新方法、创新工作新举措，在全市范围内大力推进网格化管理示范村（社区）创建活动。通过近一年的创建工作，在全市各乡镇、街道已成功创建第一批20个“网格示范村”、5个“网格示范社区”。介休市通过典型示范带动，夯实基层管理服务，全面推进基层网格管理取得新实效，在全市形成大事小事网格议、矛盾纠纷网格解、平安建设网格创的基层社会服务（网格化）管理新局面。

【印发《典型案例》】 2016年，介休市网格中心充分发挥典型案例在社会治理中的辐射效应，加大投入、成功编写出210页、7万余字的典型案例，印发900册，发放于全市网格员手中。典型案例共分治安防控、矛盾化解、公共服务、应急处置、法律援助等五个部分，彰显了网格员成功化解和及时处置的一桩桩邻里矛盾纠纷、一个个群体上访苗头、一起起应急突发事件。《典型案例选编》的印发，促进了全市广大网格员队伍维稳理念的转变和业务水平的全面提升，也培养了网格员发现社会矛盾的洞察力和敏锐性，引导网格员不断学习，加强业务技能学习，认真履行工作职责，更好地服务群众。

【网格公示挂街巷】 为助推介休市城乡网格化管理工作，不断提升城区社会服务管理水平，介休市网格中心在全市每个村（社区）的网格内选取显眼、人群居住集中的地方统一设计、制作、悬挂网格公示栏345块，上面有社区网格员和民警姓名、电话、照片、服务内容及投诉电话，居民有任何需要和帮助都一目了然。此举，真正为居民提供了个性化的便民服务，推进了社区网格化管理的具体化，实现了在第一时间做到"居民诉求有人听、居民困难有人帮、居民事情有人办、社会矛盾有人解、公共事务有人理"，使网格化管理成为社区管理的"好帮手"，为提升全市网格化服务奠定了坚实的基础。

【"四步走"快速处置模式】 网格中心紧紧抓住群众需求、事部件处理、督办落实、考核评价四个关键环节，实现网格事部件的"四步走"快速受理处置。一是针对基层网格员上报的各类事件加以甄别或现场勘察，及时向有关职能部门做出分流指派，并限期办理，职能单位会第一时间进行处置并予以反馈。同时中心还每周以"简讯"的形式向市级领导汇报事部件的处置情况。二是对逾期未办结的一些重大事件下发处置意见函，并对疑难复杂和涉及多部门参与的事部件，及时召开多方联席会议对事部件进行综合分析研判，形成合力，提高处置效率。三是对多次协调仍未进行处置的，极易引发群体性上访的重大紧急事件，特事特办，将案件情况形成书面报告递交市委主管领导亲自批示办理，并由市委政法委综治办进行督办。四是对事件处置推进不力、推诿扯皮造成不良影响和严重后果的，走挂牌成立的权力运行举报受理中心程序进行督办问责，确保各项工作任务落到实处。

（阴晓平）

教 育 | JIAOYU

教　育

JIAOYU

【概述】　2016年，介休市教育科技局在市委、市政府的坚强领导和上级教育行政部门的精心指导下，认真践行"两学一做"学习教育成果，全面贯彻党的十八届六中全会、省市党代会精神，开创工作新局面。全年以教育教学质量为核心，培育两支队伍为抓手，锻造师德师魂为关键，精神塑造为重要内容，构建平安和谐校园、促进基础教育可持续发展、大力推进全民教育、全面提升规范使用语言文字能力、推进招生工作、深化人事改革、强化教育专项督导、改善办学条件、加大教育惠民工作力度、加强教育信息化建设，努力为实现跻身"晋中一流、山西前列"，在全国走出介休教育发展路径的战略目标奠定基础。教研室教研员贾文玲、焦建生、张海涛被山西省基础教育教学研究室聘请为"第三届山西省义务教育阶段学科建设工作指导组"成员。

【党委工作】　学习教育　2016年，教科局机关党委所辖党总支增加到3个，党支部增加到29个。全年共5次组织基层党务干部重点培训新修订的《中国共产党章程》和《中国共产党纪律处分条例》《中国共产党廉洁自律准则》；邀请市委党校副校长罗闻强、讲师杨凯伟、岳至琼等对局机关全体党员和基层党组织负责人、党务干部进行十八届五中全会精神专题讲座；组织机关党员干部2次赴廉政警示教育基地参观学习，观看警示教育宣传片，剖析违纪违法典型案件；介休职中等支部组织党员赴介休烈士陵园凭吊烈士事迹，重温入党誓词。

机关党委及其所属各基层党支部严格按照市委的"八个一"要求进行学习教育，累计参加培训党员8960人次，其中普通党员8713人次，乡科级党员247人次。讲党课125次，参加人数3109人，发放学习资料2074册，撰写心得体会2139篇，开展主题实践活动67次，参加人数3551人，建立微信群20个，转发微信4000余条，落实资金200余万元，查摆问题478条，制定整改措施434条，建立完善制度60个，解决危旧狭小场所10处。

"两学一做"活动　开展"两学一做"学习教育活动，局机关党委成立"两学一做"学习教育领导小组，建立局领导班子成员"两学一做"学习教育联系点，全程参加支部各项活动。利用中国共产党员网、校园网站、微信群和远程教育平台等，开发制作形象直观、丰富多样的学习资源，及时推送学习内容。建立学习教育督促检查机制，组建9个督查组，由局机关党委委员、局领导担任第一组长。9个组下设19个小组。采取专项督察、随机抽查、不打招呼督查等形式进行督促检查，及时发现和解决问题。

党费收缴　认真进行党员组织关系排查、党费收缴工作专项检查、党代表和党员违纪违法未给予相应处理情况排查清理、基层党组织按期换届情况专项检查。截至3月底,所属各党组织对全部781名在册党员的身份和组织关系进行了深入细致地清查,没有发现1名失联党员和口袋党员。对于工作单位和组织关系不一致的党员,全部按要求进行了组织关系结转。5月,市委开展全市党费收缴、使用、管理工作检查工作,局党委严格按照《中共中央组织部关于共产党员交纳党费的规定》(中组发〔2008〕3号)文件规定的基数和比例进行了认真自查,对于2008年4月—2015年12月的党费缴纳情况进行了重新核准,存在少交党费的党员要求全部按时足额补交,补交党费430464.4元。

【构建平安和谐校园】 为使安全综合治理工作顺利开展,修订出台《介休市教育系统关于进一步明确和规范全市教育系统安全监督与管理职责的规定》《介休市教科局安全管理党政同责和一岗双责实施方案》《介休市学校安全能力达标建设工作方案》《介休市教科局"平安校园"建设工作方案》《推进依法行政加强执法监督实施方案》《依法行政"宣传月"活动实施方案》《法治工作实施方案》等一系列文件,成立工作领导机构,层层签订了安全综治工作责任书,严格实行安全工作"一票否决"制度。

全市各学校(园)利用开学初、重大节假日、重大活动前、暑假前及主题教育等特定时间、特定内容进行安全教育。安全法制教育课做到"教师、课时、教案、教材"四到位。每学期定期聘请派出所、交警部门同志到基层学校做法制报告,积极联系消防部门开展正规消防应急演练。

5月20日联合公安局禁毒大队开展以"珍爱生命　远离毒品"的青少年毒品预防教育师资培训;6月26日在世纪广场进行了"国际禁毒日"活动;组织全市高中、初中参加禁毒知识竞赛;7月1日联合消防大队组织全市分管安全副校长及安全专干进行消防安全知识培训。

城区学校保安由保安公司配置安排,工资12000元/年;农村初中工资6000元/年,农村小学3000元/年。2016年前保安工作由财政拨出,2016年开始由学校经费中支出。学校配置防刺服、钢叉、警棍,全市学校监控数2425个,监控无死角。

【基础教育】 *基础教育目标完成情况* "普九"成果进一步巩固,2016年,全市有小学70所,初中18所,普通高中4所,职业高中1所。在校学生数56130人,小学入学率100%,巩固率100%,完成率100%,毕业率100%;初中入学率99.8%,巩固率99.2%,三残儿童入学率95%,巩固率99%,为进一步巩固提高"普九"水平,通过"助、减、免"等措施,加大帮困保学力度。

贯彻教育方针,学生全面发展 认真贯彻《学生卫生工作条例》《中华人民共和国传染病防治法》等法律法规,切实加强和规范学校卫生工作,保障师生安全。利用校园广播,宣传栏等形式宣传不同保健知识,收取反馈信息。组织开展"爱国卫生宣传月"活动,上好健康教育课,中小学健康教育开课率为100%。加强流行病防控工作,采取早发现、早诊断、早报告、早隔离、早治疗的"五早"措施。

艺术活动是课堂教学检验平台 立足课堂,重视学校艺术课程开展;举办音乐美术教师基本功大赛,对参赛老师进行评比;组织校长到太谷、榆次进行体艺2+1活动现场观摩和学习;分别组织初中、小学教师体育艺术课课堂教学观摩活动。

学校体育是学校教育的重要组成部分 全年组织中小学足球比赛、中小学中长跑运动会、中小学篮球比赛、中考体育,晋中市中学生校园足球联赛;参加晋中市中学生篮球比赛、中小学生足球比赛、中学生田径运动会,山西省中学生足球比赛;召开体卫艺工作会,对全市体质健康数据上报进行复核同时对学校体育工作进行检查,安排学生进行学生体质测试。

中心工作及常规工作 每月坚持召开一次工作会议,安排布置工作,反馈工作情况。精心组织中考体育测试工作。举办冬春两次运动会。深化招生考试制度改革,义务教育阶段坚持免试就近入学,

落实省、市关于确保进城务工就业农民和经商人员子女享受平等教育的权利的精神。公平、公正、透明进行"阳光编班"工作。组织安排第二十四届校园文化艺术节，在基层学校艺术节活动的基础上，共组织了9场盟区展演，初中3个盟区、小学4个盟区、高中和幼儿园各1个盟区。

【管理与改革】 义务教育阶段 对小学特色学校进行创建并验收。中小学专职教研员蹲点包校，指导学校教育教学教研工作。中小学教师开展"命题说题"全员竞赛活动和市级竞赛工作，义务教育段考试评价命题工作获全省第二，受到省教研室表彰。完成2016届市级教学能手评选工作，新评、复评、认定教学能手449名。组织召开中小学校长年度教学教研工作汇报交流大会。

高中阶段 在晋中市普通高中质量分析会上，介休一中、介休十中、介休四中均获得晋中市教育局2016年高中教育教学质量优秀单位。组织高中青年教师教学能力竞赛并选拔队员参加晋中市教育局的决赛，成绩名列前茅。

2016年，全市参加高考人数共2853人。总达二本线上人数(包括体育、艺术)1061人，其中大文大理(二本B类以上)达线868人，艺术类达二本线193人。应届生达线712人，往届生(复习中心)达线156人。

各校高考达线情况：介休一中文科最高分600分，理科最高分659分，一本达线222人，二本达线574人，体育艺术达二本线24人，绝对达线人数排晋中16所优质校第二。介休十中文科最高分543分，理科最高分608分，一本达线15人，二本达线126人，体育艺术达二本线92人。介休四中文科最高分480分，理科最高分518分，二本达线8人，体育艺术达二本线51人。定阳高中文科最高分457分，理科最高分426分，体育艺术达二本线11人。复习中心文科最高分544分，理科最高分606分，一本达线25人，二本达线153人，体育艺术达二本线15人。

【成职教育发展】 成人、职业教育 2016年全市成人高考报名325人，自学考试报名112人。坚守乡村两级成人文化技术学校教育阵地，全市成人教育办学面达85%。组织、协调、指导全市农村农民实用技术培训5万人次以上，与农业和劳动部门配合，组织开展农村剩余劳动力转移培训2000人以上。指导介休市职业中学、介休市联华电子职业学校联合承办晋中市第八届中职学校技能大赛，职教系统以介休市职教中心组队参赛并荣获团体第一名，介休市教科局、介休市职业中学、介休市联华电子职业学校荣获优秀组织奖。介休市职业中学通过国家职业学校改革与发展第三批示范校建设验收。

全市民办学校的日常监督管理 对全市民办学校(培训机构)的各项工作履行安全监管责任。每学期进行开学督导检查，对存在安全隐患学校下达整改通知，全年共处理12起民办学校纠纷事件，确保全市101所民办学校全年无一次重大责任事故。做好民办学校的审批、评估验收前期工作。全年新增民办学校4所。对全市97所学校进行年检，撤销民办学校3所。依法打击无证无照的非法办学机构5所。创建民办党支部2个，吸收2名优秀教师加入党组织，对无党员的民办学校进行党的指导工作。对民办幼儿园"五星级幼儿园"创建评选，美德利、盛华丽园等13所幼儿园获得星级幼儿园称号。完成晋中市安全局有关"学校安全分级分类登记评分系统"的填报工作。全市所有民办学校进行安全等级登记。

学习型社会建设 全面铺开学习型社会建设，继续落实全市7镇3乡5个办事处、17个局级单位的全民学习周活动，创建包括民办教育机构在内的30个学习型单位。积极开展学习型企业创建活动，完成义安镇3个学习型单位、20个学习型家庭，洪山镇1个学习型乡镇、3个学习型单位、11个学习型家庭，北坛办事处4个学习型社区的学习型组织创建工作。全面铺开创建学习型学校工作，在义安和绵山镇现有的9所小学开展创建学习型学校活动。推进社区教育工作。建成五大办事处的社区教育学校1所，在农村40%的行政村建成社区教育分校。

【招生工作】 招生办承担高考、中考、对口高考、教师资格考试，全年共审查考生报名资格7855人（其中高考2949人、中考4221人、对口高考190人、教师资格495人）；教师资格面式确认210人；数码摄像7170人；配合人民医院体检高考对口高考考生3139人；配合晋中市招考中心录取高一新生2200人，接待群众来访2000余次；参加和组织各类招生考试会议20余场；协调各成员单位和各科室人员组织考试2次（其中高考1次，中考1次），抽调监考和考试工作人员1000余人；全年招生考试工作无泄密，操作规范。

【人事改革】 继续深化中小学人事改革 2016年，建立教师管理信息系统，共录入4742人。对满30年的1484名农村教师进行登记，并上报晋中市教育局。晋升121名中小学一级教师，晋升60名中小学高级教师。安排79人干部教师交流，占符合交流条件的33%。修订完善《人事调整工作细则》和《校长负责制实施办法》，建立校长公开择优聘用和末尾淘汰制度，建立完善优秀教师—优秀班主任—优秀中层干部—优秀副校长—优秀校长的选拔机制。

拓宽渠道招聘教师 暑期招聘小学教师60名；从6所部属师范院校和1所省属师范院校招聘应届免费师范生，6所部属院校免费师范生4人签约，山西师范大学签约7人。

市委、市政府在教师节表彰60名优秀教师，市教科局表彰208名优秀教师。11月，高薪聘任原河北丰润车轴山中学校长张斌利同志为介休一中校长。

【强化教育专项督导】 组织完善修订相关考核指标 2016年5月，全市中小学（幼儿园）综合评估在按照学年度实行考核一年后，组织局机关19个相关股室认真进行修订，一是把“党建工作”单独列入考核项，分“班子建设”“思想建设”“组织建设”“党员队伍建设”“党风廉政建设”5个小项20分赋分；二是“语言文字工作”一项在原有基础上增加“国学经典”和“书法教学”权重20%。

中小学特色学校建设验收 6—7月，与教研室共同组织专、兼职督学和科股长进行2015—2016学年度中小学特色学校建设评估验收，实验小学东校、北坛小学南校、北校、实验二小、光明小学、彦博小学6所城区小学和定阳小学、安康小学、张兰小学、连福小学、上曹麻小学、沙堡庄小学等14所农村小学命名为“特色学校建设先进单位”。与此同时，在基层实践和广泛调研基础上，撰写调研报告——《介休市中小学特色学校建设策略探究》。

《介休市教育督导史料》撰写 8—11月，与教研室、办公室、《教育志》办公室及基层有关学校共同合作，历时3个月，完成《介休市教育督导史料》的撰写，《介休市教育督导史料》分“介休市教育督导室历史沿革”和“介休市教育督导工作重大改革创新以及主要成效”两个部分，上限起自1948年，下限终至2015年，内容包括：“巩固‘两基’成果，推进教育均衡发展”“深化教育综合改革，全面推进素质教育”“不断创新工作机制，强化教育专项督导”等。

【队伍建设】 完善制度，强化管理 为使教师队伍提升的各项要求落实到位，制定和完善了《教师培训电子档案建设制度》《教师信息库建设制度》《青年教师培养制度》《校级领导和骨干教师结对子帮扶制度》等制度。

校本培训 春季开学针对《义务教育校长专业成长标准》《义务教育校长专业标准解读》《义务教育小学教师专业标准解读》采用校本培训方式开展再培训，以自主命题测试、交流研讨形式完成培训。新学期开学前三天各学校组织关于学校常规、职业道德、精细化管理、考评方案的学习。

新教师和青年教师培训 对新招聘的教师进行封闭式集中岗前培训。对2015年新入编的16名高中教师进行入格考核。对2011—2015年入编的教师进行考核。4月完成初中小学段（其中小学285、初中115）；11月完成了高中段和幼儿段教师考核前期准备工作。进修校制定详细的考核办法，分理论、教学设计、技能展示、演讲、述课等方式对青年教师进行考核。

“国培计划”项目　承担培训项目2个共337人:教学点教师培训93人、承担出版社教材培训244人。组织督促培训项目12个共603人;“示范性项目”共安排5人参训(其中一线优秀教师培训2人,紧缺领域骨干教师培训2人,专职培训团队1人)。学科视频培训339人,学科带头人骨干教师培训44人,小学英语教师培训24人,北大坊主培训18人,出版社学科送教77人,奥鹏坊主培训45人,名校长领航班6人,教育行政干部培训1人,“2016年中小学幼儿园教师国家级培训计划”共有45人参训(初中小学校长6人、幼儿园园长4人,初中小学骨干教师访名校18人,幼儿骨干教师访名校16人、管理者培训1人),除有1人(小学音乐)因特殊情况未参训外,其他学科都按时参训。

抓住“互联网+”新机遇,助力教师成长　2015—2016年示范性网络研修与校本整合培训项目于2016年6月30日结束,共有1308人参训。义安二中、义安一中、介休七中、介休市第一幼儿园教育联盟被评为优秀学校、校长被评为优秀校长,268名学员被评为优秀学员,34名学员获得课例证书,两所学校和1名坊主参加了跨区域工作坊活动并获得证书。介休市及项目负责人被评为优秀区县及优秀区县负责人。

启动奥鹏和北大两个平台的国培项目　“国培计划(2016)——山西省乡村中小学幼儿园教师信息技术应用能力提升”培训项目(3454名中小学幼儿教师、49个工作坊)和“国培计划(2016)”示范性远程培训——网络研修与校本研修整合培训项目(1889名中小学教师、20个参研校长、29个工作坊)。

【规范使用语言文字】　组织介休市中小学在规范学校语言文字方面开展活动。4月19日组织开展全市中小学学生进行“汉字听写大会”,5月在晋中市举行的“汉字听写大会”上初中组位居晋中第二获二等奖,小学组获三等奖。市软硬笔协会的老师们深入定阳小学、龙凤小学、张兰一中、介休三中等学校,进行书法课示范和书法专题讲座。8月中旬根据晋中市语委文件精神,安排全市各学校积极开展推普周活动。11月15日在定阳小学举办“晋中市南同蒲各县小学书法联片教研”。12月13日在实验二小学举办晋中市“传承国学经典　浸润书香校园——晋中市中小学国学经典教育基地校启动暨培训会”。

【学前教育】　全市有幼儿园136所,其中公办幼儿园93所,包括教育部门办9所、企业办3所、农村单办园43所,小学附设园38所;民办园43所,其中城区范围内31所,农村12所。3—5周岁在园幼儿17453名,其中3岁以下幼儿379名,3岁幼儿5136名,4岁幼儿5917名,6岁幼儿6021名,3—5周岁幼儿入园率99%。在园幼儿中入公办园的10590名,占比60.7%;幼儿园教职工2387人,其中幼儿教师1461人,持有《教师资格证》的1047人,在编教教师334人。

公办幼儿园建设　2016年9月,介休市第九幼儿园投入使用并开始招生、开园;绿城华府配套幼儿园建成并移交市教科局举办为公办园——介休市第十幼儿园。农村幼儿园中介休市张兰镇第三中心幼儿园、三佳南两水幼儿园,宋古东段屯幼儿园均已建成并投入使用。幼儿园年检中,西刘屯幼儿园、西靳屯幼儿园、兴地小学附设幼儿园、龙头幼儿园、东杨屯幼儿园、连福第二中心园经晋中市教育局评估,晋升为一类幼儿园,全市一类园总数达到31所。

为规范市直幼儿园招生管理工作,城区市直幼儿园采取划区招生与网上报名电脑摇号相结合,分批次招生,每批次招生信息及时公布,第一批次招生407名,第二批次招收455名,共招收幼儿862名。

幼儿园课程培训和区域教研　2016年3月下旬,市教科局实施《晋中市幼儿园课程实践指导》开展五大领域课程培训,各乡镇中心园骨干教师300人次参加。在市级培训基础上,各中心校组织开展面向全体农村幼儿教师的二级培训。4月上旬,组织市直幼儿园教学能手和骨干教师分别到各中心校送教入园,结合农村幼儿园教师提出的实际问题和困惑开展专题讲座。12月上旬,新评教师33名、复评教师18名分别通过理论考核、活动组织、活动评价、资料评审。

【改善办学条件】 2016年，教科局扎实推进“全面改薄”（深化薄弱学校改造）工作。维修项目32个，主要包括屋面防水、围墙翻修等工程，总投资约350万元。除部分学校自行组织外，为加快进程，集中对13所学校的围墙、浴室工程进行招标，总中标价341.08万元。

【信息化建设】 “三通”“两平台”建设和应用 介休教育城域网中心机房采用2条独享1000M互联网电路的方式实现介休教育城域网互联互通。根据学校规模大小不同，学校出口带宽分别为12M、30M、50M、100M和200M。数字校园建设，在晋中市已认定的6所数字校园（介休一中、介休二中、介休三中、北坛小学、实验小学和义安二中）的基础上，又新建实验二小数字化校园试点校。10月介休二中通过省级数字化校园试点校验收。

根据晋中市教育局的要求，创建“互联网+课堂教学”项目校46所、“互联网+教学评价”项目校5所，全市各中小学全部实现优质教学资源“班班通”，并于11月通过晋中市验收。

加强学生的信息技术应用能力建设，大力推进网络学习空间“人人通”。在所有教师建立个人空间的基础上，全市所有初中、高中学生已全部建有自己的网络学习空间，逐步打通教师和学生的个人空间，改变了学生的学习方式。

“一师一优课”活动 全年网上“晒课”的中小学教师人数达到544名，完成“晒课”573节，目前晒课量达到任务总量的72%，县级“优课”推选56节，市级优课44节，省级优课6节。

中小学信息技术考试 5月27日，全市初中信息技术毕业升学考试，共设18个考点，22个考场，考试中实行“四定”：定考点、定考场、定时间、定座位。各考点抽调一名幼儿教师担任监考，教科局在每个考点派一名巡视员，晋中市教育局安排专人蹲点巡视。

6月12日，高中信息技术学业水平考试在介休一中、介休四中、介休十中和定阳高中四所高中学校设点进行。每个考点派一名巡视员全天候蹲点，实行监考。

12月19日，组织为期一周的初中、小学信息技术学课抽测考试。对象为小学四年级、初中八年级的学生，考试实行市直中小学、农村初中抽班，乡镇中心校先抽校再抽班的办法，相关学校按照抽签顺序依次参加考试。考试为阶段测试，目的在于以考促用，督促各学校开足开全信息技术课程。

【教育惠民】 普通高中国家助学金 春季，发放普通高中国家助学金137.4万元，资助高中贫困学生1374名，资助面为在校高中学生的20%，资助标准2000元（元/人·年）。秋季，发放普通高中国家助学金125.3万元，资助高中贫困学生1253名。全年合计262.7万元。

家庭经济困难学生免学杂费 根据省教育厅《关于做好2016年秋季学期普通高中建档立卡等家庭经济困难学生减免学杂费工作的紧急通知》（晋教财〔2016〕89号）文件精神，从秋季学期开始免除普通高中建档立卡等家庭经济困难学生学杂费。普通高中建档立卡家庭经济困难学生免学杂费42人，其中：家庭经济困难残疾学生6人，农村低保家庭学生34人，农村特困救助供养学生2人。学杂费标准600（元/人·学期），免学费金额2.52万元。

中等职业学校国家助学金 春季，发放中等职业学校国家助学金21.2万元，资助中职贫困学生212名，资助面为一、二年级非涉农专业学生人数的15%，资助标准2000元（元/人·年）。秋季，发放中等职业学校国家助学金27.4,万元，资助中职贫困学生274名。全年合计48.6万元。

中职免学费 春季中职免学费资金369.65万元，免学费人数2979人。秋季中职免学费资金332.65万元，免学费人数2681人。全年合计702.3万元。

学前教育资助 春季，学前教育资助受助幼儿

2608人，标准500（元/人·学期），资助金额130.4万元，秋季学前教育资助受助幼儿2672人，资助金额133.6万元，全年合计264万元。资助面为在园幼儿人数的15%，覆盖全市市直幼儿园、厂矿幼儿园、农村幼儿园、城区民办园，资助名额向农村幼儿园倾斜，努力实现精准资助。

生源地助学贷款 全年，共与1434名符合条件的学生签订《国家开发银行生源地助学贷款合同》，签订贷款合同金额为8613388元。其中大学生首贷的人数为343人，共贷款金额为2092991元。大学生续贷的人数为1091人，共贷款金额为6520397元。

2016年正常还款应为467人次，共882个合同，合计本金：50943.95元，利息：153744.27元，合计金额：204688.22元，还款成功率一次性为：100%。

新生入学资助项目 新生入学资助共发放44000元。受助学生为56人，其中省内学生24人，省外学生32人。8月15日至8月21日将受助学生名单进行了公示，接受社会各界的监督。公示无异议后，8月21日通知学生领取受助资金。

（李 峰）

【学校简介】

介休一中

介休市第一中学校是“山西省示范高中”。学校占地278亩，投资3.5亿元，建有教学区、运动区、生活区、景观区，建有设备完善的教师公寓。

2016年全校共有3000余名学生，61个教学班，307名教职工。其中正高级教师1人，特级教师2人，高级教师96人，一级教师121人，国家级骨干教师3人，全国模范教师、中小学优秀班主任1人，省级学科带头人、骨干教师、教学能手32人，地级学科带头人、教学能手36人，市级学科带头人、教学能手70人。

学校始终坚持“以人为本”，抓内涵促发展，强管理创特色，在求实中发展，在发展中创新，在全校树立“十种意识”：纪律意识、规矩意识、节能意识、责任意识、服务意识、全局意识、质量意识、人本意识、文化意识、名校意识，追求“关心、关爱、关注”的道德境界，坚持“十个抓手”：抓领导、抓纪律、抓细节、抓小事、抓过程、抓落实、抓课堂、抓高考、抓典型、抓责任，不断深化教育教学改革，向集体教研要质量，向有效课堂要质量，实施并稳步推进“1+6”双主高效课堂。

以生为本，以师为根。让和谐校园、文化校园的理念根植于学校的管理、德育、教学。2016年上学年开始，在高一年级中实施全员育人导师制。每个班以班主任为核心，代课教师均承担导师任务，以学习指导为切入点，辅之以生活指导、生涯指导。

2016年高考达二本B类以上770人，其中应届605人，往届165人，应届达线率66.4%，较2015年（60.1%）提高6.3%，创历史新高。数量和质量都有重大突破，达线人数居全晋中市所有高中学校第二名。

介休二中

介休市第二中学校始建于1989年9月，旧址位于文庙内。2008年7月与介休七中合并，并于2009年迁到新校区。校园占地面积51655.8平方米，建筑面积19413.5平方米。校内有标准化的教学大楼、实验楼、电教楼、行政楼和400米塑胶跑道操场；有班班通多媒体教学辅助系统，1个可容纳256人的阶梯教室、4个网络教室、1个录播教室和1个监控室，教师人人都配备了计算机；学校有标准化的物理、化学、生物实验室各两个，有专门的音乐美术和舞蹈教室。

介休二中以提高教育教学质量为中心，办家长满意社会认可教师幸福学生快乐的教育为目标，以“做有生活能力的人”为校训，以“会学习、会健体、会相处、会做事、会审美”为育人目标，为学生终身发展奠基。先后被评为山西省文明校、省德育示范校、省素质教育示范校、晋中市文明学校、介休市教学质量先进单位等。2016年学校有教学班46个，教职工211名，学生2538名。

学校每学期开学第一周为学生行为习惯养成教育周，学习践行《弟子规》。每周升旗、班会有主题，有督查，对学生进行爱国主义、集体主义、安全法制、传统文化等教育。荣获晋中市“中华魂”主题教育活动组织委员会颁发的“中华魂”遵纪守法、“从我做起”主题教育活动先进集体。

2016年中考，介休二中有200名同学考入介休一中，136名同学考入介休十中，134名同学考入介休四中。全市八年级抽测，学校总均分、优秀率、及格率各项指标都远高于市直A类校平均水平。

学校注重培养学生的综合素质，2016年成功组织学校冬季中长跑运动会，在晋中市组织的体艺2+1展演活动中受到参会领导的好评，在晋中市组织的五四歌咏比赛唱响青春合唱比赛中喜获大奖，介休市汉字听写大赛荣获一等奖。

介休三中

介休市第三中学校创建于1979年。学校占地面积2.3万多平方米，设有专用教室40个，是经山西省人民政府命名的首批“义务教育示范学校”之一，曾两次被评为“全国群众体育先进单位”，学校被编入“三晋名校”，校史载入国家教委编撰的《中华学府志》。

学校始终坚持把“合格+特色”的办学模式和“以学生发展为本，重综合素质提高”的育人模式相结合，以实施课程改革为核心，以深化校本教研教改为主线，以“自主学习，合作探究，展示交流，拓展延伸，反馈评价”为新课堂核心模式，开全开足课程，促进学生全面发展。

2016年3月，携手书法家协会、行余书社举办“写好中国字，做好中国人”“书法名家进校园”活动，书法名家捐赠书法作品，学校为名家们颁发收藏证书。4月，举行介休三中“国学传经典，慈孝承文化”《弟子规》大型诵读活动。同月，在晋中市中小学汉字听写大赛中荣获二等奖。5月，举办“在阳光下成长”的校园文化艺术节和晋中地区体艺二加一活动现场会；在全市校园文化艺术节中，荣获一等奖；在全市中学生篮球赛中，荣获第一名。中考中，各科成绩均为全市第一。10月，在全市足球比赛中荣获一等奖。

介休四中

介休市第四中学校，原名介休张兰中学，1956年在张兰镇建校。1970年3月开始招收高中班。2000年8月，挂牌为“介休市第四中学校”。2010年，学校从张兰古镇迁到介休三贤大道东——纬二路北侧三道河村北。2011年12月9日学校正式搬迁到新校区。

新校占地53.2亩，总建筑面积21962平方米。两栋宿舍楼，每栋面积4330平方米，共有宿舍230间。楼内配有厕所、洗漱间、开水房、晾衣台等设施。两栋教学楼，建筑面积分别为5040平方米和4956平方米，内有30个教室，13个办公室，12个理、化、生、通用技术实验室，7个实验准备室，2个微机教室，5个艺术类教室。每个教室都安装了多媒体教学设备，交互式电子白板、实物投影仪、监控系统、广播系统，创建了班班通的现代化教学平台。二层阶梯教室，总面积1240平方米，每层有300个座位。餐厅配备了符合国家卫生标准的灶具，采用煤气、甲醇、电三套能源系统，保证师生的饮食。

师资配备上，共有教职工122人，其中具有研究生学历12人。山西省骨干教师3人，晋中市教学能手10人。

教学上，根据国家“十二五”规划纲要的宗旨，致力于学生的多样性发展，将音乐、美术、体育、书法、舞蹈、播音主持、影视编导等艺术类科目作为学校发展重点突破，让每一个学生都展示自己的才华，为将来走向各个岗位奠定坚实的基础。

2016年高考连续第三年荣获晋中市同类校高考第一名的佳绩。二本B类以上达线人数59人：文化课二本B类以上8人(其中理科6人，文科2人)；艺术类双达线51人：其中美术22人，编导7人，音乐7人，舞蹈4人，体育6人(单招2人)，空乘1人，书法1人，播音3人。

介休五中

介休市第五中学校创建于2000年7月，由原山西印染厂职工子弟学校和介休纺织厂职工子弟学校初中部合并组建而成，是一所市直初中，位于介休市金华街。2011年在原校址新校落成，占地面积11676.5平方米，建筑面积6456.6平方米，可容纳24个教学班，学校先后被授予"义务教育均衡发展先进单位""介休市示范初中""晋中市文明学校""晋中市教育系统先进集体""晋中市六大创建工作先进集体""晋中市平安校园""山西省关心下一代工作先进集体"等称号。

2016年，学校有教职工99人，专任教师93人，全部达大学本科、专科学历。省级教学能手3人，地级教学能手1人，市级学科带头3人，市级教学能手20余人，兼职教研员4人。有在校学生889人，19个教学班。学校班班通多媒体，有理、化、生实验室、计算机教室、音乐、美术、大型阶梯教室、电子备课室、心理咨询室、会议室、活动室、教学仪器室等。拥有200米标准塑胶跑道的操场。

介休五中以"为一切学生的人生奠基"为理念，全面推进素质教育。坚持开展丰富多彩的体艺"2+1"活动。开全开足音、体、美课，音乐课以竖笛为载体，让学生学习乐理、歌曲，同时欣赏乐曲；体育课完成教学任务以外，坚持进行民族体育运动，如学习柔力球、毽球、跳绳、武术等；美术课完成教学任务以外，侧重学习书法及素描、国画、水彩画等。学校以促进学生全面发展为宗旨，努力提高教育教学质量，2016年中考500分以上111人。

2016年，介休五中荣获介休市中小学田径运动会初中组第一名、介休市中小学生篮球比赛初中组第二名、介休市第四届中学生汉字听写大会二等奖、介休市第二十五届校园文化艺术节活动获优秀组织奖。

介休十中

介休市第十中学校原名为汾矿集团公司第一中学，1958年9月成立，1987年被确定为晋中地区重点中学，1998年被评为全国煤炭系统标准化学校，2008年移交介休市政府管理，更名为介休市第十中学，2009年被评为晋中市示范高中。学校十二轨制，36个教学班，1800余名学生。

介休十中有教职工215人，其中高级教师59人，中级教师85人；全国优秀教师1人；省学科带头人1人，省骨干教师6人，省教学能手7人，省课改名师2人，三晋名师1人；晋中市首席教师2人，晋中市学科带头人1人，晋中市骨干教师3人，晋中市教学能手12人，晋中市学术技术带头人1人；介休市教学能手42人。

介休十中自1977年恢复高考以来，高考达线人数不断提高，1995年突破百人大关，达到113人，2005年突破二百人大关，达到230人。有不少学生考入北京大学、清华大学、人民大学、复旦大学、上海交通大学等全国知名高校深造。

2016年介休十中在教科研方面坚持教研组集体备课制度，开展公开课，示范课教学活动，鼓励教师承担教学研究课题，撰写论文和论著，编写校本教材，深入持久地进行校本研训；在课堂教学改革方面，大力推进问题引领教学法和学生小组互助学习，鼓励学生自主、合作、探究，教学重点由教师如何教转变到学生如何学，教师教的方式和学生学的方式都发生了根本变化；在教师队伍建设方面，实行青年教师与老教师师徒结对制度，开展课堂教学技能大赛；组织业务知识考试；坚持"走出去、请进来"的方针，提供各种机会和条件使教师走出去学习，请专家名师来校听课评课，进行教学指导。

在2016年12月29日晋中市教育工作会议上，介休十中高考达线五年平均增长率位居晋中市十六所重点高中第一名，完成达线率位居第二名。学校荣获晋中市教育教学质量提高奖。在晋中市举办的青年教师课堂教学技能大赛中，学校的14名教师全部获奖，学校被评为青年教师培养优秀学校。

实验一小

介休市实验小学创建于1910年，学校始称介休高等小学堂，后经过模范国民学校、介休县民主高级学校、介休县第一高级小学、介休县实验小学、东风小学五次更名，1986年正式更名为实验小学。2013年9月开始实行集团化办学，原实验小学为西校区，原文峰小学为东校区。至此，总校正式更名为“介休市实验小学教育集团”。2016年，集团共有教师197人，学生共4096人，是一所非寄宿制的完全小学。

2016年，介休市实验小学教育集团多管齐下促提升，各学科成立核心备课组，确定核心备课人，抓实课前集体备课，先研后教、以研促教；教研活动做引领，通过通识教材、过关课、推门课、示范课以及盟区活动等教研活动，提高课堂实效性；网络教研，张燕《摩擦力的秘密》教学课例荣获山西省优秀作品奖。刘美丽老师报送的《2—6的乘法口诀》获中国教育部“一师一优课、一课一名师”活动“优课”奖，同时，还有9位老师的录像课被收入北京大学教学资源库。

介休市实验小学教育集团在养成教育上常抓不懈，落实“八个习惯教育”，通过具体的强化训练，逐步使学生从“要我这样做”转变为“我应该这样做”，使良好的行为习惯内化为自觉的行动。确保课程开足开全，根据学生特长和爱好，成立若干个兴趣小组，定期开展活动，使学生的综合素质得到全面提升。

实验二小

介休市实验第二小学成立于2010年9月，坐座落于南大街学巷文庙内，前身是实验小学南校区。2016年，学校有特级、首席教师1名，省能手、省学科带头人、省骨干教师7名，地级教学能手21名，县、市级教学能手70余名，学历合格率100%，教师平均年龄不到30岁，学校教风、学风、校风良好。校园占地面积14831平方米，建筑面积11424平方米，校园绿化面积3340平方米。学校拥有图书室、阅览室、舞蹈室、多媒体室、学生机房、教师电子备课室、实验室等。

2016年，实验二小学以“为提升生命质量积淀发展力”为办学理念，以“天天向上”为校训，以“国学立品，文化育人”为特色规划，以“品行好、习惯好、学习好、身体好、兴趣浓”为育人目标，以“创建师生幸福、社会满意、特色鲜明的理想学校”为发展愿景。将创建书香校园和特色化学校建设相结合，着力创办“国学立品、文化育人”的特色学校，学校以“三读”（早读、课间读、午读、）两写（一周两次写字课）一讲（一周一次国学讲堂）三本（校本教材《文蕴》系列之三《做人篇》《处事篇》《求学篇》；《成长》系列之三《安全篇》《健康篇》《习惯篇》）两刊（教师刊《我讲我的教学故事》、学生刊《我讲我的成长故事》）两节（9月28日孔子诞辰日读书节、清明寒食文化节“爱之颂”系列活动）为主要实施途径，尤其是每天的课间读、每周一节的“国学讲堂”是最突出的亮点，很受师生、家长的青睐，多次得到上级领导的肯定。

2016年，晋中市国学教育现场观摩会在实验二小举行，有140余名来自晋中各校的代表参加，并被确定为晋中市国学经典教育基地校。实验二小代表介休市参加晋中市小学生汉写听写大会，获得三等奖。荣获介休市“中华魂”先进集体。在两节活动中，举行了教师读书会、家乡文化小导游比赛。年底被评为介休市教育教学先进单位。

北坛小学

北坛小学前身为山西纺织厂子弟学校，2000年归属地方，改名为北坛小学。2007年9月1日，北坛小学喜迁新校，新校占地40余亩，建筑面积14000平方米。城关乡梁吉小学、赵家堡小学先后于2007年9月、2009年9月合并到北坛小学，2016年，北坛小学有77个教学班、4422名学生、200余名教职工。

在长期的教育教学改革实践中，北坛小学逐渐形成以“为学生终身发展奠基”为办学理念、以“养成教育”为办学特色，以“创办人民满意的教育”为办学追求，打造出一支“敬业爱生、严教善导、务实求精、争优创新”的教师队伍，其中省学科带头人1位，省级能手7位，地级能手19位，市级能手77位，学校连续多年被评为介休市“教学质量先进单位”“晋中市示范小学”“山西省基础教育改革先进学校”“山西省十五课题实验先进学校”等。

2016年，北坛小学常规教学紧抓不懈，做到过程监管七到位：教师配备到位，常规检查到位，质量分析到位，基础能力监测到位，薄弱学科知识巩固到位，单元检测到位，课堂监控到位。教研活动扎实开展：四种常规（通教材、学课标、说题命题、盟区教研）长抓不懈，四种课型（亮相课、引领课、示范课、全员展示课）竞相展示。开展了“开学第一课”主题教育活动，有序开展国旗下演讲、班队会等活动，形成了有特色的校园文化。体艺活动形成常规，一年一度的冬运会、春运会、篮球赛、艺术节、每周一次的体艺2+1等体艺活动形成常规。9月学校荣获“中华魂主题教育活动介休市先进集体”“山西省少先队红旗大队”。10月获得全市中小学生足球赛第三名。年终教育教学质量评估中，荣获城区第四名的好成绩。

彦博小学

彦博小学是在原介休七中旧址上扩建的一所现代化新型小学。学校占地12480平方米，建筑面积6480平方米。全校有43个教学班，教职工135人，2400余名学生。

经过全体师生的不懈努力，学校形成了“和谐、创新”的校风、“博爱、善诱”的教风和“乐学、善思”的学风。秉承“为学生终身发展奠基”的办学理念，以“学生全面发展”为办学目标，以“办学高质量、师生高素质、文化高品位”为办学方向，全面实施素质教育。在“为学生终身发展奠基”的办学思想引领下，推行了三项策略：为学校发展立信，为教师成长护航，为学生成人奠基。构建了四化校园：文明校园、书香校园、个性校园、和谐校园。落实了“五让”目标：一是让好习惯成为一种素质；二是让美文浸润学生心田；三是让英语融入生活习惯；四是让学生个性得以张扬；五是让学生在评价中得到自信。

2016年，学校严格执行课程标准和计划，开齐课程，开足课时，严格按规定使用教科书，认真组织“大课间”和“阳光体育”活动，促进学生全面发展。在课程开设上实行国家课程、地方课程、校本课程相结合的方法，不断充实课程资源，努力挖掘校本课程特色。开发了书法、木刻、古筝、舞蹈等23门丰富的校本课程。坚持走出一条“轻负担、高质量、全面发展，培养‘合格+特长’学生”的特色办学之路，被介休市教育局命名为“多彩校本”特色学校。先后被评为“晋中市青少年校园足球特色学校”“介休市平安校园”、同时获得“介休市教育教学工作综合评估先进单位”“介休市校园艺术节一等奖”“介休市十佳学校”“介休市田径运动会第一名”等荣誉。

裕华小学

裕华小学，原名为汾矿集团第一小学，2008年5月移交介休市人民政府管理，并更名为介休市裕华小学。学校占地面积7710.56平方米，校舍建筑面积6303.5平方米，操场面积3970平方米。教学楼3栋，电子白板多媒体教室30个，微机教室2个，音乐教室2个，美术教室、实验室、阅览室、多功能会议室、科学仪器室、数学美术仪器室、音乐器材室、体育器材室各1个。全校教职工99名，其中中小学一级及以上教师76名，本科学历教师45名，省级学科带头人1名，省级教学能手1名，晋中市教学能手4名，介休市教学能手32名，共有教学班30个，在校学生近1400余人，为五轨制。

2016年，裕华小校认真贯彻党的教育方针，立足校情，求实创新，凸显“以人为本，全面发展”的教学理念，坚持“规范+特色”的办学目标和“合格+特长”的培养目标，深入开展课改实验研究，以培养学生创新精神和实践能力为核心,全面落实素质教育。安全政教工作坚持"学生安全为天,养成教育为主"的思路,围绕"八大习惯"抓好学生的养成教育。教研教学以"面向全体学生,让学生全面发展"为根本宗旨,用灵活的方法引导学生"学会生活、学会健体、学会学习、学会做人"。在全国英语口语大赛、山西省"中华魂"读书竞赛、晋中市青少年书信大赛、介休市艺术节书画大赛等活动中有50多人次获奖;学校教师在介休市"说题命题"大赛中有5人获奖,7人被评为"介休市教学能手",12人被评为介休市模范教师、师德标兵、优秀班主任;学校获得介休市艺术节一等奖、介休市"平安校园"、英语口语大赛优秀组织单位等荣誉。

光明小学

光明小学原名介休市第一铁路小学,创办于20世纪60年代,2004年归属地方管理,2005年9月正式更名为光明小学,坐落在介休市新建西路定安巷88号,占地7008平方米。学校硬件设施齐全,师资雄厚,大专学历达100%,本科学历达69.28%。学校秉承"知行合一、立德树人"的办学理念,立足"向管理要质量,让改革出成果,以竞争谋发展,凭特色创品牌"的办学策略。先后获得山西省雏鹰争章与新课改实践基地、山西省特色建设学校、晋中市德育示范校、文明校、晋中市校长协作会会员单位、晋中市"六创建"示范校。

2016年,光明小学狠抓常规管理,加强业务学习,规范行为养成,重视学科教研。精心组织课改研讨课与骨干教师讲座。举行"一三四三课改模式"中青年教师赛讲活动。开展盟区、城乡教研活动。加强课题研究,营造教科研氛围。申报了山西省教育科学"十二五"规划课题《新时期亲子教育的模式探讨》和数学课题《培养学习实践能力》,并受到上级表彰。李红娟老师撰写的论文《以教育信息化推动教育现代化》被中国教育学术委员会评为科研成果一等奖,发表于《中国教育研究》。11月,申报山西省教育科学"十三五"规划指令性课题《小学各学科阅读能力培养与提高实验研究》,杨兴霞老师撰写的《阅读课研究》得到了课题组的好评。

2016年,光明小学荣获山西省"中华魂主题教育活动优秀组织奖";晋中市"书信绘画组织奖";晋中市"中华魂主题教育活动先进单位";教育教学工作会上学校获得介休市小学段"教学质量优秀单位"称号,同时被评为市"教育教学综合评估先进单位"。

定阳小学

介休市定阳小学是一所寄宿制小学,有教职工48人,其中本科学历34人,大专学历教师13人,中专学历1人,学历达标率100%。

2016年学校本着"人文管理、实效教研"的信念,规范管理,教研兴校,教学质量稳步提高。为了提高教师业务素质和专业水平,学校坚持每周一次的分学科校本研训活动。并向各教研组提出了关注课堂,结合课题,深化课堂教学改革的要求,使各教研组活动规范有序。在活动开展过程中,做到定时间(周二语文、周三英语、周四数学、周五综合)、定地点、定人员,保证每位教师都能深入参与活动,商讨、解决教学过程中遇到的实际问题。在2016届介休市教学能手评选活动中,学校的吴海燕、王鹏丽、李志君3位同志分别荣获小学语文、数学、英语的教学能手称号。11月9日,晋中市语委办牵头,在校举办了南同蒲7县(区)书法联片教研活动。加强体艺活动,让农村的孩子享受应有的课程体验。学校以大课间活动为载体,确保学生每天有效锻炼一小时。并积极组织学生参加田径、篮球、足球、合唱、乐器、舞蹈、手工、绘画等兴趣活动。4月21日,学校接受晋中市教育局体艺"2+1"项目活动的验收,并受到好评。

介休市一幼

介休市第一幼儿园于1997年创办,位于介休市新华北街136号，园内开设16个教学班，其中大班5个，中班6个，小班5个，入园幼儿584人，幼儿园共有教职工83人，其中专任教师37人，取得本科学历的28人，大专学历的9人，教师合格率100%。其中，"山西省幼儿园保教能手"1人，"山西省骨干教师"1人，山西省"三晋名师"1人，"晋中市幼儿园保教能手"3人，"晋中市学科带头人"1人，"介休市幼儿园保教能手"9人。幼儿园被评为"山西省示范幼儿园""山西省巾帼文明示范岗""晋中市文明和谐单位"等，在介休市教育系统综合评估中连续多次被评为"先进单位"。

2016学年，幼儿园继续以素质教育为主线，坚持科研兴园和科研兴教，申报的山西省"十三五"幼教专项课题——《幼儿园实施食育的研究》立项，一年中，全园教师围绕课题开展了"食育周""春种""秋收""食育工作坊"以及"美味蛋糕""种萝卜""豆制品""豆芽在哪里""营养搭配更健康""水果拼盘""餐桌礼仪"等丰富多彩的活动。

全年幼儿园采取专家引领、骨干引路、教师参与的培训模式，开展了园本教研活动。为发挥省级示范园的示范辐射作用，全园创新了帮扶模式，成立了以朱秋莲园长为组长的领导小组，让介休市第四幼儿园和介休市第八幼儿园两所新的园所也作为联盟中的小组长来承担帮扶任务，每个小组帮扶两所幼儿园。另外每学期由各小组组长牵头，向联盟内所有园所发出邀请，组织一次联盟内帮扶活动。通过现场实地了解与观摩、交流心得、座谈研讨，真正做到帮在关键处，扶在点子上。

介休市二幼

介休市第二幼儿园位于东大街105号，幼儿园秉承"用爱养育、用心教育"的办园宗旨，坚持让孩子们快乐、健康、自信的教育理念，营造平等、关爱、和谐的教育环境。

2016学年，幼儿园结合实际开展了多项活动。教师活动：每学期进行一次赛讲活动；每学期进行一次主题活动以多种形式提升教师的专业水平；每学期组织教师进行专业技能展示活动，如：弹唱、绘画、朗诵等。幼儿活动：每学期的3月和10月进行一次社会实践活动；六一儿童节开展以童话剧为主线，国学进课堂为表现形式的活动；10月围绕"庆国庆"举行"庆国庆歌咏比赛"。幼儿园在每周的教研活动中，采取集体和分组教研、案例式研讨、在线学习观摩、现场互动、教育教学观摩、开放日说课、研课等多种形式，以及"每周一问""求助帖"的教研形式，促进教师专业水平的提高。2016年幼儿园添置了部分教学设备，户外添置了大型玩具，购买了彩虹伞、拱形门、轮胎架、篮球筐等，每班自制户外器械4—5种，为幼儿提供了丰富充足的户外活动器械。

介休市三幼

介休市第三幼儿园坐落于北河沿188号，前身为介休市纺织厂幼儿园，2013年旧址重建，建筑面积3000平方米。全校有教职工65人，可容纳12个班级，400余名幼儿，是晋中市一级一类幼儿园。

2016年，幼儿园在《幼儿园教育指导纲要（试行）》《3~6岁幼儿学习与发展指南指南》精神的引领下，以"规范保基本、多元促优质"为核心展开工作，树立了"让每一个孩子都能享有快乐童年"的办园理念，定位了"爱与责任"的园所文化，全面实施五大领域，"让教育回归幼儿生活"成为课程生活化的主要内容。

幼儿园全年积极开展多种家园合作阅读活动，教师每天固定时间读书，成立课题组，如"以绘本为载体，促进儿童自我经验的建构"，关注儿童经验的纵向、连续性发展；阅读特色得以辐射，形成教师、家长、社会为推动的三结合模式。海森高课程的本土化实施：让幼儿自己选择要做什么、怎么做，并用语言描述所从事的活动；教师接纳、鼓励、倾听；在积极的师幼互动中实现主动成长。劳动课程的深入实施：孩子成长的过程中，家务劳动与孩子的动作、技能、认知能力的发展以及责任感的培养密不可分。因此，给幼儿布置了任务清单,从小班的"自我服务"到中班的"值日生工作"再到大班的"我是班级小主人",序列化的劳动要求,鼓励孩子在家、在园承担力所能及的实践活动,很好地落实了一日生活皆教育的理念。

介休市四幼

介休市第四幼儿园建于2014年9月,是政府投资的一所经济适用房配套公立幼儿园。建筑面积4214平方米,共4层,室内外生均面积超过3平方米,符合规定标准。共设立大、中、小12个班级,在园幼儿460余名,教职工55名。园内设有午睡室、盥洗室、活动室、美工室、阅读吧、建构室、音体室、泥巴室等。

2016年,幼儿园每班每周根据幼儿实际情况制定计划,积极创设与教育相适应的环境,为幼儿提供足够的活动材料,活动范围和活动空间。为提升教育品质,形成教育特色,积极开展实践与研究。先后学习了《幼儿园工作规程》《幼儿园教育指导纲要(试行)》《3~6岁幼儿学习与发展指南》等法规和文件。充分利用幼儿比较熟悉的节日,开展有针对性地感恩主题活动,利用幼儿一日生活中的各个环节,如来园离园时间播放有关国学的歌谣,在户外做操时间加入礼仪操,在各个过度环节吟唱传统的国学经典内容《三字经》和《弟子规》等,通过生动形象的故事渗透感恩教育。利用社区资源开展各类宣传教育活动、服务社区活动,争取了家长及社区对幼儿园教育的参与、关怀与支持,达到了教育社区化、社区教育化。根据实际情况,对一日活动安排也进行了调整,加上了晨操,晨操分为两部分,一部分是早操和器械操的展示,另一部分是中大班幼儿队列队形的变化。9月,幼儿园通过一类一级幼儿园验收,并被介休市教育科技局评为"年检先进单位"。

介休市五幼

介休市第五幼儿园于2014年2月开园。占地总面积5365.98平方米,总体建筑面积3084.78平方米。设有集音乐、多媒体等功能为一体的人活动室1个,面积60多平方米,幼儿整套活动室11个。每班有幼儿玩具柜、图书柜,班内配有教学电子钢琴、录音机、电视电脑一体机,并为各班配足录音带、平板电脑等;每班安装流动洗手池,消毒灯。室外活动场地平坦、宽敞,园内有投资20多万元购置的大型玩具两组,小型玩具100余件,教师利用水管、水漂、网具、轮胎等材料制作的户外体育器械9套70多件。有适合幼儿身高的涂鸦墙80平方米。2016年,幼儿园共招收幼儿380名,设11个教学班,配备教职工51人,学历合格率为100%。

2016年,介休五幼积极贯彻和实施《3~6岁儿童学习与发展指南》《幼儿园教育指导纲要》精神,在提高教师队伍素质,创优质高效的教学质量上狠下功夫,塑造了一支有责任心、关爱幼儿,爱岗敬业、团结合作的幼教队伍。采用多种形式的岗位培训促进教师的成长,扎实开展教科研工作,有效地促进教学质量的提高,根据幼儿园实际工作中出现的问题开展丰富多样的教科研活动。7月,幼儿园申报了介休市市级课题:"阳光体育"器械游戏活动研究。9月,荣获"美丽中国"第三届全市少儿手绘地图大赛优秀组织奖;12月被介休市教科局评为"2016年年检先进单位"。

介休市六幼

介休市第六幼儿园是省级一类一级示范幼儿园,坐落于顺城关明清古街,由原介休市第二幼儿园搬迁而来,2014年10月8日正式投入使用,是一所设施先进的现代化幼儿园。幼儿园建有标准化活动室、音体活动室、建构室、美工室、多媒体室、阅读室等设施齐全的多功能室。现办园规模为12个班,可容纳幼儿400余名,办园形式为日托制。

2016年,幼儿园全面落实《3~6岁儿童学习与发展指南》与《幼儿园工作规程》,围绕"崇尚自然,拥抱自然,尊重生命"的办园理念,旨在培养"善观察、爱探索、乐欣赏、好运动、有素养”的幼儿。幼儿园以科研促教研，注重课程建设，以“十三五”课题《建构游戏中教师指导策略的研究》为依托，关注幼儿自主游戏，关注教师成长。幼儿园非常注重家园共育，开设了丰富多彩的亲子活动、社会实践、主题活动，从幼儿发展、教师成长、家园共育三方面不断完善幼儿园教育。

幼儿园在全体教职工的共同努力下，先后荣获中国教育学会颁发的安全教育实验区全国示范学校、山西省学前教育优秀教研基地、晋中地区文明单位、晋中地区平安校园、晋中地区优秀家长学校、市教科局帮扶工作先进单位等诸多荣誉。

介休市八幼

介休市第八幼儿园安康分园位于介休市纬三路安康嘉苑内，创办于2015年7月。园内设有幼儿活动室、体育器械室、多功能室、图书阅览室、亲子指导室、科普室等各种活动场所，共开设6个教学班，在园幼儿242人、教职工35人。其中专任教师18人，具大专学历16人。幼儿园以“幸福人生的起点，温馨回忆的摇篮”为办园宗旨，全面贯彻落实《幼儿园工作规程》《3~6岁儿童学习与发展指南》和《幼儿园教育指导纲要》精神，以培养幼儿健康、活泼、文明、和谐为发展目标。

2016年，幼儿园实行了执行园长一日负责制，每位执行园长在值班当天全面负责全园工作，关注班级管理、孩子成长及教师行为，并进班跟班参与活动，及时发现问题及时给予合理化建议。加强常规督导工作，优化一日活动。每周一召开执行园长碰头会，会上总结规划，做到每人心中有目标。幼儿园注重家园合力共育幼儿，让家长参与管理有效调动其积极性与支持效应，并让家长了解教育行为及策略。全园形成家园不分家、共同为幼儿的局面。

介休市九幼

介休市第九幼儿园成立于2015年7月，2016年10月投入使用。幼儿园占地面积为6730.3平方米，建筑面积为6221平方米。全园现开设小、中、大13个教学班，在园幼儿500多名。有教职员工60余人，其中正式在编人员21人。幼儿园以《幼儿园工作规程》为指导，全面贯彻落实《3~6岁儿童学习与发展指南》，更新教育理念，深入课程改革，营造优美和谐的幼儿园文化环境，促进师幼共同成长。

2016年，幼儿园以园本教研为龙头，狠抓教师教研活动，制定了教师梯度培养计划。组织教师开展“听课、讲课、评课”活动，激励教师多交流、沟通，注重优化教师群体素质。幼儿园把保育工作放在首要位置，实行安全目标责任制，层层签订责任书，积极排查安全隐患，做好消毒、通风、晨午检和幼儿一日安全健康记录工作，幼儿入园离园采用接送卡制度，最大限度做好安全工作。幼儿园制订了学期保教工作计划，教师依据幼儿身心发展特点，为幼儿创设保教环境和制定可行的保教方法，教师做好月工作计划、周计划和一日活动计划，规范保教活动。为优化幼儿一日生活的各个环节，幼儿园开展特色离园活动。每天离园前全园幼儿在教师的带领下，来到操场上展示韵律操、篮球操。每周五下午为班级特色活动，有亲子手工制作特色、有绘本阅读、表演特色、有美术创意手工特色、有故事比赛特色活动等。

幼儿园每学期定期开展家长学校活动，班班建立家园共育专栏，为家长创建和幼儿园交流学习的平台，广泛征求家长的意见和建议，及时汇总和分析并进行反馈，更好地促进幼儿园的健康发展。

介休市十幼

介休市第十幼儿园2016年10月8日正式开园，位于介休市北河沿路，是教育局直属管理的公办幼儿园。园所占地面积2812平方米，建筑面积2315多平方米，设小、中、大共6个班级，可容纳近200名幼儿。

2016年，幼儿园以《3~6岁儿童学习与发展指南》为指引，确立"遵循成长规律、注重养成培养、崇尚快乐教育、追求全面发展"为办园理念。园所硬件设施参照《山西省幼儿园办园标准》配建，功能室配备齐全。各班均配置有单独成套的教学与生活设施，如活动室、午睡室、衣帽间、盥洗室、一体机、电钢琴等；幼儿游戏材料丰富；操场留有种植、沙地、大型玩具外，地面全部用环保无污染的悬浮塑胶铺设；满足幼儿集体活动和个体活动的功能室，如阅读室、音乐室等。

介休市职业中学

介休市职业中学成立于1984年，1995年成为山西省重点职业中学，2004年成为国家级重点中等职业学校，2012年成为第三批国家中等职业教育改革发展示范校项目建设学校。

学校占地面积6.4668万平方米、建筑面积5.4万平方米，具有400万元的国家级汽修实训基地和300万元的会计、计算机省级实训基地，实训设备总价值2600余万元，基本满足教学和实训的需求。

2016年，学校在校学生2389人，学校专业设置会计、计算机应用、电子电器应用与维修、汽车运用与维修、建筑工程施工、数控技术应用、音乐、美术、园林技术、农村经济管理、电子商务、美容美发12个专业，毕业学生就业率达98%。

2016年，学校有教职工263名，专任教师247人，其中专业课教师113名；兼职教师有14名；"双师型"教师113名。专业带头人12名，骨干教师40名，2名专业带头人因科研能力强、教学水平高，被评为山西省"职教名师"，5名教师成为晋中市"职教名师"，15名教师成为省级职业资格考评员。

根据职业学校的特点，学校抓好省、市技能大赛的训练和对口升学考试的辅导工作，在2016年的对口高考中，有18名学生进入本科院校就读；成功举办第八届晋中市职业学校技能大赛，并取得一等奖23名，二等奖31名，三等奖28名，荣获团体第一名的好成绩；在山西省技能大赛中，取得一等奖9名，二等奖17名，三等奖23名的成绩。

学校积极开展各类技术培训，服务当地经济建设，2016年组织280余农村、社区计生人员参加生殖健康咨询师培训考试；聘请赵丽生举办"加强家校合作与社会和谐进步"为主题的讲座，邀请教职工、学生家长和社会人士参加，共培训420余人；邀请汾矿医院医生对学生、家长进行心理健康教育讲座；邀请消防支队武警对学校、企事业单位300余人进行消防救援，防火知识、急救处理的培训；对餐饮单位进行礼仪、食品安全、卫生防疫等知识的培训；联合介休市公安局对企业爆破人员89人进行爆破知识培训并组织结业考试。

学校被山西省人民政府授予"山西省德育示范学校"称号；被评为山西省计算机应用能力"优秀培训点与考核点"；连续多年获得市级"职业教育先进单位"称号；被市委市政府表彰为文明单位、依法办学先进单位、社会治安综合治理先进单位、法制宣传先进单位。

张兰一中

介休市张兰镇第一初级中学，位于介休市张兰镇张兰村，服务学区所辖16个行政村。占地19496平方米，校舍面积8959.2平方米。现有教学班18个，教职工88名，教师87名，教师学历合格率100%，省级能手1名，地级能手3名，市级兼职教研员4名，市级能手28名。学生934人。学校有多媒体教室、计算机教室、音乐教室、美术教室、写字教室、生物实验室、化学实验室、物理实验室、仪器室、图书室、阅览室、民间艺术品收藏研讨室等各类功能室，以及校园广播系统、防盗监控系统等。

2016年，张兰一中以"办人民满意的学校"为宗旨，全面贯彻党的教育方针，全面实施素质教育，全面提高教育教学质量。毕业中考首创新高：600分以上18人，达优秀高中线81人，其中介休一中录取54人，分数线535分；十中录取27人，分数线500分；

四中录取5人，分数线495分；定阳高人录取14人，分数线450分。七八年级2016年期末成绩：七年级进入全市前1000名42人，市前500名18人，市前100名3人，八年级全市前1000名44人，市前500名20人，市前100名3人。

义安一中

义安一中位于义安村东南，学校占地约20000平方米，建筑面积约9000平方米；在校学生733名、教职工73名，其中：中学高级教师10名，中学一级教师26名；地级教学能手2人，市级教学能手33名；研究生学历1名，本科学历61人，专科学历11人，学历合格率100%。

义安一中秉承"重德博学，务实尚美"的校训和"一切为了学生的发展，办人民满意的教育"的办学理念，制订了"阅读打好精神底色，体艺推动道德长跑"的特色发展思路，并在教育教学实践中，认真践行，不断探索，砥砺前行。学校先后荣获了山西省"汉字书写特色校"、晋中市教育系统先进单位等称号。

2016年，义安一中确定了"落实常规定基础，教研教改精业务，体艺阅读强素质，提升质量为核心"的工作思路。教研室提出了"教而不研则浅，研而不教则空"的教改理念，以课堂为中心，以质量为生命，紧紧围绕课堂教学的主阵地，开展听课议课活动，以教学成绩为指针，开展分析、调控活动。依据市局"一三四三"教改模式，结合教改实践经验，创编了"二五三四"义安一中教改模式，"二个中心、五项策略、三个环节、四个愿景"将教研教改与教学的各个环节有机结合，在全市常规检查中，教研教改工作荣获第二名。教导处建立了常规落实的详细方案，健全了质量检测、反馈分析、调控评价的管理考评体系，在全市教学质量竞赛中荣获第四名，全市中学"综合项目评估"中荣获第一名。

义棠一中

义棠一中始建于1958年，距介休市城区约十公里，是一所半寄宿制的山区中学。学校占地面积15348平方米，建筑面积9378平方米，设有教学楼、实验楼、宿舍楼、图书室、实验室、微机室、理化实验室、心理卫生室、音美活动室、教学监控室、师生食堂、体育活动场等教学设施。

学校确立了"以德立校，质量兴校，特色强校"的办学目标，以"厚德、博学、崇礼、尚美"为校训，以"全员发展、全面发展、优势发展，可持续发展"为办学理念，以"抓落实，保安全；强师资，提质量；细管理，创一流"为工作思路，狠抓教育教学管理。先后被评为晋中市"信息化工作先进学校""绿色学校"、介休市"文明和谐单位""最佳基层双评单位""科普示范学校""精神文明先进单位""介休市十佳学校"。

2016年8月27日学校聘请介休三中心理教师李彩香给全体教师做了"阳光思维 快乐成长"的专题讲座。8月份何计萍、刘娟、晋民焘代表义棠镇食药所参加介休市食品安全知识竞赛，获得一等奖。10月，介休市中学生首届足球比赛中获宋古二中赛区第二名。11月23日，通过市教科局"平安校园"验收。

2016年中考，介休一中录取35人，介休十中23人，指标以上人数62人介休一中、十中录取分数分别是556分、514分，位居全市B类校前列。八年级期末考试综合排名全市第三，七年级英语期末考试全市第一。

绵山一中

绵山一中是一所寄宿制农村初中。2016年10月29日，绵山一中整体搬迁到原定阳小学，与定阳小学合并成为九年一贯制学校。

2016年，绵山一中本着"以人为本为学生服务；办人民满意的教育"为宗旨，以"一个力保，两个狠抓，三个提高"为工作思路，加强教师队伍建设；加强德育工作；加强课堂教学；加强教学科研；加强学校科学化、规范化管理；加强媒体教学能力的岗位培训。注重学生创造意识和学习能力的培养；突出以教育教学为中心，以成功的德育推动智育的成功。在教学过程管理中，强化学情分析，提升教学质量。关注学生的养成教育、班级管理、教研活动、教师业务能力的提高，都是为"教育教学质量的提升"服务的。并对每次阶段测试成绩进行详细的学情分析，进一步横向、纵向比较，通过对比，找差距，找问题所在，做到查漏补缺；认真落实备、讲、批、辅等各个教学环节。在抓教研，促课改，提质量中，在课堂教学上积极进行课改，"一三四三"教学模式的应用、小组合作学习的实施、复习学案的应用。

2016年，绵山一中被命名为介休市级"平安校园"；在介休市"校园文化艺术节"中荣获二等奖；晋中市"中华魂"主题教育活动组织委员会授予"先进集体"称号；被山西省语言工作委员会、山西省教育厅授予"山西省语言文字规范化示范学校"。

三佳中学

2016年，以介休市教学工作会议精神为指导，以办人民满意教育为宗旨，以立德树人为根本，以实施素质教育为主题，以提高教育教学质量为中心，探索特色学校建设，不断提升学校管理整体实力，学校各方面工作取得了较显著的成绩。

2016年，三佳中学利用各种形式对全体教师进行新课程理念的培训。在备课、上课等环节严格要求全体老师落实"一三四三"课改理念；学校教研室在七年级推行《三佳中学"小组合作"评价方案》，并加大跟踪调研力度，每月组织七年级各班对该课改课题进行总结，评选各班优秀小组、优秀小组长，同时对于课改实施中发现的问题进行分析研判，提出改进建议。组织70余人次教师参加了教科局组织的"课改指导""送培下乡""中考复习研讨"等活动。深入开展了七年级"学困生心理辅导"课题的研究，以专职心理老师为主要承担人，七年级各班班主任、代课教师密切配合，在每周一的规定时间进行集体辅导。

2016年，三佳中学在加强教学常规工作的同时进行"书香校园"建设。3月份挑选出5名学生组成学校代表队参加"盟区听写复赛"，并取得"盟区一等奖"的成绩；4月，在"介休市第三届汉字听写大赛决赛"上，3名队员不负众望，取得"总决赛二等奖"的优秀成绩。6月，由中国少年科学院、中国青少年发展服务中心主办的"全国青少年英语口语展示活动"介休赛区复赛圆满结束，七、八年级共有16名同学获得一等奖，5名同学获得二等奖，5名同学获得三等奖，其中16名一等奖获得者代表介休市参加2017年7月在太原举办的山西赛区决赛。10月，2016年介休市中学生足球比赛介休七中赛区，荣获得第一名。

连福一中

连福一中坐落于连福镇迎远堡村，服务连福镇化家窑、樊王、连福三片29村20000余人。学校占地约16000平方米，有9个教学班，学生464人。通过几年积淀形成了"德智绵连、汇能济福"的办学理念；"努力让每一位孩子都有人生出彩的机会"的办学宗旨；倡导"常态化、精细化、实效化"的教学常规；崇尚"求实、求真、求精、求新"的教研管理；塑造"有礼有德、有规有矩"的文化核心。在市教科局的统一安排下，学校管理干部和教师逐年交流，有了专职的音体美教师，为教育教学工作的顺利开展奠定了基础。以读书为特色方向的步伐正在先前迈进。

2016年，连福一中开展强化学生行为习惯养成教育。引申细节管理，促进无缝衔接，培养学生"进校即学"习惯。培养读书习惯，引领专业成长。校长带头并向教师推荐读书，教师向学生推荐读书，学校建立教师读书笔记，促进教师替代性成长，打好教师职业人生底线。校本研训扎实有效开展，自主制定连福一中课堂评价标准。以问题为导向坚持各教研组活动规范化和常态化，建立教师教研笔记和学科教研活动记录，校长参与各组活动全覆盖并做到常态化。

教学质量七年级期末考试B类校排名第二，八年级期末考试B类校排名第一，中考二率一分评估排名第三。理化生实验开出率介休市第一，晋中市排位前五。

张兰小学

张兰小学创办于1920年，坐落于古镇张兰。有教职工60名，其中中级职称22名，获省地市荣誉称号教师近30人；教学班现有23个，学生近1100多名。学校占地面积108亩，绿化面积达到44%，校舍建筑面积25000多平方米，活动场地3000多平方米，有近200米的环形跑道。有博文楼（教学楼）、雅德苑（宿舍楼）、广才楼（少年宫）三座大楼，拥有多媒体教室、计算机房、科学实验室、图书室、阅览室、电子备课室、特殊资源教室等现代化专用教室，还配有校园广播、电视、电话和电脑网络系统，全校已实现校校通、班班通。

张兰小学秉承“青出于蓝而胜于蓝”的办学理念，遵循“健康快乐、文明勤奋、求实创新、团结进取”的校训，继承“诵经典美文，做谦谦君子”和张兰古玩收藏的历史文化传统，逐步开展经典诵读和古玩探究校本课程。学校以乡村少年宫为载体，有序开展“四节”（诵读节、艺术节、体育节、科技节）等校园活动，真正打造“四香”（书香、槐香、墨香、古香）特色校园。

2016年，以“质量提升年”为契机，细化教学常规，完善细化了《张兰小学教学常规管理细则》《张兰小学教师考核方案》《张兰小学班主任考核方案》《张兰小学考勤制度》，规范了教师的教学行为；教学上，学校积极落实“一三四三”课改理念，发挥骨干教师引领示范作用，以课题研究引领教研，带动教师的专业成长，从而推进灵动活泼的课堂教学。

在全校师生的共同努力下，学校相继被评为“山西省小学生发展与评价改革实验校”“晋中市红领巾示范校”。

义棠小学

介休市义棠镇义棠小学建于1963年，原址位于介休市义棠镇义棠村。2000年9月原义棠煤矿子弟学校的小学部归入义棠小学。2005年9月在介休市规模办学的规划下，义棠小学与原义棠镇后庄小学、汪沟小学合并，迁入位于义棠村的原义棠煤矿子弟学校校址，成为服务于义棠镇义棠村、汪沟村、后庄村、沟南村、枣凹村、麻凹村的一所寄宿制学校。

2011年介休市“校安工程”在义棠镇温家沟村新建了一所标准化学校，同年9月义棠小学与原义棠镇郭壁小学、温家沟小学、育才小学、白水小学合并，成为服务于温家沟村、义棠村、汪沟村、郭壁村等16个村的一所寄宿制小学，同年10月迁入新校址。

义棠小学占地面积22000平方米，建筑面积5300平方米。学校南面是操场，占地面积10000平方米，200米塑胶跑道，两个硬化篮球场。

义棠小学有学生621名，13个教学班；教职工36名，其中专任教师23名，本科学历15人，专科学历8人，中小学高级教师1人，中小学一级教师10人，中小学二级教师9人，县级以上教学能手6名。

义棠小学以书香校园和热爱家乡作为学校文化主题，从校园文化、班级文化、教育教学等方面对学生进行潜移默化的熏陶，积淀了深厚的文化底蕴。同时，学校以特色兴校，把武术教育作为学校的办学特色，在全校师生中普及太极拳、武术套路基本功，组建武术队，开设“体艺2+1”武术社团，在校园文化艺术节等大型活动中进行展演，使武术这项中国的传统文化在学校得到继承和发扬。

2016年7月义棠小学教学成绩在14所同类校中排名第三；9月被义棠镇人民政府授予“常规管理先进单位”“特色学校建设先进单位”“综合评估先进单位”，10月被共青团介休市委、介休市教科局、介休市少工委联合授予“红旗大队”的称号。

张兰中心幼儿园

张兰镇第一中心幼儿园，原为张兰镇张兰村幼儿园，创办于1998年，是晋中市一类园。于2014年8月迁入介休市政府投资新建园。全园占地4317平方米，建筑面积3720平方米。室外有供幼儿户外活动的场地和游戏设施。幼儿园有教职工31人，其中专任教师21人，省特级教师、介休市教学能手、介休市优秀教师、张兰镇骨干教师、张兰镇优秀教师等8人。9名临时代教，9名工勤人员。现有大、中、小各3个教学班，共有幼儿286名。

2016年，在上级各部门的指导和支持下，紧紧围绕《幼儿园教育指导纲要（试行）》和《3~6岁幼儿学习与发展指南》，立足实际，以"规范办园，促进发展"为中心，以幼儿开心、教师舒心、家长放心为宗旨，以保教结合为原则，以促进幼儿发展为目的，有效开展各项工作。利用暑期，幼儿园创设了多功能室、美工室、图书室、增添教具、玩具和图书，利用废旧轮胎定制了供幼儿攀爬、走、钻等一体户外活动器械。家园共育是幼儿健康成长的基础，是幼儿园工作的重要环节，通过家园联系手册、家园联系栏、家长会、家长开放日、专家讲座、亲子活动等形式开展家园工作。幼儿园充分挖掘各种有利的教育资源，让幼儿在亲身经历中，养成良好的习惯和品质。利用种植实践园地，让孩子们经历农作物成长的过程；利用传统节日，让孩子们感受中国的传统文化；利用张兰古玩交流会的特有节日，让孩子们去体验古玩交易的文化。作为乡镇中心园，一直努力做好示范辐射作用。特别是对精准帮扶园——朱家堡幼儿园，送去了对幼儿园、教师工作上的指导、对孩子的关爱，用大班孩子"爱心义卖"的捐款给他们捐赠了图书、玩具等。

义棠中心幼儿园

义棠中心幼儿园坐落于义棠镇温家沟小区，占地面积1861平方米，建筑面积986平方米，是2011年9月由政府筹措经费、投资建造的一所乡镇中心园。园内共有10个活动室、两个办公室、1个多功能活动室、1个储藏室、1个门卫室和4个卫生间。室内幼儿各项设施俱全，有丰富的玩教具和操作材料；室外有沙池，绿化带、种植区、大型滑梯和多种户外活动器械。园内共设7个班级（其中有2个大班，2个中班，3个小班），在园幼儿206名，教师19名（公办教师6名，代教13名），并配有专职保育员、门卫、保安及兼职保健医生。

幼儿园以园本教研为基础，组织教师深入研究教学材料，将新《幼儿园教育指导纲要（试行）》与《3~6岁幼儿学习与发展指南》理论运用到教育教学活动中，要求教师课前潜心钻研教材，认真组织好每一个教育教学活动。为提高全园教师专业知识与能力，还组织教师开展每周教研和每学期赛讲活动。

2016年的学前教育宣传月主题为"幼小协同，科学衔接"。为了深入贯彻落实《3~6岁儿童学习与发展指南》，切实防止和纠正幼儿园"小学化"现象，开展"幼小协同，科学衔接"主题讲座活动和家长开放日活动，大力宣传国家学前教育政策、幼儿园的保教工作及家庭幼儿教育等有关知识，通过宣传月和家长开放日活动，促进了教师、家长、社会之间各方面的沟通与联系。

2016年幼儿园组织了主题为"小手撑绿荫 童心慰童心"的"学雷锋 献爱心"系列活动，全园幼儿向贫困山区的孩子捐赠玩具和学习用品，用爱心帮助他们重建希望，撑起一片未来的天空。

绵山镇西靳屯幼儿园

介休市绵山镇西靳屯幼儿园坐落在绵山镇西靳屯村，是绵山镇第一中心幼儿园，2012年9月由原西靳屯小学改建而成，占地面积4150平方米，生均25.4平方米；建筑面积2316平方米，生均14.2平方米；户外活动面积2200平方米，生均13.5平方米。幼儿园有6个教学班，163名幼儿，17名教职工，教师13名，其中公办教师4名，代教9名，大专学历达46.7%，职工3人。幼儿园户外活动场地宽阔，有门房兼晨检室、库房、舞蹈室、美术室、建构室、绘本馆、器材室、园长办公室、保健室、会议室兼教师办公室，功能教室等，有30米直跑道，有沙池、水池，各班有活动室、盥洗室，每班配有电钢琴、空调、电视机、扩音器，其中两个教室有一体机，教学设施齐全，玩具、图书、体育器械能满足幼儿游戏、阅读、运动所需，投影仪、一体机、计算机、打印机、摄像机、照相机齐备，互联网入园。

2016年，幼儿园以教学研究为载体，以保教育质量的全面提高为目的，不断开创教育教学工作的新局面。通过每周的业务学习活动，寻求理论的指导和经验的互相借鉴，在学习活动中，采用了交流讨论、专题研讨等形式，树立“以幼儿发展为本”的教育理念。定期开展教研活动，教研活动除了在时间、内容上得到保证外，注重在“研”字上下功夫，每学期根据幼儿园教研计划开展研讨课、公开课，从而全园上下在实践中形成“教—学—研”三位一体、互相促进的良性循环。

2016年中，幼儿园被评为晋中市一类二级幼儿园，并通过了农村中心园的验收。

新闻　档案　图书

XINWENG DANG’ AN TUSHU

新闻　档案　图书

XINWENG DANG'AN TUSHU

报　刊

【概述】　2016年，介休报社在上级媒体刊发稿件70余篇。在2016年晋冀鲁豫地方新闻媒体发展高峰论坛暨山西省县市报协会20次年会上，《介休报》获晋冀鲁豫优秀版面设计金牌奖，介休报社获省先进报社金牌奖，介休报社副总编宋继生获省优秀总编辑，编辑部主任安钰君获省优秀编辑。全年共编发报纸近100期，刊发图片600余幅，各类文章120余万字。

【重要报道】　2016年，介休报社先后完成了国家、省、晋中市各级领导在介考察、视察报道任务。完成了中共介休市委五届八次全会、全市经济工作会、市七届人大一次会议、市政协七届一次会议、全市干部大会等重要会议宣传报道，同时推出了相关社论。做好"两学一做"学习教育的宣传报道工作。在开展好本单位学习教育的同时，对全市"两学一做"学习教育进行了全面详细的报道。一是开设《扎实开展"两学一做"学习教育》专栏。二是做好正面引导。及时转载中央、省、市主流媒体关于学习教育的相关报道、评论言论。三是加强统筹协调。报社和组织部门加强沟通协调，交流情况，共同做好宣传报道。开设《支部风采》《身边的党员》等栏目，分批次有计划地宣传了一批先进党组织和优秀党员，真正树起标杆，立起榜样。开展各具特色的宣传报道，选派政治素质好、业务能力强的记者承担宣传报道任务，深入各乡镇、街道、部门实地采访，积极挖掘典型，同时积极采用通讯员相关投稿，对基层"两学一做"学习教育动态跟踪报道，积极营造氛围。据统计，共刊发各类相关稿件300余篇。切实做好"冬季行动"的舆论引导工作，刊发相关稿件150余条，向《晋中日报》上报稿件150余条，如推荐好稿《电子商务为我市经济发展注入新活力》《油用牡丹全身是宝》《东站站前广场与市内道路连接线铁路高架桥工程进展顺利》《缘浩木业：转型升级打造发展新优势》《我市西南排干改造工程正式开工》《又一营养食品——"双孢菇"扎根介休》《宋古乡依托"六权治本" 探索"双七"工作法》《"绵黄芪"中药材种植项目落户洪山》等，为全市"冬季行动"的顺利开展营造了浓厚的舆论氛围。积极做好增收脱贫、春季战役的宣传报道，共刊发相关稿件30余篇。2016年，在按时保质刊发每期《介休报》的同时，报社继续承担了大量的外宣工作，新华社新闻客户端、《晋中日报》县市版、介休发布、介休政府网站等新闻媒体关于介休新闻的部分稿件，都来源于介休报社。同时，报社还作为举办单位参与了多项活动，如：介休市首届"互联网+"普及推广暨首届网购节、2016全民文化季心连心合唱节、戏剧票友大赛、介休首届民俗美食节等活动，发挥了主流媒体的应有作用。

【城乡环境综合整治宣传】 环境综合整治作为新一届市委、市政府执政后三大战役的第一场硬仗于9月在全市打响，报社对此项工作的宣传报道进行了全面详细的安排部署，认真策划，全方位、大力度展开宣传报道，开设专栏“综合整治城乡环境 造福介休城乡百姓”，既报道了全市综合性新闻，跟进了市领导调研督导情况，又对各乡镇、村、办事处、社区环境综合整治动态作了大力宣传，既宣传了先进典型，又对“脏乱差”现象进行了曝光。共刊发稿件170余条，图片60余幅。

【“介休好人”评选活动宣传】 10月11日，介休市首届“介休好人”评选活动正式启动。报社结合实际作了详细安排部署，成立了“介休好人”评选活动宣传领导组，确定宣传方案。一是在《介休报》一版醒目位置进行详细报道，将评选原则、条件、步骤和时间安排进行详细介绍。二是在报眼中缝进行标语、口号宣传。三是做好相关新闻的跟踪报道。刊发《我市首届“介休好人”评选活动启动》《我市召开“介休好人”评选活动协调会》《我市召开好人事业促进会成立座谈会》等新闻稿件。四是开设“弘扬好人精神 共建和谐介休”专栏，对一些好人好事在报纸进行宣传。如1571期4版《北大街社区开展“捐一缕书香 献一片真情”捐书活动》，1572期4版《巡警大队民警为游客寻获丢失财物》《社区关爱解难题 老人感激送锦旗》《西南街道携手众店商城为贫困户免费发放“爱心菜”》，1573期1版《我市石屯香港华革会李建培英小学揭牌验收》、3版《张兰派出所帮助一名失散18年的外地妇女返家》，1574期3版《走失8岁男童已安全回家》，1576期4版《危难时刻找交警 尽心尽力解民忧》，1579期4版《布衣爱心大使——王国胜》《甘于为生命奉献的白衣天使》《出租车司机拾金不昧 多部门配合寻求失主》，1582期4版《大爱绽放在杏林之外——记市妇幼计生中心儿科主治医师赵丽莉》等数十篇稿件，在全社会营造争做好人好事的浓厚舆论氛围。五是根据评选方案对正式候选人事迹在《介休报》逐一介绍，并图文并茂地刊发了8个版的“介休好人评选专刊”，加大对“介休好人”的宣传力度，为在全社会评选介休好人奠定了基础，真正起到评好人、学好人、做好人的舆论引导作用。

【舆论引导】 针对经济下滑的严峻形势，报社积极发挥部门优势，加强舆情分析研判，实现精确有效的舆论引导。譬如刊发了《又一营养食品——双孢菇扎根介休》《张兰丰益园区日光温室不种蔬菜种鲜花收益高》《市地税局迎难而上实现首届“开门红”》《铁皮石斛鲜品采摘上市啦》《电子商务为我市经济发展注入新活力》《我市产品首次进入阿里聚划算开放农淘大平台》《昔日的“黑面面” 今日的白蛋蛋》《我市长寿湾乡甜农业合作社小米将于29—30日进入阿里聚划算平台销售》《王怀民调研绵黄芪种植项目》《小米聚划算开门红 火热销往全国各地》《“乡甜介休”新闻发布会于5月16日举行》《山西品牌网上行“乡甜介休”项目启动仪式在省商务厅举办》《我市首届“互联网+”普及推广暨首届网购节“嗨”翻端午小长假》等稿件，都是有关介休市项目转型的。在经济低迷时期，这些稿件的刊发，有力地为介休市项目转型渲染了气势，传播了正能量，为打好经济转型升级、这场硬仗营造了良好的舆论氛围。

【报网一体化建设】 2016年，报社贯彻落实市委《关于媒体融合发展的实施意见》，推动传统媒体和新型媒体的融合发展。全年刊发《介休报》数字版近100期，发布微信近1000条，真正实现了纸质报、介休报数字版、微信公众平台三位一体的办报模式，形成多层次传播、多元化发展的格局，打造介休报新型媒体领域，全国各地的读者可以随时随地、原汁原味地阅读介休新闻，关注介休大事，扩大了《介休报》的传播面和影响力，对进一步推介介休起到了至关重要的作用。

【队伍建设管理】　为提高采编人员的业务素质和工作能力，报社多年来坚持周一集中学习制度、每周每月评报制度；报社负责人挤时间带领全体采编人员外出采风，既开阔了采编人员的视野，又丰富了报纸版面。通过一系列措施不断提高报社全体采编人员的政治素质、业务素质，造就了一支意志顽强、作风过硬、业务精湛的新闻队伍。为规范采编人员的工作行为，进一步修正完善并严格执行《介休报社工作制度》《聘用人员考核方案》及《考勤管理制度》《卫生值日制度》《车辆管理制度》《各部室岗位职责》等一系列单位内部管理制度，形成了一套比较合理、符合实际的管理体制。四部两室各司其职、密切配合、相互协调，在人员紧、任务重的情况下，有条不紊、圆满地完成了报社各项工作任务，得到了市委、市政府和市委宣传部以及社会各界和广大读者的高度认可。

（高春丽）

广播电视

【概述】　2016年，介休市电视台在市委、市政府的领导下，认真学习领会十八届五中、六中全会和习近平总书记系列重要讲话精神，围绕"开展维护核心、见诸行动主题教育"和推进"两学一做"学习教育常态化制度化的工作，结合"两提一创"的要求，以宣传工作为中心，始终坚持宣传抓导向、事业谋发展、服务惠民生、播出保安全、队伍强管理，各项工作取得新进展。

【新闻宣传】　2016年，结合当前形势和全台实际，推动电视台工作有效开展。

电视台《介休新闻》，作为介休电视台新闻宣传的主渠道，在认真做好日常新闻报道的同时，围绕市委、市政府重点工作，突出全市经济转型跨越发展上着力做好不同主题的主题报道、系列报道、连续报道和专栏报道，形成合力宣传的强劲势头，推动各项重点工作的开展。截至12月11日，《介休新闻》共播出新闻1991条，共上报晋中电视台《晋中新闻联播》198条，上传《晋中县区特别报道》135期，540余条。

《介休新闻》开设专栏有《砥砺奋进的五年》：展示十八大以来全市在各方面取得的成就，为迎接党的十九大营造浓厚宣传氛围；《拆违治乱提质城乡环境大整治介休在行动》：根据当前晋中及介休市对拆违治乱提质攻坚行动的总体要求，及时跟踪报道各乡镇、街道、单位拆违治乱提质动态消息，同时发掘典型，曝光不文明现象；《铁腕治污在行动》：报道中央环保督察组、省环保督察组督察中发现问题的整改情况以及各相关单位、企业环保方面的工作；《两学一做学习教育》：集中报道全市、各乡镇、街道、单位两学一做相关内容。迎接国家卫生城市复审工作系列报道。"撸起袖子加油干""三基建设系列访谈""喜迎十九大""十九大时光""介休环保在行动""学好人、做好人""创文明城、做文明人""看忠诚话观后感""学习贯彻十九大精神"等系列专栏。同时《介休新闻》中还对"学习习近平总书记考察山西重要讲话精神"、晋中市巡查三组巡察介休工作、安全生产、脱贫攻坚等中心工作进行了集中报道。并持续关注民生，对平凡岗位中的平凡人物、对群众关心的民生等社会热点进行报道。

在新闻上报工作方面：新闻部按照晋中市委宣传部、晋中电视台、介休市委宣传部的安排，完成"四个一"宣传报道11期，上报晋中零距离新闻近30条。

【丰富荧屏】　百集纪录片《影像介休》继续进行拍摄，同时拓宽拍摄的内容和素材，介休本土历史文化、本土特产、传统手工艺都成为拍摄内容。目前完成65集的素材拍摄，播出42集。

成功举办介休电视台《童星梦工场》庆六一少儿文艺展演，为少年儿童和培训机构提供了展示的舞台。少儿栏目《童星梦工场》顺利开办，同时开设《星生代剧场》《毕业季》《星访谈》《公益介休》等少儿类板块，丰富了电视节目。

承办中央人民广播电台第五届"夏青杯"全国朗

诵大赛介休赛区比赛事宜，为广大喜爱语言艺术的青少年和成人提供了展示的舞台。初赛于7月5—8日举行。

《零距离》顺利完成改版。至2016年底播出访谈节目《零距离》19期。改版后的节目更加贴近民生，贴近实际，贴近生活。主要内容有《走进焦裕禄幕后》《宋古晋剧团》《宋古军乐团》《竹笛声声，情意真真》《走进介休花毽协会》《长大后我就成了你》《走进介休文促会》《兵妈妈梁秀娥》《介休籍保定画家王笑阻》《走进虹霁寺》，许多节目点击率超过2000，《长大后我就成了你》到目前点击率突破8000多。深受人们的欢迎。

法制类节目《平安介休》2016年播出十四期，主要内容有《人民调解员："游走"法理情之间的能手》《校门口的安全大难题该如何解决》《18载不辍　双脚丈量铁道线安全》《居民安全无小事　东南综治细入微》《社区矫正　让矫正人员迷途知返》《微信抢红包　抢出一宗赌博案》《网络化织就无缝隙平安网》等，与市政法委密切配合，节目形式活泼，紧贴生活，教育受众，深受百姓欢迎。

影视艺术部拍摄播出了介休好人系列微电影《那一抹蓝》《暖冬》《一个纯粹的人》《至亲》《守护》《忠诚》6集微电影。

台总编室认真做好了《健康素养》卫生知识专题栏目的制作播出工作，2016年共制作播出22期。对我台播出的电视剧进行认真筛选和审看。确定专人负责电视剧的审查把关工作，提前审核确定并填写电视剧审核登记表，上半年共审查下载制作播出电视剧50余部。为了提高广告节目质量，加强广告的审查力度，严格执行播前审查、重播重审制度，严格控制广告插播的次数和时长，并禁止播出药品广告。

介休人民广播电台累计播出《生活氧吧》《乡村漫步》各93期，《报揽天下》25期，十九大报告朗读6期。

【宣传影响】　为适应新时代的要求，本台新创建部门新媒体，旨在让更多的人随时随地都可以关注栏目看新闻。2016年，粉丝人数从3800多人增长到30000余人，累计推送图文消息2500余条，实现无假日发布。并与谷武(北京)科技有限公司合作共同开发微信平台节目库，全力打造介休第一视频资讯平台。

围绕"加快媒体融合发展，占领信息传播制高点"，"介休广电"微信平台先后开设了"城乡环境综合整治""拆违治乱提质""创文明城，做文明人""学好人、做好人"等专栏十余个，与《介休新闻》等本台节目同步发声，让受众第一时间掌握市委市政府的中心工作进展情况，及时发布涉及民生的重要通知、公告，方便市民生产生活。

此外，平台还拥有直播介休和手机电视等功能。直播介休拥有粉丝12.39万人，访问人数775万人次，共直播各类活动近70场。后台视频节目信息库基本建成，可供观众随时点播以往视频节目。目前，今日头条、UC头条客户端已全部开通"介休市广播电视台"账户，实现图文消息同步推送。介休电视台手机在线收看以及手机直播功能上线后受到数十万观众关注，已经形成较为固定的收视群体。通过"介休广电"微信平台，"看忠诚 写留言"活动、介休广播电视台最美新闻人评选、首届"介休好人"颁奖晚会直播，扩大了介休广播电视台的影响力。

通过介休广电微信公众平台还可以实现手机看电视功能，方便观众随时随地收看我台的电视台节目。

【设备管理】　技术部在财政资金的大力支持下，投资70余万元对现有设施设备进行技术升级改造，新增卡式专业摄像机6台，非线性编辑机5台，购置数字切换台和航拍器，更新电台的制播设备。此外，还完成了播出系统的改造，将本台节目的播出改造成主备构架，保证了节目的安全播出、完成了中央节目无线数字覆盖工程的前期设施设备采购，设备的安装和调试，将于7月初正式开播。开通了手机电视，实现了介休台在移动端的收看。在机房安装了烟雾报警系统、远程监控系统和门禁系统，更换了消防器材，制定了十九大重要保障期技术保障预案，与播出部协同配合，圆满完成了党的十九大重要保障期安全播出任务。

【节目评比】 精品办组织每月一次的电视新闻、栏目及广播节目评比，并汇总精品委员、成员的点评意见，写出详细的分析报告。截至目前，已组织精品委员、成员评比12次，写出新闻、栏目评比情况分析报告12期，分发至精品委成员及有关部门，同时在每次评比的下一周周一宣传例会上播放获奖作品，对获奖作品进行点评，宣读分析报告。安排相关部门参加国、省、网络视听、动画短片节目评比工作。通过以上工作，促进了电视新闻、栏目及电台节目质量的整体提高。

【创新发展】 2016年，台党总支在狠抓党员日常教育的基础上，针对电视台的工作性质和工作实际，引导广大党员干部在提高业务能力和素质上下功夫。先后带领主要骨干，赴北京参加全国县级电视台台长峰会，派技术部、新媒体部负责人赴北京学习取经，积极探索和寻找破解电视发展难题的思路和办法；邀请北京电视台著名节目主持人为全台业务采编人员进行新闻业务知识授课，为大家带来新的思路和办法；同时，台主要负责人还带领全台中层干部到汾阳、孝义等兄弟电视台进行了参观学习。还邀请阳泉郊区电视台和盂县电视台同行，走进介休。

在此基础上，积极探索校台合作、资源互补、创新人才培养方式，3月16日与山西传媒学院签订了校台共建教育实践基地协议，整合了双方优质的资源，构建专业人才培养模式，创介休广播电视台建台以来校台合作的先河，为探索媒体改革创新，深化新旧媒体融合，提升人才培养方式搭建了交流平台。

为进一步丰富荧屏，满足广大受众的文化需求，积极开展喜闻乐见，形式多样的大型活动。上千人的少儿春晚、三百余人参与的庆“六一”全市文艺汇演及二百余人参加的中央人民广播电台第五届夏青杯全国朗诵大赛。

2016年“五四”青年节，电视台以团组织牵头，拍摄制作了歌曲MV《在路上》，同时，台团总支号召全台职工捐书捐物，深入农村传经送宝，形成了党建带团建，团建促党建的浓厚氛围。2016年，新闻部团支部被共青团山西省委授予“红旗团支部”的荣誉称号。

（宁建卿）

档 案

【概述】 2016年，全市共举办档案展览18次，开展档案培训14次，接收进馆档案160卷，征集档案357件，接待查阅档案370人次，利用档案资料500余卷（册），指导3个单位档案工作达省三级标准。

【档案管理】 将档案工作列入了乡镇、办事处年度综合考核范畴，加强对基层档案工作的领导。按照国家档案局8号令、9号令要求，进一步丰富进馆档案收集范围，对全部立档单位全宗介绍、分类方案以及文件材料归档范围和文书档案保管期限表重新审核。接收调查队、科教局、市人大档案160卷，接收法院档案目录3600卷。征集到有介休地方特色的特产、地方曲艺、手工艺等照片档案322张，光盘5张，图书资料30册。开展介休方言采集工作，采集到介休本土民谣《拉锯锯》《吃甚的饭来》《数村村》等方言视频资料。开展馆藏档案信息化工作，建立案卷级目录数据59049条、文件级档案目录数据60余万条，馆藏档案目录数据库全部完成。并开展档案数字化工作，完成档案全文缩微扫描7万页。

【业务指导】 提前介入，全程跟进全市土地确权登记工作，规范土地确权工作档案管理。另外，指导全市10余个单位和部门开展档案规范化建设工作。其中，中国民主同盟介休支部、中国民主建国会介休支部、中国民主促进会介休支部3个民主党派档案管理达到省三级标准。

【行政执法】 清点梳理档案部门权力事项10项，同步制定责任清单10项，对其中4项行政处罚事项，制定了行政处罚自由裁量标准，对全部权力事项，制定了廉政风险防控制度，对每项行政职权制定了流程图。并全部通过政府门户网站公开，做到权责公开，依法行政。8月、11月，集中两次在全市范围内开展档案行政执法检查，先后深入10个乡镇、5个办事处，以及20多个单位，对《档案法》贯彻执行情况开展检查，下达了“整改通知书”30余份。

【档案宣传】 6月9日国际档案日期间，制作档案宣传专题版面，在北河沿街展出，发放宣传资料300余份，接待群众参观咨询300余人次。“12.4”法制宣传日期间，制作了《中华人民共和国档案法》《山西省档案管理条例》两个版面，印制并发放“中华人民共和国档案法知识问答”“家庭档案管理办法”宣传资料200余份。7月，党的95岁生日之际，编辑印制《介休人民抗日战争轶事汇编》和《介休党史知识汇编》，并制作了“学党史、知党情、永远跟党走”专题展板11块，在政府大厅、5个办事处、义棠镇西堡村等固定场地开展巡回展览，共展出32天，参观群众达1000余人次。

【档案服务】 新编辑整理群众查阅利用率较高的招工档案检索工具5万余件，实现人名检索，提高了档案检索准确率和查阅效率，全年共接待查借阅档案370人次，利用档案资料400余卷(册)。为广大人民和机关团体考证工龄、编史修志等工作提供了可靠的档案依据。为全市政协志、人大志、水务志等编纂工作提供了丰富的资料。

（尹晓东）

新华书店

【概述】 介休市新华书店是隶属于山西新华书店集团旗下的直属子公司，与介休新华现代连锁文化传播有限公司一个机构、两块牌子，是介休市唯一国有图书发行企业，具有丰富的书业营销运作经验。在长期发展中，构筑了完整的购销网络、仓储运输网络和资金结算网络，具备集约化、规模化经营条件。为适应图书市场日益发展的需要，新华书店在图书发行业务中加大高新科技手段的利用。企业机构健全，实力雄厚，拥有固定资产逾255万元，营业面积及仓储场地近2000平方米。承担了全市55900名中小学学生的教材和教辅的发行任务，其中小学35000人，初中16000人，高中 4900人。基本满足全市40万市民的图书需求。介休市新华书店有职工24人，全部为大专以上文化，中级以上职称20人。

【发行工作】 2016年教材、教育辅导图书发行共计 956584册 、2008.83万元，实现利润78万元。其中高中发行465.18万元，初中发行713.95万元，小学发行829.7万元。

介休新华现代连锁文化传播有限公司全年发行一般图书74904册，码洋210.5万元；哲学、社会科学类图书24225册，码洋85.48万元；教辅读物类图书32273册，码洋67.12万元；文学类图书6968册，码洋18.22万元；少年儿童读物类图书5234册，码洋10.53万元；自然科学技术类图书发行2659册，码洋8.66万元。发行政治类图书6万余册、23万余元。其中《习近平总书记系列重要讲话读本(2016年版)》8059册，码洋13.58万元；《中国共产党章程》3207册，码洋1.12万元；《中国共产党党员权利保障条例》1034册，码洋3102元；《中国共产党廉洁自律总则》919册，码洋9190元。

【宣传推荐服务】 向全市党员干部推荐《供给侧改革十讲》《全面小康热点面对面》，李培斌先进事迹《大爱无疆》《中国共产党的九十年》《平易近人·习近平的语言力量》《胡锦涛文选》《毛泽东<党委会的工作方法>单行本》《习近平总书记系列重要讲话读本(2016年版)》《党的十八届六中全会文件学习辅导百问》等重点图书。

【项目建设】 帮助东南办事处建设图书室一个、农村商业银行建设图书角10个、彦博小学建设图书室一个、66891部队建设图书室一个,介休市纪检委图书室一个。投资23万元自建介休二中校园书店一个。对南河沿办公营业大楼投资30万进行了改建和维修,维修面积1995平方米。

(叶晋峰)

文化　艺术 | WENHUA YISHU

文化　艺术

WENHUA YISHU

文化工作

【概述】　介休市文化局为市政府工作组成部门，包括下辖文化馆、图书馆、博物馆、晋剧团，共有职工120余名。2016年，介休市的文化工作在“推动社会主义文化大发展、大繁荣”的大背景下，立足科学发展，着力自主创新，充分调动广大文化工作者的积极性，切实把思想和行动统一到“和谐文化”的建设上来，牢固树立以服务人民为中心的文化工作导向，以开展“深入生活、扎根人民”主题实践活动为主线，弘扬“三个文化建设”，以全民文化行动为抓手，努力打造介休文化名片。文化惠民推陈出新，和民心、顺民意，公共文化服务体系建设日新月异，文化建设呈现出强大的活力和蓬勃的生机。

【文物保护】　2016年，对全国重点文物保护单位张壁古堡的13处民居院落及1座照壁进行全面维修，共投入资金1000余万元，维修和修复面积7000多平方米。

对介休市级文物保护单位广济寺进行全面维修。祆神楼、后土庙、回銮寺、洪山源神庙、小靳东岳庙、洪山关帝庙、师屯北广济寺7处文物保护单位安装并调试视频监控系统。实施城区后土庙、城隍庙、祆神楼3处全国重点文物保护单位向公众免费开放。

组织、协调第二批晋中市级文物保护单位推荐申报工作。协助省文物局收集、编制《中国文物志·行政管理与事业发展篇》工作；协助市规划局申报中国传统村落、国家级省级历史文化名镇名村工作，申报成功8处中国传统村落，3处报省住建厅备案。

全国第一次可移动文物普查工作，通过认真组织、指导、督促，编制《介休市第一次全国可移动文物普查工作报告》《介休市第一次全国可移动文物普查数据公报》；配合晋中市文化局完成山西省博物院文物普查展览。

【文化市场管理】　2016年，介休市文化局坚持依法行政，严格按规范操作，强化申报资料的审核把关。窗口许可资料和数据统一集中到指定电脑，进行系统分类，定期存档，实现了数据保存和交换的安全便捷。全年共受理和办结各类行政审批项目170余件，其中《打字复印许可证》年检72家，新办2家；《出版物经营许可证》年检44家，新办6家；《互联网上网服务营业场所经营许可证》年检39家，新办4家；《娱乐经营许可证》年检8家。所有证件审批零差错、零投诉、零障碍，且均在《行政许可法》规定的期限内办结。

【非遗保护工作】 2016年，“介休‘大生堂’孔氏医术”“介休宝卷说唱文学”“洪山名香‘全料香’制作工艺”3项晋中市市级非遗项目参加第五批省级非遗保护名录的申报工作。“介休龙天信俗”“冯氏面人传统技艺”“孔氏木雕技艺”等10个项目列入介休市第五批县级非遗保护名录。

“介休宝卷说唱文学”项目传承人郭恒瑞老师编辑的《介休宝卷第一辑书稿》印制1000册。

【文化下乡】 介休市电影公司加大力度实施“送电影下乡”文化惠民工程，彻底解决农村看电影难的问题。

介休市晋剧团开展“送戏下乡”文化惠民工程。全年共放映电影场2700余场，戏曲230余场。

【文化馆】 2016年，组织春节街头文艺活动、三大广场、九台大戏庆新春，以及元宵节期间的各种灯展活动。举办介休市后土庙的8场演出(6场晋剧、2场曲艺)。后土庙农历三月十八传统庙会期间，“政府搭台、专业演出、票友唱戏、全民共享”，满足人民群众的文化需求。后土庙广场,从5月23日开始到9月30日，连续5个月每周五上午举办“全民文化活动季”“心连心”大合唱，风雨无阻，连续举办19场。同时，进社区、进军营、纪念建党95周年专场、纪念红军长征胜利80周年暨国庆67周年等专场大合唱，参与人数达万余人次。“广场文化节”系列活动，2016年从7月2日到8月19日，共24场文艺演出活动。8月1日，爱舞艺术团的专场晚会，给广大市民提供了一个休闲娱乐好去处。成功举办第四届全民文化季“中国梦”千人广场舞健身舞大赛，来自全市10个乡镇、5个街道办事处，30个队伍踏歌起舞，充分展示妇女的精神面貌。7月9日到8月6日，举办2016年全民文化季“森逸·美泰龙”杯晋剧票友大赛，报名人数达90多人。

2016年6月份，开始为期半个月的广场舞培训，来自各乡镇、各办事处共计150余名。

介休爱舞艺术团参加晋中市“千人曼舞挺进第一方阵”广场舞交谊舞大赛，并且荣获大赛一等奖。推荐选送2016年“家乡美”全省少儿书画大赛，200人作品参加，95人作品获奖(50大获最佳作品奖、45大获优秀奖)，单位获组织奖，4位老师获辅导奖。推荐选送100人的作品参加了第九届全省少儿书画新人作品比赛。

文化志愿服务工作建立“结对子、种文化”工作机制，推动志愿者到基层教、学、帮、带。2016年，介休市相继建成并投入使用群众文化活动室20个，文化志愿服务队伍共帮助全市乡村搭载文化墙5个，1000余平方米，为乡村文艺队送去音响3台，深入基层辅导组建基层文艺队10余个，辅导人员1000余人次。成立介休市爱舞艺术团和介休市爱乐乐团两支业余文艺演出队，分别有70人和50人参加，并定时定点的组织排练参加各种演出活动。

乡镇文化站达到“三室一厅一广场”标准,全部免费开放。农家书屋在整合了村级文化室、党员活动室、图书室的开放基础上形成了综合性村级文化活动场所，全市10个乡镇，230个行政村，5个办事处，36个社区实现全覆盖，具备免费开放条件。多数农家书屋的藏书量超过1800册，其中有21%的农家书屋的藏书量超过2000余册。有些农家书屋为吸引读者，开办有电子阅览，并可以排练广场舞、举办讲座等活动。如张兰镇的所有农家书屋更是集“农家书屋、活动、娱乐、培训”于一体。

【图书馆】 介休市图书馆是由政府主办的公益性、免费对外开放的公共文化场所，建于1978年6月，原位于西大街114号，现搬迁至三贤大道介休市博物图书馆。馆舍面积3000余平方米，现有馆藏纸质图书15万册、古籍图书6500册、电子图书67000册、数字视频资源6TB(计算机存储容量单位)、电子图书借阅机、少儿多功能学习一体机。功能区分为图书借阅区、杂志阅览区、电子阅览区、地方文献室、古籍资料室、盲人阅览区、报刊休闲阅览区、少儿阅览室、定阳书院、定阳大讲堂。图书馆2016年定购报纸期刊291种，购置图书3462册。

2016年，开展两次古籍整理录入工作，建立17家社区流动阅览室。

2016年1月，介休市图书馆开展流通文化服务车图书漂流活动，为社区、办事处、学校、警营、农家小院配送图书。4月，以“第20个世界读书日”为时间点，开展以纪念“建党95周年、红军长征胜利80周年”等热门主题的电子图书阅读、展览、收看资源共享平台的阅读活动。文化流动图书车、读书漂流站活动同时不间断持续开展。5月，图书馆举办“德润三晋·书香介休”暨2016年图书馆服务宣传周活动。6月，“六一”儿童节图书馆走进市特殊教育学校传爱心活动。为了提高馆员的业务能力和综合素质，图书馆一直鼓励职工参加在职培训和提升学历的学习，以便更好地为读者服务。

【博物馆】 介休市博物馆作为县级博物馆是文博机构最基层的单位，处于文物保护工作的最前沿。2016年，介休市博物馆有职工数29人。专业技术人员18人，占全馆人员的62%以上。全年接待到馆观众5万余人次；各类咨询2000余次；访问微信公众号5000余人次。此外，讲座、参观、展览、社会教育活动等各项活动共接待观众2万余人次，其中接待参观300场，举办各类展览11个，各类社教活动11项。

介休市博物馆馆藏品主要通过考古发掘、社会征集、捐赠、上级下拨等获得。共记藏品计8408件（套），主要分为青铜器、瓷器、陶器、书画、古钱币等13个类别。馆藏文物中以明宁斋绢底大幅山水中堂、明青铜鎏金莲花座释迦牟尼坐像、明清名家绘箑联珠、明嘉靖根雕架铜钟磬等为重要收藏。博物馆将藏品按类别实行分库或分柜管理，定期检查、定期保养、定期核对账目，全面保护馆藏文物安全。

介休博物馆全年无障碍、零门槛进入，公共空间设施场地全部免费开放，基本服务项目全部免费。2016年共接待国内外观众5万余人次。

2016年，结合介休的地方特色和藏品特点推出《馆藏文物精品展》《介休琉璃艺术展》《介休窑古陶瓷展》《介休历史人文展》四个基本陈列展览。在展文物343件，其中一层为介休市博物馆馆藏珍品展，分绘画、书法、青铜、陶瓷等。展厅二层为介休历史沿革、文明发展、人文精粹展厅。负一层为介休琉璃、介休窑陶瓷专展。充分体现博物馆的文物收藏保护、研究展示、宣传教育的三大主要功能。

2016年，介休市政协、市收藏协会主办，介休博物馆承办了《介休市收藏协会成立20周年藏品展》；7月，介休市博物馆、孝义皮影艺术博物馆主办了《山西孝义皮影展》；9月，山西省群众艺术馆、介休市文化局主办，介休市博物馆承办了《“迎中秋 庆国庆 家乡美”全省少年儿童书画大赛获奖作品展》；12月，介休市委宣传部、介休市文联、介休市文化局、介休市文化促进会主办，介休市博物馆承办了《文寿齐颐 庆祝张颔先生九七华诞作品展》。全年举办各类展览11次，展品数量千余件。

为充分发挥博物馆服务社会的功能，拓宽与社会沟通和交流的渠道，介休博物馆推出了一系列传播中国传统文化的青少年社会教育项目。2016年春节，开展了“爆竹声声辞旧岁——制作七彩爆竹”“红红火火过十五——猜灯谜”“指尖上的舞蹈——剪纸生肖猴”；暑假开展了“触摸历史 手工铜镜”“光影之魂 灵动皮影”“家乡瑰宝介休洪山窑”“匠心营造 斗拱飞檐”“亲子活动——忠孝之士介子推”等11项社教活动。同时与教育局合作，于6月上旬开展“博物馆进校园”活动。

2016年，介休市博物馆预防性保护项目进入实施阶段，此项目主要针对博物馆的陈列室、展厅和文物库房中的珍贵文物保存环境进行质量监测与调控，配备比较完善的馆藏文物保存环境检测设备，运用多种调控手段对文物保存微环境实施有效的“稳定、洁净”调控，全面提升馆藏文物的预防性保护能力，并运用物联网技术建立数据中心，实时跟踪记录、保存、预警和调控文物空气质量参数，确保馆藏文物安全。

（张 彬）

旅游工作

【概述】 2016年,全市旅游行业贯彻实施"一山、一村、一城、一市"旅游发展战略,全域旅游格局初现端倪。绵山、张壁古堡两个A级旅游景区从硬件设施、软件服务等方面进行了大力度完善和提升。投资1亿多元的虹霁寺景区完成修复并正式对外开放。旅游新业态发展取得突破,以南庄、紫丁香生态园为代表的乡村旅游、生态旅游成为全市旅游的新亮点;介休市首个工业旅游项目——安益洪山陶瓷厂成为全省工业旅游示范点。旅游从业人员水平不断提升。全年接待游客数量、旅游综合收入均有较大幅度提高。

【旅游接待】 2016年,全市共接待国内外游客757万人次,同比增长21.5%;实现旅游综合收入78亿元,同比增长20.6%。其中接待国内旅游人数755.78万人次,国内旅游收入77.65亿元;入境游客1.22万人次,入境收入0.35亿元。

【旅游规划编制】 2016年,南庄村、紫丁香生态园邀请太原市旅游规划专家分别编制了《南庄村乡村旅游总体规划》和《紫丁香生态园提档升级规划》,银锭山景区完成了《银锭山景区总体规划》编制。

【旅游新业态发展】 龙凤镇南庄村乡村旅游业发展有了新进展,2016年重点进行基础设施建设和旅游环境的营造:投资150万元实施村内污水处理工程;新建中心广场和文化墙;结合全市城乡环境综合整治攻坚行动,进行绿化美化,营造干净整洁、清新靓丽的乡村旅游环境;介休市汇鑫乡村旅游有限公司投资30余万元在南庄采摘园开发旅游服务接待和地方特色商品销售设施,该项目是介休市首个接待旅游团队的综合服务场所。紫丁香生态园对园区内设施进行了提档升级和功能重新划分,增加游客参与和互动项目,全年组织各类活动10余次,吸引游客20余万人次。银锭山森林公园总体规划编制完成,公司先期投资1亿元实施的虹霁寺修复工程完工,并于10月19日举行虹霁寺旅游景区开放暨首届文化旅游节开幕仪式。工业旅游实现良好开端。4月底,山西省旅游局批准安益洪山陶瓷厂为"省级工业旅游示范点"。安益洪山陶瓷厂成为我市首个工业旅游项目,已具备接待旅游团队能力,全年共接待团队游客3000余人次。

【A级景区提升】 2016年,绵山风景区按照5A级旅游景区标准,通过举办旅游从业人员服务培训等活动,从旅游秩序、旅游服务、旅游安全等7个方面进行了全面整治,成效显著,总体质量有了较大提升。4A级旅游景区张壁古堡投资近2000万元,完成景观农业、生态农业、生态恢复项目,完成新农村二期附属项目建设,修复传统民居院落20余处,完成明月山庄钓鱼台建设等建设项目,景区服务设施得到进一步完善。

【服务技能展示】 绵山景区、张壁古堡讲解员郭娜、冯慧于9月22日参加了由晋中市旅游局举办的"天凯杯"第六届导游、讲解员大赛,双获"三等奖"和"十佳导游员"称号。正达海悦、正达海兴酒店和桂都大酒店选派餐厅和客房服务人员参加了晋中市旅游局举办的星级饭店技能大赛,参赛选手有3人获三等奖。

(宋锦梅)

卫生　体育 | WEISHENG TIYU

卫生　体育

WEISHENG TIYU

医疗卫生

【概述】　2016年,介休市卫生和计划生育局(以下简称介休市卫计局)在介休市委、市政府的正确领导下,在上级主管部门的指导下,紧紧围绕新时期卫生计生工作方针,以贯彻落实全面两孩政策、深化卫生医药体制改革为契机,以夯实计生基层基础工作、提升基层公共卫生服务能力为重点,强机制,补短板,求突破。2016年1月,被国家卫计委授予国家中医药先进市称号,5月,被国家卫计委授予国家妇幼健康示范市称号。

【医改工作】　推进县级公立医院改革　率先推进公立医院改革,全部取消药品加成,价格调整基本到位。2016年初成立了由市长为组长,发改、财政、人社、卫计、编办负责人为成员的公立医院综合改革管委会,制定出台公立医院综合改革实施方案;市政府在财政十分紧张的情况下,投入改革资金累计2.1亿元,用于人民医院的新建以及中医院、妇幼中心的基建项目的投入,远远超出中央公立医院改革资金(每年300万元,从2014年开始连续三年共计900万元),切实保证公立医院改革取得实效。

巩固基本药物制度　针对基层基本药物供应不足、部分药品供应短缺的情况下,制定出台基本药物配送企业规范,择优选取10家药品供应商,签订责任书,对基本药物实行周汇总、月考核,季督促,切实保证基层医疗卫生机构的药品供应及时、到位。全市公立医院药品、耗材、试剂全部实行网上阳光采购,二级综合医院使用基本药物品种数量和金额都达到42.5%。

【医政工作】　分级诊疗工作　研究制定出台分级诊疗实施方案,以高血压、糖尿病等常见病为突破口,严格分级诊疗标准,加强分级诊疗病种的审核管理,深入推进分级诊疗试点工作,做到基层首诊、双向转诊。为解决基层人才不足、技术力量薄弱问题,全面推行医联体运行模式,在全市二级医院抽调各科室骨干71名组成下乡帮扶工作队伍,深入到各基层卫生院、社区卫生服务中心,实时指导,定点帮扶,实现“医生流动服务,病人本地就医”。为深入推进此项工作,市卫生计生局及基层卫生院、社区卫生服务中心和派出单位做到三向考核,实现动态管理,一票否决。

重点专科建设　2016年,汾矿总医院、人民医院先后完成县级重点专科建设申报工作。在全市二级医院推进优质护理,开展住院病人“无陪护”试点工作,人民医院正在进行护工上岗培训。

平安医院建设　2016年,介休市二级以上公立医疗责任保险参保率达到100%。研究出台医疗纠纷人民调解方案,坚决杜绝"医闹",实行零容忍,进一步全面规范医疗秩序,逐步理顺医疗纠纷处理机制。

【社区卫生】　2016年,全市在社区卫生服务中心人员管理上大胆尝试,推行人员聘用制度,岗位管理制度,深化内部分配制度,因事设岗,引入激励机制,实施绩效考核,区别对待。在全市公立医疗机构推进绩效考核制。通过绩效考核,不同岗位上的人领取不同的报酬,向基层一线倾斜,使每个人身上有压力,有责任,有风险,按劳取酬,最大限度地调动工作人员的积极性。西南社区通过省考评验收组的检查验收。北坛社区卫生服务中心通过晋中市考核组检查。

【卫生监督】　规范医疗机构执业　2016年,介休市卫计局对无证"黑诊所""黑医生"采取零容忍,对绵山景区李士敏无证行医案件查办;对福康诊所进行查处;与广播电视台、公安局联合办理电视台非法医疗广告一例;同时进一步加强各级医疗机构规范化建设,对全市7个二级以上医院全面监督,对院内感染防控、传染病防治、临床用血等进行重点监督检查;研究制定出台社会办医专项整治工作方案,联合市卫生监督所对社会办医机构进行专项整治活动;对一级医疗机构和民营医院重点对消毒供应室建设、医疗废物处置加强了监督,覆盖率达到100%。

生活饮用水监督　2016年4月和8月介休市卫计局分别对全市设计日供水千吨以上城乡集中式供水单位进行专项监督检查,并重新核对基本情况信息,对集中供水2个单位进行验收审核。并同时对农村饮用水和二次供水单位进行全面监督检查,覆盖率达100%。

学校卫生监督　认真贯彻《学校卫生工作条例》,以创建"健康校园"为抓手,加强对学校卫生工作的监督指导,开展以农村学校为重点区域,以学校饮用水卫生和传染病防控为重点环节的专项整治,全年共检查学校98户。

职业、放射卫生监督　介休市卫计局在全市开展放射卫生专项监督检查,对3个开展职业病检查和22个放射诊疗单位进行检查,监督覆盖率100%。对存在的问题提出整改意见,并制作检查文书。

【基层卫生】　基层医疗卫生服务　2016年,乡镇卫生院把对乡村医生考核重点从单纯的工作数量和经济效益为主,转变为考核乡村医生提供的基本医疗和基本公共卫生服务的数量、质量、群众满意度、农村居民健康状况,以及乡村医生学习培训、医德医风等,体现"按劳付酬、优劳优酬"的原则。全年各乡镇卫生院医疗业务整体增长60%以上。为提高基层医疗卫生队伍的服务能力和职业道德素质,着力营造"学技术、当能手、创一流"的良好氛围,在全市开展岗位练兵和技能竞赛,其中一名选手代表晋中参加比赛。全年组织全市49名在岗无学历乡村医生参加晋中市卫生学校中专学历教育。全力推动乡村一体化管理,出台《关于进一步深化乡村卫生服务一体化五统一管理的实施方案》等配套文件。

基本公共卫生服务　认真实施基本公共卫生服务项目,不断提高项目实施的质量和效果,有效控制影响群众健康的主要危险因素。2016年初分别与各专业机构签订责任书。组织各专业机构开展业务指导3次。全年更新健康教育宣传栏1249次,举办健康知识讲座近1208场。免费为47378名0—6岁儿童、3245名孕妇和28548名65岁以上老年人提供健康管理服务。规范管理高血压患者34581人、糖尿病患者9302人、严重精神障碍患者1332人。免疫规划工作进一步加强,免疫规划疫苗接种率达到99.9%。抓好艾滋病、结核病等重点传染病预防控制,加强流感、手足口、鼠疫、布病疫情监测。精神卫生防治体系建设进一步强化,在人民医院专门开设精神科门诊,并安排专业人员在省人民医院进修学习。经过努力,越来越多慢性病患者得到系统化、规范化健康管理,越来越多重点人群获得优质、全面的基本公共卫生服务。

【介休市计划生育妇幼保健服务中心】　介休市计划生育妇幼保健服务中心坚持“以人为本、优质服务”的原则，遵循“和谐、畅通、精致、安全”的服务理念。以制度管人、流程管事，秉承“复杂的事情简单化，简单的事情流程化，流程化事情定量化，定量的事情信息化”的管理原则，为全市计生妇幼工作注入新鲜的血液。完成危重孕产妇和新生救治中心建设。成立新生儿救治中心（NICU），为全市孕产妇和新生儿提供生命保障水平。

【计生基层基础工作】　2016年，介休市卫计局深入贯彻落实国家全面实施两孩政策，严格按照省、市卫计委的安排部署及目标管理签订了责任书。坚持计划生育经常性工作机制，强化乡村两级计生队伍，健全考核机制，保障乡村两级计生人员报酬待遇及工作经费；强化宣传力度，专门印发了全面实施两孩政策宣传折页近2万份，充分利用报纸、网络、电视等宣传媒介大力宣传两孩政策，组织全市计生服务员深入街头开展宣传咨询活动，咨询人数达4500人，发放宣传资料近1万份；严把一票否决关，全面从严计生审核。共审核拟提拔干部96人，评先评优人数104人，审核中考加分人数115人；按照“六权治本”的要求，将证件办理程序全部公开，全面推行网上办理、一站式服务和承诺制。强化流动人口电子婚育证明的运用，共为流动人口办理电子婚育证明854例；为了方便群众，出台一孩二孩生育登记服务办法，将再生育审批权限全部下放到乡镇、街道。根据国家和省卫计委安排部署，认真做好流动人口动态监测人员培训、入户调查、交叉审核、问卷录入、督促指导等工作，确保信息真实、数据准确。

【计生特殊家庭扶助关怀】　全市共有失独伤残家庭65户、120人。其中失独家庭42户、55人（49周岁以上的39户，50人），伤残家庭23户、65人（49周岁以上的11户、30人）。市计生协在春节期间联合卫计局、民政局慰问49户计生特殊家庭，慰问经费22700元。其中：失独家庭40户，独生子女伤残家庭9户。关注计生家庭，宣传计生家庭意外伤害、住院扶理保险。全年共动员3320户计生家庭办理了意外伤害保险，保费169060元；动员232户计生家庭办理了计生家庭住院扶理保险，保费33160元。10月份，为120名计生特殊家庭的人员出资办理计生家庭住院护理保险。

【孕前优生检查】　为方便群众，介休市卫计局协调市妇幼计生服务中心星期六上午开设所有科室，进行孕前免费检查。市妇幼计生服务中心每月利用计生服务员例会对全市孕前检查工作进行通报。为了更快、更好地完成孕前检查工作，从6月1日起，凡动员一对夫妇来做孕前检查的给予10元宣传动员费。全市全年共完成免费孕前优生检查2510对，占总任务的100.4%。

（段　杰）

疾病预防控制

【概述】　2016年全市疾病预防控制工作，坚持预防为主的工作方针，贯彻落实上级卫生工作会议精神，结合实际，在市委、市政府的坚强领导下，围绕市卫生局确定的卫生工作重点，认真组织开展疾病监测与预防控制，切实落实各项预防措施，为全市人民群众身心健康与生命安全提供有力保障。

【传染病防治】　全市传染病疫情网络直报率达到100%。全市6个综合医院、10个乡镇卫生院、5个社区卫生服务中心、2个社区卫生服务站网络直报系统运行情况正常。传染病报告及时、准确、完整率均为100%。有1张迟报卡（介休市第二人民医院）。

2016年全市共报告传染病13种968例，报告发病率为232.93/十万，比去年同期下降了20.81%。其中乙类传染病8种840例，报告发病率为202.13/十万，比去年同期上升了5.22%；丙类传染病5种

128例,报告发病率为30.80/十万,比去年同期下降了69.82%。发病前五位的病种依次为:肝炎、梅毒、肺结核、其他感染性腹泻病、布病。无死亡病例发生。

【重点疾病监测】 手足口病防控 全市按照要求开展监测工作。所有病例进行了居家隔离治疗,共报19例手足口病例,采样10例。

其他急性传染病疑似病例主动监测 全市23家医疗机构每月对霍乱、肠出血性大肠杆菌O157、H7感染性腹泻、狂犬病、流行性出血热、不明原因肺炎、疟疾等急性传染病疑似病例进行主动监测工作。 未发现任何以上疑似病例。

【艾滋病防控】 疫情流行情况 全市从2007年初发现首例艾滋病感染者以来,截止目前按照现住址统计,累计管理艾滋病(AIDS)49人,死亡9人,失访1人,现管理39人。2016年我市新增管理病人19人。

各项指标完成情况 ①AIDS随访管理率:2016年应完成流调随访管理任务39人,实际随访管理39人,随访管理率100%。②CD4(人体免疫系统中的一种重要免疫细胞)检测率:现住址信息人数为40人。应检测40人,已检测39人,CD4检测率97.5%。有一例为太原常住人口,户籍为介休,拒绝接受太原、介休任何一方的管理。他拒绝提供具体地址,导致信息停留在我市,影响我市指标。③病毒载量检测率:应检测8人,已检测7人,病毒载量检测率87.5%。有一人在包头打工,也不愿接受当地管理。因省疾控中心实验室限制8月之后不再安排病毒载量检测,故无法完成。④抗病毒治疗覆盖率:2016年我市管理AIDS病人39人。新增加治疗病人25人,正在接受抗病毒治疗36人,其中一例为母婴阻断治疗。抗病毒治疗覆盖率为92.3%。 均进行了规范及时的抗病毒治疗随访管理。⑤HIV抗体检测份数:2016年介休全民HIV抗体检测覆盖任务为33246人次,1—11月已完成37837人次⑥中央转移项目指标任务完成情况:2016年应完成100人暗娼干预采血任务,已经完成102人,指标完成率102%;2016应完成VCT检测任务450人,完成485人,指标完成率107%;2016应完成看守所在押犯人检测任务200人,已检测202人,指标完成率为101%。

【结核病防控】 2016年结核病门诊初诊病人441例,报告肺结核64例,其中涂阳肺结核病人28例。检测新发涂阳病人密切接触者116人,检测率100%。2016年上半年共报告2例学生肺结核病例,均已进行了及时处理。

【慢性病防治】 高血压、糖尿病患者管理工作 全市总人口数415583,18岁以上人口数332466,估算病人高血压83781人,糖尿病32249人。2016年全市高血压患者建档登记人数为37340人,成年人高血压登记率为44.57%,规范管理人数为31464人,规范管理率为84.26%,控制人数为30139人,控制率为80.72%;糖尿病患者建档登记人数为10504人,成年人糖尿病登记率为32.57%,规范管理人数为8268人,规范管理率为78.71%,控制人数为7290人,控制率为69.4%。

老年人健康管理工作 全市共登记65岁以上的老年人32423人。健康管理28857人,健康管理率达89%。体检完整人数22558人,体检完整率86.22%对体检发现的高血压、糖尿病等慢病患者及时归入慢病的规范化管理,并定期随访。

重性精神疾病管理工作情况 全市应完成1662例严重精神障碍患者复核。截至目前,在册患者1393例,完成率为83.81%,离完成要求还有一定的距离;在管人数1350例,死亡109例,失访29例,非在管14例。山西省严重精神障碍患者管理网络直报1502例,完成上网报告的100%。从直报总体看,我市网络直报单位17家,已全部开展网络录入,覆盖率达100%。

心脑血管、恶性肿瘤监测工作 截至目前,全市共报告心脑血管222例,其中市直医疗机构上报

71例，乡镇卫生院及社区医疗卫生服务中心共上报151例。恶性肿瘤156例，其中市直医疗机构上报156例。

死因病例网络直报工作　从2013年7月1日全市辖区内所有的市直医院、乡镇卫生院、社区卫生服务中心（站）开始死亡病例网络直报以来，报告合格率明显提高，2016年报告死亡病例1867例，报告死亡率为4.49‰，与6‰的目标还有差距。

癫痫病管理工作情况　2016年共筛查癫痫病患者人数为759人，入组治疗管理患者数为442人，目前随访治疗患者数为275人。在用药期间各项目单位负责医生及时对病人状况进行随访，及时掌握病情，调整给药剂量，使入组患者得到良好、有效的治疗，目前的入组治疗患者发病次数较稳定。

【健康教育与全民健康生活方式行动】　2016年全市印刷健康教育宣传资料198种，制作并播放健康教育音像资料种类98种，更换固定宣传栏内容1528次，开展健康知识讲座1435次，开展公众健康咨询次数206次。

开展主题宣传活动　3月8日我中心组织去义棠镇刘屯村围绕全民健康生活方式内容进行“送政策、送健康、送科学”的下乡活动。全年在“5·31世界无烟日”“8·8全民健身日”等国家卫生主题宣传日共开展了12次宣传活动，做到活动有计划、小结，有影像和图片资料，有新闻媒体跟踪报道，并将宣传活动情况及时上报全民健康生活方式行动信息系统。

创建健康支持性环境　2013年至今共创建27个健康支持性环境。2条“健康知识一条街”（世纪广场和北坛路的中心地段一条、义安卫生院门前一条），开辟了2条“健康步道”（世纪广场、新城公园），在新城公园打造了介休市第1个“健康主题公园”，建设了16个“健康小屋”，1个示范单位（介休市安监局）、2个示范社区（设备修造厂、温家沟社区）、2个示范食堂（介休七中、连福中学食堂），1个示范学校（介休六中），并通过省、市慢性非传染性疾病综合示范区专家组的初步验收。

健康知识长廊建设情况　按照晋中市疾控中心年初安排，2016年5月在三佳、张兰、绵山、义安、宋古、龙凤、义棠、连福、洪山卫生院，西关、北坛社区服务中心所在街道制作了11条健康知识长廊，远远超过晋中市安排的30%的工作任务。

【地方病防治】　非高碘乡镇居民户食用盐监测　抽取5个乡（镇）、20个行政村。每村采15户（份）居民食用盐，进行定量分析。共采样300份，碘含量≥5毫克/千克盐样300份，碘盐覆盖率100%；符号国家碘含量标准的盐样278份，合格碘盐食用率92.67%；碘盐合格率为92.67%。

高碘乡镇居民户食用盐监测　抽取4个行政村。每村采15份居民户盐，进行半定量分析。结果：采样60份，碘含量＜5毫克/千克食用盐60份，无碘食盐率100%。

碘缺乏病病情监测　①8—10岁儿童甲状腺肿大率为1%，合格率为99%；②碘缺乏病知识知晓率调查为74%；③尿碘监测：8—10岁儿童尿碘水平监测：共200份尿样，其中位数为211.5微克/升，尿碘低于50微克/升的人数为17人，占总检测数的8.5%。孕妇尿碘水平监测：共100份尿样，其中位数124.5微克/升。

饮水型氟中毒监测　对全市14个高氟村8—12岁儿童氟斑牙患病情况进行了普查，总计调查1078人，对市饮水型氟中毒14个病区村的水源水氟含量、末梢水氟含量进行了采样、收集、检验工作。调查结果显示：介休市高氟病区村13个村改水，改水率达到92.86%。13个村为正常使用村数，正常使用率达到92.86%。实际受益人口数达到16710人。占总人数的92.61%。调查8—12岁儿童氟斑牙检出率情况：≤30%的村数为3个，分别是乐善村、宋家圪垯村、白家堡村。其余村数氟斑牙检出率均＞30%。

饮水型砷中毒监测　全市饮水型砷中毒地区主要分布在义安镇万户堡的中街、礼世、孔家堡、北堡4个行政村。高砷区村数为2个，病区村数为2

个，合计4个村，人口总数为5824人，2016年，对介休市饮水型砷中毒4个病区村的水源水砷含量、末梢水砷含量进行了采样、收集、检验工作。调查结果显示：4个高砷地区全部进行了改水工程，改水村数4个，改水率为100%，正常使用的村数为3个，正常使用率达到75%，实际受益人口数达到4707人，占总人数的80.82%。对高砷地区全部4个村进行了普查，检查人数合计4218人，调查结果显示：砷中毒患者病人数为0，无新发砷中毒患者，其中可疑人数为6人。

布病防治　2016年全市共报告布病40例，个案调查病人人数为272人，发病率为14.17%，病例分布在7个乡（镇）中的13个行政村。

【免疫规划情况】　全市儿童免疫规划实行信息化系统管理，运转良好，各乡镇、社区医院（共17个单位）均能逐月将儿童预防接种信息录入。

常规免疫接种工作　全市11种一类疫苗共接种120035剂。

甲胎蛋白（AFP）、麻疹病毒（MV）的监测及其他疫苗针对疾病的监测　全年共网报AFP旬报36次，共收到AFP旬报表1104份，及时率、准确率和完整率都是100%，MV报表共收到1104份，及时报告率、准确率和完整率均为100%。全年介休市无麻疹病例报告。

"两苗"进院　全市所有设有产科的医院全部开展卡介苗、乙肝疫苗接种，主张"谁接生，谁接种"，卡介苗接种率为99.73%，乙肝首针及时接种率达97.53%。

脊灰疫苗转换工作　全市于2016年5月1日全面停止接种三价脊髓灰质炎减毒活疫苗（tOPV），6月初开了二价脊灰疫苗（bOPV）的接种工作，未发现异常反应。

狂犬疫苗接种规范化建设　为了狂犬疫苗和狂犬免疫球蛋白接种规范化，6月我中心申请市卫计委取消市疾控中心预防接种门诊，经市卫计委批准，由市人民医院、张兰镇中心卫生院和义棠镇中心卫生院承当狂犬疫苗和狂犬免疫球蛋白的接种工作，并且负责犬伤病人伤口处置工作。今后市疾控中心将对这3个门诊进行指导和考核工作。

含麻类疫苗查漏补种工作　11月开展了含麻类疫苗查漏补种工作，应补种1059剂，实补种1057剂，补种率99.81%。

【卫生消杀情况】　食源性疾病（包括食物中毒）的监测和疑似食源性异常病例/异常健康事件的监测　2016年6月在街头和居民活动广场进行了宣传、咨询等活动，发放宣传资料1000余份。使广大群众更进一步了解了食品安全的相关知识。对哨点医院网络上报的食源性疾病病例及时进行了审核，截至11月底共审核119例，审核及时率100%。

生活饮用水的监测　采农村水及学校72份和城市水12份共45份，平行样7份，水质合格率50%。完成水质监测结果网络直报工作。完成率100%。并将监测结果反馈给卫计委和水务局。

医疗及托幼机构的消毒质量监测　2016年疾控中心对各医疗单位开展消毒质量、预防性消毒监测工作。共监测21家，监测内容包括消毒剂、物体表面、人员手及器械等，共采样110份。托幼机构共监测24家，采样120份。个别基层托幼机构消毒不够完善，有待进一步改善。

职业病与职业卫生信息监测　疾控中心对网络直报的职业病病例进行了及时的审核，审核及时率100%。在街头进行了职业病防治知识的宣传、咨询，发放各种宣传资料400余份。对重点职业病也进行了及时的审核，审核率100%。

重点职业病与职业健康风险评估工作　全年通过网络上报数据，数据由介休市安监局、煤管局提供，对重点职业病资料进行评估分析，其中2016年我市重点职业病发病32例，以煤炭行业病例居多，总数31例。各类有害物质中，以煤尘接触人数最多，为7330例，其次是噪声接触人数2109人，笨接触人数105人，电焊烟尘80人，吸矽11人，职业健康体检第二人民医院体检500人，汾西矿业总医院体检

9630人。

山西省农村环境卫生监测　2016年，疾控中心新承担山西省农村环境卫生监测项目的监测工作，主要负责土样采集20份（每村一份），市污水处理厂、垃圾处理厂情况，村环境卫生情况调查20个村，入户调查100户（每村5户）。并将调查结果及时上报全国农村环境卫生监测网，做好环境卫生监测结果的分析报告。

【检验工作】　2016全年共完成农改水+城市水水质检验91份，医疗机构消毒监测110份，托幼机构消毒监测125份；承担流行病及传染病病原微生物检测和血清学检测：HIV初筛实验室完成看守所在押人员的HIV检测200人份；全市自愿咨询人员HIV检测322份、负责全市艾滋病病人CD4、病毒载量定期检查的血清采样送检工作；完成全市地方病的盐碘检测360份，布鲁氏菌血清学检测266份；环境卫生土壤重金属和蛔虫卵监测20分；土源性线虫监测1000人份，负责手足口病的采样送检工作和疟疾血片的复检工作。

【检查培训】　2016年10月11到14日，疾控中心在妇幼保健中心三楼会议室对乡、村两级300余人基层公卫人员进行了基本公共卫生服务规范各个项目知识和技能培训。

为及时掌握疾控工作实施质量和进度，疾控中心分别在4月、8月、11月按季度对全市基本公共卫生服务和其他相关项目工作实施情况进行了全面的督查，并对督查中发现的问题及时提出指导意见。

（张　森）

新型农村合作医疗

【概述】　介休市新农合工作经过近九年的实践，在上级部门和市委、市政府的高度重视下，在相关部门和各乡镇的大力配合下，工作运行平稳有序、基金运转安全、管理日趋规范、参合人数逐年上升，与此同时医疗机构发展明显，卫生事业得到推进。2016年介休市农业人口为280796人，参合人数为277893人，参合率为99%，基本实现了农村人口全覆盖。

【基金筹集及分配】　2016年农民个人缴费标准为人均120元，各级财政补助420元/人，人均年筹资标准540元，本年度基金筹集15010.68万元。其中：①个人缴费3334.72万元（含民政医疗救助188.148万元）；②县本级财政补助1234.06万元；③市级财政补助1234.06万元；④省级财政补助2468.25万元；⑤中央财政补助6578.34万元；⑥利息收入161.25万元。

【新农合补偿】　截止12月底新农合基金共支出12988.33万元。基金使用率为86.5%。其中：大病统筹基金支出9719.75元（住院补偿支出人次29063，金额9536.98万元；分娩补偿支出人次2582，金额182.77万元）；门诊统筹基金支出2224.16万元（门诊统筹补偿人次441221，金额1193.57万元；慢性病补偿人次8428，金额961.09万元;体检补偿人次10627，金额69.5万元）。购买大病保险支出1044万元。

【新农合宣传】　全年共印制并发放2016年度宣传册10万册，宣传条幅300幅，共印发慢性病宣传资料10000份，公告300份,有好的宣传效果。

【慢性病工作】　制定《关于开展2016年新型农村合作医疗慢性病鉴定工作的通知》文件，对慢性病鉴定对象、鉴定时间、鉴定地点、鉴定要求、鉴定程序、慢性病病种等内容都做了明确说明；成立慢性病鉴定工作组，由市合医中心副主任闫治任组长，闫俊为主要负责鉴定工作，合医所、卫生院合医科抽调人员组建的工作组；共印发慢性病宣传资料10000份，公告40份要求各级定点医疗机构张贴于医院显著位置，确保做好2016年慢性病宣传工作。2016年大额门诊慢性病鉴定采取集中鉴定与特殊病种新发病随时鉴定两种办法。从6月中旬开始，分批次、分乡镇、分病种划分到全市三所定点医疗机构，方便农民根据自身的病情和时间去相关医院鉴定。通过两个多月的鉴定工作，2016年全市共为2000余名初审慢性病患者办理了现场鉴定工作，为3500余名慢性病患者办理了复审工作，新增慢病患病1577人次，累计达到7232人。2016年度慢性病补偿比例为60%，全年补偿8428人次，金额961.1万元。

【定点医疗机构服务监管】 严格执行《定点医疗机构医疗费用通报和警示告诫制度》《晋中市新型农村合作医疗费用控制办法》和《介休市定点医疗机构服务管理协议》等相关规定制度。严格控制住院各项监测指标，实行月评季考，年终算账，有效控制医疗费用不合理增长，切实提高参合农民受益水平，全力保障基金安全、平稳运行。

【新农合定点就医结算】 按照省地文件要求我市新农合管理中心已与我省12所省级定点医院签订了省级医院就医即时结算协议书，现全市参合农民在12所定点医疗机构和市级定点医疗机构就医实现出院直补，截至目前共补偿1704人次，金额1155.72万元。

【新农合大病保险】 全面推开新农合大病保险工作，做好新农合大病保险与新农合住院补偿、重大疾病保障工作的衔接，2016年大病保险进一步提高参合农民受益程度，起付线降至8000元，参合农民当年住院补偿最高支付限额达到58万。截至12月底已补偿1243人次，金额824.15万元。

【推行新农合分级诊疗】 通过有效整合医疗资源，建立和完善医疗机构纵向合作体系，充分发挥新农合补偿政策的杠杆调节作用，逐步建立分级诊疗、双向转诊制度，满足参合农民基本医疗服务需求；通过坚持基层首诊、分级诊疗，坚持双向转诊、急慢分治，坚持按病种管理、差别化支付的原则，实现“常见病不出乡，一般大病不出县，疑难重病转诊大医院”的目标。

（常淑雅）

体　育

【概述】 2016年，介休市举办17次市级体育比赛、社会体育培训13次、参加上级组织的体育赛事30次、群众参与比赛人数达到了10万人次以上；竞技体育取得优异成绩，获得“精神文明队”的称号；乒乓球在省、市比赛中获得佳绩。体育彩票工作受到国家体育总局体育彩票管理中心表彰。

【体育活动】 2016年，市体育运动中心共举办16次市级比赛、承办省级比赛1次、社会体育培训13次、参加上级组织的体育赛事30次、群众参与比赛人数达到了10万人次以上，群众参与人(次)数为历年来最高。

介休市业余少体校在全年的比赛中共有38人次代表晋中市参加了山西省的田径、乒乓球比赛。省级比赛中田径获金牌2枚，银牌4枚，铜牌7枚，并获得“精神文明队”的称号；乒乓球在省比赛中获金牌1枚，银牌1枚，铜牌4枚。在晋中市中小学生比赛中，田径获初中组团体总分第一名、获得金牌14枚；乒乓球获团体总分第二名、金牌2枚。在2016年山西省乒乓球锦标赛中获得男子甲组团体冠军，获得一级运动员称号；另有2人获得国家二级运动员称号。

2016年成人培训共5次，批复三级社会指导员166名，为全市群众性体育工作的持续开展增添了新鲜血液。

新成立协会和俱乐部2个：介休市户外登山协会和介休市诚信赛鸽俱乐部。

【体育社会团体建设】 2016年社会群体活动蒸蒸日上，体育社会团体的成立又进入一个高潮。6月成立介休市登山户外运动协会，赵明庭任会长、董瑞任秘书长；12月介休市钓鱼协会成立，王照任会长、郑学武任秘书长；12月介休市腾飞赛鸽俱乐部成立。至2016年12月，介休市有体育单项协会和俱乐部共22个，拥有会员2万余人，为全市的群众体育发展起到了良好的带头作用。

【体育场地建设】 积极落实山西省全民健身路径工程项目实施，为绵山镇大靳村、义安镇北辛武村分别配备14件体育器材，并指导安装使用。

申请报批“2015年中央体育彩票乡镇农民体育健身工程”项目，义棠镇农村体育健身场地获得通过，预计2017年4月开工建设。

【体育彩票发行】 2016年我中心持续加强彩票市场管理，完成销售2280万余元，已比去年全年销量增长29.4%，并圆满完成省中心下达的销售任务，销售额位列全省第六。新增体彩网点14个，超额完成省中心下达的增机任务。

【下乡扶贫工作】 2016年，我中心下乡工作组按照市委、市下乡办安排，继续在绵山镇西欢村开展下乡帮扶工作。春节元宵节期间，我中心下乡工作组慰问17户困难户；六一国际儿童节之际，慰问驻村小学；七一期间慰问20余名党员；积极筹集资金一万余元，确保驻村人畜饮水安全；配合村委整治修建村内1个固定的大垃圾池，修建了15米排水渠，并对村内及环村道路垃圾杂草进行清理。

（陈　全）

社会生活 | SHEHUI SHENGHUO

社会生活
SHEHUI SHENGHUO

人力资源和社会保障

【概述】 2016年，介休市人社局以“振兴崛起、城乡美丽、生活富足、人民幸福”为目标，以民生服务、人才优先为主线，紧紧围绕稳增长、惠民生、保稳定的工作大局，规范行政事业人事管理，积极落实就业创业惠民政策，完善社会保障体系，妥善处理劳动关系和争议，着力维护劳动者权益，为介休经济的快速发展提供了人才支持和社会保障。

【人事管理】 规范管理行政事业单位人力资源

2016年，人社局对全市事业单位工作人员的合同签订情况重新进行摸底，对280余个单位9300余人的个人信息进行核实，对未签订合同的人员或未及时变更人员予以清理和规范。办理事业单位正常调入调出18人次，安置退伍军人19人次，接收军转干4人，聘用教师60人，从大学生村干部中聘用事业人员45人，办理教委各学校及国土局人员调整61人次，审核调动人员档案200余份。下发各类专业技术资格确认文件18份；办理各级资格证书523份；办理专业技术聘任589人；审核上报民营中级专业技术资格评审人数224人。

建立健全人事管理办法　为进一步规范事业单位岗位设置、合同管理，人社局制定《关于进一步规范事业单位岗位设置和岗位聘用工作的通知》；改进机关工作人员的奖励处分管理办法，确保奖惩待遇执行到位；根据上级要求，改进了公务员和事业单位的考核办法。

【就业创业惠民】 2016年，城镇新增就业人数4750人，失业人员实现再就业2012人，转移农村劳动力3936人，城镇登记失业率低于市控制目标，全市就业形势持续稳定。

就业创业培训　2016年共开展创业培训18期，培训人数540人，其中农村劳动力370人，就业困难高校毕业生61人，城镇失业人员109人。培训合格人数526人，创业成功93人，其中大学生24人。

职业技能培训　介休市作为山西省仅有的两个“全国农民返乡创业试点县”之一，有针对性地对农村实行“送政策、送培训”服务，这一举措真正使农民学到了一技之长，得到了实惠。审批同意成立“介休市睿智职业培训学校”为定点民办职业培训机构，新增焊工、中式面点师、中式烹调师等培训工种。2016年共开设职业技能培训20期，1438人参加，1205人取得职业资格证书。

多渠道促进就业　为缓解介休市经济下行给就业工作带来的压力，实现多渠道促进就业：定期举办招聘会，全年成功举办2场大型人才招聘会、1场小型人才招聘会、9场专场招聘会，累计215家用人单位和1.5万求职者参加，提供就业岗位4673个，现场达成就业意向4905人。为北坛小学、市消防队、千朝实业有限公司等7家单位招聘29名工作人员；提供公益性岗位19人，为国税局、信访局两家用人单位招聘“公益性岗位”人员10人，并于2016年5月25日对审查合格的177名报名者进行面试；做好就业指导工作，全年共受理求职登记330人，提供就业指导服务225人次，成功推荐就业203次。新发展河北来旺、孝义鹏飞、东方希望等多家外地用人企业7家，挖掘就业岗位500余个，累计劳务输出200余人。10月份介休市创业就业协会成立，为介休市的创业就业工作搭建了更高水准的公共服务平台。

【社保基金征缴】 介休市社保基金征缴工作按照“应保尽保、人人参保”的要求，坚持“广覆盖、保基本、多层次、可持续”的原则，积极引导用人单位、城乡居民主动参加社会保险。2016年五大社会保险基金累计征缴4.26亿元，五大社会保险各项征缴任务均全部超额完成。

五险统征工作顺利开展。社保申报工作按期进行，全年申报487家，其中养老保险申报31507人，医疗保险申报33284人，生育保险申报25285人，工伤保险申报34945人，失业保险申报16221人。新参保47家839人；制定《五险统征办管理办法》，对工作人员的工作纪律、工作作风和安全工作做出具体要求，进一步增强工作人员的服务意识；完善社保专管员制度，实行一个参保单位一个社保专管员，并在“浙大网新社会保险信息管理系统”进行专管员登记，参保单位所有社会保险方面的业务由社保专管员专门承办；创新宣传方式，线上、线下同步推进。丰富完善“介休市统征办”“介休人社”微信公众号，及时发布有关社会保险法律法规知识，宣传新社保政策，线下对社会保险承办人员和上门咨询群众认真讲解，通过宣传和沟通引导，深入义棠煤矿等企业举办“社保知识进企业”讲座。

2016年面向企事业单位职工和城镇居民发放社保卡28.4万张。审核办理正常到龄退休人员556人，办理因病提前退休手续7人，特殊工种退休人员56人。

2016年社会保险基金完成情况统计表

类别	参保人数指标（人）	完成情况（人）	完成率	基金征缴任务（万元）	完成情况（万元）	完成率
养老保险	238300	238300	100%	20065	27654.82	138%
医疗保险	99000	100003	101%	10800	10986	102%
失业保险	58470	58657	100%	1750	1794.58	103%
工伤保险	55000	55036	100%	1660	1778	107%
生育保险	53300	53306	100%	205	359	175%

【执法维权全力维护职工权益】 为维护和保障职工权益，2016年人社局劳动监察执法队开展工资支付专项检查百日行动、法制宣传进企业百日行动、制度建设进企业百日行动、劳动用工和社会保险专项检查四个“百日行动”。共检查用人单位213家，涉及劳动者4.81万人；共受理案件24起，共追讨农民工工资1949万元，涉及农民工423人。

为规范履行劳动人事争议仲裁院法律效应，2015年组建介休市劳动人事争议仲裁院，2016年完善了介休市劳动人事争议仲裁委员会的授权手续及专职仲裁院的聘任手续，全年共受理仲裁案件160件，立案39件，不予受理29件，结案22件，调解103件。劳动人事争议仲裁结案率达100%。

【加强自身建设】 夯实基础抓党建 2015年人社局组建，11月成立人社局党总支，依据科室职能下设了五个支部，分别是机关一支部、机关二支部、人才服务中心支部、社保所支部、医保中心支部。2016年5月4日成立人社局团支部。

2016年，人社局党总支认真贯彻以习近平同志为核心的党中央决策部署，以“两学一做”学习教育为抓手，突出强化理论武装，认真抓好学习教育。①依托局培训中心，将周一集中学习制度化。②开展“百日大讲堂”活动，班子成员、中层干部全部上台讲课，讲党建、讲廉政、讲业务。③严格党内政治生活。讲党课、专题培训、民主生活会、观看教育片。全年，总支书记讲党课两次，纪检书记讲一课，其他班子成员讲课3次，专题授课5次，观看警示教育片8部。

完善制度筑队伍　2016年2—4月，通过公开竞选、竞聘、交流、双向选择的方式，竞选竞聘交流共涉及股级岗位30个。公开竞选竞聘中层领导干部的方式，形成公开、平等、竞争、择优的用人机制。

2016年重点完善党建领导组、党政联席会议制度、公章管理、财务审批、职称评审、涉纪档案查阅备案、绩效考核、人员调配、退休审批、公益性岗位使用等27项规章制度，将全局涉及风险防控的重点环节的党风廉政责任做了进一步的细化和明确。

（王　瑜）

民族宗教

【概述】　2016年，介休市民族宗教局在市委、市政府的领导下，积极宣传党的民族宗教政策，引导民族宗教界人士学习党的十八届六中全会精神，围绕市委、市政府的中心工作，促进介休市民族宗教领域和谐稳定。

【少数民族工作】　2016年，介休市民族宗教局深入社区与少数民族群众沟通与交流，为少数民族群众送信息、送知识、送文化、送健康、送爱心。利用民族传统节日节庆活动开展谈心交流、走访慰问。妥善处理涉及民族因素的突发性事件，认真协调处理好各类民事纠纷矛盾，做到小矛盾不出家门，大矛盾不出社区。为维护民族团结提供保障，及时掌握流动少数民族人员的工作、生活、需求等情况，加强对少数民族管理中出现的问题，努力避免恶性事件的发生，维护了少数民族合法权益，开展少数民族青少年助学活动。为常驻介休市的少数民族贫困家庭的子女以及因家长经商外来流动而就读的少数民族学生提供助学。

【宗教工作】　和谐寺观教堂创建活动　以平安宗教活动场所创建为载体，全面推进和谐寺观教堂创建措施落实。指导帮助各宗教活动场所建立健全学习、财务、治安、消防、文物保护等各项规章制度，开展宗教界人士财务管理法规知识培训，组织学习《宗教活动场所财务监督管理办法（试行）》和《民间非营利组织会计制度》。严格实施教职人员认定备案，对申请备案的佛教、道教教职人员的户口本、身份证、教职人员身份证明等条件进行再鉴定，再核实。制订创建考评办法、制定考核细则，对全市宗教活动场所开展“和谐寺观教堂”创建工作进行评比。同时，积极规范景区中宗教活动场所内宗教活动，维护消费者合法权益，打击侵害消费者合法权益行为。

宗教团体建设　2016年5月10日，协助介休市基督教“三自”爱国委员会换届，樊万民当选新一届主任。组织宗教界进行“爱国爱教、同心同行”主题教育活动，保持了宗教界的长期稳定和健康发展。

安全检查　全年对所有宗教活动场所进行3次安全大检查。重点检查宗教活动场所落实消防安全、建筑安全责任情况、制度、人员、设施配备情况等；清真食品企业落实安全生产主体责任情况，关键岗位、环节配备清真饮食习惯工作人员情况等；大型宗教活动安全保障情况，突发事件应急管理工作情况等。

（杨一凡）

残　联

【概述】　2016年，介休市残疾人联合会（以下简称介休市残联）工作稳步向前，在基层组织建设、康复服务、扶贫救助等关系残疾人切身利益方面做了大量工作。

【维权组联】 2016年共接待来访、来电要求维护其合法权益的残疾群众130余人次,没有形成一起上访案件。2016年6月30日以介休市残联为主体的介休市公共卫生综合服务大楼开工建设。到2016年9月介休市登记在册各类残疾人7617人。

【康复服务】 2016年6月6日,介休市残联在后土庙广场举行全国“爱眼日”暨山西省康复研究中心白内障复明6号工程启动仪式。该项目为全市90名白内障患者进行免费手术复明。7月6日免费为50名残疾人进行假肢验配,对符合适配条件的17名肢体残疾儿童进行矫形器验配,对符合装配条件的9名截肢成人进行假肢验配取模。2016年为残障人士配发轮椅70辆,洗澡椅4台,坐便器50件,助行器50件,腋杖76根,伸缩手杖100根,登式手杖50件。脑瘫儿童康复训练17人。

【文体教育】 2016年,共为2名残疾人子女大学生申请山西省彩票公益助学金,每人3000元。为介休市45名高中阶段残疾家庭子女申请了山西省彩票公益金助学金,每人800元,共36000元。8月中旬,介休市残联聋人篮球队,男篮女篮两支队伍获得晋中市残联三对三篮球赛的冠军。9月22日,晋中市第二届残疾人声乐器乐表演展示赛在介休市举行。本 市参赛项目视力残疾选手侯林森萨克斯独奏《爱拼才会赢》,获得器乐类第一名。

【扶贫慰问】 2016年共为2165名重度残疾人发放重度残疾人护理补贴,每人每月50元,共拨付资金848500元。春节和“助残日”期间走访慰问残疾人616次,发放慰问金83000元和近2万元物资。

(赵梦阳)

乡镇　街道

XIANGZHEN JIEDAO

乡镇　街道
XIANGZHEN JIEDAO

义　安　镇

【概述】　义安镇是全国25个行政体制改革试点经济发达镇之一，是山西百强首批示范镇，也是改革开放以后山西民营经济的发祥地。全镇国土面积86.7平方千米，辖31个行政村，常住人口8.8万人。拥有企业400余户，其中规模以上企业27户。2016年，全镇实现工业总产值434.08亿元；粮食作物播种面积为68854.8亩，总产达到2.2万吨。

【工业】　围绕传统优势产业，延伸产业链条，加快打造以清洁生产和循环经济为特色的新型产业，实现经济转型。突出新兴产业引进，路鑫成品油、益通专用线、博创纳米、晋能物流园、南盐场加气站、永兴加气站、孔家堡加气站基本建成，崇光低热值煤发电加速推进；突出小项目发育，灵英永辉燃料生物质公司、鑫盛复合肥、缘浩木业等项目建成试产，三盛高强度玻璃纤维、和谐纯铝开始筹建。

完成固定资产投资21.5亿元，达到目标任务的71.7%；围绕"六位一体"推进重点项目建设，项目储备完成133亿元、项目签约完成25亿元、项目建设完成26亿元、项目开工完成6.11亿元、项目落地完成3.2亿元、项目投产完成0.17亿元。

【农业】　以玉米、小麦、蔬菜、养殖等传统产业为依托，全镇共推广优良品种6万余亩。立足主导产业抓好科技示范，重新选定农业科技示范户150个，选出15名农业技术骨干担任技术指导员，每个技术员负责指导10个科技示范户，每个示范户还要辐射带动10个以上的农户，形成"技术指导员、科技示范户、辐射带动农户"的模式。

以传统种植业为基础，突出农业项目发育，20个村推广"一村一品"，建成洪田蘑菇示范点、中街种子示范田，积极推广种植薯类、双孢菇等经济作物，规划"十三五"期间打造万亩芦笋种植基地，并新增3—5个种养殖基地。通过广播、培训、发放宣传资料等形式，针对测土配方、玉米优良品种介绍、设施蔬菜种植等方面加强农民的科技培训，提高农民种田本领。

围绕"改善水利设施，增加农民收入"这一工作着力点，夯实农业发展基础，推动实施覆盖7个村、总投资2100万元的小型水利重点县项目二期工程；涉及23个村、总投资6500万元的小型水源工程和高效节水灌溉工程，已完成总工程量的85%；扎实推进汾河生态修复工程建设，项目涉及白家堡、北堡、中堡、南堡、田李、任家堡、孔家堡7个村，耕地面积1.56万亩，高灌工程开工建设。

【林业】 2016年汾河湿地流转土地8116.22亩，春秋植树18.8万株，加强森林防火工作，大力度加强林业管护，确保了全镇林业资源的安全。

【环境整治】 将“乡镇清洁工程”作为加强义安管理、改善义安面貌、改变干部作风、树立义安新形象的民心工程来抓，健全组织管理，完善规章制度，选准重点，打造亮点，积极开展了环境卫生整治工作。一是制订“一核、两廊、三纵、四片”整治任务，对照十项整治重点和整治标准，跟进“四项措施”，以108国道两侧为重点，对全镇31个村公路沿线生活垃圾、建筑垃圾、露天粪坑和煤泥乱堆放等问题开展了卫生清洁大行动。二是明确全镇整治重点，严格执行“六整治六提升”标准的基础上，重点打造以义安村为中心的集镇区域，坚持以市区标准要求集镇建设，通过大力实施义安村路面升级工程、绿化美化工程、门头牌匾改造工程，着力打造环境卫生的镇区“名片”。三是按照示范引领、典型带动的思路，选择了义安村、田岳堡、席村、降家寨等村，开展整治提升，进行特色打造。通过一系列整治提升工作的开展，村庄风貌实现了提档升级，并产生了较强的辐射效应，实现了整治一个、成功一个、带动一个、造福一方的既定目标。

【社会各项事业】 切实做好民政、社会保障、残联、劳动等社会民生工作。截至2016年底，全镇共有低保户526户、861人，五保对象224人；共有278名残疾人享受山西省重度残疾人护理补贴；31名残疾人实施了居家托养，每人每年补贴500元。按时为重点优抚对象、老党员、60周岁以上农村籍退役士兵、7名烈士子女共计310人发放了生活补助。对玉米受灾的896户农户发放了救灾款。为19820户低收入农户发放冬季供暖补贴。按照“走出去、引进来、传帮带”等多种方式，组织农民工职业技术培训650余人次，培训科技示范户1000余人次，培训项目涵盖了新型农业经营主体带头人、专业技能、社会服务、电子商务等多个领域，通过培训农民的致富本领得到了提高，有效促进了农民就业。2016年全镇养老保险参保人数2.43万人，农民合作医疗参合人数51040人，参合率94.54%。

【安全维稳】 以“群众举报乡村干部腐败为切入点，集中解决群众信访诉求问题”专项治理活动为契机，扎实推进案件化解、人员稳控工作，有效预防和控制越级访、重复访、集体访和非法访的发生。2016年共排查受理各类矛盾纠纷35起，化解32起；受理各类信访件21件，报结21件，调处成功率、报结率分别达91.4%和100%，妥善化解信访积案5件；原有3件重复越级涉纪访得到有效化解。配合介休市第三巡察组完成了巡察任务，发现问题19个，解决问题17个。

通过组织各行业领域专项检查、安全生产大检查、专家会诊行动等，对全镇危化、机械、冶金、建材、特种设备、食品卫生、燃气、交通等行业领域进行了安全隐患排查，共查出安全隐患813条，全部进行了整改，有效维护了全镇的安全生产形势。全年累计发放安全知识宣传册2万余份，悬挂条幅67条，组织安全培训1300余人次，开展安全应急演练34次。

【党组织建设】 以“做好一个平台、推动两大提升、实现三个目标”为主线，将“两学一做”学习教育与全镇中心工作紧密结合，确定2016年为“基层党建水平和乡村治理能力大提升”党建活动年。活动开展以后，镇党委落实迁村移民、项目申报、企业帮扶、信访维稳等为民办实事项目10项，培训“领头雁”110人次，开展谈心交心活动300人次，专题研讨会6次，研讨材料90余篇，相互查找问题156条，提出批评意见192条，提出整改措施199条。

组织全镇党员干部深入693户贫困家庭，结合实际制定帮扶脱贫计划，蹲点开展助耕、送技术、送物资、帮贫助困等活动，以田岳堡村为试点开展《党员积分制管理制度》和“一户一档”工作，实现精准扶贫精准管理，大力推广芦笋、薯类、双孢菇等经济作物种植，助推农业生产，帮助农民实现脱贫增收。

（郭　婧）

张 兰 镇

【概述】 张兰镇是介休市的东大门，下辖31个行政村，5.1万人口。境内交通便利，路网纵横，108国道、221省道（东夏线）、223省道（张义线）、张板路县道、南同蒲线、大西高铁穿境而过，大运高速、汾邢高速在此交汇，并设有张兰和张兰北两个出口。拥有张涧河、无尾河两条河流。全镇商贸物流业发达，仅镇区就有商铺1000家。

【项目建设】 德隆煤业、东沟煤业、鑫峪沟煤业恢复生产，南窑头煤业完成竣工验收，即将转为生产矿井，兴盛鸿发煤业进入联合试运转；石料企业按照市政府资源整合要求积极筹备重建；6个建材公司完成环保改造，经济效益出现好转。全力招商引资，上半年新入库项目4个，备案6个。总投资约2.5亿元，至年底已投资2866万元，库存剩余5814万元。

【农业】 发展核桃经济林2036亩；实施农综开发项目，铺设供水管道36.9千米，植树9000株，修建蓄水池5座，整修机耕路8千米，水泥硬化路面5.2千米，修建防渗渠3千米。采用松土保肥增产技术，推广玉米新品种4万亩，推广中草药种植面积700亩；大力发展甜瓜、草莓、西红柿、糯玉米为主的蔬菜水果种植，建成效益良好的合作社5个。支持鸿树农业专业合作社在南贾村建成占地400平方米农副产品加工厂和380平方米冷库。完成2200人次农作物高产栽培培训和电商培训。

【民生工程】 严格核查低保、五保，做到应保尽保。城乡居民养老保险参保人数21979人，参保率达98%，新农合参保人数42009人，参保率达92%，基本完成全覆盖。完成2000平方米综合文化站的改造维修，完善了数字影院设施，综合文化站开放项目达到8项。成功举办特色展览3次、文体比赛1次；柔力球队伍在省、晋中市、介休市连连夺冠。举办古玩收藏品交流会，年年有提高，年年增收益。对全镇90处文物古迹核实建档，确定专人管理，板峪城隍庙、红卫庄龙天庙得到修缮。在无尾河、张涧河清淤1.2万米，修建张涧河分水闸两座，为2017年安全度汛打下了坚实的基础。

完成2016年全部96户危房改造任务，完成133户摸底。完成张兰中心卫生院搬迁工作，同时开展了创建山西省群众满意乡镇卫生院工作。累计为800多名65岁以上老人进行了体检，进行家庭医生签约服务20347人次，免费接种疫苗5643人次。对育龄妇女开展优质服务管理，并利用重大节日进行计生宣传，全镇开设健康教育讲座48次，少生、优生目标任务，按要求完成。

（曹炜严）

义 棠 镇

【概述】 2016年，义棠镇党委、政府在各级党委政府的正确领导下，认真学习贯彻落实习近平总书记系列重要讲话和党的十八届六中全会精神，按照省委“一个指引，两手硬”、晋中市“两个全面”和介休市“振兴崛起、城乡美丽、生活富足、人民幸福”的基本思路，以“两学一做”学习教育为引领，坚持全面从严治党，深入开展党风廉政建设和反腐败斗争，经济社会各项事业都保持了良好的发展势头。

【基层党建】 镇党委高度重视党风廉政建设和基层党建工作，4月14日召开了义棠镇党建、党风廉政建设暨“春季战役”推进会，对全镇的党建和党风廉政建设工作进行了详细的安排部署；出台了推进义棠镇基层党建和党风廉政建设工作的6个文件，并按照文件要求全力推进；结合实际，确定了全镇2016年党建工作计划，在全镇开展党建工作九大工作任务。镇党委与各支部签订了2016年党建工作目标责任书，进一步明确了党建工作责任。通过一系列措施，使得全镇党员干部的政治素养和理论水平得到大幅提升，基层党组织的凝聚力和战斗力明显增强。

【农业】 镇党委始终坚持以农业增效、农民增收为目的，大力调整农业结构。以北村铁巩循环农业园区为引领，带动全镇各类涉农企业、合作社创新发展，取得了丰硕的成果。一年来，全镇实现粮食产量825万公斤、设施蔬菜300万公斤，猪出栏5909头，牛235头，羊12474只，家禽46249只。特别是在2016年的“春季战役”中，投资800余万元的惠健公司双孢菇项目投产运行；师屯南的油用牡丹种植300余亩；田村的优质长山药、师屯北的盆栽等涉农项目都进行了大胆的尝试。

【经济建设】 积极适应经济发展新常态，全镇经济稳步发展。2016年，镇党委政府牢牢把握发展大局，主动适应新常态，直面困难挑战，科学判断，分类施策，精准发力，有效解决经济运行中出现的新情况、新问题，实现了经济的持续稳步发展。全镇工业生产总值达到6亿元，农民人均纯收入6700元，完成固定资产投资1.07亿元。

【城乡建设】 重点项目方面：以108经济发展廊带和义棠新区建设为契机，积极培育服务型、生态型企业和镇域创业主体。经一路建设工程顺利竣工；汾河二期治理工程顺利推进，全长10.7千米，占地846.7亩的腾地、迁坟等事宜基本完成；奥维德圣物流仓储园区全面运行；中石化吕梁公司储备库铁路专用线项目顺利启动；位处师屯北中学校园内投资400万元的广济寺修复工程于2016年初开工；事关全市排洪和义棠新区景观的西南排干腾地拆迁工作正常推进；虹霁寺修缮工程全面竣工，于2016年10月19日开放迎客。

移民搬迁工作方面：镇党委政府以迁村移民工作为契机，统筹地质灾害防治、土地资源利用等生态保护工程。在解决枣湾等一批老迁村移民遗留问题的基础上，积极推动郭壁村、后庄、沟南三个村的迁村移民工作。郭壁村的迁村移民工程完成项目审批、搬迁意向摸底、项目报告、服务评估、方案制定等前期工作。沟南、后庄两个村的采煤沉陷区搬迁工程启动，可研报告已经制作完成。

【社会各项事业】 镇党委、政府始终把人民群众的利益作为一切工作的出发点和落脚点，不断加大民生投入力度，人民群众切实享受到了改革开放的发展成果。年初，慰问困难群众26户，慰问金额1.6万元。完成了341户农村低保对象的复核认定工作，完成了20户大病救助的入户调查工作，农村养老保险征缴14650人，金额152.78万元。针对2016年雨水较大的实际情况，全面做好防洪防汛工作，开展了危旧房屋排查工作，共排查出危房400余户，紧急避让150余人。积极引导群众生产自救，对全镇受灾情况进行摸底排查，积极争取上级资助，全部发放到农户。工会组织为困难职工发放救助金，共青团组织为温家沟烧伤病人师全峰、师志刚进行了募捐救助，开展了“特别的六一，特别的爱”爱心义卖、“迎中秋、送温暖”走进义棠敬老院等活动。

【环境整治】 以全市环境卫生整治攻坚战为契机，在全镇30个村及重点路段、重点部位进行了环境卫生大整治，并逐步探索长效机制。全镇环境卫生整治共投入资金320余万元，出动机具1200余台次，人员5800余人次，清理垃圾4.1万立方米，清理“四堆”2100余处，修建挡墙1100余米，树木涂白7000余株，墙体喷涂1.8万平方米。通过一系列措施，全镇居民的生活环境得到全面改善。

【安全生产】 义棠镇全面学习贯彻新修订的《安全生产法》，加强安全监管，健全完善专安委工作制度，坚持每月安全生产、护林防火例会，深入开展建筑施工、重点工程、食品药品、乱挖滥采、护林防火、水利防汛、校园安全等大排查、大整治、大执法、大督查，特别是针对2016年雨水较多的实际情况，在全镇开展了社会风险隐患大排查大整治活动，分三个组对全镇安全隐患进行了地毯式的排查，对排查出的隐患进行销号制整改，取得了明显效果。全镇没有发生安全生产事故和大的火情火灾。

【综治】 义棠镇将信访稳定作为党委和农村基层党组织压倒一切的任务抓在手上，积极破解，奋力攻坚。通过调整镇干部包区包村任务和责任，进一步强化和完善镇干部坐班接访和村干部化解稳控制度，认真开展了“一交办三治理”专项活动、信访矛盾纠纷大排查、信访积案大交办暨重复信访事项、重点领域信访突出问题、信访秩序专项治理工作等活动，重点对枣湾村梁长态案件、南庄村分房案件、南村土地确权案件、钦屯小区物业案件、温家沟南同蒲铁路噪音等案件，采取超常规措施积极进行化解。总之，通过一系列举措，一大批信访疑难杂症得到有效化解，为全镇经济社会发展营造了和谐稳定的氛围。

【文化活动】 在基础设施建设基本完善的情况下，积极开展各种贴近群众生活的文化娱乐活动，通过开展文化特色项目，群众参与文化活动的积极性日益提高，既有力推动乡风文明创建，又提升了群众信心和文化素养，为义棠镇的发展迎来了新的契机。镇文化站共开展柔力球比赛、千人广场舞等11次活动，组织广场舞培训、厨艺培训等7次培训。指导村级文化活动和培训66次。

【党风廉政建设和反腐败斗争】 全面落实“两个责任”，深入开展党风廉政建设。全年四次专题研究党风廉政建设，每个班子成员主体责任明确，主体责任台账健全，每项工作有责任领导、有具体责任人，将责任进一步压实；围绕讲规矩守纪律，通过正反面典型教育，净化党员干部思想，规范党员干部言行，七一前后，组织镇村干部200余人分三批前往市党风廉政建设教育基地进行参观学习；定期听取纪委汇报，对日常工作中发现的苗头性问题及时上手，该约谈约谈，该批评批评，在“三抓三促”活动开展以来，支持纪委并主动参与运用“四种形态”与8名村干部开展谈话函询；全年镇党委支持纪委立案7件，谈话函询10件，处分7人，其中开除党籍2人，党内严重警告1人，党内警告4人，诫勉谈话4人。

【人武工作】 兵役登记工作进一步得到提高，全镇18周岁应登记青年220人，共登记180人，全镇共向市征兵体检站输送80人进行体检，50人进入政审程序，9人通过政审光荣入伍。

（郝宏伟）

连 福 镇

【概述】 连福镇地处介休市东南方向，距市区12.5千米，北临南同蒲铁路，南与长治市沁源县为邻，大运高速、大西高铁横穿全镇7千米。2000年经撤乡并镇由原东湖龙乡、连福镇、化家窑乡、樊王乡4个乡镇合并而成，现辖连福、张良村、沙堡庄、义和堡、大许村、东刘屯、西狐、东狐、夏庄头、迎远堡、西湖龙、东湖龙、柳沟、窑则头、东杨屯、西杨屯、东武屯、西武屯、南王里、北王里、邬城店、里屯、大埝、樊王村、樊王沟、刘家山、东圪塔、西圪塔、上西野、下西野、北坡、赵家庄、船窟、木壁、后崖头、化家窑、后山庄、北山头、赵家窑、关子岭、甘草岭、靠龙庄42个行政村，国土面积102平方千米，耕地面积3.49万亩，林业用地面积4.06万亩。人口13150户、31530人，其中农业人口29736人。

【基础建设】 总长度1.1千米的镇区道路改造工程全部完工，配套排水、管线入地工程已完工。在连福、张良、东湖龙和西湖龙投资200余万元高标准实施“六个一”惠民工程，配备、完善了棋牌室、阅览室和娱乐、健身设施，加快推进“一个集体经济体”的落地。关闭取缔土小污染企业，取缔高污染的非法小冶炼，掐断连福境内的环境污染源；严厉打击生态破坏行为，对私挖乱采痼疾进行高压打击；对连福镇范围内的樊王河段进行清淤治理；连福村、张良村、西湖龙村纳入农村污水处理工程范畴；强制进行扬尘治理，各洗煤厂、粉料厂全部对扬尘源遮盖；对南王里、张良村、西湖龙、樊王沟、柳沟的煤矸石历史遗留问题进行了集中整治，总计整治煤矸石10万余立方米，动用车辆2300余台次。出动机具7000余台次，人员2000余人次，新建垃圾池20余座，修建挡墙、垛口3000余米，新建文化墙1000平方米，清除积存垃圾3万立方米，清理“四堆”500余处，整治无序广告300余处，投资200万元积极推进村庄绿化，紧紧围绕“六个一”工程、镇区道路改造等项目铺开四旁绿化、村庄绿化工程，完成植树3.5万株，低矮灌木4万株。结合2016年大力推进的拆违、治乱、提质行动，全镇共排查出210户违章建筑，已拆除157处违建，拆除违建面积1.3万平方米，腾退土地面积2.7万平方米，完成比例100%。

【项目建设】 青云煤业总投资6.8亿的技改工程全部完成并投产；旺源煤业完成投资4亿元，进入联合试运转。福泰洗煤厂和冠弘洗煤公司120万吨年入洗能力技改项目已投产，晋燃煤化公司120万吨年入洗能力技改正在进行。昌盛公司20万吨煤焦油馏分加氢项目已完成设备安装，140万吨焦炉工程已完成投资1.5亿元，其中70万吨焦炉已投产。信达机械厂投资300万元扩建项目已完成，全镇规模以上机械加工企业达到3家。依托核桃加工带动，窑则头、东杨屯、上西野、下西野、柳沟、北坡6个村集中连片发展以核桃为主的干果林达2800亩。在山区围绕荒山荒坡治理和地质灾害治理，新造林8000亩。张良村誉美香公司投资2800万元新建厂区，建成后可解决劳动力500余人。连福村大棚种植食用菌项目，张良村甜瓜、草莓采摘园项目，东杨屯村大棚种植葡萄项目呈现良好发展态势，西狐村油用牡丹种植项目已初见成效。2016年，全镇种植玉米21952亩、小麦7405亩、薯类1340亩、谷子800余亩、莜麦200余亩、油菜50余亩。

【民生保障】 2016年全镇小麦、玉米、薯类、杂粮等合计补贴金额达215万元。实施“一事一议”项目7个。完成47户农村危旧房改造工作。复核低保家庭335户474人、五保、特困供养人员184人、优抚对象240人，累计发放低保救济金129.48万元、五保特困供养52.84万元、优抚对象83.19万元。办理大病救助、临时救助20余户、申报二级残疾人239人、安排“两参人员”就业17人，累计发放各类救助金35.34万元。做好新型农民合作医疗工作，全年参保12304户14889人，参合率达94.67%；扎实做好城乡居民社会养老保险，新增参保人数230人，全镇共缴纳养老金166.5万元。积极创建全国公共文化服务体系示范区，不断增加便民公共服务设施，累计投资90万元对9个日常照料中心硬件设施提档升级，农家书屋存书通过几年来的不断积累，各类书籍达到6.3万册。

【社会事业】 积极加强教育基础设施建设，全面推进素质教育，积极发展学前教育，提高义务教育质量和水平，推进教育均衡发展；不断加强村级卫生室及突发公共卫生事件医疗救治体系建设，完善农村医疗便民服务机制，方便群众就医；认真贯彻执行计划生育基本国策，扎实推进计划生育村民自治，突出人口性别比整治，继续稳定低生育水平，大力提升人口素质；发展救助、福利、优抚等事业，不断完善日间照料中心建设，增强高龄老人集中供养能力，建立全覆盖均等化的民生保障新格局。深入开展“两学一做”学习教育常态化制度化，通过转变作风、教化民风引领群众思潮、凝聚社会共识。深化群众性精神文明创建活动，成功举办“连福好人”评选活动，选出连福好人5名，连福好人提名奖3人。全面推行“网格服务管理综合化”，完善为民服务体系建设；强化社会治安综合治理，共排查调处各类矛盾纠纷20件，开展法制宣传5次、专题讲座2次、发放法制宣传册3000余册，加强社会治安防控体系建设，坚决打击严重刑事犯罪活动和邪教组织非法活动，镇域内犯罪率呈下降趋势；抓好安全生产，严格落实安全生产“党政同责”“一岗双责”责任制，进一步健全安全生产监管体系，不断完善突发公共事件应急预案，提高应对和处置突发性公共安全事件的能力和水平，严防各类安全事故发生。

（刘　鹏）

绵 山 镇

【概述】 绵山镇位处介休市西南城郊，北面接城区，南连沁源、灵石，全镇总面积为158.6平方千米，耕地面积51508亩。全镇下辖37个行政村，8个自然村，绵山镇有耕地51508亩，总人口约3.2万人。

【项目建设】 2016年，全镇工业企业共74个，可提供4400余个就业岗位。绵山镇项目建设势头良好，逐步形成了工业产业园区化和集群化。机械装备制造园区情况：整个园区占地约1000亩，完成投资6亿元。中加重工企业，多智管模公司与太原重工股份有限公司合作建设，总投资42亿元，已完成投资4亿元；煤化成套设备公司占地124.5亩，总投资1.4亿，已经投产达效，年产值7000万元；绵上醋业项目占地16亩，总投资3000万，景辉太阳能项目占地20亩，总投资2600万元。安晟公司是对陶瓷生产线上的尾矿、矸石等废弃物回收利用，研发生产"泡沫陶瓷保温板"，该项目占地500亩，已投资5亿元。吸引民间投资在梁家村建设滑雪、滑草项目，该项目投资2000万，占地60余亩，已开始建设。

【民生事业】 隶属西靳屯的三个自然村樊家湾、大郎神、小山头，共计170户农户的采煤沉陷区治理搬迁的前期摸底、规划及申报工作，治理工作预计投资2000余万元。长寿村上康城养生、养老项目占地共200余亩，预计总投资3.4亿元，养生养老一期工程基本竣工，即将投入使用。投资389万元，实施了焦家堡村地质灾害不稳定斜坡治理；投资217.5万元，完成了冀家庄37户村民的治理搬迁工作。

【农业】 经济作物种植情况：核桃种植2000亩；果树200余亩；建设陶庄苗圃、苗木基地1000余亩。"乡甜农场"项目，确定"绵山长寿湾小米"成为华北地区首个示范产品，该项目带动长寿、兴地、东欢等村小米种植2000余亩。设施农业情况：帅达农牧养殖有限公司流转土地1200余亩、投资5000余万元，建成了种植养殖基地，拥有温室、拱棚150余个，养殖年出栏量1.3万余头，成为绵山镇现代高效设施农业的龙头。侯堡泉保护开发项目涉及侯堡、梁家村、东欢三个村，占地184亩，总投资4000万元，项目在基建阶段。西河底村60万只蛋鸡标准化养殖的绿健养殖公司，总投资1.2亿元，规模大、科技含量高、产业带动效果明显，产品行销国内外。河村绿兴农业合作社，占地50亩，投资2000万元，40万只蛋鸡养殖项目，产品销到周边县市各大超市。前党峪康源盛种植专业合作社占地200余亩，投资500万元，有拱棚60个，种植采摘相结合，前景看好。此外，还建成了兴地村1200亩酿酒葡萄基地、东河底300亩中药材种植基地。

【环境整治】 在农村环境综合整治攻坚行动中，全镇37个行政村出动劳力3755人次，动用机具356台次，清理煤堆1.42万吨，清运垃圾3.7万余立方米，修整围墙2245余米，新建煤堆集中存放点7处，翻修和新建垃圾池69座，刷写宣传标语150余条，发放告知书6000余份，张贴公告200余份，村边、路旁树木剪枝涂白累计12千米，粉刷墙体3.7万平方米，硬化道路3120平方米，总计投入资金374.35万余元。在镇、村干部共同努力下，在社会各界大力支持下，全镇环境面貌大为改观，人民生产生活条件得到了改善。

（王煜明）

宋 古 乡

【概述】 宋古乡地处城郊，面积34平方千米，是介休市北部新城主战场，下辖14个行政村。2016年，宋古乡按照"融入城市、发展宋古，服务城市、强乡富民"的基本思路，坚持"稳中求进"工作总基调，突出"城市引领、产业支撑、项目承载、民生改善"工作主线，围绕维护社会稳定和发展农村经济的大局，勇于担当、积极作为，保持了经济社会各项事业的良好发展势头。全年全乡工业总产值完成16.55亿元；农村经济总收入完成13.79亿元；固定资产投资完成11.69亿元；农民人均纯收入达到1.21万元；粮食总产量1456万公斤；人口自然增长率6‰。

【项目建设】 积极对接红星美凯龙商业综合项目，规范腾地标准和秩序，完成三道河村腾地任务130亩；密切关注金泉能源集团仓储中心、凯嘉总部及科技培训项目，嘉欣苑小区建设主体全面完工，外装工程进入尾声；抓好农村旧村改造工程建设和住宅小区管理，总投资4000万元的宋古小区北区建设一期工程完成相关手续办理，并已完成60%工程量；总投资3500万元的洪善村旧村改造工程完成相关手续办理，完成"三通一平"前期准备；强化新能源改造工程，投资2000万元完成三道河天然气入户管道铺设一、二期工程，已经入户273户，采暖面积达4.37万平方米。

【设施农业】 顺利完成汾河二期工程腾地工作，完成高灌建设任务2处、机井房5间、防渗U型渠1.78万米、低压管道1.57万米。全乡维修机井6眼，更新水泵7台，维修防渗渠道4000米，平田整地1.6万亩；重视农业产业化发展项目，注重紫丁香、泓兴、兴海产业园区示范引领作用，拓展发展规模和经营项目，累计投资达300万元；强化农技推广站服务职能，依托兴海公司、兴泰园林绿化公司举办新型职业农民培训2期，参训600余人次，扶持帮助科技示范户110户；农村规划编制稳步推进，完成三道河村、宋古村、洪善村农村整体发展规划编制工作。

【环境整治】 结合乡情，严格贯彻落实关于整治工作"四净四无"的要求，从大处着眼、小处着手，村内村外、田间地头、河流渠道一个标准，进行彻底清理。全乡共动用各类机具5000台次，动用劳力5000人次，清理垃圾4.2万立方米，清理"四堆"4400堆，清理煤泥5.5万吨，清理路边、河道杂草15千米，清理占道经营、乱搭乱建80处，清理小广告1800处，修剪、粉刷树木10万余株，修建围墙长1.51万米，粉刷墙体20万平方米，新建煤泥池1000个，新建垃圾池130个，新建文化长廊1500平方米，打造文化街3千米，全乡环境面貌焕然一新。

【社会各项事业】 继续抓好人口计生工作。在做好"二孩"生育政策宣传引导基础上，强化服务优生优育，确保全乡计划生育各项指标控制在责任指标范围内。全乡出生人口447人，计生率96.64％，出生性别比96.92，孕前优生健康全乡(除花园村外)13个村覆盖率达92.8%；惠农政策执行到位。冬季低收入农户供煤任务顺利完成，发放金额255.02万元，惠及农户11088户；农村危房改造工作顺利推进，对73户危房进行核实、改造，当年主体完工验收53户，完工率达73%。抓好社会救助和社会保障。开展了五保、救灾、高龄老人补贴专项整治等工作，春节期间走访慰问送温暖救济款26.1万元；发放救灾款18.9万元；临时救助9人，涉及金额3.6万元；低保审核170户；供养五保户63人，新核准13人；新增兵役优抚对象23名；全乡新增13名年满60周岁农村籍退役士兵，按时享受优抚生活补助；协调发放残疾人辅具51件，残疾人贫困户建档立卡202人；工会、共青团、妇联等群团充分组织优势，不断在农村管理、农民技能提升、创业就业和增收致富等方面发挥作用。

【基层党组织建设】 宋古乡共有28个基层党支(总支)部，其中机关和事业单位党支部(总支)7个，农村党支部14个，非公有制经济组织党支部7个，党员931名，农村党员756名。2016年，全乡共纳新党员13人，转正9人，为党组织输送了新鲜血液，加强了党员队伍建设。

健全和完善了"三会一课"、党建目标管理、民主评议党员等党建制度，制定了相关奖罚措施。新建2个党建工作示范点，规范了农村党日活动和远程教育等教育机制；坚持把党委班子建设作为党建工作的首要任务来抓，把村级党组织建设作为党建工作的基础工程来抓，扎实做到“五个加强”——加强领头雁培训、加强“两委”班子建设、加强党员队伍建设、加强制度建设、加强农村经济发展。坚持把保障建设作为党建工作的主要任务来抓，扎实做到“五个落实”——落实村干部待遇、落实关爱帮扶机制、落实活动场所建设、落实党建工作经费、落实党建精品亮点。

（王秀婧）

三 佳 乡

【概述】 三佳乡位于介休市城东5千米处，国土总面积17.9平方千米，是全市10个乡镇中面积最小的一个。全乡辖11个行政村，除崇贤村地处丘陵区外其余10个村均属平川村，全乡总人口1.8万人，耕地面积1.2万亩，耕地基本为水浇地。境内交通便利，周边与城关、宋古、义安、连福、洪山、龙凤等6个乡镇相连，南同蒲铁路、祁临高速公路穿境而过，张义线、东夏线、介出线横贯东西，工业园区路连接南北，区位及交通优势明显。毗邻义安工业园区，工业经济发达，有大小企业39个，正常生产的企业有27个。

【安全监督】 三佳乡始终从安全生产上着力，认真贯彻“党政同责，一岗双责，失职追责”的安全生产管理机制，进一步明确了8个专安委及11个村级监管小组职责，适时开展“百日安全生产活动”“打非治违专项行动”，持续组织开展全乡的安全隐患排查、打非治违、燃气等专项整治、校园及校车安全检查、消防安全检查、反“三违”行动、冬季安全生产大检查等行动，共计出动人员查出安全隐患326条，其中已整改311条，整改率95%；道路排查隐患20处，整改18处；查处非法违法生产经营场所1处。抓住6月份“安全宣传月”机遇，组织开展了形式多样的宣传活动，共计发放宣传材料1000余份；组织应急演练2次，组织安全知识竞赛1次，组织乡、村两级领导干部“三责”教育培训1次，同时督促企业积极开展本企业内部的“三责”教育培训，参加培训人员达200余人。

2016年，全乡未发生较大以上事故，生产经营、道路交通、危险化学品、建筑施工、烟花爆竹、消防、农业机械等行业均无事故发生。

【民生工作】 2016年危房改造、社会救助、优抚工作、救灾救济、城乡医疗救助、残疾人等工作稳步推进，做到政策落地、应保尽保、规范运作、分类施保、动态管理。

全乡危房改造63户，完成验收48户。城乡低保共计176户、279人，其中城市低保1户、2人；农村低保175户、277人；共发放城乡最低生活保障金及电价补贴共计67万余元，完成了对30名五保供养对象供养金的发放工作，共发放五保供养金近9.5万元。发放6名伤残军人、5名复员军人、1名病故属、4名带病退伍军人共16名优抚对象的优抚金共14.16万元；为4名1955年退伍老兵、5名参战人员、8名参试人员、1名其他人员共18名重点优抚对象发放优抚金5.38万元；为2名烈士子女发放优抚金3600元；为91名退役士兵发放生活补助7万余元；下拨救灾款项30万元。为全乡7039户发放取暖补贴161.90万元。为91名困难残疾人发放生活补贴4.08万元，下拨救灾款10万元，惠及712户、2262人。发放大病救助资金18余万元，救助22人次。新农保参保率达到98.82%，新农合参合率达到100%。为全乡7020户农户下拨供煤补贴210万元，实行冬季供煤。

【城镇化建设】 2016年，三佳乡坚持“科学规划，政策引导，注重实效”的原则，加快基础设施建设，谋划发展特色产业，增强发展后劲。

邀请了省住建厅规划处陈建军处长、晋中市规划设计院董晓刚院长对全乡推进城镇化建设进行专题指导，结合三佳乡实际，围绕全市发展，修订规划。加快旧村改造，总建筑面积3.7万平方米的西宋丁、东宋丁和下曹麻住宅小区工程投入使用；完成总面积6000平方米的三佳小学和4所幼儿园新建、改建工程；完成总面积2800平方米的5个村级活动场所建设;完成下曹麻、东宋丁、西宋丁等5个村7800米的上下水管网改造工程;完成总面积8200平方米的户户通工程。投资220万元,新建文昌公园、温和公园和下曹麻村公园。建成下曹麻、东宋丁老年日间照料中心。总投资2000万元的乡文化站、信用社、邮政所、卫生院、中心幼儿园等工程全部建成;总投资4000万元、建筑面积7000平方米的介休东站和附属设施投入使用,高铁车站通城路一期工程和东夏线改线工程全部完工,二期工程进展顺利。总投资517万元,对三张线总长2.55千米的路面进行了硬化,并将通程路、佳泉路的道路提质列入发展计划,不断夯实城镇化建设基础。

【项目建设】 三佳乡以加快发展为主题,项目建设为重点,科学规划,积极推进集镇开发建设,主要项目建设包括:企业技改项目、天然气加气合建站项目、水管网、河道整治及环境连片整治项目等,同时将项目资料,分门别类,定期归档,确保资料完整性。

全乡经济总收入完成5.91亿元、工业总产值完成4.2亿元、农民人均纯收入达到11784元。总投资11.25亿元,实施了28个项目。荣恒泰、中宇和礼民公司技改项目、井安公司PE管材项目投产运营;总投资5000万元的东宋丁村天然气加气合建站项目已经建成;总投资1800万元的世行引水管网、16座大西高铁电网铁塔和樊王河河道整治任务基本完成;总投资7000万元的商砼中心建成投产;总投资650万元实施了惠及6个村、1.4万人的农村环境连片整治项目;全年固定资产投资3.9亿元,工业总产值1.95亿元,工业销售产值2.25亿元,经济总量稳步向好。

【农业】 2016年,三佳乡全面落实各项农业补贴政策,加强农技推广培训,打造各村精品特色产业,为农业发展引入新模式,夯实农业农村发展基础。

认真贯彻执行国家粮食直补惠农政策,全乡登记补贴农民4317户,核实小麦、玉米杂粮种植面积共计1.86万亩,补贴资金137.89万元。小麦一喷三防面积6273亩。东湛泉村、崇贤村开展测土配方实验示范80亩。在夯实农业基础的同时,加强农业技术推广体系建设,投资14万元,完成了包括实验室、展示室、培训室功能在内的210平方米的农技站改造,为三佳乡农业转型发展,推进农业现代化进程提供了阵地和保障。遴选科技示范户60户,开展新兴职业农民培训90人次,赴运城、长治开展科技培训并进行技术指导。举办新型职业农民及农业专业技术培训27次,累计培训1050人;发展设施蔬菜100亩,打造育苗基地380亩;大力实施水利基础设施建设改善工程,完成了投资30万元的西湛泉、温村安全饮水工程;制定"一村一品"发展规划,重点打造东宋丁村肉牛养殖、南两水村粮油加工及流通、西宋丁村蔬菜种植、温村肉鸡养殖、崇贤村核桃种植等特色产业;开展土地确权颁证工作,不断夯实农业农村发展基础。乡党委主动出击,精准发力,组织党委班子成员和下曹麻村支部书记、村干部赴山东菏泽、日照等地考察了肉驴养殖、黑木耳种植两个增收项目。在下曹麻村开展试点种植,引导工商企业向农业注资发展新模式,打破农业发展瓶颈,加速农业转型。

【环境整治】 2016年,乡村两级高度重视环境卫生整治工作,在全乡范围内开展了一场环境卫生整治会战,建立了农村保洁制度,组建了农村保洁队伍,使农民养成良好的环境卫生观念,主动参加农村环境卫生整治活动,使村干部能够形成长效的管理意识和机制,从根本上改变农村"脏、乱、差"的环境条件,切实提高人民群众健康卫生水平。

按照"周检查、月评比、半年考核"的机制推进清洁工程,累计投入劳动力逾万人次,机具5000余台,清理煤泥2000余吨,垃圾4万余立方米,新建两个垃圾中转站,乡村清洁工程在全市名列前茅。下曹麻村、东宋丁村获得了"省卫生村"荣誉称号。百日攻坚中,共投入240余万元,累计出动干部群众、清运人员5060人次,清理"四堆"817堆,倾倒垃圾1.5万立方米,清理杂草面积达3.6万平方米。共出动装载机96辆次,派出垃圾清运车341辆,共粉刷标语、悬挂条幅260余条，粉刷墙壁面积达10.1万平方米。新铺土石4000立方米，共翻新4万平方米土地。各村党支部利用5号党员活动日动员党员积极投身环境大整治，成立了12支以党员干部为主的环境整治攻坚突击队。机关突击队率先带头，利用周六日和节假日，共开展集体义务劳动17天，对张义线、东夏线、三佳村、温村、西湛泉、东湛泉、永庆村重点区域进行集中清理，党员领导干部和机关干部职工442人次参与到义务劳动中。

（张　静）

城　关　乡

【概述】　2016年，乡党委、政府在市委、市政府的正确领导下，充分发挥城郊优势，坚持以习近平总书记系列重要讲话为指引，按照市委、市政府“拼搏奉献、苦干三年、正本清源、实现巨变”的要求，立足区位优势，以“服务城市为基、融入城市为本，全面建设和谐美好城关”为发展理念，抓经济、惠民生，抓安全、保稳定，抓党建、强基础，各项事业蓬勃发展，社会和谐稳定，各项目标任务圆满完成，努力实现“振兴崛起、城乡美丽、生活富足、人民幸福”的奋斗目标。

【基层党建】　城关乡党委以“两学一做”活动为抓手，认真落实基层党组织建设各项工作，不断改进党建工作方法，创新工作思路，取得良好的成效。全乡16个基层党组织换届按期圆满完成，选举出10名农村致富带头人进入基层组织班子，尤其是农村主干实现“一肩挑”比例高达70%，农村两委班子成员交叉任职率达25%，6名大学生村干部全部直选担任村级支部副书记；全乡按照10%的比例倒排1个软弱涣散党组织，采取“一村一策”办法，分类建立台账，逐一进行销号；对党员集中开展组织关系排查，认真落实工作要求，找回失联党员7名。完善党员信息资料录入916条。全乡16个支部，378名党员补缴党费25859.9元，并全部上缴；全面落实“一定三有”等政策要求，当年村主干年报酬比上年提高了6000元，其他村干部报酬在1500元标准上又提高了300元。全面推进基层组织活动场所升级建设，专项拨付党建经费1万元；根据区域、规模、产业布局和党员分布情况，推进党支部、党总支升格，把顺城关党总支升格为二级党委；采取单独建、联合建等方式组建民营企业党组织11个。在群众路线实践活动、“三严三实”“两学一做”学习教育中，注重发现典型、培养典型，让典型发挥示范作用，连任五届的冯冀堡村支部书记、村委主任王春亮在2016年乡镇党委政府换届中，被选举为乡政府副乡长；在基层组织中，顺城关党委受到了山西省委表彰，南街村总支书记、村委主任安启明被山西省委评为优秀共产党员。

【农业】　农村农业工作稳步发展，农村经济、土地管理得到加强；不定期地对各村会计进行建账指导，进行会计核算，强化村组财务审计，并配合市农经办对部分村2015年账务进行了审计工作；开展了农村“三资”专项清理整改工作；严格执行上级各项减免政策和种粮直补政策，进一步加强对各种政策补贴款的监管；开展了农村土地确权工作；落实耕地保护政策、依法打击各类违法用地行为；积极引导发展农民专业合作社、促进农业的可持续发展，截至年底共发展有22个合作社，旭峰农业专业合作社现已注册51户，社员种植面积409亩。社员出资500万元，被推荐为介休市农业专业合作社示范社。

各项农业工作任务圆满完成。2016年全乡小麦播种面积346.2亩，产量11.11万公斤；玉米播种面积4043亩，产量209.43万公斤；蔬菜播种面积1084.9亩，产量171.31亿公斤。

【经济建设】　城关乡立足自身优势，以国家新型城镇化综合试点为契机，充分利用乡区位优势、交通优势，产业结构不断调整，主导产业核心竞争力显著增强。坚持推进煤焦企业退城入园，建筑行业换挡升级，制造业转型升级，农村电网改造工程的实施和石河110千伏变电站建成为城关乡调整经济结构提供有力保障；积极推动帅达污水处理有限公司污泥资源化利用项目、污水处理改造项目实施；帮助麟盛碳素有限公司从一家生产、加工碳素的重工业企业，成功转型为销售、安装空气能，以发展清洁能源为主的企业；在定阳路上原有岩兴汽贸、永亮汽修、惟志汽贸等一批汽车销售与维修企业基础上，通过聚拢海马汽车、北京汽车等品牌，打造出汽车销售一条街；通过阿里巴巴农村淘宝店在城关乡成功入驻运营，适时推进"互联网+"计划；帮助"俏江南"等一批农村电商做强、做精、做大；极力打造了中通快递、韵达快递、月嫂服务、殡葬服务、园林绿化服务等一批特色鲜明的服务业聚集基地和服务行业品牌。为城关乡经济结构调整，产业转型积累了丰富的经验，促使城关乡的经济进入循环生态模式健康发展。

【城乡建设】 城关乡主动服务城市发展，因地制宜，根据资源条件、历史文化和人文特点推进城乡建设工程。占地58亩，涉及农户48户的三中实验校区和十二幼工程开工建设，建成后将彻底解决介休市城区西边学校少的难题；梁吉、罗王庄一期改造建设已完工，提供了2.9万平方米、252户的优质住宅，新的改造项目正在筹备中；下庄村村民住宅楼已经开工建设，建成后能提供96户、1万平方米的村民住宅；介休市第二热源厂项目、帅达污水处理厂中水回用管网工程项目开工，工程进展顺利；占地600余亩，涉及农户53户的汾河治理二期工程腾地工作已完成。城关乡努力推动城市建设工程，改善了村民的居住条件，提升了城市的整体形象，拓宽了城市框架，为城关各村融入城市奠定了坚实的基础。

【社会各项事业】 落实人口计生目标管理责任制，严格按照与市委、市政府签订的目标管理责任书的要求，进行细化分解，建立健全了一系列的工作责任制，并制订了年度工作考核办法；流动人口计划生育免费技术服务率、统计数据质量准确率、生育政策知晓率、群众满意率、全员人口数据审核差错率等均达到指标要求，人口计生孕前检查在全市通报中排名第三，查环查孕率达到了90%以上；全面深入开展幸福家庭创建示范村活动，关怀国家奖励扶助人员、关怀困难计生家庭，建立农村养老生活补贴制度，实施"成才"救助工程。2016年农村低保保障834户，共计发放低保金525576元；城市低保上半年共计发放低保金18690元；五保人员82人，发放五保金60065元；乡农村医疗救助15户，共计救助金额123630元；完成农村残疾人贫困户识别工作，为在城关乡居住的103名重度残疾人（一、二级）申报了每月50元补助资金；组织部分符合条件的残疾人参加了农村实用技术培训；向7名退伍军人发放优抚证书；配合介休农业局完成城关乡晋中扶贫人员核定工作；配合乡城建部门对乡申报危房改造的20户家庭进行了入户；按时完成2016年低收入农户冬季取暖货币化补贴工作；在便民服务中心建立领导班子，完善窗口管理，切实推行"六公开"制度，严格按照"五规定"办事，完善各项措施；便民窗口办结各项便民服务事项374件，提供各类便民服务350余次。

【环境整治】 城关乡坚持把乡村清洁工程与新农村建设、创建文明村镇、最美乡村等工作有机结合起来，整体推进了乡村清洁工程的发展。2016年全年全乡共清理煤堆等"四堆"13646堆，10个村涂刷宣传标语144条，倾倒垃圾9.2万余立方米，粉刷墙壁8.05万平方米，新增绿化面积890平方米，统一修建煤泥池190个，统一修建垃圾池31个，新硬化路面5053平方米，新建围墙850米，新增路灯13个，新增果皮箱25个，规划车位108个，新增健身器材一套，涂白树木2.1万余株，清除杂草7600余平方米，拆除违章建筑9处，清除小广告6624处，开工修建"农村红白议事大厅"一个，规划硬化街道16条(已开工一条)，规划新建"美食广场"一个。截至年底，共投入人工6200人次，机具1050台次，资金316万元（不包括硬化街道、美食广场等投资），基本实现净化、亮化、绿化、美化，初步达到整治效果。

【安全生产】 始终坚持安全生产的红线意识和底

线思维，以强化安全责任，提高安全意识，加强执法检查，开展专项行动为主线，有效遏制了安全生产事故的发生。2016年重新制定了《城关乡党政同责实施办法》，构建了“党委领导，政府监管，群众参与，社会监督”的安全生产新格局；围绕安全生产大检查、甲醇安全专项整治、打非治违、反“三违”“两大战役”等重点内容开展工作，积极落实各项安全生产目标；2016年，检查企业201家次，查出并整改隐患563条，切实加强了安全生产管理水平；坚持以“打非治违”为常态化的工作主线，时刻保持打击非法生产、经营、建设行为的高压态势，按照“全覆盖、零容忍”的要求，认真开展打非治违活动；共取缔非法加油点3处，取缔无检验合格证书的导热油锅炉1台，督促1家工商营业执照过期的企业重新办理了营业执照，坚决把非法行为消灭在了萌芽状态；利用“安全生产月”、安全生产大检查、专项整治等活动为抓手，在全乡范围内利用标语、宣传单、版面、发放安全生产资料等多种形式积极开展安全生产宣传教育活动，全年共制作版面12期、标语条幅34条、发放宣传资料8000余份，组织30余家企业开展了应急演练。组织全体乡干部、各村两委干部进行了三责教育培训，深化了乡村两级安全生产监管人员知责、履责、问责的意识，形成人人知责、认真履责、严格问责的良好氛围。

【综治工作】 2016年，城关乡综治工作取得长足进步，矛盾隐患排查调解工作逐条解决。乡党委同各村签订了2016年综治责任书，明确了综治工作职责；3月开始联合乡安监部门，打掉大西高铁附近一个非法储存柴油的窝点，调用机械移除了埋在地下的柴油罐，顺利排除安全隐患；从7月底开始，对全乡的不稳定因素进行了大范围的摸底排查，共上报案件48起；联合城关派出所针对全乡的九小场所、四类重点地区与校园及周边开展了为期7个月的“六项整治”集中整治行动；十八届六中全会期间，乡综治办要求各村实行信息零报告制度，并加强铁路护路的巡逻力度。巡逻中综治办与市安监局共同排查发现了1处可能危及铁路行车安全的燃气井，经过与相关部门积极沟通，顺利排除隐患；集中进行了环境卫生整治工作，共加固或拆除铁路沿线有安全隐患的彩钢瓦5处，清理铁路沿线垃圾近万方，保证了十八届六中全会期间，城关乡铁路沿线的安全畅通。

【文化活动】 文化站组织了以“中华经典诵读”“弘扬爱国精神，践行社会主义核心价值观”为主题的诵读会、书画赛展、剪纸展览等文化活动。组织全体乡机关干部举办道德讲堂——《公务员职业道德》视频讲座、举办文明礼仪培训。结合开展公共文化示范区创建工作，加强公共文化示范乡建设，农民电子阅览室实现每天免费开放，有4个村基本做到每天免费开放2—3小时，全面完成了“山西省乡镇综合文化站档案卡”建立。

【人武工作】 兵役登记工作进一步得到提高，全乡18周岁应登青年116人，共登115人，全乡共向市征兵体检站输送56人进行体检，有24人进入政审程序，有16人通过政审，光荣入伍。

（董　飞）

龙 凤 镇

【概述】 龙凤镇位于介休市城南7.5千米处，全镇辖14个行政村，国土面积110.4平方千米，总人口1.4万人。龙凤镇有独特的地理优势，属丘陵温和区，整个地形为东、西两山，中间一河。全镇海拔800—1200米，年平均气温9℃—10℃，褐土土质，农业种植小麦、玉米、谷子、豆类等作物。龙凤镇矿产资源丰富，有煤、石膏、紫木节、耐火土等。全镇有万亩核桃林产业基地、龙头双孢菇种植基地、漏土杏采摘基地、渠池大田果蔬采摘基地、北庄小米种植基地。龙凤镇交通便利，介龙线、旅游线贯通南北。文物旅游资源丰富，生态资源厚重，森林覆盖率达

35%。

龙凤镇党委政府按照努力打造“城市天然生态大氧吧、乡村文化旅游大观园、建设材料服务大基地”的总体思路，突出“文化立镇、旅游兴镇、生态富镇、和谐强镇”四镇建设，努力壮大东部建材基地、西部文化旅游两项主导产业，全力推行“旅游+”发展模式，实现旅游、文化、生态、景观联动发展，建设材料集约、规范、科学发展，农村新型城镇化发展，全面建设和谐美丽新龙凤。

【党建工作】 2016年，全镇上下以抓基层党建为突破，转变作风，适应新常态，树立新形象；以抓信访稳定为首要，匡正风气，解决问题，为全镇和谐发展营造良好环境；以抓安全生产为根本，摸清底数，狠抓整改，严格落实安全生产党政同责；以抓发展布局调整为核心，抢抓契机，科学布局大力推动全镇新发展；以抓“两个责任”落实为主线，率先垂范，坚守底线，推动党风廉政建设落地生根。

龙凤镇始终坚持把党建工作放在首位，常抓不懈。坚持上行下效，做到知责入脑、履责入行、执责入心，强化主体责任的落实。立足实际，坚持学做结合，全力推进“两学一做”学习教育。从镇到村，坚持实事求是，强化主要问题的解决。6月4日，圆满完成了换届工作，选举产生党委领导班子成员9名，人大主席1名，纪委委员5名，副镇长4名。通过招考，增加事业人员2人，公务员2人。11月10日，又增加1名挂职副书记。

【旅游产业】 牢牢抓住张壁和南庄两个国家级传统村落，发展生态旅游。一是凯嘉旅游公司以巩固国家AAAA级旅游景区创建成果，推进完善景区标准化质量提升工作，以全力建设古堡核心区域为基础，并在此基础上打造生活性服务产业的核心要素。2016年，张壁古堡累计实现营业收入492.55万元，完成年初计划800万元的62%；比去年同期的400万元增加了92.55万元，同比增长23%。累计接待游客8.31万人，同比增长27%。12月中旬由三晋出版社出版了《张壁史话》，《郑说古堡》初稿已交山西省科学技术出版社初审。以张壁古堡冠名的山西省电视台《天下寻宝》正式开启“寻宝之旅”，带动了古堡旅游的发展，进一步提升了景区的品牌效应和知名度。成功争取到中央电视台《文明密码》、宁夏卫视《最强小孩》、山西卫视《于成龙》和《渊子崖保卫战》等电视节目拍摄。二是南庄村立项4280万元进行景区改造及相关配套设施建设。规划完成污水处理工程和地下排污管网建设，硬化改造景区旅游步道，完善景区道路边绿化工程及围墙改造保护。同时投资建设旅游休闲小公园，乡村旅游规模有了进一步扩大。三是积极实施7.5千米绵张线旅游路绿化美化工程，增设龙凤经济文化宣传牌识30个，新刷写标语11条，作为贯穿于市区、南庄、张壁和绵山旅游休闲区的一条主轴线，意在打造“介休高速口—南庄吃住行—张壁”游购娱旅游黄金线，全面盘活镇域旅游业。

【环境整治】 通过真抓实干的整治，镇村整体容貌焕然一新。南庄村实行了垃圾不落地，14个村的村委会高标准整治出来、村内主干道的墙面阵地刷新出来、村广播响起来，介龙线、旅游线市级主干道先行整治出来，迅速掀起了整治氛围。科教局协调第三方投资5万元为东宋壁硬化出村破损道路，环保局在张壁、南庄实施了污水处理项目。宣传、住建、环卫、旅游等单位根据各自实际提供机具、垃圾箱、涂料等人力物力的帮助。龙头小学、洗煤厂、凯嘉集团主动认领责任区，明确学校责任路、企业责任路。龙头以村委出料、个人出力的方式，硬化了20条小街小巷，彻底解决90户村民门前脏乱差的问题。整治中，新修补修60个垃圾池，新增50个果皮箱，栽植了3000株树，硬化路面5000平方米，各村悬挂整治前后对比图，引导群众珍惜成果，自觉参与整治。

【生态农业】 完成小麦、玉米粮食直补，杂粮良种补贴共计2.27万亩；玉米入保3762.68亩，涉及700余户；新增玉米收割机1台，中型农田作业车及配套机具3套；完成省重点项目——西宋壁村玉米丰产方机收秸秆还田500亩；北庄村争取省农技推广试验示范基地项目，投资5万余元，种植50亩西瓜、红薯，370亩谷子。组织农民、示范户集中培训200余人次，并邀请相关专家就核桃树管护、林下套种等进行实地培训讲解。

【民生改善】　在市政府资金没有到位的情况下，克服困难，完成了3.1千米的龙凤河治理工程，保证了省重点工程的顺利实施。顺利推进土地确权登记颁证工作，11个村已全部完成。农综开发项目，投资60余万元硬化了漏土村——张壁村500米道路，新修蓄水池1座。龙凤村投资12万元完成500米长暗洞改明渠清淤疏通工程；龙头村建成了介休最大的双孢菇基地，带动了300余名群众就业，人均增收150元；鳌子岭投资10万元，将旧村委改建为日间照料中心；圪垛村修建村内与上曹麻道路3千米。

【安全工作】　强化安全责任，全面落实"五个全覆盖"。对上级的一系列安排部署，第一时间学习、传达、部署，做到镇村逢会必讲，星期一例会必学安全知识，每月5号党员活动日必学安全知识。重点部位悬挂宣传条幅60余条，刷写宣传标语10余条。全年共检查企业337家次，查出各类安全隐患502余条，下达整改指令291余份，罚款99624元。

【防汛工作】　面对防汛压力，建立了龙凤河防汛监控措施，加强应急抢险物资准备、应急抢险队伍及机具的建设。加大山洪应急知识宣传，增强村干部及群众对山洪危害的重视。多次召开专门会议集体研究，加大危房、学校、敬老院、河道和地质灾害点等的巡查、管理工作，严厉打击在河道内的私挖乱采、挡堰取水、倾倒垃圾等行为。防汛期间，镇村干部深入全镇每个角落，排查隐患120余处，签订防汛责任书15份，对村、企下发防汛整改通知书60余份。同时，实施龙凤河治理工程，顺水坝工程已完成2/3，已投资1000余万元。

【民生保障】　城乡低保工作以加强动态管理和和谐稳定为重点，进一步完善低保申请、入户调查、民主评议、审核审批等工作环节和程序，切实做到低保对象有进有出。全镇有低保户219户，五保户47人。2016年新型农村社会养老保险共计缴费金额72.39万元，参保人数6800人。城居缴费金额3100元，参保人数14人。参加新型农村合作医疗人数达到13381人，全镇参保率达到95.4%，缴费金额134.15万元。

【人武工作】　顺利完成民兵整组工作，对应急分队进行了集中常规训练，适龄青年网上兵役登记达82%，共征兵13人。

（郭青珍）

洪　山　镇

【概述】　2016年，面对洪山镇传统产业面临困境、人畜吃水形势严峻、发展任务艰巨繁重的实际，全镇上下始终坚持以习近平总书记系列重要讲话精神为根本遵循，严格落实市委、市政府各项决策部署，紧紧围绕"十三五"确定的"宏图宏愿宏志，建设秀美洪山"目标不动摇，牢牢把握安全、发展、稳定三大任务不松劲，以积极的态度应对挑战、以创新的举措攻坚克难、以务实的作风推动发展，实现"十三五"良好开局。

【基层党建】　将"两学一做"学习教育主题实践与精准扶贫工作相结合，由包村领导带队下乡入户，重点对贫困群众生活情况进行调研，共走访136户，做到贫困人口全覆盖。组织全镇11个村两委主干、两委干部共计100余人进行集中培训。全镇12个远程教育播放点全部实行了专人管理，完成了每月至少4次，每次不少于1小时的播放任务。后进村村级组织专项整顿工作成效明显：在上曹麻村党支部和磨沟村党支部整顿工作中，建立健全各项规章制度，完成档案整理、制度完善、版面上墙等工作，同时抓好两委干部学习教育工作，促进班子团结协作，充分发挥基层党组织的战斗堡垒作用。认真抓好党员发展工作，严格程序、严格把关，截至年底共发展积极分子25名，发展党员9名。每月5日党员活动日常态化正常运行；在册576名党员全部建档管理，流动党员由相应支部专人负责对接，建立动态管理台账，全镇无失联党员；严格按规定收缴党费，台账完善，数目清晰；把便民服务中心和信访接待中心作为面向群众的窗口，共接待群众200余人次，解决实际问题，发挥桥梁作用；强化党风廉政建设，运用谈话函询工作方式，与镇村两级干部进行沟通，纠正问题，效果显著。

【农业】 以产业扶贫为向导，以晋中市确定的扶贫企业海能集团为主体，累计投资2000余万元，流转5043亩荒山荒坡，完成首批近200亩梯田整治，完成首批玫瑰、月季等花卉铺苗工作，完成洪山村100万元全钢架日光温室建设，完成以马山村为中心的生态旅游项目第一期配套设施建设。以种养殖产业为突破，实施干果经济林种植和家庭式养殖双轮驱动战略，五年来全镇干果经济林规模以每年7%的速度递增，有核桃林近8000亩；在养殖业发展方面，采取政策引导、产业扶持的办法，鼓励更多的农户参与养殖业发展，全镇范围内有规模养殖户近10家，家庭式养殖1000余户，占全镇总人口近30%。

【文化旅游】 面对因洪山泉断流，受洪山泉域保护制约，难以新上工业项目的实际，洪山镇果断提出大力发展文化旅游产业的战略决策，并展开了一系列工作，完成了源神池景观恢复工程；积极争取申报中国历史文化名村、中国传统古村落、美丽乡村旅游三个项目；新建了一批景点建筑，古窑址处塑造了陶祖像，源神路新建了牌楼和文化墙并全部绿化美化，海能百药坡健身步道逐步完善；开通"洪山古镇"微信公众平台，对洪山的历史文化加以宣传，及时发布党政动态，在向世人推介洪山的同时，为生态文化旅游产业发展营造声势。

【环境整治】 洪山镇严格贯彻落实市委、市政府关于开展乡村环境综合整治工作"四净四无"的要求，从大处着眼、小处着手，村内村外、田间地头、河流渠道、公路沿线一个标准，进行彻底清理，整治投入资金近80万元，清理"四堆"近1000处，清理积存垃圾5000余方，以及动员大量人力、物力、机具清除河道、杂草、小广告等，新修8个垃圾池，制作标语、文化墙100余处，环境面貌焕然一新。

【民生工程】 加强基础设施建设，投资400万元完成石屯村南沟桥的危桥重建；投资300万元完成了洪山村原陶瓷厂前至介出线长2.7千米宽7.5米的道路建设，使全镇公路交通网形成闭合环路；投资近50万元完成上曹麻高堰自然村旧路改造工程；按照"五个全覆盖"工作要求，累计投资776万元对11个村内的主干道、巷道、户道进行统一规划、分步推进，完成道路硬化38.8千米，实现油路直通群众家门口。关注老年人日常生活，有日间照料中心2个，为100余位老年人提供活动场所和服务。

【社会各项事业】 认真解决事关群众切身利益和服务群众"最后一千米"问题。一是加强社会保障，全镇有农村低保198户，保障人口307人，有城市低保8户，保障人口8人，全年为重点优抚对象27人发放补助金10.3万元。二是配合妇幼保健院专家进入全镇11个村免费诊疗，受益人数200人次。100余名重度残疾人享受护理补贴5000元。三是实施农村饮水安全工程，解决了洪山、马山、运吉近8000人吃水困难问题，安装管道2000米，增加灌溉面积1000亩以上，堡上村新建洪山供水管理站，解决了大褚屯、小褚屯、堡上、石屯等村应急吃水问题。

【社会治理】 洪山镇党委、政府始终把安全生产作为最大的民生工作来抓。通过多种形式宣传，教育引导群众树立合法用地理念，并联合国土局对违法占地行为进行严厉打击；在日常工作中，对私挖乱采行为保持高压打击力度和不间断的工作巡查，对发现的私挖乱采点报请市政府进行了集中处理。严格按照市委、市政府及市安委办工作部署，在全镇范围全面开展打非治违、安全大检查、“五级五覆盖”等各项工作，各生产经营单位安全生产水平得到有效提升。

（李 帅）

北关街道

【概述】 北关街道是1996年12月成立的科级单位，是市委、市政府派出机构。管辖范围为：城区东西大街，朝阳路以北、彦博路以南，北河沿以东。街道下设北大街社区、顺城路社区、体育路社区、和谐苑社区、新华南街社区、彦博社区、朝阳社区7个社区居委会，有城市居民122417户，33074人。街道常规性工作对口管理的机关、企事业单位25个，法人单位700余户，成建制住宅小区30个。建立街道“五级网格”体系，共划分49个基础网格。

【党建工作】 深化党风廉政建设工作部署，强化党风廉政建设主体责任。制订《2016年党风廉政建设工作计划》，明确工作责任分工。认真学习贯彻《中国共产党廉洁自律准则》和《中国共产党纪律处分条例》。根据介发〔2014〕16号文件精神确定党风廉政建设主体责任任务清单。认真开展廉政风险防控工作，领导干部找准风险点，加强对重点岗位、重点部位的监督检查，杜绝违法违纪。

明确9个支部结对帮扶，新设立北关社区卫生服务中心党支部，调整体育路社区党总支和机关支部的组织机构，配齐配强了班子队伍。强化失联党员、口袋党员的查找力度。北关街道转入原介纺党委党员778人，由于破产企业情况特殊，老龄化、失联党员的现象普遍，也存在年代已久资料寻找不便的情况，排查起来比较费时费力。经过反复排查217名失联党员，至年底已找到207名，其余10名失联党员还在继续排查中。结合“两学一做”学习教育与党的群众路线教育实践等活动，各支部共举办专题讲座34次，培训党员431人次，开展警示教育、廉政讲座2次，受教育达200人以上。针对党员多样化学习需求，带动各党组织建立党建微信群共计9个，刊发“两学一做”学习教育《北关简讯增刊》两期、《北关简讯红色七月特刊》一期，通过党建微信群宣传“两学一做”学习教育的做法和成效，转发编发党建、服务群众信息599条，并通过电视台、报刊等宣传“两学一做”学习教育情况，加强舆论引导，营造良好氛围，确保学习教育有效覆盖，取得满意成效。

【便民服务】 2016年，北关街道成立便民服务中心，主任冀晓庆，另设窗口工作人员10人，整合社会事务、计生、城管、民政、劳动保障等部门，形成一站式服务，更加方便群众办事。为了向群众提供更便捷、更优质、更高效的服务，北关街道便民服务中心把社保医保、计生、低保等服务项目下放到基层。

全年，便民服务中心设在7个社区的窗口共办理各类业务1300件，接待群众咨询1600人次。社保医保方面：辖区内16—59周岁人员参加城乡居民社会养老保险767人，累计征收养老保险费29.6万元。60周岁以上享受居民养老保险待遇人数290人。城镇居民医疗保险参保人数3652人，收缴参保金额63万余元。计生方面：发放准生证63本，独生子女证34本，申报了21户奖励扶助对象。民政方面的社会救助：已受理残疾人基本生活保障53人，最低生活保障61户，临时困难救助36人，医疗救助9户。审核通过了144名贫困学习救助申请。同时，为方便群众办事，各窗口按照A、B岗安排好值班人员，做到工作人员到岗、到位，所有服务事项均可在工作日午休期间办理。全年在午休期间共接待群众4000余人次，受到了广大群众和上级领导的一致认可。

【民政工作】 1月，北关街道对辖区内360户低保家庭，低收入家庭进行了走访慰问，并发放慰问金11.28万元。有低保户54户，其中北大街2户、顺城路8户、体育路15户、和谐苑15户、新华南街4户、朝阳10户。有31名困难残疾人领取生活补贴，其中北大街社区3户,新华南街社区2户,朝阳社区4户,顺城路社区3户,和谐苑社区8户,体育路社区11户。共9名大病救助,其中朝阳社区2人,和谐苑社区2人,体育路社区4人,新华南街社区1人。共7名临时救助,其中体育路社区2人、朝阳社区3人,和谐苑社区2人。2016年,北关街道审核通过了13名残疾人辅具申请,其中体育路社区9人,北大街社区3人,新华南街社区1人。共89名重度残疾人领取护理补贴,其中彦博社区2人,新华南街社区6人,朝阳社区7人,北大街社区12人,顺城路社区15人,和谐苑社区23人,体育路社区24人。在年初和9月分别对18位和23位特困老人进行入户调查,发放救助金1.23万元,为辖区内80至89周岁的312位老人,90至99周岁的23位老人办理高龄补贴上报。2016年全年共为67名60岁以上,49名70岁以上老人办理老年优惠证;10月底,共对辖区内157位失能、97位半失能老人生活状况进行翔实登记。

【计生工作】 北关街道认真落实市卫计局的工作部署,积极创新思路,采取有效措施全面落实计生工作任务。至年底,街道总人口22133人,已婚育龄妇女6029人,出生人口56人,人口自增率0.5‰,综合节育率达到87.15%,性别比107.41%,孕前检查任务已完成66对,完成全年任务的77.92%,流动人口总数726人,流动人口重点信息反馈率97%以上,流动人口免费服务率98%以上,基本完成了全年指标。

【安全管理】 北关街道安监站与各科室负责人、各社区签定订《安全生产目标责任书》,层层落实责任,任务落实到人。"两节两会"期间重点对烟花爆竹、危险化学品、特种设备、人员密集场地进行安全生产大检查,发放宣传资料3000余份,共排查燃气安全49家,发现隐患16处,均已整改。在冬季行动中,大力开展宣传工作,共出黑板报7次,报刊4次,发放宣传资料2000余份,悬挂条幅7条,安全生产理念深入人心。同时,辖区商铺全覆盖大检查,共排查508家,查出隐患22条,整改17条,下发整改通知5份,查处无证24家,其中10家属于无证办学机构,均上报安委办。积极开展打非治违专项行动,宣传安全理念,共发放1200余份宣传资料,并结合工商注册企业倒逼监管责任落实工作,建立正常经营台账,非正常经营单位台账和未取得证件或过期证件台账,共计排查了632家企业单位商铺,无证27家,均已上报。

【司法工作】 在全面贯彻落实各项规定的同时,北关街道认真开展社区矫正和安置帮教工作。明确了社区矫正及刑释解教协管员名单,建立社区矫正、刑释、解矫三类人员的电子版档案和纸质版档案。至年底,北关司法所有社区矫正人员9人,刑释人员12人,解矫人员16人。街道利用各种法律法规的颁布日、纪念日等开展大型法制宣传教育,在全市的4·28政风行风宣传日,12·4宪法普法宣传日,组织工作人员走上街头,开展街头宣传和法律咨询服务,发放各种宣传资料1000余份,接待群众咨询200余人次。深入居民家中调查走访,了解实情,排查纠纷,全年共调处婚姻家庭、邻里、物业纠纷、动物侵权损害赔偿等各类案件47起,调解成功率达到90%。办理法律援助案件29件。

【纪检工作】 1月中旬,街道党工委将党风廉政建设责任分解到班子成员和科室负责,主要领导与班子成员、社区主干,班子成员与分管科室层层签订了58份廉政责任书,全体工作人员116人签订了廉政承诺书。

各社区开展和谐社区建设,采取出黑板报、张贴标语等多种形式开展廉政宣传教育活动。在社区居民和党员中组织开展了党风党纪主题教育和遵纪守法教育。请市委党校教师授课,进行党风廉政建设专题讲座,受教育干部200余人次;观看警示教育片7次,受教育干部500余人次。

规范党员干部操办婚丧喜庆事宜的管理制度,实行"事前报告、做出承诺、事后再报告"制度,坚决遏制大操大办、铺张浪费和借机敛财行为。把加强机关作风建设摆在突出位置,不折不扣落实好中央八项规定精神以及上级纪委有关要求，紧紧抓住重要时间节点，开展廉政提醒以及明察暗访，狠刹不正之风，开展专项检查6次。

开展“三抓三促”专项活动，制定切实可行的方案，成立领导小组，以社区为单位开展自查自纠。给每位党员发了告全体党员书，要求党员分析自身存在的问题，签了承诺书。街道民政办和社区对救济款和城市最低生活保障金发放进行自查，将申领户与北关街道或7个社区工作人员为亲属关系的户作为重点户监督。收到群众举报1人次，对涉及的社区主任进行了谈话，经查实无确切依据上报市纪委。

围绕“四种形态”，把监督执纪问责做深做细做实，发现问题苗头，及时约谈相关人员。全年约谈225人次，其中提醒谈话3人，诫勉谈话4人，函询谈话1人。

（李　鹏）

东南街道

【概述】　东南街道地处介休市城区东南端，东、东南、南与绵山镇、城关乡相连，西南、西与西南街道接壤，西北、北、东北与北关街道相接，面积约7.2平方千米。辖区内有大小街巷64条，各类小区、宿舍区96个，常住人口9440户，总人口21940人，共划分为60个网格。

【机构设置】　东南街道主要承担党建信访、综治司法、武装征兵、安全生产、民政劳保、计生卫生、工青妇等工作职能。有在职公务员、事业编制人员19名，社工、公益性岗位及工勤人员80名。街道党工委下设综合党委和社区党委两个党委、7个支部，辖区现有283名在册党员、706名在职党员。辖区内下设有6个社区，分别是朝阳桥东社区、水门南街社区、迎翠街社区、三官楼巷社区、段家巷社区和南大街社区。辖区内有各类商铺985个；有交通局、水务局等行政事业单位11个；山西省电力管道有限公司、中铝山西碳素厂、西姆东海碳素材料公司、山西省晋铝物流有限公司等生产性企业5个；小学1所，公立和私立幼儿园6所，大型公园1处；国家级文物保护单位1处，晋中市级文物保护单位1处，介休市级文物保护单位1处。

【计生工作】　2016年，辖区内共有人口21940人，主要企事业单位14个，其中育龄妇女6014人，已婚育龄妇女4338人。2016年统计年度共出生151人，男75人，女76人。性别比98.68，综合节育率90.23%，长效节育率86.07%。领取生育服务证33人，新办《独生子女证》4人，换发《独生子女证》41人，审批再生育服务手续1人，征收社会抚养费2户。规范社会抚养费征收，做好新旧政策衔接，妥善处理遗留问题，依法依规查处多孩生育，文明执法。2016年，东南街道共流入人口431人，流入育妇数39人，其中已婚育龄妇女65人，查验证63人，持证率100%。流出人口4人，发证4人，发证率达100%。创建流动人口健康示范企业1个，流动人口健康家庭2个。确保孕前优生健康检查任务的如期完成，为辖区100户居民进行了孕前优生网上咨询指导；早孕随访完成42例；妊娠结局随访完成45例；开展免费孕前优生检查95对；出具免费上环介绍信52份。为建立长效扶助机制，开展精准关怀奠定坚实基础。期间共走访慰问大病家庭2户，慰问金每户200元，共400元；伤残家庭2户，慰问金每户200元，共400元；失独家庭1户，慰问金500元；困难计生家庭40户，慰问金每户200元，共计8000元。2016年，新申报计划生育特殊家庭扶助5户，通过帮扶在一定程度上提高了计生家庭生活质量、健康水平、幸福指数，形成全社会关心关爱计生特殊家庭的良好氛围。

【民政工作】　2016年，春节期间，共慰问困难家庭663户，合计发放金额17.33万元。2月份，对介民函〔2016〕12号文件精神中所涉及97户保障房申报者的收入进行了认真核实，经核实发现共有11户申报内容存在虚报、瞒报车辆的虚假信息。4月份，根据

《晋中市城市社区活动场所和公益性服务设施建设扶持补助项目的通知》，街道共有3个社区（水门南街社区、南大街社区、三官楼巷社区）申请了此项目，并向市民政局上报了服务场所建设实施方案和活动场所申报书。5月份，民政办安排各社区对所属辖区中的“三无”人员进行了摸底排查工作，共发现2名人员，分别是迎翠街社区的低保户王平生（壹级智残）和南大街社区的李世国（贰级精神残疾）。配合做好经济困难的高龄老人与失能老人补贴工作。7月份，介休市低保中心开展了城乡低保对象复核认定工作，街道复核通过低保户共136户，新申报低保户8户。9月份，紧紧围绕“推进新型城镇化”和“改善人居环境”两项任务，建立城市社区活动场所和公益性服务设施建设台账，摸清底数，此次摸底分为城市社区活动场所和公益性服务设施建设现有设施摸底和可推进设施摸底两种。街道共有设施摸底共25处，可推进设施摸底共8处。11月底，核查了6名优抚对象，并且采集了相关照片。分别为80岁以上的3人，70—79周岁的1人，60周岁以下的2人。当年困难残疾人生活补贴58人，重度残疾人护理补贴84人。申请城乡医疗救助3户，分别是三官楼巷社区王安国（尿毒症）、张丽君（急性T淋巴细胞白血病）、温继明（尿毒症）。

【劳动保障】 2016年，全年参加城镇居民养老保险1088人，缴纳养老金28.97亿元，继过去两年办理城镇居民养老保险的基础上，新增城镇居民养老保险72人。参加城镇居民医疗保险6000人，缴费金额约103.96亿元。继过去两年办理城市居民医保的基础上，新增城市居民368人。

再就业工作是劳动保障事务所的重要工作之一，主要负责再就业人员申请表的登记、审核、认定、盖章等工作，为118名辖区居民完成了认证，并为其建立相关档案，做到工作管理的规范化。全面推进城镇居民保险工作。

【城建工作】 2016年，开展了爱国卫生活动。发放创卫宣传资料1000余份，制作宣传展板20块，开展宣传活动18次；开展两次健康教育讲座，开设健康教育专栏27处；开展病媒生物防治工作，加大除“四害”的工作力度，巩固国家卫生城市创建成果；出动人员120人次打扫辖区无人管理的脏乱差小区，清理卫生死角218处，清除积存垃圾57吨，整治小街小巷72处；组织6个社区结合自身实际开展了一系列春季健身活动，如水门南街社区的踢毽子、快走健身活动。

严格按照“不漏单位、不漏场所、不漏部位、不漏隐患”的要求，在东南辖区内开展了城镇燃气行业“打非治违”专项行动，进行了一次拉网式检查，排查出61个店铺使用液化气罐、10个店铺使用清油、1个店铺使用醇基、9个店铺使用甲醇，其中，有16个店铺无消防措施，均下达整改通知并督促整改。

同时，在辖区范围内开展了城乡环境综合整治攻坚战。印制并发放宣传资料3000份，制作并悬挂环境整治横幅10条，并针对有物业和有权属单位的小区，下发环境综合整治通知书；更换门头牌匾128块、粉刷墙面1.83万平方米，清理卫生死角、垃圾杂物31处，清理煤泥堆25处；携手实验小学建成60米文化墙、在电碳厂建成70米社区文化长廊、携手水利局对水利局宿舍进行1500平方米的亮化工程；设立了66个居民卫生区责任监督牌，与辖区无人打扫街巷的居民签订了《环境卫生监督责任书》《门前三包协议书》，制作广告信息栏15块，新建垃圾池9处，制作楼宇门便民信息栏150块。

联合市环卫局对辖区新建东西路的沿街商铺进行整治，发放商铺整改通知书230份；清除玻璃门窗上及地面张贴的广告600余处，拆除灯箱20个，清理店外经营10户、店前摆放杂物13户，拆除私搭乱建2处。联合市卫生局对新建西路铁四处小区进行了集中清理，共清理垃圾120余吨，清理陈年垃圾死角2处，取缔废弃垃圾点1处。

【安全管理】 2016年，街道在市委市政府的正确领导下，始终坚持“安全生产、预防为主、综合治理”

的方针，遵照年度安全生产工作要求，严格防范安全事故发生，全面落实安全生产责任制，扎实开展了安全生产冬季行动、打非治违、反三违、“安全生产月”、安全生产大检查等重要活动，强化了安全生产基础工作，稳定了安全生产总体形势。为强化辖区内企业安全生产主体责任落实，分别与辖区内52多家重点生产经营单位签订了《介休市东南街道安全生产管理目标责任书》。制定了《东南街道安全工作月报表》，对辖区内的门店实行动态监管，全年排查1000多家企业，发现隐患29次，累计整改25次。

2016年对小饭桌及培训机构、宾馆、饭店、公共娱乐场所、商场、市场、学校、医院等人员密集场所及甲醇、易燃易爆品、油气和城镇燃气领域进行安全生产专项整治，做好日常的排查监管。同时，做好安全生产宣传月及主题宣讲活动6次；动员居民企业积极参与消防演练活动，共计应急演练活动3次。

【人武工作】 圆满完成了民兵整组、兵役登记和征兵等各项工作任务。2016年辖区内应登记适龄青年人数为108人，完成登记人数78人，登记比例为72.22%。有8名适龄青年应征入伍。

（任继萍）

北坛街道

【概述】 北坛街道成立于1997年，是市政府的派出机构，位于介休市北部，东起文苑街，西至经天街，南起北坛东、中、西路，北至介公东、西路的城市规划区，是近几年来城市发展和人口增长速度最快的街道，也是介休市大型现代化小区最集中的辖区。辖区总面积约8.7平方千米，居民10906户，人口32383余人。党工委下设综合党委和社区党委两个委员会，7个支部，共有在册党员186名，在职报到党员981名。街道内设机构10个，行政人员9名，事业人员18人，有民政、计生、城市管理、综合治理、安监等职能部门。街道下设5个社区居民委员会，62个网格，社区工作人员70名，辖区内有行政事业单位54个，商业服务摊点619个。随着国家财政帮扶力度的逐步加大，辖区内享受国家低保救助的共计107户。

【城市管理】 2016年，街道大力开展各类活动，力争把介休市建成符合国家标准的卫生城市。

推进固定资产投资任务和项目建设。街道在库项目5个，分别是《盛华丽园社区辖区地下管网等基础设施改造项目》《汾秀社区人居生活环境提升项目》《介休市公共卫生综合服务大楼建设项目》《同文学院教职工住宅周转房建设项目》《同文学院文体中心建设项目》，共计在库项目总投资1.272亿元。储备项目《亚泰苑社区改善人居基础设施项目》，总投资3310万元。开展爱国卫生工作。为有效预防和控制春夏季传染病的发生与流行，4月4日在世纪广场开展了一次以“灭蚊防病，健康你我”为主题的爱国卫生月宣传活动，共发放健康科普宣传资料1000余份。此外，还设立健康教育宣传栏10处。通过宣传活动动员居民提高环境保护意识，切实从身边小事着手，为创造优美的宜居环境贡献力量。开展保障房工作。为开展好保障房的申报工作，城管办按年份、类别等将以往保障房档案资料整理归档，并根据往年保障房申报中遇到的各类问题，进一步细化了申报所需要的材料。

【环境整治】 街道针对辖区内居民区多且集中的特点，采用多种有效途径，狠抓环境卫生整治工作，辖区环境面貌得到了较大改善。全街道出动劳力820余人次，机具40余台次，清理垃圾堆放40余堆，建筑垃圾、建筑堆料30余处，小区院内、阳台下杂物堆放170余处，垃圾死角190余处，煤泥20堆，清除杂草约2100平方米，小广告1900余条，绿化带内垃圾240余处，粉刷墙面约1000平方米，新划机动、非机动车辆停车位线15个小区，宣传条幅10条，黑板报、宣传栏20处，发放整改标准通知书100余份，整改通知单280余份，与小区签订环境卫生责任书70余份，发放倡议书5000份，宣传车流动播放音频50

余车次，辖区商铺电子屏游走卫生标语40余处。

街办充分运用新型媒体加强宣传，建立辖区居民微信群8个，及时发布环境整治标准、倡议，并鼓励居民编写、转发环境整治信息和经验做法，以“人人为记者”为理念，扩大了宣传面，提高了传播效率，节约了时间成本。广泛动员党员、志愿者、低保户参与整治行动，成立了“党员先锋队”10支“环境整治突击队”9支“志愿者服务队”8支。深入群众用义务劳动的方式带动辖区居民共同参与环境整治工作。根据辖区81处居民区的具体情况制定了《北坛街道环境综合整治分类推进表》，推进表共分三类，第一类24个小区，10月11日前整治完成，第二类49个小区，11月11日前整治完成，第三类8个小区，12月11日前完成整治。制定了《北坛街道环境综合整治领导干部社区责任分工表》，充分利用网格管理模式，即街办干部包社区，社区包网格，网格包小区，一级抓一级，层层抓落实。成立了8个督查组，社区主任为各自社区环境卫生整治第一责任人，采用包社区领导干部深入整治一线的方式，对小区整治中存在的重点、难点问题出谋划策积极配合解决整治中出现的困难。

【综合治理】 北坛街道社会治安综合治理工作，在市委政法委和街道党工委、街道的领导下，全面贯彻落实党的十八大和十八届三中、四中、五中全会精神，以“六六创安”提质增效工程为载体，健全立体化社会治安防控体系，完善矛盾纠纷多元化解机制，扎实开展社会治安“六项整治”工作，努力建设平安北坛，为实现“十三五”时期经济社会发展良好开局和全市发展创造安全稳定的社会环境。为强化各单位更好地履行社会治安综合治理职责，综治办联合社区对单位底数进行了调查。在摸清底数的基础上，街道党工委与下辖8个社区和辖区68家企事业单位签订了《北坛街道2016年社会治安综合治理工作责任书》，把责任条款分解落实到各基层单位党政领导的肩上。同时街道对社区综治队伍进行了整合，做到所辖8个社区均配有一名综治专管员，做到工作责任明确到人，街道办工作人员经常性的对社区综治工作进行指导，奠定综治维稳工作的基础。2016年3月北坛街道荣获晋中市级四星级平安街道。

【计生工作】 北坛街道的计生工作紧紧围绕实施全面两孩政策这条主线，突出基层基础建设和计划生育服务管理改革两个重点，全面落实人口计生目标管理责任制、计划生育奖励扶助和“一票否决”三项制度，强化流动人口均等化服务、幸福家庭创建、计划生育技术服务、出生人口性别比治理等方面内容。截至10月底，北坛街道常住人口30413人，当年出生456人，其中男孩234人，女孩222人，性别比105。其中计划内出生数456人，无计划外出生，计生率100%，当年死亡28人，自增率14.1‰。育龄妇女8532人，已婚育妇6565人，综合节育率为86.72%。提拔任用干部计生审核89人，调动工作审核8人，评先评优审核109人，入党审核55人，党代表审核29人，其他类计生审核25人。孕前优生健康检查本年度任务191例，完成208例，完成率109%。

北坛街道实施一孩、二孩生育登记制度，辖区内的居民需要领取一孩、二孩生育证，在坚持依法行政前提下，实行常住地网格员代办制度。截至11月，共代办一孩、二孩生育证141本，再生育服务证3本，新发独生子女父母光荣证4本，换发独生子女父母光荣证2本。

为落实计划生育特殊困难家庭“一对一”的精细帮扶，各社区成立了专门的志愿帮扶管理小组，在两节期间到辖区内7户特殊家庭进行了走访慰问，与他们促膝谈心，详细了解他们家庭的生活、生育情况，进行心理上的辅导安慰，坚定战胜困难、摆脱困难的信心和决心。

计划生育意外伤害保险工作是落实生育关怀的一项具体措施，协会组织大家开展宣传活动，就投保范围、保险责任、保险费率、索赔须知、如何办理手续等相关内容做了详细的解答，使居民对这份保险有了充分的认识和了解，全年入保92户 。计生家庭住院护理保险6月份开始入保，截至10月底入20

人;免费为辖区3户计生特殊家庭入保。并对辖区内的流动人口进行入户登记,通过集中服务月的摸底登记,辖区共有流动人口381人,其中男性201人,女性180人,已婚育龄妇女105人。对育龄妇女进行了查验证,对未持证者,入户催其办理,对辖区内的已婚育龄妇女在妇幼保健站进行了免费查环查孕,全年未发生无计划外怀孕情况。按要求,一人一卡做了登记,定期检查婚育证明、定期开展流动人口清理登记,并与卫生服务中心进行对接,为流动人口建立健康档案。

【民政工作】 夯实双拥基础,关注社区民生,切实搞好城市弱势群体的服务救助。城市居民最低生活保障是一条保障线,作为一项民生大事,街道高度重视此项工作,常抓不懈,实行动态管理,严格按条例办事,坚持公开、平等、民主的原则,做到保障对象、保障资金、保障标准三公开,纳入群众监督之下,做到该享受的一个不漏,不该享受的一个不入。2016年在全市低保复核工作动员会召开之前,街道超前谋划,积极工作,提前对辖区低收入人群进行了摸底,为低保复审工作奠定了良好的基础,做到了应保尽保。全年复审低保户99户,47名困难残疾人经审核通过享受生活补贴;为54名一二级重度残疾人发放护理补贴;为14人申请了大病医疗救助和临时救助。

【安全监管】 安全生产是永恒的主题,是一切工作的基础,安全生产责任重于泰山。街道始终把安全生产工作摆在各项工作的首位来抓,从讲政治、保稳定、促发展的高度,不断提高对安全生产重要性的认识。2016年,街道一把手、分管领导、安监站认真落实"党政同责、一岗双责"责任制规定,各负其责。街道领导干部认真按照街道党工委、街道统一部署,各自率队在挂点社区督促,全面开展安全隐患排查整治活动,确保辖区安全。实行领导干部包社区、包企业的责任包保制度,明确安全生产责任人,进一步健全了以安全生产党政同责、一岗双责责任制为中心的安全生产工作制度体系。年初,街道党政正职与副职、街道与8个社区、社区与辖区生产经营单位全部签订了安全生产责任书,共签订责任书300余份,制定了安全生产各项制度共16项。

狠抓安全监管,北坛街道辖区内共有619家商铺,学校、培训机构38家,居民小区81家,建筑工地9家,暂无大型规模企业。全年街道安全检查共400余次,排查出一般隐患705条,均已督促整改,整改率100%。按照"全覆盖、零容忍、严执法、重实效"的总要求,集中开展打非治违工作。结合工商注册企业倒逼监管责任落实工作,全面排查了所监管的生产经营单位,建立了"两台账"即正常经营单位台账和非正常经营单位台账,建立未取得证照或证照过期的企业台账,并组织辖区内企业认真开展自查自纠。

街道安监站根据本辖区安全生产工作实际,认真分析研究街道安全生产形势,制定可行的宣传、教育、培训工作方法,把安全生产宣传、教育、培训落到实处,全年街道共发放安全知识手册1000余册、安全宣传资料15000余份,形成人人知道安全,人人关心安全的良好氛围。

【劳动保护】 2016年,北坛街道共计为749人办理了居民养老保险参续保手续,收取保费21.67万元;同时为11名60岁居民办理了领取养老保险待遇。7月至8月由劳保所带队,深入8个社区对248名待遇领取人进行了生存认证,并深入35名行动困难的老人家中进行生存认证。居民医保工作方面,截至11月,共计为4714名居民办理了居民医保,收取保费75.326万元。北坛辖区有5人以上用工单位65户,每月社区对其进行用工情况的排查,以保证劳动者的合法权益不受侵犯,同时劳保所将用工数据上报市人社局。

【党建工作】 北坛街道认真落实街道党工委"第一责任",定期开展自查自纠,对全体干部职工立足教育防范,适时组织观看警示教育片、举办廉政专题讲座、参观警示教育基地、召开党风廉政建设大会、开展廉政文化进社区等进行警示教育，突出制度规范，严格落实党风廉政建设各项制度，实施“一岗双责”。本年度，签订廉政承诺书28份，各级党风廉政责任书32份。

积极做好发展党员准备工作，在选优积极分子上下功夫，严把党员“入口关”，努力将带头作用强、素质高的积极分子作为重点培养对象；在讨论发展对象上，从年龄、学历、性别上仔细斟酌，确保高中以上学历的人占50%以上，女性比例达38%以上，发展预备党员4名；加强对预备党员的教育和考察，严格按照党章和《中国共产党发展党员工作细则》规定的手续办理转正，严格填写《发展党员全程纪实薄》，确保发展党员工作有序开展。

全面落实党建“7+1”重点任务。北坛街道以支部为单位认真核查党员身份信息，摸清流动党员底数，理顺党员组织关系，健全完善党员档案，共排查在册党员238人，其中流动党员23人，无一失联党员。对党费收缴工作实行指导与安排，积极排查所有在册党员，根据相应比例核查2008—2016年党费缴纳情况，积极开展补缴工作，补缴党费人数75人，补缴党费8288.2元。

【司法工作】 2016年，司法所工作人员积极参加街道党工委组织的“学党章党规，学系列讲话，做合格党员”学习教育活动，组织开展“把纪律挺在前面”专项活动，能以身作则，率先垂范，贯彻落实“八项规定、十条禁令”精神，自我约束，自我管理，把廉洁从政这条主线始终贯穿于工作中，做到了制度的刚性约束。

出台了北坛街道关于强化矛盾纠纷排查化解的实施方案，辖区8个社区充分发挥网格员、综治信息员、矛排信息员作用，深入基层及网格内，开展各类矛盾纠纷的排查调处工作，全面排查和化解各类矛盾纠纷，把问题消灭在萌芽状态，排查调处情况及统计台账由社区向街道实行月报告制度。对于疑难复杂矛盾纠纷由街道和社区联调，全年累计排查化解各类矛盾纠纷103起，调解纠纷17起，有效地促进了辖区的平安稳定。

根据上级关于安置帮教“除隐患　强基础　保稳定”专项攻坚行动方案的安排部署，3月份，司法所、社区、派出所工作人员联合在辖区内开展了一次刑释解矫人员的大排查活动，并围绕十三项问题进行了整改完善，真正做到了档案建立完善，信息核查全面，底数掌握清楚，帮教落实到位，管理规范有序。辖区共有安置帮教人员50人。对新入矫人员及时录入社区矫正网格化平台和全国社区矫正系统，严格规范操作，按时组织矫正人员参加集中学习和社区服务，定时走访。共有矫正人员23人，按时解除矫正12人，社区矫正审前调查评估11人。各社区健全了社区矫正和安置帮教工作站，做到了有阵地、有牌子、有人员，管理工作规范化。

加强法律援助，关注弱势群体是法律援助工作的中心。为保证法律援助工作有效开展，各社区建立援助联络点，指示牌、标识及版面全部配齐，工作基本规范，社区联络点以各种形式开展了法律援助宣传活动，设立了便民服务窗口，热情接待前来咨询的群众，对符合援助条件的居民做到应援尽援，受理援助案件4件，接待来电来访咨询37人次。法律援助的专项整治，进一步畅通了援助通道，宣传覆盖整个辖区，6月份，联合援助中心在花园社区进行了法律援助进社区活动，极大地提高了居民对法律援助工作的知晓率，为以后工作的进一步开展奠定了基础。

（李　佳）

西南街道

【概述】 西南街道位于介休市城西南，区域面积4.5平方千米，人口4.2万。党工委下辖5个社区党总支、4个街道直属党支部和51个网格、楼宇、小区支部，共有直管党员267名，协管、共管党员3872名。西南街道下设南河沿街、光明路、新建西路、绵山南街、裕华路5个社区居委会，社区工作人员92名。全辖区内企事业法人单位86个，包括大秦铁路股份有限公司介休车务段、汾矿集团洗煤厂、汾矿集团设备修造厂等大型企业和介休汽车站等窗口服务单位。

辖区内有商业门店1056个，介休最大的建材市场、时代广场、美特好、大海家电等大型企业商业网点、宾馆餐饮业以及如家、七天、汉庭等快捷酒店均集中在该辖区。

2016年，西南街道紧紧围绕全市转型跨越发展思路，坚持“铸坚强堡垒、树领先形象、建特色社区、创和谐西南”单位精神，提升基层组织战斗力、优化网格化管理服务，实现了党工委统揽、人大工委支持、街道履责，共驻共建、齐抓共管的新局面，走出了一条有西南特色的县级城市街道参与城市管理的新路子。

【党建工作】 西南街道党工委围绕“1328”（一个主观能动性、塑造三种精神、推进两项重点工作、建设八大品牌）工作思路，扎实开展“两学一做”学习教育，组建网格、小区、楼宇支部51个，基本实现基层组建无盲区；不断深化社区品牌创建，新建西路社区结合“介休好人”推选延伸慈孝文化品牌的做法受到前来观摩省市领导的一致好评，“六权治本”试点、社区矫正及老干部“四就近”等工作相继接受省、晋中市有关领导的检查观摩；继续创新党建活动形式，举办了纪念建党95周年暨“两学一做”学习教育文艺演出，开展了“两学一做”学习教育知识竞赛，举办了第二届“廉政文化进社区”辩论赛，组织了“家风”“安全”“尊严”“法治”四大主题论坛。

【网格化管理】 街居两级在推行网格化管理过程中，构建双三级立体式权责法定网格化责任体系，一是在街道层面构建街道班子、科室负责人、科室人员三级责任体系，二是在社区层面按照包社区干部、社区班子、网格员形成三级责任体系。通过网格化指挥平台管理系统，对便民服务事项实施自上而下，自下而上的派工流程，清单式四级责任闭合循环，完成动态情况全掌握、监管责任全覆盖、便民服务无遗漏、社会管理无缝隙的目标任务，实现便民服务全程留痕。在推行便民服务网格化过程中，采取上门服务、网上预约、居民自行办理三种方式，实行一次性告知制、首问责任制、服务承诺制等。

【“六权治本”】 围绕从严监督，强化党内监督，健全民主监督、法律监督、舆论监督机制，构建多层面全方位监督网络。结合“六权治本”试点工作，全面完成街道层面“4321”（四清单、三图示、两平台、一制度）和社区层面“2221”（二清单、二图示、两平台、一制度）工作，并按“依法确定权力”“科学配置权力”“制度约束权力”“阳光行使权力”“合力监督权力”“严惩滥用权力”六大板块出台了29项制度，汇编修改工作应知应会内容，连同《居民公约》编印《便民服务手册》发放到居民手中，提升了居民的知情权、监督权。针对街道、社区易产生腐败和居民关心的热点问题，推出了“五必议，三公开”制度。

【环境整治】 西南街道“加减乘除”推进环境整治。做好“动员会＋周评会”“职工干＋居民干”“突击整治＋长效保持”“独立攻坚＋协调沟通”“环境整治＋全民教化”六类加法题；建立问题台账，运用好销号制度，解决一个“减”掉一个；通过发动党员志愿者和报到党员参与、结合八个社区品牌特色亮点打造，“做给居民看，带领居民干”，进而放大两个“乘数效应”；“运算”好“加、减、乘”法，最终实现垃圾死角、乱摆摊点两个清“除”的目标。特别是无人管理小区以及街路巷的“牛皮癣”小广告，出动人员500余人次，整治卫生死角70余处、乱堆乱放58处，清理“牛皮癣”小广告380余处，清除杂草7000余平方米，捡拾白色垃圾210余袋。每周至少一次集体行动，每次组织全员参与已经成为西南街道的“固定动作”。

【安全管理】 西南街道安监站把安全生产工作目标任务层层分解，实行安全生产“一票否决”和领导“一岗双责”责任制度，将责任分解到岗，明确到人。按照“属地管理”原则，强化各社区的监管责任，督促企业履行安全生产主体责任。“安全生产月”活动中，上报市安委办安全微视频7部，90余人参与省安委办在《山西日报》组织开展的有奖竞答，街道、各社区累计发放各种安全生产宣传资料4000余份，内容涉及企业安全生产常识、家庭生活安全小常识、食品安全等方面的知识。

【计生工作】 全年共出生217人，其中内一胎153人、内二胎62人、内三胎2人，计生率100%；男105人，女112人，性别比为93.8；综合节育率86.45%，全部按标准征收。参加孕前优生健康检查人数181对夫妇；身份证准确率100%，手机直报率100%。全年共为居民办理生育服务证111件，新办独生子女证13件，办理再生育服务证1件。街道申报享受奖励扶助1户。为辖区群众“三查两补一治疗”健康普查4500多人次，为育龄群众随访服务、送药具上门百余人次，发放孕前优生健康体检卡200余张，张贴活动宣传画册100余张，并为4户流动人口发放《婚育证明》。

【劳动保护】 西南街道劳保所按照“三清、三对照”要求开展工作，医保参保人数5886人，缴费金额99.12万元，其中成年3622人、未成年1931人、低保28人、残疾60人、80岁以上245人，并全部录入市医保中心系统网并已装订成册。全年16—59周岁城乡居民养老保险参保人数为1188人，缴费金额为38.76万元。10月份对60周岁以上老人领取城乡居民养老金人员进行了年检，采取签字、拍照尤其是对行动不便老人登门入户办理，年检人数为580人。

【综合治理】 西南街道综治办采取灵活多样的形式，共开展法制宣传8次，均取得了良好效果。4月，联合安监办、食药站，在文明南街进行宣传并散发《社区矫正实施方案》《处理邪教问题的基本政策》《山西省社会治安综合治理条例》《平安西南建设》《新视频安全法》等宣传资料300余册(份)，使群众进一步增强了对街道社区的了解和提高了自我维权意识，取得了较好的社会效果。

（张玲彧）

西关街道

【概述】 西关街道地处介休城区西侧，管辖范围为北坛西路以南，裕华路以北，北河沿以西，西外环以东(含纸厂宿舍)之间。辖区交通便利，商业发达，城市建设快速发展，总面积约6平方千米，下辖文明北街、金融路、绿都、福馨园、绵山北街、祥和苑6个社区，总人口36438人。区域内有行政事业单位及驻辖区机构14个，学校幼儿园14所，社区卫生医疗机构6个，派出所2个，社区警务室4个，大型商场、宾馆、酒店12个，网吧等休闲娱乐场所26个，其他生产经营单位1046个。

【党建工作】 按照中央、省、晋中市及介休市委部署，积极参加“两学一做”学习教育，街道党工委和各支部采取集中学习与日常自学相结合，建立并严格执行微信群管理制度、学习教育情况周报制度。组织开展主题实践活动70次，各党支部书记讲党课30次，开展党日活动70余次，观看各类学习教育片9次，培训党员160余人次；构建党建微信群9个，发布学习信息150余条；党工委为各支部发放各类学习资料共计500余份；查摆问题60余条，梳理归纳20条，立行立改的7条，限期整改的5条，需要长期坚持的8条。通过开展作风整顿，机关作风明显改善；全面实施社区支部书记、主任任期履诺考评机制。福馨园、绵山北街、文明北街、金融路社区党支部通过选举，产生了新的支部班子，5个社区实现了支部书记、主任一肩挑；结合工作实际对6个内设科室负责人进行了调整，充实了街道中层力量。抓好党员身份排查工作。街道党员排查工作主要集中在金融路社区，共有在册党员441人，由于山西印染厂破产早，职工流动性大，没有建立健全党员详细信息，致使前期失联人数达160多人。面对这种状况，街道与社区多次召开会议，讨论寻找的方式方法，先后经过9次大面积的排查，仍有部分失联党员未找到，最终在市委组织部的支持下，通过公安、医保等渠道大面积排查才得以全部找到。

【纪检工作】 积极推进反腐倡廉建设，层层开展告诚性廉政谈话，通过约谈切实增强责任意识，抓好工作人员8小时以外的廉洁。在重要时间节点，发布廉政提醒，要求党员干部自觉遵守各项纪律和规矩；强化宣教工作，全面营造廉洁从政良好氛围。组织全体干部职工观看了反腐倡廉建设教育片《人在做，天在看——余哉江、王志煜腐败案警示录》和《坍塌》，用身边人现身说法、用身边事警示教育，使广大干部职工从这些反面教材中深刻吸取教训，始终牢记党纪国法，时刻筑牢思想道德防线。全力推进落实"三抓三促"工作。成立了以党工委书记为组长的专项活动领导组，对街道的"三抓三促"工作做了细致的安排部署。对涉农资金管理使用进行了监督检查，重点自查了2013—2015年扶贫救济资金、低保资金的分配、拨付、管理、使用情况，对2013—2015年社会抚养费征收、管理情况逐笔逐项进行了核实，调阅了街道党政联席会会议记录、各社区居民代表会议记录。经自查，未发现基层干部虚报、冒领、私分资金的问题；未发现弄虚作假、套取和骗取资金的问题；不存在截留、挪用资金的问题；未发现其他违规违纪违法问题。

【安全信访稳定工作】　全力抓好各类隐患风险大排查大整治工作。强化辖区居民风险防范意识，采取多种综合措施，化解各类矛盾，认真做好维稳工作。全年共受理信访事项12件，已全部办结。赴省进京上访控制在零指标，保持了社会的稳定；开展了安全知识"进学校、进商铺、进小区"的宣传活动，极大增强了辖区居民的安全防范意识，进一步提升了居民群众的安全素质，街道制作了安全生产宣传横幅2条、大小宣传版面14个、宣传单1000余份。围绕"安全在我身边"这一主题组织开展了演讲比赛与安全知识竞赛，使"安全发展，以人为本"的理念更加深入人心；突出重点，全面开展安全隐患大检查，加强辖区安全监管，完善安全生产责任，将安全工作始终作为常态工作狠抓落实，督促排查，确保工作落到实处。全年共分批次对1046个商铺和单位排查3076次，发现安全隐患49处，对其中46个单位下达了整改通知书，对3个单位下达了关停通知书，经过社区网格员的督促，安全隐患均已于年底全部整改到位。街道坚持每月召开一次安全生产例会，做好上传下达，安排部署，坚决做到了发现问题，立即整改。对辖区消防安全、燃气经营企业、小锅炉使用、山印小区临时建筑进行了专项整治及时发现存在的安全隐患并进行了整改，加强安全生产督查和宣传工作，确保了辖区的安全稳定。

【武装工作】　根据市人武部的整组安排，街道依托辖区联通公司组建了23人的通讯保障分队、依托市环卫局组建了35人的铁(公)路护路分队，依托绿都物业公司组建了30人的应急独立排，六个社区依托社工和辖区物业公司组建了50人的民兵连，做到了组织健全，人员到位，工作落到实处。组织民兵参加应急演练，提高民兵应急分队的军事素质，充分发挥民兵应急队伍整体优势，为维护辖区治安和人民生命财产安全发挥积极作用。

【人大换届选举工作】　街道制定了人大代表换届选举实施方案，成立选举工作指导组，对选民进行了登记和公示，机关干部下派到各选区配合开展选举工作。严格按照"依法、依规、依程序"的原则进行了培训并积极酝酿候选人的产生，严格按照上级要求对代表候选人的政治素养、业务能力以及廉洁自律等方面进行考察，确保代表候选人素质过关、能力过硬。最后经过选举，从19名顺利通过考察的正式代表候选人中选举产生了13名市人大代表，圆满完成此次换届选举任务。

【综治工作】　扎实开展法制宣传教育活动，提升居民法律意识。广泛宣传道路交通、非法集资、毒品、邪教等在内的法律知识及社会治安综合治理工作的重要意义，动员社会各界和广大党员干部群众积极参与，共制作宣传板报18处，协调辖区有关单位实行游走字幕宣传42余处，通过微信平台发布防范非法集资风险警示语，在主要街道、小区悬挂宣传标语30

条、发放宣传资料500余份,同时网格员深入商铺、辖区住户进行宣传教育引导,形成良好的舆论氛围。

【环境卫生整治和基层文化建设工作】 动员辖区志愿者、党员干部及各种社会力量全部参与到环境整治工作中,对商铺门店、沿街墙体上的小广告3000余处进行了铲除;对无人管理的小区农机厂、水泵厂宿舍、铁四处的建筑垃圾、杂草堆60余处进行了彻底清扫,清理垃圾90余车;对辖区内的东宽巷、西宽巷、碾房街、福馨路、汾秀街、金华街、宏顺路、塔西巷等小街小巷的垃圾杂草70余处进行了集中清理,联系环卫处垃圾运输车运输40余次,共清运垃圾68余吨,力求做到整治到位,形成了浓厚的整治工作氛围;基层文化建设欣欣向荣。5个群众文化阅览活动室在辖区建成挂牌,辖区内的各项文化资源面向居民开放,结合群众需求,开展了多种形式、内容丰富的文化服务活动。

【民生保障工作】 2016年,街道民政办首先完善了民政低保评议小组,规范了低保审核制度,确保了应保尽保,办理低保32户;各社区对辖区居民遭受自然灾害及因突发事件致使贫困现象等情况及时能向民政办反馈信息,使救灾救济及时准确到位;积极配合学校,切实调查有困难的居民,协助办理了学生的助学金;对辖区内的低保户、特困户认真开展了医疗救助工作,切实帮助城乡困难群众缓解就医困难和因病影响基本生活的问题。规范廉租住房申报工作。明确工作职责,严格廉租住房保障申请审批程序,全年共办理申报37户。抓好人口和计划生育工作。利用社区专栏、橱窗、板报等宣传普及人口和计划生育的法律法规、生育政策,努力营造良好人口环境;加强工作人员培训,认真贯彻学习新修订的《山西省人口和计划生育条例》和二孩政策放开后的新的办证程序和办法。街道人口与计生管理服务水平不断提升,以群众满意为目标,常规化工作做到及时、准确、圆满完成了各项指标。全年生育服务证办理168例,独生子女父母光荣办理95例,再生育服务证办理17例。劳动保障工作稳步推进。街道劳保所大力宣传城乡居民养老保险工作,积极引导辖区居民积极参保,缴费档次从100元到1000元、1500元、2000元不同的等级,让大家老有所养,2016年养老保险的收缴工作按时保质完成任务;积极开展养老、医保收缴工作,鼓励辖区居民大力参保,全年完成了998名居民养老金的收缴,共计24.78万元;医疗保险收缴人数共计6213人,收缴保费105.428万元。

【"六权治本"】 根据市"六权治本"工作安排,充分结合近几年来街道的实际情况,同时依据相关法律要求,按"4321"的要求对街道的权力事项进行了再梳理,再归类,共确定出行政权力事项4类16项,管理事项22项,服务事项12项,责任事项38项,其中突出了特色管理事项8项,理顺权力运行,根据"四清单"绘制权力运行流程图28张,让居民更加直观明了地了解办事流程。排查出权力运行风险防控图及权力运行民主监督图38张,对党政领导班子、机关各科室的廉政风险点进行了排查,划分出高、中、低三个等级,并列出切实可行的防控措施,使各项权力更加形象化、直观化,同时向社会全面公开,接受群众监督,切实解决日常工作中出现的"拖拉、推诿、扯皮"问题,本着"便民、利民、实在、实用"的原则,街道进一步优化便民服务中心、信访接待中心两个平台,实现了"四个明显":群众信访举报明显下降了,党群干群关系明显改善了,党组织的凝聚力和战斗力明显增强了,人民群众的满意度明显提升了,群众利益实实在在得到了实惠。在此基础上,街道6个社区根据"2221"的要求,完成了"六权治本"各项编制工作,突出了便民服务代办点和综合治理平台建设,结合办公实际,依托网格化管理,推出了代办点服务与上门服务相结合,针对辖区行动不便的孤寡老人,网格员定期上门服务,帮助他们办理医保、救助等事项。利用志愿者队伍、在职党员报到等形式宣传党的政策法规,发挥志愿者和在职党员的优势,服务居民,真正做到了贴近群众。

(刺晓丽)

社会和经济发展统计资料

SHEHUI HE JINGJI FAZHAN TONGJI ZILIAO

社会和经济发展统计资料

SHEHUI HE JINGJI FAZHAN TONGJI ZILIAO

2016年介休市财政收支统计表

单位:万元

项　　目	2016年	项　　目	2016年
财政总收入	185707	财政总支出	230611
其中:1.上划中央收入	46325	一般公共服务	16586
2.省级收入	22525	外交	
3.市级收入	9780	国防	1027
4.一般预算收入	107077	公共安全	15709
其中:①税收收入	54999	教育	51709
②非税收入	52078	科学技术	1087
		文化体育与传媒	10514
		社会保障和就业	26494
		医疗卫生	27625
		环境保护	5619
		城乡社区事务	18816
		农林水事务	26100
		交通运输	2476
		资源勘探电力信息等事务	1918
		商业服务业等事务	387
		地震灾后恢复重建支出	
		国土资源气象等事务	4491
		住房保障支出	13724
		粮油物资储备管理等事务	418
		国债还本付息支出支出	1546
		其他支出	4365
		援助其他地区支出	

2016年介休市规模以上工业企业主要经济指标情况表

单位:万元

指标名称	企业单位数(个)	工业总产值(当年价格)	工业销售产值(当年价格)	资产总计	主营业务收入	利润总额	利税总额	本年应交增值税	应付职工薪酬	从业人员平均人数(人)
总 计	87	2382940	2107581	7283440	2711919	-152354	-84752	46044	154710	42356
一、按登记注册类型分										
内资企业	84	2240722	1968344	6991450	2581079	-144057	-78417	45018	150171	41167
集体企业	1	23125	23005	65649	160163	1864	5558	3293	8557	1611
有限责任公司	20	682667	593761	3048099	744513	-62458	-23119	23077	98648	26125
股份有限公司	4	126854	132528	304920	114377	-40209	-39512	644	6684	1568
私营企业	59	1408077	1219051	3572781	1562027	-43253	-21345	18004	36282	11863
港、澳、台商投资企业	1	71513	71458	134848	89730	-3556	-2752	5	2479	433
外商投资企业	2	70705	67779	157142	41111	-4742	-3583	1021	2060	756
二、按国民经济行业分										
采矿业	66	1187148	1152650	3676797	1464135	-79354	-26167	34310	103527	28485
制造业	19	1167664	930474	3531731	1225830	-73781	-61526	9803	50517	13564
电力、热力、燃气及水生产和供应业	2	28128	24457	74912	21954	782	2942	1930	666	307

2016年介休市限额以上批零贸易业商品销售总额统计表

单位:万元

项目	法人企业（个数）	商品销售总额			从业人数
		合计	批发	零售	
总计	35	223588.6	62371.6	161217	2285
一、按经济类型分					
国有经济	2	22035.2	22035.2		107
有限责任公司	6	30834.7	27142.9	3691.8	160
股份有限公司					
私营企业	27	169093.5	13193.5	155900	2018
二、按行业分					
农畜产品批发业	1	2624.8	2534.7	90.1	38
矿产品、建材及化工产品批发业	3	29025.4	29025.4		46
机械设备、五金交电及电子产品批发业	2	6522.5	6522.5		41
贸易经纪与代理					
综合零售业	4	95189.8		95189.8	1416
文化、体育用品及器材专门零售	1	1625.2		1625.2	24
汽车、摩托车、燃料及零配件专门零售业	14	51479.8		51479.8	345
家用电器及电子产品专门零售	6	10207.1		10207.1	191

2016年介休市农业生产条件一览表

指标	城关	宋古	义安	张兰	连福	洪山	三佳	龙凤	绵山	义棠	合计
一、农村基层组织情况											
(一)乡镇政府个数	1	1	1	1	1	1	1	1	1	1	10
其中:镇个数			1	1	1	1		1	1	1	7
(二)村委会个数	10	14	31	31	42	11	11	14	37	30	231
二、农村基础设施											
1.自来水受益村	10	14	31	31	42	11	11	14	37	27	228
2.通汽车村数	10	14	31	31	42	11	11	14	37	30	231
3.通电话村数	10	14	31	31	42	11	11	14	37	30	231
三、乡村户数(户)	9769	11516	20184	17677	12373	4230	7003	4626	11476	12942	111796
四、乡村人口数(人)	26265	33098	55990	47392	30840	10812	19303	13093	30918	32660	300371
五、乡村劳动力资源数(人)	13856	20769	28328	26640	15025	6289	9985	7675	17770	20881	167218
六、乡村从业人员数(人)	12000	16262	27393	21454	13595	5608	9285	7295	17095	16859	146846
(一)按性别分											
1.男(人)	7115	8962	15206	12298	8067	3292	4741	4161	9325	9974	83141
2.女(人)	4885	7300	12187	9156	5528	2316	4544	3134	7770	6885	63705
(二)按国民经济行业分											
1.农业从业人员数(人)	1577	6684	8935	10699	6051	2404	3801	3258	6418	6887	56714
2.工业从业人员数(人)	2087	1415	8364	4498	4352	1965	3575	921	3790	3768	34735
3.建筑业从业人员数(人)	3646	3327	2475	1907	1309	418	484	1136	2035	2789	19526
4.交运仓储和邮政业从业人员数(人)	749	1136	2502	1253	624	160	275	387	2020	840	9946
5.信息传输、计算机服务和软件业从业人员数(人)	302	295	330	420	97	23	35	160	178	41	1881
6.批发与零售业从业人员数(人)	2008	780	2377	753	467	180	317	554	777	986	9199
7.住宿和餐饮业从业人员数(人)	816	647	728	814	240	165	223	264	742	167	4806
8.其他行业从业人员数(人)	815	1978	1682	1110	455	293	575	615	1135	1381	10039

续表

指标	城关	宋古	义安	张兰	连福	洪山	三佳	龙凤	绵山	义棠	合计
七、农业主要能源及物耗											
(一)乡、村办水电站(个)											
装机容量(千瓦)											
发电量(万千瓦时)											
(二)农村用电量(不包括县办工业和城镇用电)(万千瓦时)	1346.58	5479.62	11528.25	6005.64	6142.06	3426.45	1849.13	1765.24	6199.48	4162.35	47904.80
(三)农用化肥施用量											
按实物量计算(吨)	50.3	2586.5	3304.25	2547.789	1135.97	733.5	1138.51	638.39	1861.0	276.9	14273.14
氮肥	22.3	952.5	1243.4	680.64	355.86	331.5	498.33	217.53	518.5	49.6	4870.20
磷肥	8.7	825	713.6	191.01	480	259	190.5	227.73	293.0	33.9	3222.36
钾肥	4.0	367.4	119.8	77.15	38.47	12.5	50.95	35.01	132.5	12.3	850.08
复合肥	15.3	441.6	1227.5	1598.99	261.64	130.5	398.73	158.12	917.0	181.2	5330.50
按折纯量计算(吨)											
氮肥											
磷肥											
钾肥											
复合肥											
(四)农用塑料薄膜使用量(吨)	3.3	4.15	4.30	21.07	2.56	3.2	0.12	0.3	1.5	36	76.5
其中:地膜使用量(吨)	1.7	2.65	3.8	21.02	1.53	2.8	0.12	0.3	0.72	7.03	41.67
地膜覆盖面积(亩)	80	752	800	4786	319	290	21	60	127.4	737	7972.4
(五)农用柴油使用量(吨)	2.4	165.3	1123.39	681.75	199.44	121.95	78.2	225.65	680.5	238.39	3516.97
(六)农药使用量(吨)	4.4	2.57	11.58	26.55	15.36	2.82	3.72	4.24	26.18	1.09	98.51

2016年介休市粮食产量资料情况统计表

指标	单位	2016年
全市粮食播种面积	亩	323952
全市粮食总产量	吨	122144.5
全市粮食平均单产	公斤/亩	377
其中:小麦播种面积	亩	29490
小麦总产	吨	8630.7
小麦单产	公斤/亩	292.7
玉米播种面积	亩	261387
玉米总产	吨	108475.6
玉米单产	公斤/亩	415

2016年介休市地区生产总值统计表

单位:万元

指标名称	绝对额		比上年增长（%）
	2016年	2015年	
地区生产总值	1439804	1353550	5.3
第一产业	62440	59294	3.6
第二产业	764458	720375	4.8
工业	636510	597249	5.1
第三产业	612906	573882	6.2
批发和零售业	142956	138352	2.8
交通运输、仓储和邮政业	93496	91568	1.8
住宿和餐饮业	16345	15677	4.7
人均地区生产总值(元/人)	34378	32482	4.8
最终消费	728448	636905	13.1
资本形成总额	1739035	1645688	5.4
居民总消费水平(元/人)	12467	11092	11.2
农村居民	11004	9436	15.3
城镇居民	13264	11967	9.6

通　讯 | TONGXUN

文化沃土孕育经济百卉千葩

——介休市趟出以文化促经济的新型城镇化之路

“这附近都是80后创业老板的店，也可以说都是文艺青年的店。”“那些年”主题餐厅经理任晓霄对当初的选址犹觉明智：“我们不仅是做餐饮，更是要搭建一个青年文化交流的平台，这里来对了。”

这家餐厅位于介休老城的城隍庙广场，主打情怀的门头、装饰、风味都与庙街的文化氛围融合得十分到位。按他们的话讲，城隍庙的“古”与广场设计的“潮”相得益彰，是“文青创业首选基地”。

城隍庙广场是介休市委、市政府11项文物修复重点工程之一。“修旧如旧”让城隍庙重新迎来春天，“古韵古味”的新建商业广场让商业区有了文化意蕴，在“冬季行动”的暖冬中，广场已经开始焕发勃勃生机。

“文化是灵魂，经济是支撑，不能曲高和寡，更不能迎合媚俗。”介休市委书记王继堂这样形容，“介休市委、市政府精心开垦的文化土壤，是希望培育出敢创业、有创意的经济百卉千葩。”

三城承载，把文化建设搭成台子

每个地方都有自己的根脉和灵魂，一棵老树、一泓碧水、一处老戏台……这些老城元素不仅搭建了一处处美妙的风景，更是装点了一代人的乡愁梦境。

如何保留一方的城市根脉？没有对历史文化的尊重，没有文化保护的自觉，势必会割断一方的文化根脉，损毁一方文化生态。介休市委、市政府致力于“历史文化名城复兴”的宏伟计划实施，是要让这块丰饶土地的诸多历史文化遗产历久弥新，并且迸发出新的生命力。

“文化传承是新型城镇化的重要内容和重大任务，”介休市委常委、宣传部长张鑫认为，“文化是介休发展特色，以文化复兴为旗帜，将成为介休城镇化发展蓝图的主基调和发展方向。”

从这个意义上说，文化环境、生态环境是衡量一个城市是否宜居的尺度，更是衡量居民生活质量的尺度，保全文化、注重环保，就是满足了一座城市的宜居条件。

目前，介休已经摘得“国家园林城市”“国家卫生城市”两块金字招牌；正在依托历史文化街区改造工程顺城街、段家巷—学巷两条省级历史文化街区申报“国家级历史文化名城”，“三城承载”之下的介休从未像今日这般清新迷人。

2015年，介休市入选国家新型城镇化试点，就是对介休市做法的最大肯定，在文化这方舞台上，已经开始生长出繁荣的经济簇锦团花。

新旧共融，把民生思维作为筛子

过去介休老城内，一处处文保单位湮没在私搭乱建、废旧房屋之中。不仅文保单位得不到应有的保护，集中供热、煤气、下水等管网无法搭建，百姓生活也十分困难。

人是城镇化的魂，生存要有尊严，未来要有希望，要享受教育、健康、就业、保障等基本权利，介休坚持将以人为本贯穿城镇化始终。

在民生思维的推动下，介休市变“旧城改造”为“旧城保护”，并坚持“双四”原则，即“四个结合”和“四个优先”。四个结合：始终将复兴工程与旧城改造有机结合起来、与文物维修有机结合起来、与文化事业有机结合起来、与改善民生有机结合起来。四个优先：民生优先、资金优先、安置房优先、社会效益优先。

据此，在“新旧两城、协调发展”思路引领下，介休市将文化遗产保护与城市建设紧密结合起来，北部新城扩容提质和历史老城拆塑结合，提出“新城体现山水文化、旧城体现历史文化”的城市建设思路，着力实现“碎片重构、新旧共融”的文化遗产保护模式。

介休市原在文物保护单位内的实验小学、党校等单位及987户居民全部迁往新城保障房，涉及拆迁面积11.7万平方米，新旧两城同时实施新城路网配套、老旧城区改造、便民市场建设等惠民实事，新型城镇化模式让介休百姓在生活有尊严的同时记住了乡愁。

2013年，介休市委副书记、市长王怀民因“主动承担起介休‘历史文化名城’复兴的重任”，成为第五届“薪火相传中国文化遗产保护年度杰出人物”，也成为此次入选名单中唯一的山西人。

打造名片，让重点项目成为引子

国家新型城镇化规划提出：“要发展有历史记忆、文化脉络、地域风貌、民族特点的美丽城镇，防止‘千城一面’。”保留城市根脉，政府是主导。城市建设怎样才能既保护文化，又产生效益，实现两全其美？对这个命题的求解，需要迅速将文化自觉转化成刻不容缓的执行力。

“介休市每年设立1000万元文化产业发展专项资金全部支持重点项目建设，扶持中小微文化企业发展。鼓励大中型企业为重点文化产业项目提供贷款担保或直接投资。”市委常委、宣传部长张鑫介绍介休市如何“贷动”企业投资旅游产业的积极性。

与此同时，“五大名片”成为全市旅游文化产业的龙头引领。

1.绵山连续举办了五届中国·介休清明（寒食）文化节，在2013年举办了慈孝文化周系列活动，介休还投资兴建、改造了旅游专线4条，成功助推绵山升级成为5A景区。

2.张壁古堡通过与北京电影学院强强联合，着手打造集影视剧制作营销、影视人才培训、动漫研发制作、影视旅游于一体的文化产业实体，成功成为国家级4A景区。

3.历史文化名城复兴工程，目前涵盖“一街、一馆、三广场、五个文物单位”的一期十大文化工程基本完工。

4.张兰古玩城从2012年开始着手打造全国最大的古玩城，成为首届山西省文博会签约项目。

5.天峻山旅游景区目前已委托北京清华城市规划设计研究院完成旅游区概念性总体规划，完成旅游公路的建设。

在两年的时间里，介休市通过扶持资金的带动，撬动文化产业重点项目完成投资78660万元，起到了四两拨千斤的作用。

薪火相传，把留下遗产作为尺子

几百年、上千年的文化遗存，不保护就是破坏。保护当中稍有不慎，可能就是另一种更大的破坏。只有抱着敬畏祖先、敬畏遗产的态度，一步一步地规划，一点一点地抢救保护，一处一处地处理涉及民生的一个个问题，才能保证祖先的遗产，在我们手里“薪火相传”，才能顺利交到子孙万代手中。

在介休市这座城市里，散落着明代古城、西汉后土庙、明清的城隍庙、北宋的祆神楼等一大批历史文化瑰宝。在实施历史文化名城复兴的过程中，介休市委、市政府始终保持敬畏态度：敬是对祖先、对遗产、对文物的尊敬，畏则是一种如履薄冰的行事。

在抓文化产业上，介休市委常委、宣传部长张鑫常谈到一句“四真名言”，即真心、真情、真干、真投。

“真心”是以对人民负责的态度，邀请西安建筑科技大学王树声教授的设计团队来高起点设计规划。

“真情”是以对历史负责的态度，聘请具有一流施工资质的省八建集团、省文物技术中心进行建设。

“真干”是全体指挥部同志以“白加黑”“5+2”的工作态度，建设百姓满意工程。

“真投”不仅是投入忘我的工作，更有县级财政6个亿真金白银的投入。

2011年，介休开工建设“一街”——顺城关历史文化街、“一馆”——介休博物馆、“三大广场”和后土庙、祆神楼、城隍庙、文庙、龙泉观、古城墙等文物维修11项重点工程。项目总投资6.1亿元，将一处处散落城市中的文物保护单位，连接成线，延绵成片，深刻展示出介休身后的文化底蕴和独特人文景观，抢救保护了一座老城。

不辱使命，把干部肩膀当成梯子

“取法乎上，得乎其中，取法乎中，得乎其下。”标准精神是一种对事物的完美追求。介休市委、市政府要求，对列入晋中市级的文化产业重点项目，一律按照介休市级重点工程项目推进，在项目管理上坚持一位市级领导主抓一个重点项目，对每个问题亲自过问、跟踪推进、一包到底。

历史文化名城复兴工程启动后，王怀民市长亲任总指挥，市委常委、宣传部长张鑫任常务副总指挥，组建了全市历史文化街区建设指挥部，组建了包含规划、住建、国土、发改、环保、财政及城关乡、北关街道办事处等有关部门的3000人的城建队伍。

从最开始一家一户谈判到后期一砖一瓦监工，三年时间，各部门密切配合，干部们长期坚守工地，工程可谓凝聚了每一名干部的心血和汗水，也凝练出一种昂扬向上的介休城建精神。

这精神是“人一我十、人十我百”，沙漠跑步、闻鸡起舞的吃苦精神；是黑夜赶路、天亮进城，快人一步、先人一筹的机遇精神；是多留遗产、少留遗憾，多留财富、少留包袱的标准精神；是用后天看今天、用发达地区看自己，坚持30年不落后的超前精神。

“以文化产业为抓手和龙头，实现民生和经济的双赢，进一步推动城镇化从规模向质量的发展，”介休市委副书记、市长王怀民这样谈到，“推进全域城镇化，统筹布局城市生活、生态、生产空间，提升产业支撑力和城镇承载力和介休的未来一定是一座宜居宜业宜游的美丽城市。”

（宋建国　宋晖）

2016年2月29日《晋中日报》头版

一场特殊的期中考试

——介休市城乡环境整治观摩会侧记

考题：全市城乡环境综合整治

考官：四套班子领导、部分两代表一委员

考生：10个乡镇、5个街道、各有关单位全体干部

监考人员：全市群众

在山西省第十一次党代会上，省委书记骆惠宁在报告中铿锵有力地提出："让绿色成为美丽山西的'底色'。"而近日，介休市把城乡环境综合整治作为锤炼干部、改善环境的"必考题"，让全市上下在备考、迎考的过程中转了观念、换了天地。

11月9日，时值初冬，介休市政府大院里好不热闹。这天是全市城乡环境综合整治"期中考试"的日子，为了这场考试，介休市四套班子领导、10个乡镇、5个街道办事处、相关部门领导以及部分两代表一委员等50余人早早地整装待发，准备验收两个月来全市环境整治战役的战果。

冬日的介休城，因为这场城乡环境卫生整治大战的如火如荼，不见了往日的萧索，所到之处，但见镇村面貌焕然一新，大街小巷干净整洁，移步换景，满眼惊诧。

备考：十个乡镇各秀其宝，做好环境整治这道"主观题"

考点：以转变"农村就是破砖烂瓦碎石头、柴堆粪堆垃圾堆"的旧观念为前提，破解环境整治的思想问题

"多少年来，村民们就觉得他们头顶的天就该是灰色的，农村人就干净不了，直到这场硬仗打下来，村民才相信，原来天能变蓝，树也能变绿。"义棠镇副镇长孙文韬向观摩团汇报着他们这里的情况。

短短两个月，南村人解决了农村就该是脏乱差的思想问题，按照全市的整治标准，连续掀起修道路、刷新墙、栽绿树、除垃圾的环卫攻坚战，打造出让老百姓眼前一亮的新面貌。一眼望去，南村街道两侧外墙粉刷一新，笔直的村道通向村外，不远处还修了一个农村不常见的公厕，村口的便民市场秩序井然，往日乱摆乱放、占道经营的情况都不见了，让人很难想象这是在产煤大镇、煤运交通要道上的南村。

启示：思想理念决定发展方向，观念永远是行动的先导。

考点：以营造自觉共建的氛围为基础，打破"干部操碎心、群众不关心"的尴尬局面

在连福镇西湖龙村，村"两委"通过全体干部大会、两议会等会议表决决定，村内已硬化道路两侧边角地全部铺砖，村集体向村民免费提供红砖，还确定了挡墙位置和标准，更明确了与村集体福利挂钩的督促激励机制。这样一来，村民的积极性高了，而且干部们带头示范，3天内就将煤泥全部入院，普通群众则5天干完，靠这些方法、制度，西湖龙村有了户户参与、人人保护的大好局面。

村委主任任丰斌说："从前搞个活动都是'干部流着汗、群众一边看'，现在有的干部走在路上，老百姓会当面叫好，这种发自肺腑的称赞让苦干过、碰壁过的干部们很感慨，群众能理解干部，这是我们当干部最大的欣慰。"

启示：采用激励约束机制，是积极引导群众理解支持和广泛参与最有效的方法。

考点：以基础设施改善为突破口，重点整治城郊村"既不像村、又不如城"的难堪景象

绵山镇西靳屯村是典型的城郊村，也是绵山镇镇政府所在地，由于企业多、流动人口多，东夏线、南外环穿村而过等实际情况，环境治理工作一直是困扰干部的老大难问题。经村“两委”会、村民代表多次讨论研究，终于决定重筹资金120余万元，为西靳屯小区117户居民、商户进行集中供热供气，再投资20余万元，在村东新建两处煤泥集中存放点，根治街巷煤泥乱堆乱放的难题。从光有上水不通下水，到搬进楼房接上大暖，村民们的居住条件越来越好，幸福指数节节攀升，就难怪有群众主动走进观摩队伍，握着介休市市长的手一个劲儿地说“感谢政府”了。

启示：农村的环保基础设施建设，是建设美好乡村的必有之举。加快基础设施投入，农村居民的诗意栖居指日可期。

考点：以提升环境治理能力和生态建设水平为抓手，确保环境保护和经济发展齐头并进

说到经济，义安在全国的名气都是响当当的，但说到环境，一直是义安人“会呼吸的痛”，可以说义安“成也环境，败也环境”。为了根本解决产业和环境的突出矛盾，镇党委、镇政府以介休市委、市政府提出的“改善环境、塑造形象、转变作风、教化民风”为主题，大力实施路面升级、绿化美化、门头牌匾改造等工程，重点打造了以义安村为中心的集镇区域。站在原来杂草丛生的野地，看着现如今凉亭、器材、花廊、绿树配置齐全的小公园，遥望远处义安新村广场上跳跃的喷泉，不禁让人感慨，这才是经济发达镇应该有的样子。

启示：只有破解资源开发和环境保护双赢的发展难题，发展才能惠及民生、造福后世，才能从根本上破解环境治理顽疾。

考点：以打造精品为目标，实现全市环境卫生的提档升级

“三门石头街，南北两座庙，张家十八堂，阴氏一杆旗。”这四句说的是介休古建筑保存良好的古村落——南庄。作为美丽乡村，一直以来南庄保洁清运机制良好，这次攻坚行动以后，又实施了“专人、专车、定时、上门收集”的“垃圾不落地”管理模式。介休市委、市政府还要求当地要结合传统古村和美化乡村的标准要求，将南庄打造为全市的美丽乡村精品工程，再现古村落古朴祥和的历史风貌。

启示：环境整治也是城镇化建设的一部分，一定要在规划建设中避免“建设性破坏”，力求城市更新与文化传承的统一。

据悉，自9月9日该活动正式启动以来，全市上下累计投入资金3000余万元，动用机具1.7万次，出动劳力7.6万人次，清理“四堆”5万余处，清理积存垃圾近58万方，还在城区实施了重点突破，取缔私自摆摊设点2200余处，店外经营2500余起，人行横道乱摆乱放等违规行为3800余起，城乡面貌发生了巨大的改变。

开考：主考官借“题”发挥，意在锤炼干部

上与下：以上率下，严于律己，是推动各项工作的制胜法宝

自活动开展以来，介休市将此次环境整治列为年度专项督查内容和部门考核重点，凡是工作不力、办事拖拉、推诿扯皮等履职尽责不力的人和事都将记录在案。介休市委书记、市长和其他市级领导密集深入乡村和城区一线，包乡镇、包街道办事处，促进工作的开展。

作为环境卫生整治工作“总监考”，介休市委常委、组织部长郭建雄的铁面无私让基层的干部又爱又怕。虽然来介休工作的时间不长，但他已经跑遍了全市的大部分社区和村落，很多乡镇和街道干部都被他现场指出环境问题时“红脸出汗”。“批评不是主要目的，但我生怕干部们花了精力却没取得效果，那样交代不了自己，更交代不了群众。”

对此，绵山镇镇长田俊杰讲道：“这次我们能下这么大决心办好这件事，和上级领导的督促关心分不开。郭部长经常不打招呼直接到村里实地走访，不仅有督促，更有好办法，让我们下定决心实实在在干些事情。”

情与理：基层工作要摆脱干巴巴的宣教，当好群众的贴心人

“工作遇到各种各样的阻力很正常，国庆节那会儿，赶上村里人秋收，大家想要晒晒玉米、豆子，你说纯粹不通情理也不行，但工作还是要干，所以要有制度，用规矩引导村民，这是干部理解群众，也是为了让群众更理解干部。”义安镇党委副书记王海奇对群众工作深有感触。

观摩中也不时有群众挤进队伍，得知是检查环境整治，他们也跟笔者讲起自己的看法。“我们村是城郊村，以前摆摊经营光顾自己，政府来规范市场，我们还不情愿，有时候还有情绪，但现在看了整治后的效果，确实比以前住得舒心了，我们也理解干部们了。”城关乡梁吉村一位卖早饭的大哥道出了心里话。

常规与特色：将具体工作与各村实际巧妙结合，形成特色

人大代表、政协委员们一路看一路聊。人大代表戴小宁说：“今天看了感觉很震撼，干部出了力了，群众也给了很大理解和支持，可见‘世上无难事，只怕有心人’……”

在此次环境整治中，介休市委、市政府还要求各乡镇、各村在整治“脏乱差”的具体工作中，要结合实际、因地制宜、采取差样化措施完成好整治工作的自选动作。这个要求，在洪山镇小褚屯村得到了体现。在小褚屯村，我们看见了刚改造完成的幸福大院，院墙外“家家有老人、人人都会老、人人都敬老、社会更美好”的标语赫然醒目。此次该村的环境整治以“打扫卫生、清理四堆”为重点内容，结合村里老人长寿的历史渊源，突出了孝老敬亲和勤俭持家的文化特色，打造了一张新的村文化名片。

进与退：只要扑倒身子干工作，出成绩是肯定的事

连福镇连福村从后进变先进，包村干部曹柱高心情尤为复杂。行动开展以来，他努力争取政府在资金拨付上给予大力支持，还协调公安、供电、工商等部门一起解决钉子户，最终解决了历史顽疾。“这次拿到先进村的表彰，就应了‘只要功夫深，铁棒磨成针’这句老话，以后会更加努力完成各项工作。”

从下曹麻入三佳乡，观摩路线特意安排不走大路，从一段村道入村，一路上树木涂白、整齐划一，让人兴致盎然。介休东站的开通，三佳乡已经成为介休市的窗口。如今，无论游客从哪个方向进入境内，都能感受到三佳乡美丽整洁的气息。“环境整治涉及千家万户，因此坚决不能让环境整治沦为政绩工程、面子工程。”三佳乡乡长郝振前认识十分清醒。

总结：一次关于执政为民的考试，干群工作状态持续转变

气质在转变

“这次我们镇上梁村能变成先进，多亏了包村的规费稽查大队，人家帮我们抽调装载机、挖掘机、运输车集中清理村内的积存垃圾，修缮围墙，真是给我们出了力了。”张兰镇镇长侯世文认为介休市直单位进行帮扶功不可没。

宋月古乡三道河村，在村内一面长墙上做文章，利用彩绘的形式，打造了1500平方米的文化长廊。“在喷绘前，还给外墙上了一层保温材料，美化村庄的同时兼顾了村民的实际利益。”宋月古乡“80后”乡长杜鹏飞希望通过这些新颖的形式，让村民有兴趣了解政府的各项工作，也让整个村庄更加有韵味。

全市合作“一盘棋”，干群关系在工作中水乳交融、人心谋变、人心思干，这些点滴折射出介休干部整体的“气质型转变”。

长效机制正在建立

尽管目前全市煤泥入院、粪堆出村等四堆整治已经全面完成，各项成绩都基本达标，但考试依然没有结束。环境整治是日日功，因此只有建立严格的村规民约和有效的清扫保洁，建立常态化管理机制，才能推动环境整治步入制度化、规范化、常态化轨道，才能把全市城乡环境综合治理提高到一个新水平，推动乡村环境的彻底改观。

"城乡环境提档升级，才能使人民生活质量不断提升。"介休市市长张驰一针见血，"环境整治或许是全市工作中的一件小事，却是能够增强群众获得感的一件大事。"

介休未来任重道远

从两个月前全市曝光"脏乱差""黑名单"，到如今重金表彰先进典型，介休市委、市政府向全市各界展现出了打赢这场攻坚战的决心和干事创业的良苦用心。各级干部群众自上而下改变了"等、要、靠"的旧常态，实现了精神风貌和工作状态的大转变，凝聚起了市委、市政府带领全市人民齐心协力改变环境面貌和"拼搏奉献、苦干三年、正本清源、实现巨变"的正能量。

这次的观摩，各乡镇、街道办事处等参加人员都现场打分，结果由组织部统计。结果将成为将来考核、任用干部的一项内容。"这次的考试不仅是环境攻坚的考试，更是一次全市干部执政为民的考试，"介休市委书记丁雪钦对全市干部寄予厚望，"环境卫生关系到介休对外形象，关系到群众的生活质量，关系到干部在群众中的威信和位置，反映的就是干部的作风问题。"

对于介休来说，当前正处于"爬坡过坎、振兴崛起"的关键期，要让国家级卫生城市名副其实，介休市提出了"打造全国最宜居的城市"的计划。我们期待，介休以这次环境攻坚为契机，伴随着环境、民生方面的改善，在文化、教育、旅游等各领域都能积极进取、奋发有为，使介休的天更蓝水更绿，人民的生活更加有滋有味。

笔者后记：一天的观摩结束了，笔者看到的不光是村里的地面干净了，干部的精气神提高了，更是介休这座小城开始展现她独有的三贤故里包容、开放气质的改变。环境整治只是介休新一届领导班子组建后开展各项工作的第一战，前路仍然多艰，未来为实现"振兴崛起、城乡美丽、生活富足、人民幸福"定当不懈努力。

（宋建国　刘婷婷　聂晶）

2016年11月26日《晋中日报》头版头条

平凡智筑犹繁华

——张兰古玩城活力四射荣膺“山西省特色商业街”称号

春季战役的战鼓擂响之际，增收脱贫热潮伴随着春风开始涌动。在介休，张兰古玩城凭借其“古玩+商业”的特色模式，成为带动第三产业发展、促进百姓增收的良性典范。

4月19日，正是一年当中的谷雨时节，带着“雨生百谷”的好兆头，张兰古玩城迎来2016年春季古玩收藏品交流会开幕暨“山西省特色商业街”挂牌仪式，成为全省第四家获此殊荣的商业街区。

“时尚+商业”，如北京的三里屯；“旅游+商业”，如香港的铜锣湾；“文化+商业”，如天津的鼓楼文化街……“古玩+商业”，是张兰古玩城能够成为特色商业街的最大杀手锏。

从玩古淘宝到百姓增收

2009年，中国小说学会会长、中国民间文艺家协会主席冯骥才考察张兰古玩市场，有感于所见盛景，兴之所至，题写了“中国古玩名镇张兰”的墨宝。

“古玩名镇”早已是名不虚传。从一年一度的秋季收藏品交流会，历经多年发展成为一年有春、夏、秋、冬四季，交流会辐射范围多达10余个省、市，并且有许多外国友人参加，每季交流会历时7天，临时摊位达5000余个，与会人员10余万人次，成交额过亿元。据不完全统计，如果加上每个周五集会的成交量，张兰镇每年古玩业成交额在20亿元以上。

近年来，张兰镇政府秉承节俭、祥和、繁荣的理念，在宣传推介环境卫生、气氛营造、管理服务、治安保卫等方面狠下功夫，同时对打造、推广收藏品交流会的品牌不遗余力，广开渠道、创新宣传理念在吸引参展商家和游客方面体现得淋漓尽致。

从传统的散发宣传册页，到利用网站、微信等平台进行宣传，并结合群众性文娱活动和送戏下乡等活动，努力打造收藏人士和普通游客都认可、都赞赏的文化盛宴。

“交流会期间的客流是平日的三倍以上，客房每日爆满。”林海大酒店的总经理乔仰亮介绍说，“不光是我们酒店，老百姓家中有富余的房间也会被住满，每周五的集会就足以让百姓挣个零用钱了。”

而古玩行业俨然成为张兰镇百姓增收脱贫的支柱产业，仅凭每年各季收藏交流会，就带动了餐饮、住宿、物流等第三产业的长足发展。

从搭建平台到继往开来

面对日益扩大的产业需求，张兰镇政府经过广泛调研和深入研究，决心通过招商引资建设张兰古玩城，进一步提升张兰古玩产业的知名度、美誉度和社会影响力。

张兰古玩城于2012年4月开工，当年年底主体竣工，2013年10月完成内外装修，2014年9月投入使用。该工程占地100亩，建筑面积4.5万余平方米，共有商铺340个，总投资2亿元。市场建筑造型古朴，顾客游走其中仿佛置身于商贾云集的明清时期。

张兰古玩城项目自筹建伊始便被介休市委、市政府列为介休市文化旅游五张名片之一，专门成立了管理办公室，作为打造介休老城AAAA级景区最重要的一个组成部分。

不仅是政府谋求发展，当从事古玩行业的老一辈将接力棒往下一辈传递时，年轻人已经开始探索“互联网+”的新玩法。

“有的店主加了很多微信群，还有的在网上进行拍卖。”在古玩城开店的马江波浸淫古玩行业日久，目前一些数额不大的交易开始在网上进行，“大家有了信任的基础，网上交易更方便。”

“过去游客不愿意买大件，运送不方便，现在只要看上眼给我们打电话就好了。”在古玩城外开快递公司的李增胜认为快递行业与古玩行业是相辅相成，“目前我们的运单有70%以上是古玩。”作为一名“80后”，他还申请成为农村淘宝的合伙人，将来要搭建网上销售古玩的诚信平台。

从细致服务到金榜题名

“种得梧桐树，引得凤凰来”，张兰古玩城的落成并未让张兰镇政府就此止步，他们以经营为实据、以问题为导向，主动上手，不断提升管理水平和服务质量：提供免费中巴交通服务，解决东夏线镇区段交通拥堵现象；增设信号塔、光纤入店，解决网络销售不畅问题；建设六个餐饮服务点，解决店主和游客餐饮服务问题；与山西广播电视台公共频道《天下寻宝》栏目组沟通，达成在张兰古玩城举办大型海选活动的意向，并为古玩城从业人员参加海选开辟了绿色通道……

张兰古玩城日益繁荣，已经形成了独具特色的经营模式。张兰镇政府决心冲刺“山西省特色商业街”的名号。

据了解，张兰古玩城申报的“专业型”商业街（另一类型为“综合型”，不限制经营范围），条件十分苛刻：应有某一类专业经营的店铺40个以上，年销售额达1000万元以上，突出特色化、专营化和规模化。“特色商业街”名号的含金量由此可见一斑。

2015年12月，经“山西省特色商业街”验收专家组现场评审和认定，顺利进入公示阶段。如今公示期满，张兰古玩城正式成为山西省第三批第四条特色商业街，可谓“金榜题名”。

在申报“特色商业街”的过程中，张兰镇政府、商家、百姓都付出了努力和心血，但能够成为“山西省特色商业街”只是一个开始，在张兰古玩人的愿景中，古玩城将来还要成为山西特色、中国特色，享誉世界。

当古玩诱人的魅力和繁荣昌盛的市场相碰撞时，文化的传承和百姓的富足相得益彰，在这个致富号角吹响的春季，展现了强大的生命力。

（宋建国　宋　晖　宋团庆）

2016年5月6日《晋中日报》头版

若星火之燎于原

——介休市“政企融合”同赴中央财经大学“换脑筋”

“政府要树立服务意识，企业要坚定发展理念。”介休市委副书记、市长王怀民谈到党政干部和企业家赴京培训时这样评价，“政企共同打通发展的思想关卡，是这次培训最大的价值。”

2015年11月22日，介休市组织各乡镇、街道办事处、市直有关单位分管领导以及相关企业董事长（总经理）或分管财务的负责人共计70人赴中央财经大学进行创新发展与资本运营主题培训。

十八届五中全会提出要“提高金融服务实体经济的效率”，山西省也把金融振兴作为推动“六大发展”的“三大突破”之一。此次培训涵盖了“十八届五中全会宏观经济形势与政策分析解读”“中小企业创新成长与资本运营”“企业IPO（首次公开募股）与市场营销”等内容，并邀请中央部委、中央财经大学专家授课，还包括高新项目推介洽谈会、考察等。介休市委、市政府希望通过培训给经济寒冬中的企业送取暖炭火的拳拳之心溢于言表。

如果说培训结束之日就像电影杀青之时，那么更希望这部影片的价值观能够深入人心，引发“蝴蝶效应”。

同期声：“能进入中央财大培训，和专家面对面，很不容易。”

画外音：煞费苦心的知识盛宴

“听讲要带笔记、交流要带观点、观摩要带问题，全身心投入，取到真经。”介休市委常委、组织部长张宝贵要求大家珍惜机会。

特写镜头一：国家政策的深层解读

“十八届五中全会有哪些主要精神?宏观经济形势、宏观政策走向如何?”中央政策研究室经济局局长冯海发的问题一上来就紧紧抓住了听课者的耳朵。

“创新、协调、绿色、开放、共享五大发展是五中全会的精神和灵魂”“向创新要出路、抓转型升级是企业应对之举”……学员们在冯海发局长娓娓讲述中明白了经济下行的实质所在和当务之急，颇有醍醐灌顶之感。

“今后如果不能与时俱进，企业就会被市场淘汰。”山西凯嘉城峰煤业有限公司总经理王智这样感慨。

特写镜头二：来自互联网大咖的分享

介休市委新闻中心作为承办单位，宋建国主任在培训之初就多次赴京与介休籍“创客”联系：“一旦打通了思想上的关卡，企业家的面前就会豁然开朗。”

位于北京798创意产业园的速发迅达科技有限公司的核心创始人马庭林是在介休长大的，当他操着一口家乡话与大家分享经验时，每位学员都感到创业从未离自己如此之近。

中国成长最快的新锐天使投资机构——青山资本副总裁李倩在圈内被尊称为“倩姐”，她也讲述了对“互联网+”的分析，引爆了现场。

交流会一直开到了近午夜，但坐在返程大巴上的学员却仍感到意犹未尽。

特写镜头三：高新项目大餐

中央财经大学的教授鲁桂华让学员们明白了怎么能够成为上市公司。只有想法，而没有好的项目，上市只能是梦想。

“在中财培训学院的500多期培训班中，推荐高新产业项目是首次。”李溦院长亲自带着10名国内著名企业家走进课堂。

有的企业带来了防辐射的新材料，有的展示了大屏沉浸式显示技术，还有的讲述了军民融合的军备采购新模式……学员们都表示出极大的兴趣。

培训之后，介休市政府将就各企业家对项目的合作意向进行统计，并再次组织有合作意愿的企业家赴京精准对接。

同期声：“这样才是培训应该有的样子！”

画外音：观念转变带来的收获

银行贷款和民间借贷遏制了资本流通的效率和中小企业发展的动力。这次培训让大家了解到企业融资和抱团发展的重要性。

特写镜头一：聚焦新三板

现任中央财经大学金融学院教授，兼任全国人大财经委专家、央视财经特约评论员的韩复龄教授为学员们带来了企业IPO和市场营销的课程。

“大家都很专注，都有耳目一新的感觉。”大佛寺煤业有限公司总经理任晓飞认为课程击中了企业痛点。

作为介休制造业的代表，山西多智管模制造有限公司的总经理任晓慧决定重新启动2013年开始策划的“新三板”计划。

特写镜头二：畅通“连心桥”

这是第一次把党政干部和企业家组织在一起的培训。拓展训练中，学员们打破身份的限制，共同完成任务，很快消除了隔阂。

“开阔了视野，加深了友谊；找到了差距，增强了信心。不虚此行！”投资促进局副局长范星宇一句话说出了大家的心声。

绵山镇党委副书记闫兰云在结业典礼发言中说：“让我们对企业的处境感同身受，今后要用更先进的理念来服务企业发展。”

特写镜头三：纪律是收获的前提

“此次培训的费用可是创了培训学院历史新低。”培训学院项目主任王德安说。

除了培训费用，食宿上也非常“抠门”：学员住经济型的旅店，用餐券到学校食堂吃饭。“一定要把纪律挺在前面。”介休市委常委、组织部长张宝贵多次强调。

上课时学员们济济一堂，用餐时帮忙占座、收拾餐具，课后三五成群聚在宿舍交流心得，学员们都说：“这样才是培训应该有的样子！”

同期声：“有想法的来入股，大家一起来做大。”

画外音：经济下行压力下，丰厚的民间资本不能带动创新的经济形式发展，很多民营企业家捂着钱袋不知道应该投资到哪里

特写镜头一：触电互联网

作为从山西走出的酒仙网，成了学员参观互联网企业的不二选择。在参观过程中，学员对酒仙网的发展速度和融资额度咋舌不已。

在听完企业介绍后，一名学员就抛出了“G轮融资之后的酒仙网何时盈利”等专业问题，酒仙网高管的正面回应也博得了大家的掌声。

介休铁巩循环农业公司董事长降铁巩也对互联网入迷：“我要把我的蔬菜都贴上二维码！”

特写镜头二：传统企业家的“闪电”投资

介休清岳绵山酒店总经理乔总在考察完酒仙网的第二天就再次登门，在半天时间内就“酒快到”业务达成投资意向。

“我想咱们班共同来开发这个项目，”乔总表示，“有想法的来入股，我们一起做大。”

无独有偶，大地泰佳超市总经理彭建文，也和项目推介会上的鼎盛农商集团达成合作意向。

大佛寺煤业有限公司总经理任晓飞也对项目推介会上介绍的防辐射新材料深感兴趣，已经开始进行洽谈。

特写镜头三：一老一小的收获

学员温庆一方面是服务农村经济的大学生村官，另一方面也是创立“罗王庄温庆豆腐”的企业家。

谈到收获，他兴奋地说：“大地超市的彭阿姨同意卖我的豆腐了！”

如果说温庆是年轻人中收获最大的，那作为此次培训中年纪最长的学员，大地超市的彭建文培训后留在了北京，对互联网收垃圾的案例展开调研，并且说："我想引入介休。"

同期声："有个节目叫《出彩中国人》，这次培训能不能涌现出一批敢想敢干的出彩介休人？"

画外音：激发创新的破冰之旅

介休迈向传统行业升级之路已是刻不容缓。"我相信这次培训将会是破冰之旅。"凯嘉能源集团主任白怀宾这样形容。

特写镜头一：三年的坚持

2012年，介休市委常委、市人大常委会主任、统战部长赵宇在联系金融工作期间，就曾邀请深圳达晨等创投公司来介洽谈构建资本市场。

在煤焦传统行业的余温中，赵宇无功而返，但却更加坚定了推动介休资本市场发展的决心。

三年的坚持终成正果。国务院发展研究中心《管理世界》杂志社咨询研究部、管理智库副主任高敏在培训期间"探班"时感叹："介休组织此次培训是有魄力的。"

特写镜头二：发展路上的灯塔

在结业典礼发言中，金泉能源集团有限公司总经理温锦滨谈到最重要的三点认识："对十八届五中全会的认识、对企业融资的认识、对创新重要性的认识。"

融资、创新已经成为与会企业家的共识，一座指引航路的灯塔已经奠基，假以时日，灯光必定会照亮航路。

"有档节目叫《出彩中国人》，能不能在介休经济发展的过程中涌现出一批敢想敢干的'出彩介休人'？"赵宇这样谈对学员们的希望。

特写镜头三：启智的原点

"中财培训班的最大规模就是70人。"介休市委统战部副部长、工商联主席田锡鹏介绍说，"其实还有不少企业家没有抢到名额。"

"没想到这次大家都聚到一起共谋发展。"山西化泰工贸公司总经理王晓建认为培训搭建了一个沟通合作的平台。

"星点之火可燎原，风物长宜放眼量。市委希望通过此次培训能够为大家打开一扇窗、点亮一盏灯。这是转型的时代，也是创新的时代。启发民间智力，会带来社会、经济、民生的三赢局面。"介休市委书记王继堂对介休经济的未来充满信心。

（宋　晖　赵晋芳）

2016年1月26日《晋中日报》头版